普通高等教育“十一五”国家级规划教材
21 世纪交通版高等学校教材

System Analysis Methods for Highway and Traffic Engineering

道路交通工程系统分析方法

（第二版）

王　炜　陆　建　编著
王殿海　裴玉龙　主审

人民交通出版社

内 容 提 要

本书为普通高等教育"十一五"国家级规划教材，全书主要介绍系统分析的基本原理、原则和基本方法及其在道路交通工程中的应用。主要内容包括：系统工程与系统分析的基本概念、线性规划问题、非线性规划问题、图论与网络理论、排队论、预测方法及应用、系统决策分析、预测方法、工程经济分析方法等。

本书在编写时注重理论与实践的紧密结合，书中通过大量例题与实例阐述系统工程的理论及分析方法，具有较强的针对性。本书可作为高等院校交通工程、交通运输、土木工程专业本科生教材，也可供相关专业的工程技术人员学习参考。

图书在版编目(CIP)数据

道路交通工程系统分析方法/王炜，陆建编著. —2 版. —北京：人民交通出版社，2011.3

普通高等教育"十一五"国家级规划教材

ISBN 978-7-114-08911-4

Ⅰ.①道… Ⅱ.①王… ②陆… Ⅲ.①系统分析－应用－道路工程－高等学校－教材 Ⅳ.①U41

中国版本图书馆 CIP 数据核字(2011)第 030126 号

普通高等教育"十一五"国家级规划教材
21 世纪交通版高等学校教材

书　　名：道路交通工程系统分析方法(第二版)
著 作 者：王　炜　陆　建
责任编辑：沈鸿雁　刘永超
出版发行：人民交通出版社
地　　址：(100011)北京市朝阳区安定门外外馆斜街 3 号
网　　址：http://www.ccpress.com.cn
销售电话：(010)59757969，59757973
总 经 销：人民交通出版社发行部
经　　销：各地新华书店
印　　刷：北京鑫正大印刷有限公司
开　　本：787 × 1092　1/16
印　　张：18
字　　数：443 千
版　　次：2004 年 3 月　第 1 版
2011 年 3 月　第 2 版
印　　次：2021 年 11 月　第 12 次印刷　总第 19 次印刷
书　　号：ISBN 978-7-114-08911-4
定　　价：33.00 元

总　序

当今世界，科学技术突飞猛进，全球经济一体化趋势进一步加强，科技对于经济增长的作用日益显著，教育在国家经济与社会发展中所处的地位日益重要。进入新世纪，面对国际国内经济与社会发展所出现的新特点，我国的高等教育迎来了良好的发展机遇，同时也面临着巨大的挑战，高等教育的发展处在一个前所未有的重要时期。其一，加入WTO，中国经济已融入到世界经济发展的进程之中，国家间的竞争更趋激烈，竞争的焦点已更多地体现在高素质人才的竞争上，因此，高等教育所面临的是全球化条件下的综合竞争。其二，我国正处在由计划经济向社会主义市场经济过渡的重要历史时期，这一时期，我国经济结构调整将进一步深化，对外开放将进一步扩大，改革与实践必将提出许多过去不曾遇到的新问题，高等教育面临加速改革以适应国民经济进一步发展的需要。面对这样的形势与要求，党中央国务院提出扩大高等教育规模，着力提高高等教育的水平与质量。这是为中华民族自立于世界民族之林而采取的极其重大的战略步骤，同时，也是为国家未来的发展提供基础性的保证。

为适应高等教育改革与发展的需要，早在1998年7月，教育部就对高等学校本科专业目录进行了第四次全面修订。在新的专业目录中，土木工程专业扩大了涵盖面，原先的公路与城市道路工程，桥梁工程，隧道与地下工程等专业均纳入土木工程专业。本科专业目录的调整是为满足培养“宽口径”复合型人才的要求，对原有相关专业本科教学产生了积极的影响。这一调整是着眼于培养21世纪社会主义现代化建设人才的需要而进行的，面对新的变化，要求我们对人才的培养规格、培养模式、课程体系和内容都应作出适时调整，以适应要求。

根据形势的变化与高等教育所提出的新的要求，同时，也考虑到近些年来公路交通大发展所引发的需求，人民交通出版社通过对“八五”、“九五”期间的路桥及交通工程专业高校教材体系的分析，提出了组织编写一套21世纪的具有鲜明交通特色的高等学校教材的设想。这一设想，得到了原路桥教学指导委员会几乎所有成员学校的广泛响应与支持。2000年6月，由人民交通出版社发起组织全国面向交通办学的12所高校的专家学者组成21世纪交通版高等学校教材（公路类）编审委员会，并召开第一次会议，会议决定着手组织编写土木工程专业具有交通特色的**道路专业方向、桥梁专业方向以及交通工程专业**教材。会议经过充分研讨，确定了包括**基本知识技能培养层次、知识技能拓宽与提高层次**以及**教学辅助层次**在内的约130种教材，范围涵盖**本科与研究生用**教材。会后，人民交通出版社开始了细致的教材编写组织工作，经过自由申报及专家推荐的方式，近20所高校的百余名教授承担约130种教材的主编工作。2001年6月，教材编委会召开第二次会议，全面审定了各门教材主编院校提交的教学大纲，之后，编写工作全面展开。

21世纪交通版高等学校教材编写工作是在本科专业目录调整及交通大发展的背景下展开的。教材编写的基本思路是：(1)顺应高等教育改革的形势，专业基础课教学内容实现与土木工程专业打通，同时保留原专业的主干课程，既顺应向土木工程专业过渡的需要，又保持服务公路交通的特色，适应宽口径复合型人才培养的需要。(2)注重学生基本素质、基本能力的培养,为学生知识、能力、素质的综合协调发展创造条件。基于这样的考虑,将教材区分为二个主层次与一个辅助层次,即基本知识技能培养层次与知识技能拓宽与提高层次,辅助层次为教学参考用书。工作的着力点放在基本知识技能培养层次教材的编写上。(3)目前,中国的经济发展存在地区间的不平衡,各高校之间的发展也不平衡,因此,教材的编写要充分考虑各校人才培养规格及教学需求多样性的要求,尽可能为各校教学的开展提供一个多层次、系统而全面的教材供给平台。(4)教材的编写在总结“八五”、“九五”工作经验的基础上,注意体现原创性内容,把握好技术发展与教学需要的关系,努力体现教育面向现代化、面向世界、面向未来的要求,着力提高学生的创新思维能力,使所编教材达到先进性与实用性兼备。(5)配合现代化教学手段的发展,积极配套相应的教学辅件,便利教学。

教材建设是教学改革的重要环节之一,全面做好教材建设工作,是提高教学质量的重要保证。本套教材是由人民交通出版社组织,由原全国高等学校路桥与交通工程教学指导委员会成员学校相互协作编写的一套具有交通出版社品牌的教材,教材力求反映交通科技发展的先进水平,力求符合高等教育的基本规律。各门教材的主编均通过自由申报与专家推荐相结合的方式确定,他们都是各校相关学科的骨干,在长期的教学与科研实践中积累了丰富的经验。由他们担纲主编,能够充分体现教材的先进性与实用性。本套教材预计在二年内完全出齐,随后,将根据情况的变化而适时更新。相信这批教材的出版,对于土木工程框架下道路工程、桥梁工程专业方向与交通工程专业教材的建设将起到有力的促进作用,同时,也使各校在教材选用方面具有更大的空间。需要指出的是,该批教材中研究生教材占有较大比例,研究生教材多具有较高的理论水平,因此,该套教材不仅对在校学生,同时对于在职学习人员及工程技术人员也具有很好的参考价值。

21 世纪初叶,是我国社会经济发展的重要时期,同时也是我国公路交通从紧张和制约状况实现全面改善的关键时期,公路基础设施的建设仍是今后一项重要而艰巨的任务,希望通过各相关院校及所有参编人员的共同努力,尽快使全套 21 世纪交通版高等学校教材(公路类)尽早面世,为我国交通事业的发展做出贡献。

21 世纪交通版
高等学校教材(公路类)编审委员会
人民交通出版社
2001 年 12 月

前　言

随着科学技术的迅猛发展,各学科之间的交叉日趋增强,人们在生产、生活、科研过程中遇到的问题,往往不仅涉及工程技术问题,还涉及社会经济问题、生态环境问题,要解决这些问题必须从结构组成、技术性能、经济效果、社会效果、生态影响等多方面进行综合分析研究。用传统的分析方法来分析这些复杂问题,往往带有很大的片面性,而系统工程分析方法正是从整体上来研究这些问题,使其达到总体最佳的目的。

系统工程学自20世纪50年代产生以来,已被广泛应用于许多领域,APOLLO登月计划的成功,显示了系统工程的无比威力,现代数学及计算机技术的发展,为系统工程分析提供了强有力的工具。系统工程分析方法的应用推广,无疑对我国现代化建设具有十分重要的意义。

在以往的道路交通工程的规划、设计、建造和管理中,工程师们已或多或少地应用了一些系统工程方法。笔者希望本书通过对系统工程分析方法的系统论述,能在推进系统工程在道路交通工程中的应用方面有所裨益。

为了便于从事道路交通工程相关工作的读者学习这门技术,本书在内容安排上着重介绍系统分析方法的基本原理、原则和基本方法。在系统分析方法在道路交通工程中的应用方面,力求浅显易懂,而不过分追求应用的深度。全书共分九章并附有习题,第一章介绍系统工程的基本概念、原则;第二章、第三章、第四章介绍确定型系统的优化分析方法;第五章介绍图像模型的优化分析方法;第六章介绍随机型系统的优化分析方法;第七章、第八章介绍系统预测与决策分析方法;第九章介绍工程经济分析方法。

本书是在王炜教授等2004年编著出版的《道路交通工程系统分析方法》一书基础上修编而成,入选了“普通高等教育‘十一五’国家级规划教材”。全书由王炜教授、陆建教授统稿,第一章由王炜、陆建撰写,第二、三章由任刚撰写,第四章由马永锋撰写,第五、六章由李文权撰写,第七、八章由陆建撰写,第九章由马永锋撰写。全书由浙江大学王殿海教授、哈尔滨工业大学裴玉龙教授主审。

限于笔者的理论水平及实践经验,书中不妥和错误之处在所难免,恳请读者批评指正。

王　炜　陆　建

2011年1月20日

目　录

第一章　系统工程与系统分析基本概念

第一节　系统与系统工程

一、系统的概念、特性与形态

系统这一概念来源于人类的长期社会实践，但由于受到科学技术早年历史的影响，系统的概念一直没有受到应有的重视，直到20世纪40年代才开始在工程设计中应用这一概念。到了20世纪50年代以后，人们开始把系统的概念逐步明确化、具体化，并在工程技术系统的研究和管理中广泛应用。

所谓系统，是指由相互作用、相互依赖而又能相互区别的若干组成部分（单元）组合而成的具有特定功能的有机整体。这些特征在交通系统中表现得十分突出，图1-1所示的城市道路交通综合系统就是一个庞大的动态系统，其状态随时间而不断变化。

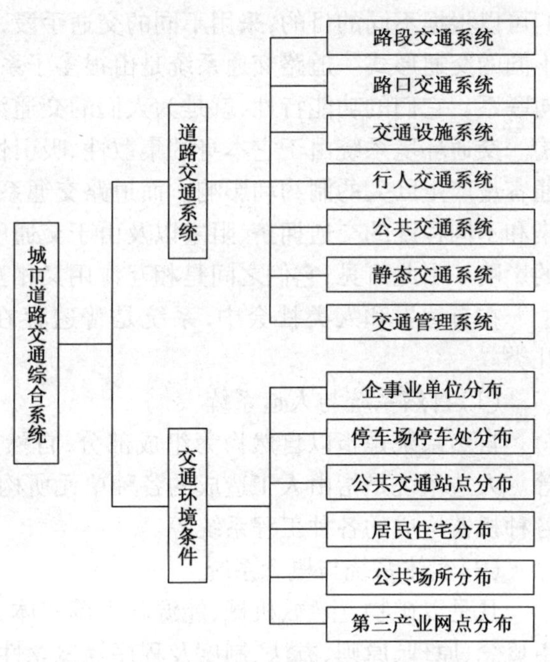

图1-1　城市道路交通综合系统结构示意图

一般来说，系统具有以下四个特征。

（1）整体性

系统是由若干个单元组成的，每个单元都具有独立的功能。具有独立功能的单元以及单元之间的相互联系，只有逻辑地统一和协调于系统的整体之中，才能发挥系统的整体功能。因此，即使每个单元并不都很完善，它们也可以综合起来，统一成为具有良好功能的系统。反之，即使每个单元都是良好的，但作为整体却不具有某种良好的功能，也就不能被称为完善的系统。

如城市道路交通系统是十分复杂的，它是由人、车、道路、设施、管理、环境等许多子系统组成的综合性整体，各子系统从属于这个整体，而整个城市道路交通系统又是更庞大的城市系统的子系统。

（2）相关性

系统内各单元之间是相互作用的，在这些单元之间具有某种相互依赖的特定关系。例如，城市道路交通系统是一个大系统，它由道路网、车辆、信号控制系统以及交通规则等单元或子系统组成。在交通控制系统的运行中，这些单元或子系统是相互关联的，它们之间的协调关系使道路上行驶的车辆有条不紊。如果各个组成部分各自为政，那么它们就不能组成互相协调的系统,势必造成交通混乱。

(3)目的性

通常,系统都具有一定的目的性,而系统单元正是按照这种目的组织起来的。例如,在某城市进行道路交通规划,那么从规划目标设计、交通状况调查、现状交通分析、交通需求预测、道路交通网络方案设计、规划方案评价到规划方案实施的整个过程,就形成了一个"城市道路交通规划系统"。该系统的目标可以是在一定的道路交通服务水平下使道路交通建设的投资最少,或者是在一定的道路交通建设投资条件下使建成的道路网络的服务水平最高,或使社会获得的效益最大。

(4)环境适应性

系统总是存在于一定的环境之中,与环境不断进行物质、能量、信息的交换。系统必须适应外部环境的变化。如城市交通系统存在于社会环境之中,受周围环境的制约和干扰,并与周围环境相协调。

总之,城市道路交通系统是由许多子系统组成的动态系统。在这个大系统中,各子系统都具有其特定的功能和结构。交通环境系统是由交通网以外周围各种复杂的环境因素构成的,它为整个交通系统提供了交通源,同时又是各种交通流的集散点、吸引点及目的地。它使得人们可以根据不同的目的,采用不同的交通手段,按照不同的社会要求,把整个交通系统划分成不同的交通形式。道路交通系统是由很多子系统组成的,这些子系统之间有着极为密切的横向联系。它们的功能特性,就是为人们的交通活动提供必要的物质、技术条件和活动的空间结构。交通环境系统由于它本身的集散性、吸引性,势必要对道路交通系统的运行状态、道路交通容量产生巨大的制约和影响。而道路交通系统中由于车辆运行所形成的交通噪声、交通污染和不同程度的交通拥挤、阻塞以及由于交通所产生的社会效益,又势必对环境系统产生很大的影响。由此可见,它们之间是相互作用又相互依赖的。

在自然界和人类社会中,系统是普遍存在的。根据系统的性质,系统形态可分为以下几类。

(1)自然系统与人造系统

自然系统是指以自然物为组成部分,自然形成的系统,如海洋系统、气象系统、矿藏系统等。人造系统是指由人工造成的各种单元所构成的系统,如人类对自然物质进行加工,造出由各种机器构成的各种工程系统等。

(2)实体系统与概念系统

凡是以矿物、生物、机械、能源和人等实体为构成单元所组成的系统都是实体系统。凡是由概念、原理、原则、方法、制度及程序等概念性的非物质实体所构成的系统称为概念系统,如管理系统、教育系统等。

(3)动态系统与静态系统

动态系统是指系统状态随时间而变化的系统,即系统的状态变量是时间的函数。静态系统则是指表征系统运动规律的数字模型中不含有时间因素的系统,即模型中的变量不随时间而变化。静态系统是动态系统的一种极限状态,即处于稳态的动态系统。

(4)控制系统与行为系统

控制就是为了达到某个目的给对象系统所施加的必要动作。为了进行控制而构成的系统称为控制系统。行为系统是指以完成目的的行为作为构成单元而形成的系统。

在道路交通工程中,实际上存在的系统大多数是自然系统与人工系统复合而成的实体系统。如道路网络系统、交通控制系统、公路运输系统、交通环境保护系统等，均属于自然—人工复合系统，并且大都是实体系统。

二、系统工程

对某一个具体问题的分析，传统的方法往往是把一个事物分解成许多独立的部分来分别研究，人们可以把问题分得很细，然后进行深入的研究。但是这种研究方法往往容易把事物看成是孤立的、静止的，因而所得出的结论只能限制在一定的条件下，只能解决一些简单问题。如果把这些结论放到更大的范围来考察，那么这些结论就可能是片面的，甚至可能是错误的。

近几十年来，由于科学技术的迅猛发展，出现了许多庞大而复杂的系统。例如宇宙开发系统、交通运输系统、钢铁化工联合生产系统、生态环境保护系统、军事指挥系统、社会经济系统等。这些大系统不仅涉及科学技术问题，还涉及社会问题。这些系统常常具有综合性的功能和目标，需要从结构组成、技术性能、经济效果、社会效果、生态影响等多方面来研究考虑，用传统的分析方法来分析这些大系统显然是行不通的。而系统工程正是要从整体上来研究这些系统的共同问题。

由于参与研究和发展系统工程学的学者来自不同的领域，各国学者对系统工程有不同的解释。下面列举了美国学者对系统工程所作的定义。

“系统工程学是应用科学知识设计和制造系统的一门特殊工程学”（1969 年，美国质量管理学会系统工程委员会）。

“系统工程学是研究由许多密切联系的单元组成的复杂系统的设计科学。设计该复杂系统时，应有明确的预定功能和目标，并使得各个组成单元之间以及单元与系统整体之间有机相连、配合协调，使得系统总体能达到最优目标。但在设计时，要同时考虑到参与系统中的人的因素与作用”（1975 年，美国《科学技术辞典》）。

“系统工程学是为了研究由多个子系统构成的整体系统所具有的多种不同目标的相互协调，以期系统功能达到最优，并最大限度地发挥系统组成部分的能力而发展起来的一门科学”（1967 年，美国 H · Chestnut）。

系统工程学是一门综合性科学技术，研究的对象是大型复杂系统的设计和运行。它有目的地对新工程对象进行研究与设计，对已有工程对象进行运行、管理与改进，并以达到总体最佳的效果为目标。系统内部的联系是指各种设备与人的有机联系，它们又与环境之间密切联系、相互作用。在时间领域方面，则按照工程的时序综合考虑规划、计划、研究、设计、试验、制造、安装、运行各阶段的相互关系和联系。它既是一门跨专业领域的总体工程学，也是一种思维方法论与工作方法论。它的若干原则也能用于行政管理系统和其他系统，关键在于这些系统能否抽象为一定的模型并求得最优的解答。

系统工程学是一门不属于某一专业的新科学，是对广泛工程领域的探讨。系统工程虽然是一种工程，但它与其他的工程学相比具有如下两个特点。

首先，系统工程不同于机械工程、道路工程、交通工程、化工工程、电力工程等。各门工程学都有其特定的工程物质作为对象，如道路工程的研究对象是道路，交通工程的研究对象是人、车、路。而系统工程的研究对象则不限于某个领域，任何一种物质系统都能成为它的研究对象，而且它的研究对象还不限于物质系统，它还可以把各种自然现象、生态、人类、企业和社会等组织体、管理方法和步骤等一切作为研究对象。由于它处理的对象是信息，所以，在国外有些学者认为系统工程是一种“软科学”。

其次，系统工程不仅涉及工程系统，还涉及非工程系统，不仅涉及技术因素，还涉及社会、生态甚至心理因素，所以它的研究和运用不仅涉及自然科学和技术科学，还涉及社会科学，特别是需要把它们结合起来。

系统工程作为一门独立的学科，具有它自己独特的思想方法、理论基础、程序体系和方法论。但是，当前系统工程还正在发展中，尚未形成完善的理论体系和方法论。系统工程思考方法通常称为系统方法，它是在对系统的概念、系统的基本构成及各种形态作了深入研究的基础上，把对象作为整体系统来考虑、掌握、分析、设计、制造和使用的基本思想方法。系统工程也具有自己独特的工程程序体系，虽然在实际运用时，由于对象不同、运用的人各异，所采用的具体程序步骤会各不相同，但其程序体系的一般原则具有普遍意义。

以图 1-2 所示的道路交通安全管理系统工程为例，道路交通安全管理系统是由人、车、路、环境、管理等要素构成的动态复合系统。

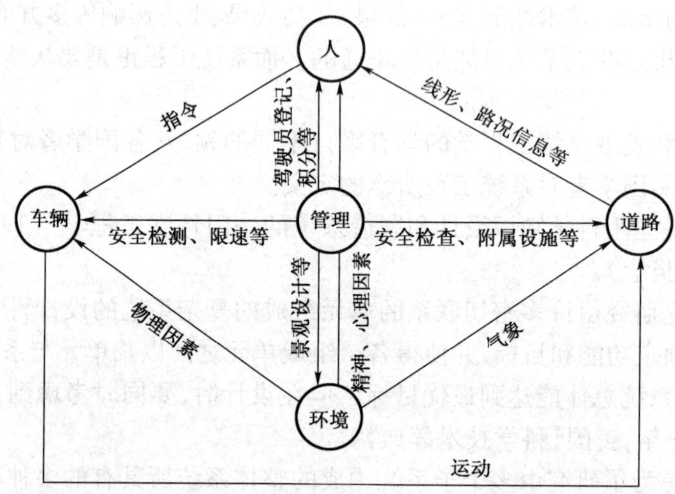

图 1-2　人、车、路、环境、管理组成的道路交通安全管理系统工程

在图 1-2 中所示的系统中，驾驶员从道路和环境两个要素中获取信息，这些信息综合到驾驶员的大脑中，在管理行为的约束下，经大脑判断形成动作指令，该指令通过驾驶员的操作行为使汽车在道路上产生相应的运动，运动后汽车的运行状态和道路、环境的变化又作为新的信息反馈给驾驶员，完成行驶过程。系统中的“管理”则协调着系统中人、车、路、环境之间的相互关系，并且各要素及其相互间的配合关系会随着时间不断地变化。因此可以认定，道路交通系统是由人、车、路、环境、管理 5 个要素构成的动态复合系统，各个要素既具有自身的特性，又相互联系、相互作用，构成了完整的道路交通系统。该系统中，所谓“人”主要包括驾驶员、乘客以及行人；“车”包括机动车和非机动车；“路”包括高速公路、一级公路、二级公路等，以及各级城市道路；“环境”包括气候条件、沿途景观等；“管理”包括对人、车、路、环境的管理，它协调着系统中其他要素间的关系，对道路交通系统的安全运行起着至关重要的作用。

系统工程具有自己独特的方法论，其方法体系的基础就是运用各种数学方法、计算机技术和控制理论来实现系统的模型化和最优化，进行系统分析和系统设计。

总之，系统工程方法论的基本特点可归纳如下。

(1)研究方法上的整体性

整体性就是要把系统当作一个整体，不要“见木不见林”。系统既然是由各个单元按一定方式组成的，就不能孤立地只考虑其中一个部分。一个系统可以分成许多个子系统，而这个系统本身又可能是一个更大的系统的组成部分或子系统。常常会有这样的情况:从局部看来是有利的方案,从整体看来可能是不利的;而从整体看来是有利的方案,对于其中某些局部可能是不利的。这就要求有整体观点、全局观点。上面提到的这种整体性是从空间来看的,而从时间上来看,我们也要把一个系统的研制、建立与使用过程当作一个整体,从全过程来衡量和处理问题,不能只抓住一个片段或阶段,特别要从发展上看问题。由于一个系统从规划到使用经历的时间很长,而科学技术发展得又很快,考虑不周则会在花费很长时间和很大代价后由于技术陈旧而失去系统的使用价值。因此,在处理任何一个系统时,首先要注意它的整体性。

(2)应用技术上的综合性

当前新的发展趋势是一个大规模的复杂系统往往不是一个单纯的技术系统,它会涉及许多社会的、经济的因素,构成一个复杂的社会—技术系统或社会—经济系统,促使自然科学、技术科学和社会科学日益紧密地结合在一起。这就是系统工程在解决社会—技术系统时所表现出来的一个重要特点。

因此,在考虑一个系统时,应该时时想到它是一个综合体,其中不仅有技术问题,还有经济问题,甚至社会、生态等问题。技术问题本身也是物流、能流、信息流交织在一起形成的。各种因素互相制约,有时还会出现矛盾,必须综合地加以考虑。例如技术性能与成本的关系、产品与副产品(包括环境污染)的关系、必要性与可能性等,都必须从各方面综合考虑,在多种方案中选择最可行的方案。由于系统工程问题的多样性和综合性,这就要求在处理这些问题时应该综合使用各门科学技术的理论、方法和工具。系统工程的这个特点也是它成为一门边缘科学的原因之一。

(3)处理问题上的科学性

在处理系统工程问题时,应该尽可能做到正确、严密。系统工程中的概念和原则是本质,数学方法是手段,为了准确地运用概念和原则,应该尽可能运用数学工具。因此,在建立系统的数学模型并进行最优化时,要充分利用现代数学方法和现代科学技术。

作为工程科学的系统工程,它是千百年来人们对生产实践的总结。在人类历史上,人们在从事复杂的工程建设时,已经开始摸索到了一些系统工程的方法。早在公元前250年,李冰父子带领四川劳动人民修筑都江堰,把分洪、引水、排沙巧妙地结合起来,这种思想便是系统工程方法。在北宋真宗时期,皇宫失火,丁谓主持修复,其中清理废墟、挖土烧砖、运输建筑材料等工作都很繁重,丁谓提出了一个方案:在皇宫前的大街挖河取土烧砖,解决了取土问题;然后放水入河,用船运输建筑材料,解决了运输问题;再在竣工后将废砖碎瓦回填,修复大街,解决了废墟清理问题。这种一举三得的施工方案便是一种系统工程方法。

但是,系统工程作为一门独立的学科,还是在20世纪50年代,在总结了第二次世界大战以来军事、经济以及尖端技术发展中开发系统的经验的基础上建立起来的。阿波罗(Apollo)登月计划的成功,显示了系统工程的无比威力,现代计算机与信息科学的发展,为系统工程的推广提供了得力的工具。近年来,系统工程的研究范围已由传统的工程领域扩大到工农业、交通运输、能源等部门的规划、设计领域,以及城市建设、水利资源利用、生态环境保护、国民经济发展规划等社会经济领域。

三、系统工程的基本处理方法

一个系统从开始建立到成功地投入使用,按时间顺序可分为下述三个阶段。

(1)系统规划阶段

这一阶段的主要任务是定义系统的概念,明确建立系统的必要性,在此基础上确定系统的目的和目标。同时,提出系统应具备的环境条件和估计系统所需的各种制约条件。最后制订系统开发计划书。计划书中除包含上述内容外,还应包含系统建成的期限、系统投资限额等内容。

(2)系统设计阶段

该阶段中,首先是对系统进行概略设计,其主要内容是各种替代方案的建立,然后进行系统分析。系统的替代方案是指具有相同功能的、可以相互替换的一组方案。系统分析的项目包括系统的目的、替代方案、费用和效益、模型及评价基准等,在系统分析的基础上确定系统设计方案,据此对系统进行详细设计。

(3)系统制造和运行阶段

在这一阶段,首先是对系统设计中的一些与系统有关的关键项目进行试验和试制,在此基础上进行必要的改进,并进行工艺设计。然后正式投入制造、安装、调试,同时讨论系统的运行方法和维护方法。最后,根据已制订的运行、维护方法投入运行,在运行的基础上讨论系统的调整和改进工作。

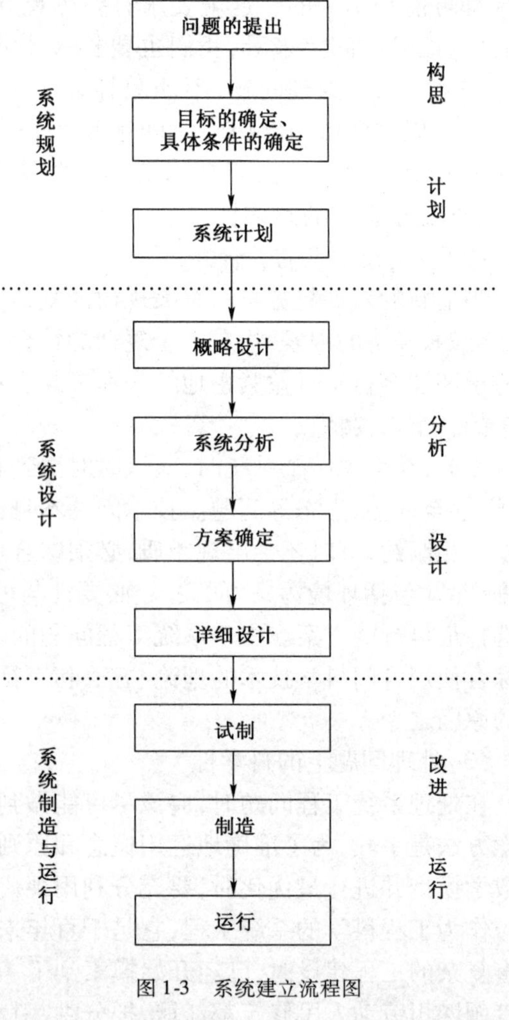

图 1-3　系统建立流程图

上述系统工程处理步骤可用图 1-3 所示的流程图来表示。系统工程的工作步骤是根据多年来系统工程的实践总结出来的,不同领域的系统工程研究人员,对系统工程的阶段和步骤的划分有不同的看法,上述步骤仅供参考。

所谓系统工程的基本处理方法,就是根据系统的概念与系统的基本组成和性质,把研究对象作为系统来进行分析,对分析结果加以综合,综合后产生的就是系统的设计,然后再对这个系统的设计方案进行评价,如图 1-4 所示,这样反复进行,直到能有效地实现预定目标为止。

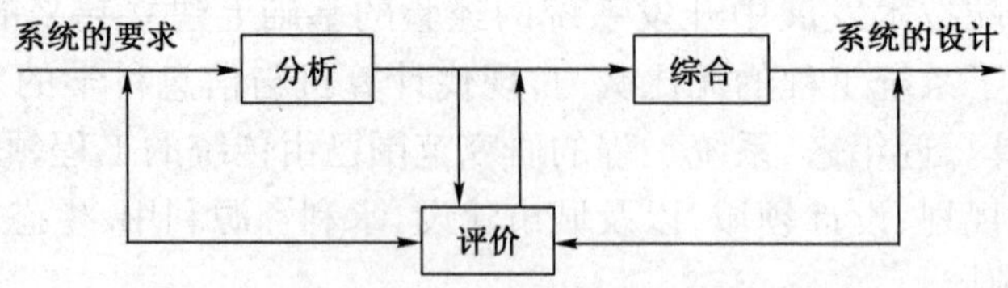

图 1-4　系统工程基本处理方法框图

所谓系统分析,是指为了把对象系统的目的等要求事项最优地予以完成,应用各种分析方法对系统进行模拟、计算,从而获得系统设计所必需的信息。在分析过程中,每次结果都要同制订的评价标准作比较，在考虑环境条件的情况下，按照比较后的差距反复进行分析，直到满足评价要求为止，然后转入综合。所谓综合，是指根据分析与评价结果确定系统的构成方式和动作方式，从而做出系统的设计。最好能有多种设计方案，然后按评价标准从不同的观点和角度反复进行综合评价。系统综合评价的目的在于从技术和经济两个方面对设计出来的各个方案进行比较，选出技术先进、经济合理的方案。这种反复过程实际上是一种信息反馈过程。

把上述系统工程的基本处理方法具体化，就是在系统工程中最常使用的系统分析、系统设计方法。这种方法不但用于系统设计阶段，还可用于系统规划阶段及系统制造与运行阶段，从而求得系统的合理规划、系统的最优制造方法及系统的最优运行方式。

该方法大致可分为三个步骤，即系统分析、系统设计以及系统的综合评价。

以道路设计的系统工程分析过程为例，说明系统工程基本处理方法。

若计划在某两地之间修建一条道路，用系统工程方法分析，其过程大致可用图1-5来表示。

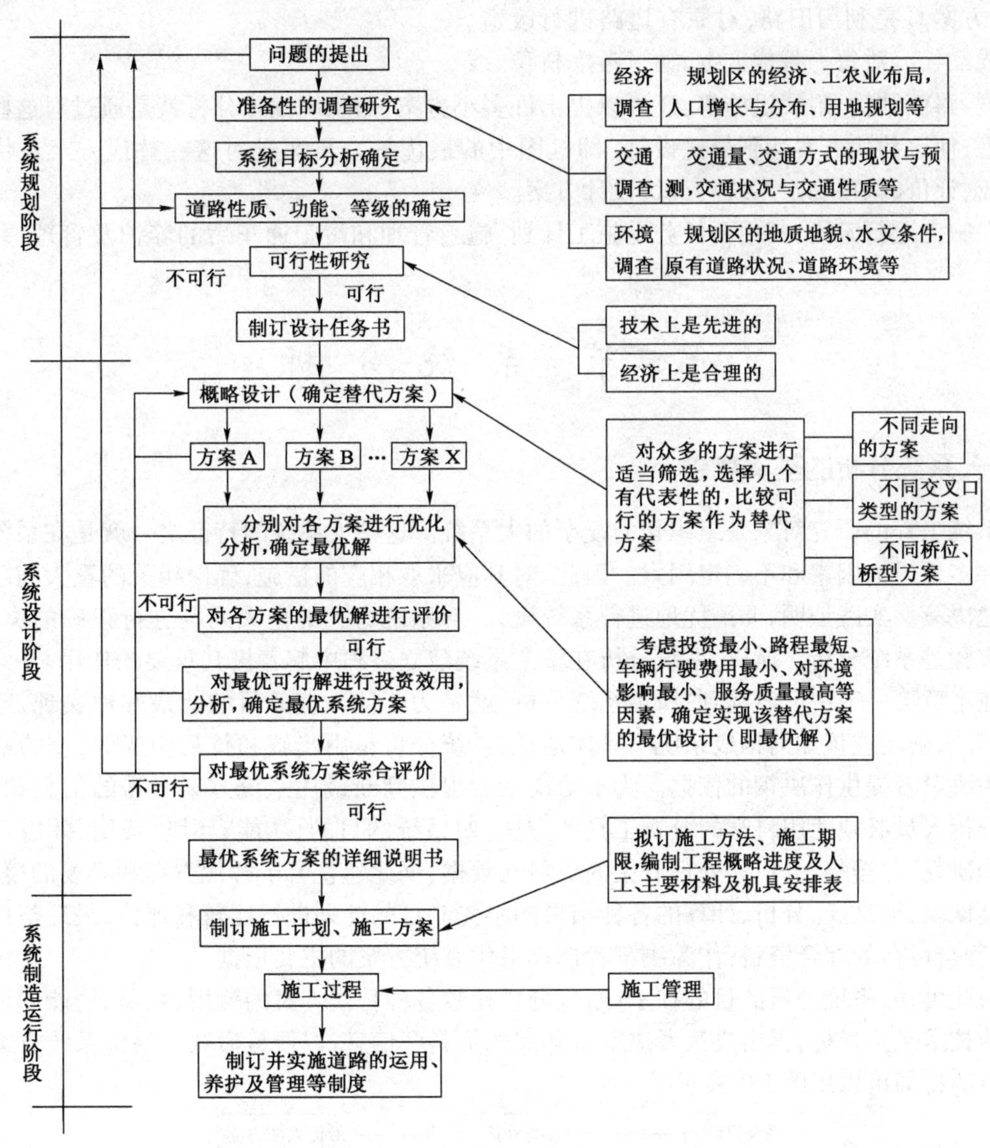

图1-5　道路设计的系统工程分析过程框图

在规划阶段，主要的任务是进行可行性研究，论证是否有建造道路的必要，若有必要，则制订道路设计计划。这一工作是在经济调查、交通调查、环境调查的基础上进行的。

在设计阶段，其主要任务是选定替代方案，对替代方案进行优化分析，通过对优化分析结果的评价，确定最优设计方案，并制订最优方案的详细说明书。

一组替代方案选定后，对每一替代方案来说，在该替代方案规定的控制条件下，还可以有许多设计方法。例如，要求建造的一条道路是跨越某河流的两城市间连接干道。通过概略设计后，选用A、B、C三个方案为替代方案(图1-6)。方案A为直接连接甲、乙两城市，路线最短，但需建一座斜交桥；方案B的桥位与河流正交，但路线相应增加；方案C是利用旧路，对原有道路进行改造，其路线最长。对每一替代方案，通过考虑桥位、线形标准、路面结构、附属设施等，还可以提出许多小方案，而系统优化分析就是通过对这些因素的考虑，使该替代方案达到最优设计(即框图中的最优解)，再通过对这些替代方案最优设计的比较、评价，就可确定系统的最优设计方案。

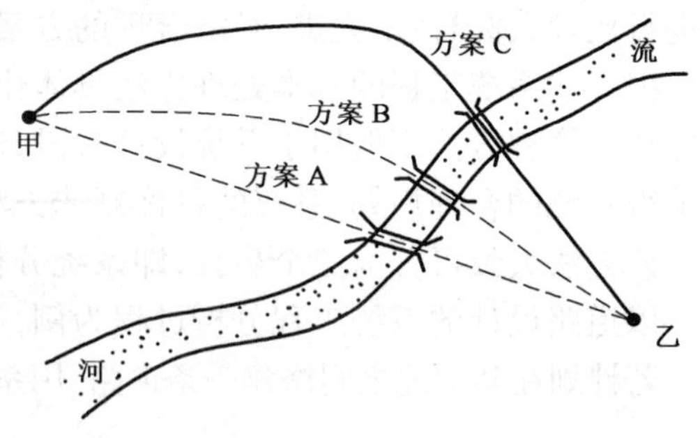

图1-6 替代方案示意图

在施工运行阶段，其主要任务是施工计划、施工管理和竣工通车后的养护及管理，并使之优化。

第二节 系统分析

一、系统分析的基本概念

系统工程的研究对象是组织化的复杂的大系统。这种大系统的特征之一就是在系统中存在着许多矛盾的因素和不确定因素。因此，对其应采取相应的措施，确保相关的重大问题能够正确地决策。实践证明，要最优地进行系统设计，对系统有关的重大问题进行正确的决策，其关键步骤是系统分析。所以，系统分析在整个系统建立过程中起着极其重要的作用。

在本章第一节中已经提到，所谓系统分析，就是为了使系统的目的能最好地实现，通过模拟、计算来确定应该如何构成系统。具体地说，系统分析是由步骤和技巧构成的，它的最终目的是为决策者提供作决策的依据。为了给决策者提供判断最优系统方案所需的信息和资料，系统分析人员必须使用科学的分析工具和方法，对系统的目的、功能、环境、费用、效益等进行充分的研究，并搜集、分析和处理有关的资料和数据，据此建立若干替代方案和必要的模型，进行仿真试验，把试验、分析、计算的各种结果同早先制订的计划进行比较和评价，最后整理成完整、正确与可行的综合资料，作为决策者选择最优系统方案的主要依据。

由此可知，系统分析的目的在于：通过分析比较各种替代方案的费用、效益、功能和可靠性等各项技术经济指标，得出决策者决策所必需的资料和信息，以便最后获得最优系统方案。系统分析的目的可以用图1-7表示。

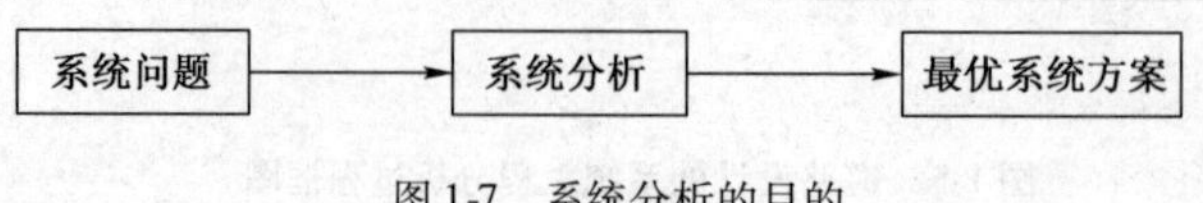

图1-7 系统分析的目的

系统分析实质上就是在明确系统目的的前提下，分析和确定系统所应具备的功能和相应的环境条件。抓住系统的某些需要决策的关键问题，根据问题的性质和要求，相应地建立有关模型，并根据需要对有关模型进行仿真试验，对所得信息进行反馈，从而使系统设计所需的资料和信息不断完善和充实，以保证最优方案的选择。

现以如下的管道运输系统分析为例，说明系统分析的特点。

(1)系统开发对象：原油运输系统。

(2)系统开发目标：每天由阿拉斯加的油田向美国本土运送200万桶原油。

(3)系统开发环境：油田处于北极圈内，海湾长年处于冰封状态，陆地更是常年冰冻，最低气温达-50℃。

(4)提出的问题是：应如何设计原油运输系统，才能达到系统的目标？

(5)系统方案设计：

方案1 由海路用油船运输。

方案2 用带加温系统的输油管运输。

(6)系统分析：

对于方案1，其优点是每天仅需要4~5艘超级油轮即可满足运量的要求，比铺设油管节省费用。存在的问题是：第一，要用破冰船引航，这样既不安全又增加费用。第二，起点和终点都要建造大型油库，这又是一笔巨额花费。第三，考虑到海运可能受到海上风暴的影响，油库的储量应在油田日产量的10倍以上，才能保证需求量的供应。归结起来，方案1的主要问题是：不安全、费用大、无保证。

对于方案2，其优点是可以利用成熟的管道输油技术。存在的问题是：第一，要在沿途设加温站，这样会导致管理复杂，而且要供给燃料。然而，运送燃料本身又是一件相当困难的事情。第二，加温后的输油管不能简单地铺在冻土里，因为冻土层受热后会引起管道变形，甚至造成断裂。为避免这种危险，有一半的管道需要用底架支撑，这样，架设管道的成本费用要比铺设地下油管高出3倍。

是否有其他更好的方案呢？

(7)系统进一步分析——提出第一个竞争方案：

方案3 有人提出将含有10%~20%氯化钠的海水加到原油中去，使在低温下的原油成为乳液状，且能畅流，这样就可以用普通的输油管道运输了。这个方案获得了很高的评价，并且取得了专利。其实，这一原理早已用于制作汽车的防冻液，而将其运用到这个工程中来，是一个有价值的创造。

那么，是否还有其他更好的方案呢？

(8)系统进一步分析——提出第二个竞争方案：

方案4 将天然气转换为甲醇以后再加到原油中去，以降低原油的熔点，增加流动性，从而用普通的管道就可以同时输送原油和天然气了。

这个方案的提出，充分体现了系统工程方法的综合性和与各种专业知识的相关性。这个方案是由系统分析人员马斯登和胡克提出来的，他们对石油的生成和变化有着丰富的经验和知识。他们注意到，埋在地下的石油最初是油气合一的，这时它们的熔点非常低，经过漫长的年代以后，油气才逐渐分开。与方案3相比，方案4更好。第一，不需要运送无用的附加混合剂——海水；第二，不需要另外铺设天然气管道。一个管道，既运气又运油，可谓一举两得。

(9)方案的选择:

最后选定的是第四个方案。由于采用这一方案,仅铺设管道费就节省了近60亿美元,比方案3省了一半的费用。

从这个例子中,可以看出系统分析工作的重要性以及系统工程的价值。假如不进行系统方案的分析,仅在方案1、方案2上进行优化,不追问一系列的为什么,不去寻求更好的系统方案,就不可能得到方案4。即使确定了最好的管道直径、管道壁厚、加压泵站的压力和距离等,也得不到方案4所带来的好处。

从以上的案例不难发现,系统分析不同于一般的技术经济分析,它必须从系统的总体最优出发,采用各种分析工具和方法,对系统进行定性的和定量的分析。它不仅分析技术经济方面的有关问题,而且还分析包括政策、组织体制、信息、物流等各个方面的问题。系统分析没有一组特定的技术方法,它会随着分析对象的不同、分析问题的不同而不同。但一般来说,系统分析可概括为以下几个步骤。

(1)系统目的的分析和确定

这个步骤的目的是为模型化收集资料,并为今后的分析工作打下良好的基础。具体地说,就是分析并选定对象系统的目的、目标,分析要求的功能并下定义,以它们为依据构成概略模型,进行模拟并研究成功的可能性,借以得到模型化所需的概略技术条件。

在系统工程中,目标与目的是两个不同的概念。一般来说,目的是宏观的、定性的,而目标是具体的、定量的,目的由一系列的目标所组成,通过目标实现。例如,前面提到的交通控制系统,其目的是使人与车辆的运行达到安全、迅速、流畅。这个目的是宏观的、定性的,可以通过一系列具体的、定量的目标来实现,如使主干道路的车辆行驶速度达到某一设计标准、使交叉口的车辆延误减少至某一设计值、使控制区域的交通事故数量减少到规定指标。

(2)系统的模型化

模型化的目的是制作与作为研究对象的目的系统相关的并且在理论上能够予以处理的模型。按照不同的目的可以建立各种不同的模型。

(3)系统的最优化

系统最优化的目的在于应用最优化的理论和方法,对所作的几个可能的模型进行优化分析,求出每个模型的最优解。

(4)对解的评价

根据最优化所得到的每个模型的解,考虑前提条件、假定条件及约束条件,在经验和知识的基础上决定系统的最优解,从而为选择最优系统设计方案提供足够的信息。

系统分析的具体步骤流程如图1-8所示。

二、系统目的的分析与确定

系统目的的分析与确定是系统分析的最初阶段,其详细步骤与内容如下。

(1)对象系统的定义

掌握并明确作为系统分析对象的系统,分析系统的概念和定义是否确切、完整、合理。

(2)目的和目标的分析与确定

①分析和明确建立系统的目的,进而确定系统的目的。在确定系统目的时,必须要有全局观点和长远观点。也就是说,不仅要求系统在技术上是先进的,在经济上是合理的,而且还要考虑到与其他系统的兼容性,以及对客观环境条件变更的适应性。一个系统,如果具有多个目

的时,则可把目的分为主要目的和次要目的,并可用目的树的形式表示。

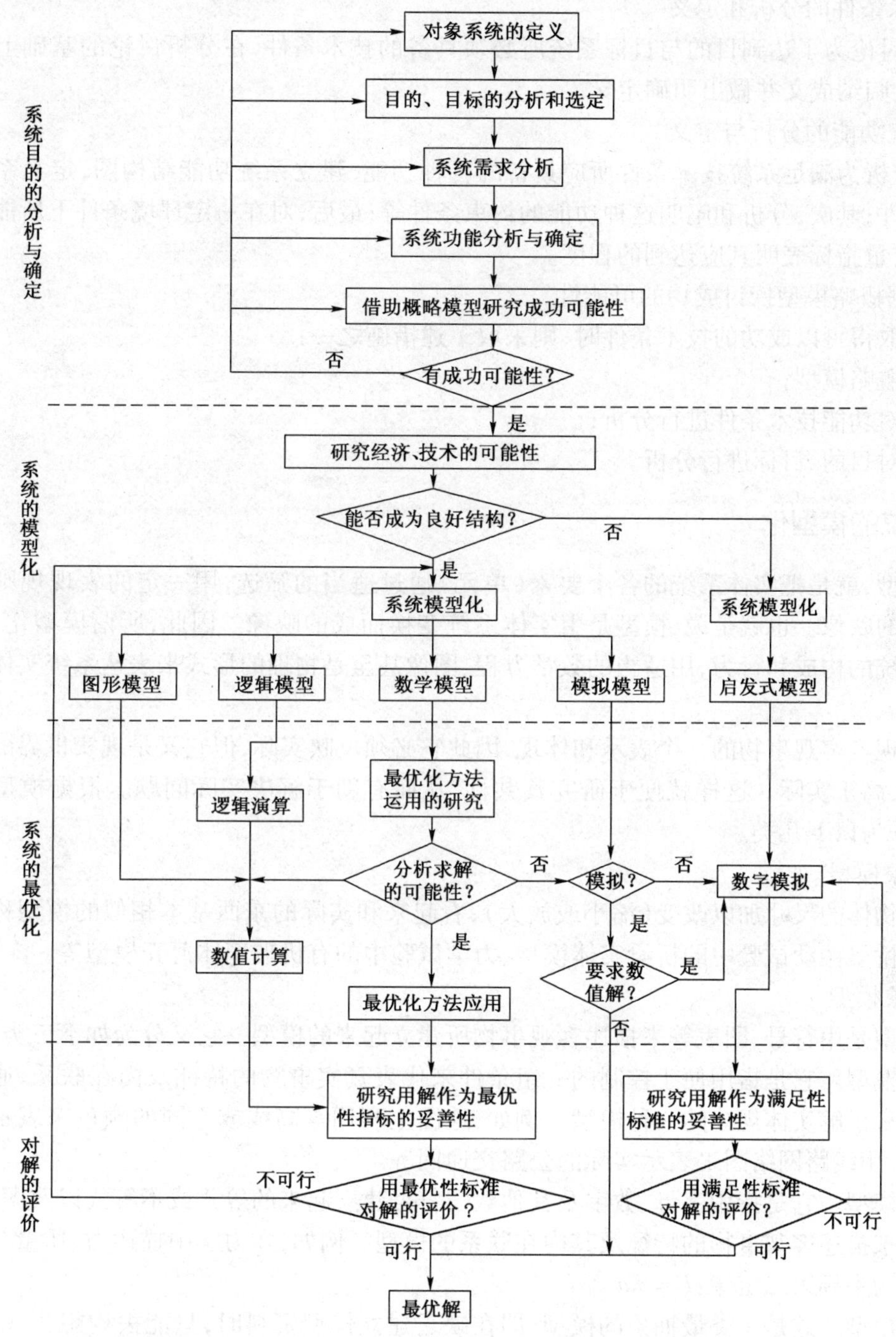

图 1-8 系统分析的步骤

②在达到目的的前提下,分析围绕系统环境等有关的约束条件(如资金、材料、信息、技术、期限等对系统的制约),据此提出相应的要求和措施。

③分析为达到目的的各种目标。所谓目标,就是为了达到目的所应该完成的具体事项。目标需要具体而定量地表现出来。在确定目标时,必须进一步分析和讨论已经考虑到的各个

因素。其中包括确定因素、可预测的不确定因素和不能预测的不确定因素。

(3)技术条件的分析和定义

分析和讨论为了达到目的与目标系统所必须具备的技术条件,在分析讨论的基础上对它们进行整理,归纳成文并做出明确定义。

(4)系统功能的分析与定义

首先,分析为满足系统技术条件所应具备的各种功能,建立系统功能结构图,定义系统的功能技术条件;其次,分析和阐明这种功能的约束条件等;最后,对在一定环境条件下所能达到的功能,用定量指标表明其应达到的程度。

(5)根据概略模型探讨成功的可能性

若不能取得可以成功的技术条件时,则采取下述措施之一:

①修改概略模型;

②重新对功能技术条件进行分析;

③重新对目的、目标进行分析。

三、系统的模型化

所谓模型,就是把实体系统的各个要素(单元)通过适当的筛选,用一定的表现规则描述出来的简明的映像。也就是说,模型是由实体系统变换而成的映像。因此,所谓模型化,就是通过说明系统的构成和行为,用适当的数学方程、图像甚至是物理的形式来表达系统实体的一种科学方法。

模型是现实客观事物的一个表示和体现,因此它必须反映实际,但它又是现实世界的一种抽象,所以又高于实际。这样就便于研究其共性,从而有助于解决实际问题。根据模型的性质,模型可分为以下几类。

(1)形象模型

把现实物体的尺寸加以改变(缩小或放大),看起来和实际的东西基本相似的模型称为形象模型。如桥梁振动试验中的桥梁实体模型、力学试验中的有机玻璃体薄壳模型等。

(2)抽象模型

抽象模型是用符号、图表等来描述客观事物所建立起来的模型。它又分为如下三类。

①模拟模型。它是指用便于控制的一组条件来代表真实事物的特征及内在联系,通过模仿性的试验来了解实体规律的一种模型。例如,地图上利用等高线或不同的颜色来表示实际地势的高低、用线路网络图来表示实际的公路交通网等。

②数学模型。它是指用字母、数字及其他数学符号建立起来的等式或不等式以及图表、图像或框图等来描述客观事物的特征及其内在联系的模型。例如,在力学中描述力、质量与加速度之间关系的牛顿第二定律:$F = ma$ 等。

③概念模型。这是一类最抽象的模型,即在缺乏建立模型资料时,只能去构想一些资料,建立初始模型后,再逐渐扩展。

在上述模型中,一般来说从前到后模型的复杂性降低,但反映实际情况的程度也随之降低。即形象模型最复杂,但最能反映实际情况,而概念模型最简单,但反映实际情况的程度最低。

在实际工程中,最常用到的是抽象模型中的数学模型。

用系统工程方法研究问题时,由于所研究的对象太大或者因其太复杂,往往无法直接进行分析和试验，故一般利用模型来代替真实系统，通过对模型的分析求得解决问题的方法。同时，由于模型比现实容易操作，建立系统的数学模型后，只要改变模型中的某些参数值就可以计算出系统的某种结果，这比在真实系统中进行试验要容易得多。另外，通过建立系统的模型可以更清楚地了解系统的主要影响因素。有些变量在现实系统中要经过很长时间才能看出变化情况，但用模型研究时可以很快看出其变化规律，从而能迅速地抓住其本质特征。所以，系统模型化是系统分析过程的重要一环。

对模型的一般要求如下。

(1)现实性。即在一定程度上能够确切反映系统客观实际情况。

(2)简洁性。在现实性的基础上，尽量使模型简单明了，以节约模型建立和计算的时间。

(3)适应性。随着模型建立时的具体条件的变化，要求模型具有一定的适应能力。

上述对模型所提出的要求中，存在着一些矛盾的因素。如果模型过于复杂，虽然能满足现实性的要求，但建立和求解相当困难、费时，同时也影响到适应性的要求，这样的模型就不能算是好模型。为此，必须根据具体情况而定，一般要求是力求达到现实性，在此基础上做到简洁性，最后尽可能满足适应性的要求。

在系统分析中，模型化之所以起着比较重要的作用，其原因在于：即使在还没有建立实体系统以供观测和试验之前，就可以凭借模型来有效地求得系统的设计参数并确定各种制约条件。因此，对大规模的复杂系统，模型化尤为重要。

系统模型化的详细步骤与内容如下。

(1)分析模型的使用目的和要求，并确定模型的功能。

(2)根据目的要求，从时间和空间等方面来明确系统和环境等的边界条件。

(3)确定构成系统功能的最小单位，也就是把系统划分成若干可以模型化的单元(子系统)，可根据模型的使用目的来确定。

(4)分析和掌握模型化对象(单元或子系统)的特点、主要因素和逻辑结构，最后建立模型。

(5)应用最优化理论和系统控制理论，分析和明确整个系统的特点，同时讨论适用的最优化方法。

下面用一个简单实例来说明模型化的方法。

[例 1-1] 某桁架如图 1-9a)所示，桁架受力 $P=1\ 000\text{kN}$ 作用，杆件材料容许拉应力为 100kN/cm^2，容许压应力为 200kN/cm^2，假设所有压杆的横截面面积为 A_1，拉杆的横截面面积为 A_2，现要确定 A_1、A_2 的值使得桁架的总重量为最小。

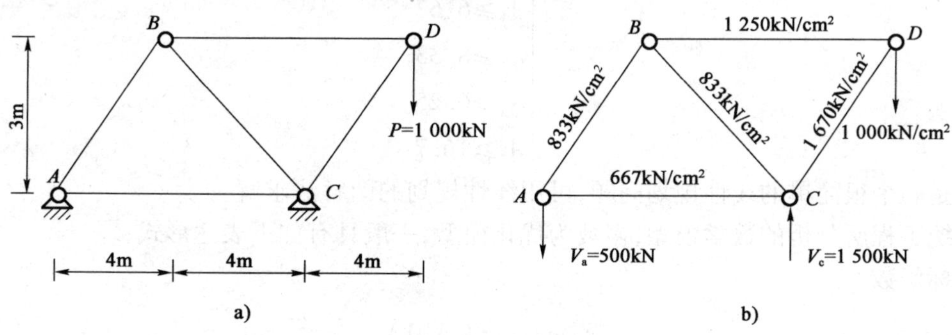

图 1-9 某桁架结构受力示意图

解:由材料力学中的节点法可以方便地解得各杆的受力情况[图 1-9b)],杆 AC、BC、CD 为压杆,截面面积为 A_1,杆 AB、BD 为拉杆,截面面积为 A_2。

题目的要求是要使桁架的总重量最小,即桁架所有杆件的总体积最小,可用数学表达式表示为:

$$
\begin{aligned}
\text{总重量 } Z &= \text{密度 } K \times \sum \text{各杆件体积 } V_i \\
&= K \times [\sum(\text{各杆件长度 } L_i \times \text{截面面积 } A_i)] \\
&= K(5A_1 + 8A_1 + 5A_1 + 8A_2 + 5A_2) \\
&= K(18A_1 + 13A_2)
\end{aligned}
$$

$$\text{总体积 } V = 18A_1 + 13A_2$$

使得总重量 Z 或总体积 V 最小。

如果没有其他限制条件,那么杆件越细,总重量就越小,但截面的应力就会越大。由材料力学可知,杆件的应力必须小于容许应力,否则就会发生破坏。

因此,各杆件应满足的条件为:

$$
\begin{cases}
\sigma_{AB} = \dfrac{883}{A_2} \leqslant 200, \text{即 } A_2 \geqslant 4.17 \\
\sigma_{AC} = \dfrac{667}{A_1} \leqslant 100, \text{即 } A_1 \geqslant 6.67 \\
\sigma_{BC} = \dfrac{883}{A_1} \leqslant 100, \text{即 } A_1 \geqslant 8.33 \\
\sigma_{BD} = \dfrac{1\,250}{A_2} \leqslant 200, \text{即 } A_2 \geqslant 6.25 \\
\sigma_{CD} = \dfrac{1\,670}{A_1} \leqslant 100, \text{即 } A_1 \geqslant 16.7
\end{cases}
$$

也就是说,桁架必须在满足上述条件的情况下才能达到总重量最小。所以上述问题可用下述数学模型来表示:

目标函数

$$\min Z = K(18A_1 + 13A_2)$$

$$(\text{或} \min V = 18A_1 + 13A_2)$$

约束条件

$$
\begin{cases}
A_2 \geqslant 4.17 \\
A_1 \geqslant 6.67 \\
A_1 \geqslant 8.33 \\
A_2 \geqslant 6.25 \\
A_1 \geqslant 16.7
\end{cases}
$$

这是一个很简单的线性规划问题,可用线性规划的图解法求解。

系统工程所分析的数学模型,多数为优化模型,一般具有如下表达形式:

目标函数

$$\text{opt}: u = f(X, Y)$$

约束条件

$$\begin{cases} g(X,Y) \geqslant 0（或 \leqslant 0） \\ X_a \leqslant X \leqslant X_b \end{cases}$$

其中 u 是描述系统功能或目标的值；$X=(X_1,X_2,\cdots,X_n)$ 是一组可控变量，即控制 X 的值可以相应得到系统组成单元之间的某种协调状态，它对系统的功能有影响，如例 1-1 中的 A_1、A_2；$Y=(Y_1,Y_2,\cdots,Y_m)$ 是一组不可控的参数，即在某种特定的情况下系统运行的特定参数（基本上是外界因素），如［例 1-1］中的应力 σ_{AB}、σ_{AC} 等；X_a、X_b 是 X 取值的上、下界限。

上述系统数学模型中，目标函数 opt：$u=f(X,Y)$ 是规定系统应达到的目的，一般表达为技术效果和经济效果最优。其中"opt"代表取最优值，取最大值时为 max，取最小值时为 min。约束条件是规定变量 X 所在领域的限制，主要表现为系统环境的限制，如尺寸范围、强度范围、资源限制、产量限制、时间限制等。

系统数学模型的最优化求解，就是在约束条件的限制下使目标函数值 u 达到最大或最小，此时相应的可控制变量 X 值就是系统的最优解。

四、系统的最优化

系统最优化是通过模型进行的。如图 1-8 所示的框图中，分别就数学模型、图像模型等表示了系统最优化的过程。

系统最优化的方法很多，随所建立模型的不同而不同。例如，在道路工程系统中，就有许多最优化问题及其相应的方法，如路网规划中有最短路问题、最大流问题、最小费用最大流问题；在交通管理系统中，有随机服务系统的优化问题；在道路施工管理中，有材料的最优分配问题等。其他类型的工程系统也不例外。因此，进行系统最优化时，首先必须根据最优化问题的性质，探讨最优化方法的应用。例如，对于一些确定型的问题（确定模型），也就是有关问题的各种条件已经确知的情况下，可以采用线性规划、非线性规划、动态规划、整数规划等理论和方法对问题进行优化；对于一些非确定型的问题（概率模型），也就是有关问题的某些条件不能确定，只掌握其随机规律或根本无法掌握其随机规律的问题，可以应用马尔可夫过程论、排队论、对策论等方法来进行优化；对于最大流问题、最短路问题、最小费用最大流问题等可用图像模型来表达的问题，可以应用图论和网络理论等来进行优化。

上述最优化方法的具体内容将在第二章至第六章中详细介绍。

五、系统评价

在系统分析时，为实现某一系统的目的或目标，往往可建立多个替代方案，各个替代方案通过模型化、最优化后，分别得相应的最优解。系统评价就是指从技术和经济等多个方面对所设计的各个替代方案的最优解进行评价，通过分析和评价，从中选择在技术上是先进的、在经济上是合理的方案作为最优系统方案。

例如，在进行两城市之间的运输系统规划时，为实现两城市之间的物资运输这一目的，建立的运输系统替代方案可以有以下几个：①道路运输系统；②水路运输系统；③铁路运输系统；④航空运输系统；⑤管道运输系统；⑥综合运输系统。各替代方案通过模型化、最优化后，分别得到了相应的最优解，如最佳的道路运输系统、最佳的铁路运输系统、最佳的综合运输系统等。系统评价就是要对各替代方案的最佳结构方式（相应的最优解）进行综合评价，以便选择最佳的运输系统方案。

要对系统进行评价，首先必须确定评价基准，即确定各种替代方案优先选用顺序的标准。

评价基准一般根据系统的具体情况而定。例如,在评价系统的费用 C 和效益 E 时,评价基准可以从下述三种基准中选用。

(1)以各替代方案效益相同为基准,选择费用最小的方案为最优方案。即当 $E_1 = E_2 = \cdots = E_n$时,若 $C_i \rightarrow C_{min}$,则方案 i 为最优方案。

(2)以各方案费用相同为基准,选择效益最大的方案为最优方案。即当 $C_1 = C_2 = \cdots = C_m$ 时,若 $E_i \rightarrow E_{max}$,则方案 i 为最优方案。

(3)以各方案效益费用比为基准,选择效益费用比最大的方案为最优方案。在一般情况下,为了取得最大效益,其费用也要相应地增加,但如果效益增加比费用增加得快,则比率较大,效果就好。因此,若$\frac{E_i}{C_i} \rightarrow \max$,则方案 i 为最优方案。

在进行系统的经济评价时,必须考虑到时间价值的影响。系统经济分析的具体内容,将在第八章中详细介绍。

六、系统决策分析

决策是人们生活和工作中普遍存在的一种活动,是为解决当前或未来可能发生的问题,选择最优方案的一种过程。正确的决策产生正确的行动,并能得到良好的结果;反之,错误的决策产生错误的行动,将会得到不良的结果。即使在有利的条件下,如果决策有错误,也会造成失败。反之,在不利的条件下,只要决策正确,也会取得成功。

所谓决策,就是根据客观可能性,借助一定的理论、方法和工具,在进行科学的分析、正确的计算和判断后的一种行动推测。决策科学是现代科学管理的关键。由于近代科学技术的复杂性和社会—经济系统的庞大,影响决策的因素错综复杂,使得决策变得越来越困难。特别是要求作出定量的决策分析,更加需要发展科学的决策理论和方法,应用计算机等先进工具所组成的决策辅助系统。

系统决策分析就是根据系统评价的结果,对多个系统方案进行抉择。人们对确定条件下的情况容易作出直接判断、进行决策,但对含随机性条件及不确定条件的情况,进行决策就比较困难了,这时,必须借助于决策理论。决策分析的具体内容将在第七章中予以详细介绍。

第二章　线性规划

线性规划是运筹学的一个重要分支,20 世纪 30 年代末期开始应用于生产组织和管理部门。目前,它在军事、工农业生产及交通运输等方面都得到了广泛的应用,是现代管理科学的重要基础和手段之一。本章主要介绍线性规划问题的数学模型、基本性质及其求解方法。

第一节　线性规划问题及其数学模型

在第一章中已经分析过一个线性规划问题的简单实例,在这里再举一个实例来说明什么是线性规划问题以及线性规划问题的数学表达形式。

[**例 2-1**]　设有甲、乙两个仓库,存有某种货物,分别为 7t 和 9t。现在要把这些货物分送到 A、B、C 三个商场,三个商场的需要量分别为 4t、5t 和 7t,各仓库到各商场的每吨运费如表 2-1所示。问如何将甲、乙两个仓库的货物送给 A、B、C 三个商场,才能使总运费为最小?

各仓库到各商场的每吨运费表　　表 2-1

商场 / 运费 / 仓库	A	B	C
甲	2	3	4
乙	3	2	1

解:设由仓库甲运送给 A、B、C 三个商场的货物分别为 x_1、x_2、x_3,由仓库乙运送给 A、B、C 三个商场的货物分别为 x_4、x_5、x_6(单位:t)。根据库存量及商场需要量的限制,6 个变量 x_i($i = 1,2,\cdots,6$)必须满足下列条件:

$$\begin{cases} x_1 + x_2 + x_3 \leqslant 7 \\ x_4 + x_5 + x_6 \leqslant 9 \\ x_1 + x_4 = 4 \\ x_2 + x_5 = 5 \\ x_3 + x_6 = 7 \\ x_i \geqslant 0 \quad (i = 1,2,\cdots,6) \end{cases}$$

总运费为:

$$f(X) = 2x_1 + 3x_2 + 4x_3 + 3x_4 + 2x_5 + x_6$$

该问题的要求是求出使总运费最小的各 x_i值,并满足上述限制条件。

从例 2-1 中可以看出一些共性:

(1)这类问题都有许多不同的方案可以选择,它的目的是要在既定的目标下选取最优的方案，表达这个目标的数学表达式称为目标函数。

(2)这个目标必须满足一定的条件，这些条件称为约束条件。

(3)目标函数及约束条件方程式均为变量的线性表达式。

(4)变量均为非负。

在数学的规划论中，这类问题可以概括为：在一定的约束条件下求目标函数的极值(极大值或极小值)问题。我们称这类问题为线性规划问题。

目标函数

$$\max(\min)\ z = c_1x_1 + c_2x_2 + \cdots + c_nx_n \tag{2-1}$$

约束条件

$$\begin{cases} a_{11}x_1 + a_{12}x_2 + \cdots + a_{1n}x_n \leqslant (\geqslant) b_1 \\ a_{21}x_1 + a_{22}x_2 + \cdots + a_{2n}x_n \leqslant (\geqslant) b_2 \\ \cdots\cdots \\ a_{m1}x_1 + a_{m2}x_2 + \cdots + a_{mn}x_n \leqslant (\geqslant) b_m \\ x_1, x_2, \cdots, x_n \geqslant 0 \end{cases} \tag{2-2}$$

式(2-1)、式(2-2)是线性规划问题的数学模型。通常 a_{ij}、b_j、c_j 为已知常数，其中 c_j 为价值系数。

由式(2-1)、式(2-2)可以看出，线性规划问题有不同的形式。对目标函数，有的要求实现最大化，有的要求最小化，约束条件可以是“≥”形式的不等式，也可以是“≤”形式的不等式，还可以是等式。这种多样性给问题的讨论带来不便。为了便于以后的讨论，我们规定线性规划问题的标准形式(标准型)为：

目标函数

$$\max z = c_1x_1 + c_2x_2 + \cdots + c_nx_n \tag{2-3}$$

约束条件

$$\begin{cases} a_{11}x_1 + a_{12}x_2 + \cdots + a_{1n}x_n = b_1 \\ a_{21}x_1 + a_{22}x_2 + \cdots + a_{2n}x_n = b_2 \\ \cdots\cdots \\ a_{m1}x_1 + a_{m2}x_2 + \cdots + a_{mn}x_n = b_m \\ x_1, x_2, \cdots, x_n \geqslant 0 \end{cases} \tag{2-4}$$

其简缩形式为：

$$\max z = \sum_{j=1}^{n} c_j x_j \tag{2-5}$$

$$\text{s. t.} \begin{cases} \sum_{j=1}^{n} a_{ij}x_j = b_i & (i = 1, 2, \cdots, m) \\ x_j \geqslant 0 & (j = 1, 2, \cdots, n) \end{cases} \tag{2-6}$$

在式(2-4)、式(2-6)中，我们假设 $b_i \geqslant 0$，否则在等式两端乘以 -1，使 $b_i \geqslant 0$。

用向量和矩阵表示线性规划问题，可以使数学模型很简洁，这时可将标准型表达为如下形式：

$$\max z = \boldsymbol{CX} \tag{2-7}$$

$$\text{s. t.} \begin{cases} \boldsymbol{AX} = \boldsymbol{B} \\ \boldsymbol{X} \geqslant 0 \end{cases} \tag{2-8}$$

其中：

$$C = (c_1, c_2, \cdots, c_n)$$

$$X = (x_1, x_2, \cdots, x_n)^T$$

$$B = (b_1, b_2, \cdots, b_m)^T$$

$$A = \begin{bmatrix} a_{11} & a_{12} & \cdots & a_{1n} \\ a_{21} & a_{22} & \cdots & a_{2n} \\ \vdots & \vdots & \ddots & \vdots \\ a_{m1} & a_{m2} & \cdots & a_{mn} \end{bmatrix}.$$

对于一些非标准型的线性规划问题，可以通过下面的方法将其化为标准形式。

(1)若问题是求目标函数的极小值，即目标函数为：

$$\min z = CX$$

这时只要作如下替换

$$\min z = -\max(-z)$$

令 $z' = -z$，于是就得到

$$\max z' = -\min z = -CX$$

这样就把极小化问题化成了标准的极大化问题。将求得的最大值乘以 -1 就是原极小化问题的解。

(2)若约束条件中有"≤"不等式约束

$$a_{i1}x_1 + a_{i2}x_2 + \cdots + a_{in}x_n \leqslant b_i$$

则可添加一个新的变量 u_i，用下面两个约束

$$\begin{cases} a_{i1}x_1 + a_{i2}x_2 + \cdots + a_{in}x_n + u_i = b_i \\ u_i \geqslant 0 \end{cases}$$

来代替原来的不等式约束。u_i称为松弛变量。

(3)若约束条件中有"≥"不等式约束

$$a_{i1}x_1 + a_{i2}x_2 + \cdots + a_{in}x_n \geqslant b_i$$

则可添加一个新的变量 v_j，用下面两个约束

$$\begin{cases} a_{i1}x_1 + a_{i2}x_2 + \cdots + a_{in}x_n - v_j = b_i \\ v_j \geqslant 0 \end{cases}$$

来代替原来的不等式约束。v_j称为剩余变量。

(4)若原约束条件中无 $x_j \geqslant 0$ 约束，这种 x_j称为自由变量(可正可负)，则令

$$x_j = u_j - v_j$$

代入消去 x_j，并增加 $u_j \geqslant 0, v_j \geqslant 0$ 两个约束。

[例 2-2] 把下列线性规划问题化成标准形式。

$$\min s = x_1 + 3x_2$$

$$\text{s.t.} \begin{cases} 6x_1 + 7x_2 \leqslant 8 \\ -x_1 + 3x_2 \leqslant -6 \\ x_1 \geqslant 0 \end{cases}$$

解：先把目标函数标准化。作如下替换：

$$\min s = -\max(-s)$$

则目标函数为：

$$\max(-s) = -\min s = -x_1 - 3x_2$$

原约束条件中，x_2为自由变量，进行如下变换：

$$\begin{cases} x_2 = x_3 - x_4 \\ x_3 \geq 0, x_4 \geq 0 \end{cases}$$

第二个不等式右边为负值，故在该式两边乘以 -1，使右边为正值，则第二个不等式为：

$$x_1 - 3x_2 \geq 6$$

对第一个不等式，引入松弛变量 x_5，第二个不等式引入剩余变量 x_6。那么，原规划问题就化成如下的标准形式：

$$\max(-s) = -x_1 - 3x_3 + 3x_4$$

$$\text{s.t.} \begin{cases} 6x_1 + 7x_3 - 7x_4 + x_5 = 8 \\ x_1 - 3x_3 + 3x_4 - x_6 = 6 \\ x_1, x_3, x_4, x_5, x_6 \geq 0 \end{cases}$$

第二节　线性规划问题的图解法及其几何意义

简单的线性规划问题可以用图解法求最优解，但图解法仅能解决只含两个变量的问题。当变量多于两个，就不能用平面图来描述变量之间的关系，也就无法用图解法求解。下面用一个例题来说明线性规划问题的图解方法。

[例 2-3]　用图解法求解如下线性规划问题。

$$\max z = 4x_1 - 3x_2$$

$$\text{s.t.} \begin{cases} x_1 + 2x_2 \leq 10 \\ x_1 \leq 6 \\ x_1 \geq 1 \\ x_2 \leq 4 \\ x_1, x_2 \geq 0 \end{cases}$$

解：我们先将约束条件表示在以 x_1、x_2 为坐标轴的直角坐标系（图 2-1）中。非负条件 $x_1 \geq 0$ 代表 x_2轴及其右侧的半平面；同理，非负条件 $x_2 \geq 0$ 代表 x_1轴及其以上的半平面，这两个条件同时存在，即为第一象限。其他每个约束条件也都代表一个半平面。这些非负条件和约束条件构成一个凸多边形（图 2-1 中的阴影部分 *ABCDE*），其中的任一点都同时满足上述约束。

区域 *ABCDE* 中的每一个点（包括边界点）都是线性规划问题的一个解，称为可行解，因而区域 *ABCDE* 是例 2-3 线性规划问题的解集，我们称这个解集为可行域。

下面再来分析一下目标函数 $z = 4x_1 - 3x_2$。在坐标系中，可以把目标函数看成是以 z 为变量的一组平行线族（图 2-2）。

令 $z = z_0 = 0$，则目标函数为 $4x_1 - 3x_2 = 0$，在坐标系中为一条直线，直线上的各点都有相同的 z 值（$z = 0$），故称为等值线。等值线与可行域边界的交点为 F、G，线段 F、G 上的任一点都为例 2-3 线性规划问题的可行解。从目标函数可以看出，当等值线向左上方移动时，目标函数值减小；等值线向右下方移动时，目标函数值增大。当等值线向右下方移至 D 点时，z 取最大值，

这就是原线性规划问题的最优解。D 点的坐标为(6,0),可得 z 的最大值为:

$$\max z = 4 \times 6 - 3 \times 0 = 24$$

即原问题的最优解为:

$$x_1 = 6, x_2 = 0, \max z = 24$$

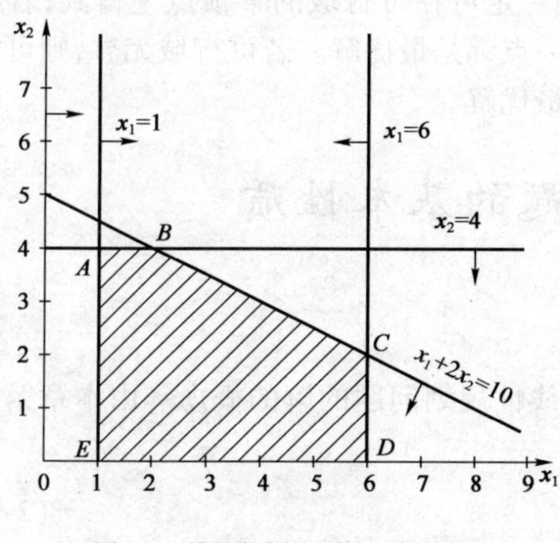

图 2-1　线性规划问题的可行域

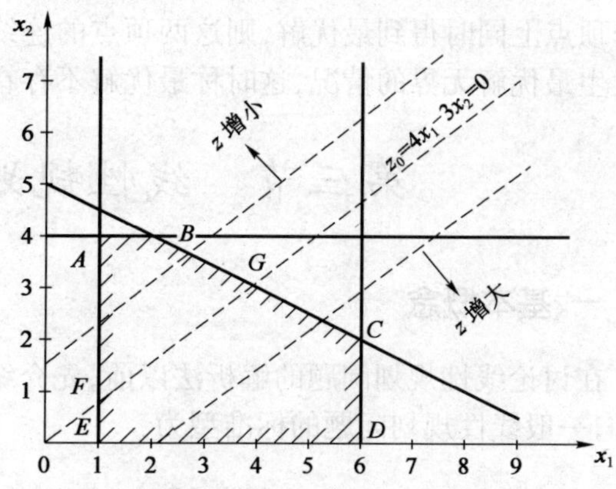

图 2-2　原线性规划问题目标函数的平行线族

在原线性规划问题中,若目标函数是求 z 的最小值而不是最大值,即 $\min z = 4x_1 - 3x_2$,则等值线应往左上方移动,当等值线到达 A 点时,z 取最小值。A 点的坐标为(1,4),则

$$\min z = 4 \times 1 - 3 \times 4 = -8$$

即最优解为:

$$x_1 = 1, x_2 = 4, \min z = -8$$

若原线性规划问题的目标函数为 $\max z = 2x_1 + 4x_2$,则等值线平行于边界线 BC(图 2-3),且等值线往右上方移动时,z 值增大。当等值线移到与 BC 线重合时,z 取最大值,BC 线段上任意一点都使目标函数 z 取得相同的最大值。这表明,该线性规划问题有无限多个最优解。

在有些线性规划问题中,约束条件所构成的可行域可能是无界的,这时可能有最优解,也可能无最优解。如图 2-4 所示的可行域是无界的,若目标函数为 $\max z = 2x_1 + 3x_2$,则无最优解;若目标函数为 $\max z = 3x_2 - 4x_1$,则目标函数在 A 点达到最大值,即 A 点为最优解。

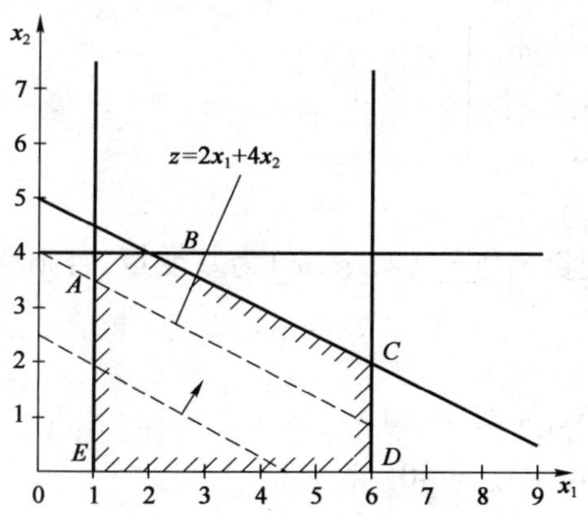

图 2-3　目标函数 $\max z = 2x_1 + 4x_2$ 平行线族

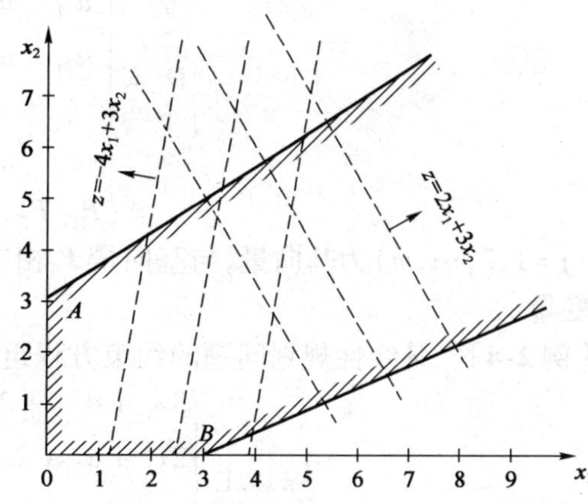

图 2-4　无界可行域中目标函数平行线族

有些线性规划问题,其约束条件是相互矛盾的,约束条件不能构成可行域,即可行域为空集。如在例2-3中,若再增加一条约束条件 $x_1 \leqslant 0.5$,则可行域就为空集。由于约束条件 $x_1 \leqslant 0.5$ 与 $x_1 \geqslant 1$ 是矛盾的,没有一个点能满足所有的约束条件,这时线性规划问题无解。

通过图解法可以看到,两个变量的线性规划问题的所有可行解构成的可行域一般是凸多边形(有时可行域可能是无界的)。若存在最优解,则一定可在可行域的某顶点上得到;若在两个顶点上同时得到最优解,则这两顶点的连线上任一点都是最优解。若可行域无界,则可能会发生最优解无界的情况,这时称最优解不存在或无最优解。

第三节 线性规划问题的基本性质

一、基本概念

在讨论线性规划问题的解析法以前,先介绍一下线性规划问题的解的概念。由本章第一节知,一般线性规划问题的标准型为:

$$\max z = \sum_{j=1}^{n} c_j x_j \tag{2-9}$$

$$\text{s.t.} \begin{cases} \sum_{j=1}^{n} a_{ij} x_j = b_i \quad (i = 1,2,\cdots,m) & (2\text{-}10) \\ x_j \geqslant 0 \quad (j = 1,2,\cdots,n) & (2\text{-}11) \end{cases}$$

1. 可行解

满足式(2-10)、式(2-11)的解 $\boldsymbol{X} = (x_1, x_2, \cdots, x_n)^{\mathrm{T}}$,称为线性规划问题的可行解,所有可行解的集合称为可行域。

2. 最优解

满足式(2-9)的可行解称为线性规划问题的最优解(即使目标函数达到最大值的可行解为最优解)。

3. 基

设 $\boldsymbol{A}$ 是约束方程组的 $m \times n$ 阶系数矩阵,其秩为 $m(m \leqslant n)$,$\boldsymbol{D}$ 是矩阵 $\boldsymbol{A}$ 中 $m \times m$ 阶非奇异子矩阵($|\boldsymbol{D}| \neq 0$),则称 $\boldsymbol{D}$ 是线性规划问题的一个基,并且基不是唯一的。

这就是说,矩阵 $\boldsymbol{D}$ 是由 m 个线性独立的列向量组成的。为不失一般性,可设

$$\boldsymbol{D} = \begin{bmatrix} a_{11} & a_{12} & \cdots & a_{1m} \\ a_{21} & a_{22} & \cdots & a_{2m} \\ \vdots & \vdots & \ddots & \vdots \\ a_{m1} & a_{m2} & \cdots & a_{mm} \end{bmatrix} = (\boldsymbol{P}_1, \boldsymbol{P}_2, \cdots, \boldsymbol{P}_m)$$

称 $\boldsymbol{P}_j (j = 1,2,\cdots,m)$ 为基向量,与基向量 $\boldsymbol{P}_j$ 相应的变量 $x_j (j = 1,2,\cdots,m)$ 为基变量,否则称为非基变量。

[例2-4] 某线性规划问题的约束方程组为

$$\text{s.t.} \begin{cases} 3x_1 + 4x_2 + 2x_3 + 3x_4 + x_5 = 60 \\ 2x_1 + x_2 + 2x_3 + 2x_4 + x_6 = 40 \\ x_1 + 3x_2 + 2x_3 + x_4 + x_7 = 80 \\ x_j \geqslant 0 (j = 1,2,\cdots,7) \end{cases}$$

其系数矩阵为:

$$A=\begin{bmatrix}3&4&2&3&1&0&0\\2&1&2&2&0&1&0\\1&3&2&1&0&0&1\end{bmatrix}$$

矩阵 A 的秩为 3。

若取

$$D_1=\begin{bmatrix}1&0&0\\0&1&0\\0&0&1\end{bmatrix}\quad(|D_1|\neq 0)$$

为基,则 $P_1=(1,0,0)^T$,$P_2=(0,1,0)^T$,$P_3=(0,0,1)^T$为相应的基向量,x_5、x_6、x_7为基变量,x_1、x_2、x_3、x_4为非基变量。

若取

$$D_2=\begin{bmatrix}4&3&1\\1&2&0\\3&1&0\end{bmatrix}\quad(|D_2|\neq 0)$$

为基,则 $P_2=(4,1,3)^T$,$P_4=(3,2,1)^T$,$P_5=(1,0,0)^T$为相应的基向量,x_2、x_4、x_5为基变量,x_1、x_3、x_6、x_7为非基变量。

可见,基、基向量、基变量不是唯一的,系数矩阵 A 的任一子矩阵 D,只要它的秩为 m,则都可作为基,基确定以后,相应的基向量、基变量也就确定了。

4. 基本解

在式(2-10)中,若$(x_1,x_2,\cdots,x_m)^T$为基变量,x_{m+1}、x_{m+2}、$\cdots$、x_n为非基变量,令非基变量为0,即 $x_{m+1}=x_{m+2}=\cdots=x_n=0$,则从约束方程组可求出一个解:

$$X=(x_1,x_2,\cdots,x_m,0,0,\cdots,0)^T$$

这个解的非零分量的个数不大于方程数目 m,称这个解 X 为基本解。

5. 基本可行解

满足式(2-11)的基本解称为基本可行解。图 2-1 中的点 A、B、C、D、E 都代表基本可行解。可见,基本可行解的非零分量数目也不大于 m,并且都是非负的。

6. 可行基

对应于基本可行解的基,称为可行基。

如例 2-4 中,若取基为

$$D_1=\begin{bmatrix}1&0&0\\0&1&0\\0&0&1\end{bmatrix}$$

则基变量为 x_5、x_6、x_7,非基变量为 x_1、x_2、x_3、x_4。令非基变量为 0,即 $x_1=x_2=x_3=x_4=0$,则约束方程组变为:

$$\begin{cases}x_5=60\\x_6=40\\x_7=80\end{cases}$$

即得到一个解 $\boldsymbol{X}=(0,0,0,0,60,48,80)^{\mathrm{T}}$，这个解就是基本解。因为该解满足非负条件，所以它也是基本可行解。基 $\boldsymbol{D}_1$ 便是可行基。

式(2-10)具有的最多基本解个数是 C_n^m 个。一般来说，基本可行解的数目要小于基本解的数目，最多相等。

以上提到的几个解的概念，它们之间的相互关系可用图 2-5 表示。

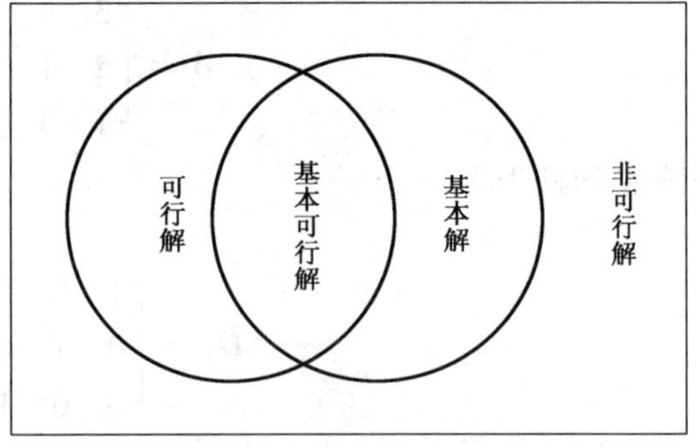

图 2-5　解的相互关系

二、基本定理

在这里，只列出一些基本定理，这些定理的证明可参考有关书籍。

定理 1-1　线性规划问题的所有可行解组成的集合

$$\overline{X}=\left\{x \mid \sum_{j=1}^{n} \boldsymbol{P}_{\mathrm{j}} x_{\mathrm{j}}=b_{\mathrm{j}}, x_{\mathrm{j}} \geqslant 0\right\}$$

是一个凸多面体，也就是说，线性规划问题的可行域是一个凸多面体。

定理 1-2　若线性规划问题存在可行解，则一定也存在一个基本可行解；若线性规划问题存在最优解，则一定也存在一个基本最优解。

由此可知，解线性规划问题，可以只在基本可行解中去寻找最优解。若线性规划问题的所有基本解都是不可行的，则原问题是不可行的；若线性规划问题存在最优解，那么一定存在一个基本最优解。由于对具有 n 个变量、m 个约束方程的标准型线性规划问题来说最多有 C_n^m 个基本解，因此，我们可以通过有限次(而不是无限次)迭代步骤求得最优解，这就是本章第四节提到的单纯形法的理论根据。

定理 1-3　线性规划问题的基本可行解 $\boldsymbol{X}$ 对应于可行域的顶点。

定理 1-4　若可行域有界，则线性规划问题的目标函数一定可在其可行域的顶点上达到最大值。

由上述定理，我们很自然地会想到一种解题方法：先求出可行域的所有顶点，然后计算这些顶点的目标函数值，取最大的作为最优值，其相应的顶点坐标就是最优解。但当变量个数 n、约束条件个数 m 较大时，这种方法是不可行的。所以，还必须寻找一种方法，使其能有效地求解线性规划问题。

第四节　单纯形法

根据本章第三节线性规划问题的基本性质可知，目标函数的最大值(如果有的话)总可以在可行域的某一个顶点达到，而且顶点个数是有限的。因此，我们自然会想到这样一条使目标函数达到最大值点的途径：先任取一顶点 X_0，代入目标函数得 z_0，然后在顶点 X_0 的基础上换一个顶点 X_1，使得 $z_1>z_0$，如是迭代，将目标函数从一个顶点移动到另一邻近的顶点，经有限个步骤求得使其达到最大值的点，最终得到线性规划问题的最优解。

这就是单纯形法的指导思想。单纯形法是求解线性规划问题最主要的一种方法。

一、单纯形法的基本算法

单纯形法的基本流程如图 2-6 所示。

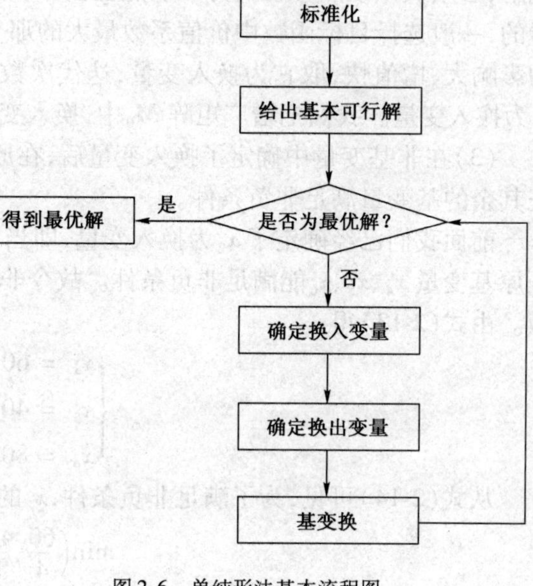

图 2-6 单纯形法基本流程图

下面用一个简单的例子来说明单纯形法的解题步骤与方法。

[例 2-5] 解下列线性规划问题。

$$\max z = 2x_1 + 4x_2 + 3x_3 \tag{2-12}$$

$$\text{s.t.}\begin{cases} 3x_1 + 4x_2 + 2x_3 \leqslant 60 \\ 2x_1 + x_2 + 2x_3 \leqslant 40 \\ x_1 + 3x_2 + 2x_3 \leqslant 80 \\ x_1, x_2, x_3 \geqslant 0 \end{cases} \tag{2-13}$$

解:(1)引入松弛变量 x_4、x_5、x_6,把原问题变成标准形式:

$$\max z = 2x_1 + 4x_2 + 3x_3 + 0x_4 + 0x_5 + 0x_6$$

$$\text{s.t.}\begin{cases} 3x_1 + 4x_2 + 2x_3 + x_4 = 60 \\ 2x_1 + x_2 + 2x_3 + x_5 = 40 \\ x_1 + 3x_2 + 2x_3 + x_6 = 80 \\ x_i \geqslant 0 \quad (i = 1,2,\cdots,6) \end{cases}$$

其系数矩阵为:

$$\begin{matrix} & \boldsymbol{P}_1 & \boldsymbol{P}_2 & \boldsymbol{P}_3 & \boldsymbol{P}_4 & \boldsymbol{P}_5 & \boldsymbol{P}_6 \end{matrix}$$

$$\boldsymbol{A} = \begin{bmatrix} 3 & 4 & 2 & 1 & 0 & 0 \\ 2 & 1 & 2 & 0 & 1 & 0 \\ 1 & 3 & 2 & 0 & 0 & 1 \end{bmatrix}$$

可以看出,$\boldsymbol{A}$ 的子矩阵

$$\boldsymbol{D} = \begin{bmatrix} 1 & 0 & 0 \\ 0 & 1 & 0 \\ 0 & 0 & 1 \end{bmatrix}$$

是非奇异的,它是单位阵,所以 $\boldsymbol{D}$ 可以作为原问题的一个基,其解向量为:

$\boldsymbol{P}_4 = (1,0,0)^{\mathrm{T}}$,$\boldsymbol{P}_5 = (0,1,0)^{\mathrm{T}}$,$\boldsymbol{P}_6 = (0,0,1)^{\mathrm{T}}$,相应的基变量为 x_4、x_5、x_6,非基变量为 x_1、x_2、x_3。

令非基变量等于 0,即 $x_1 = x_2 = x_3 = 0$,则由式(2-13)可得 $x_4 = 60$,$x_5 = 40$,$x_6 = 80$。于是得到一组初始基本可行解(即一个顶点):

$$\boldsymbol{X}_0 = (0,0,0,60,40,80)^{\mathrm{T}}$$

其相应的目标函数值 $z_0 = 0$。

(2)现在来分析这个初始基本可行解是否是最优解。把约束方程组以及目标函数写成如下的增广矩阵:

$$\boldsymbol{M}_0 = \begin{bmatrix} 3 & 4 & 2 & 1 & 0 & 0 & 60 \\ 2 & 1 & 2 & 0 & 1 & 0 & 40 \\ 1 & 3 & 2 & 0 & 0 & 1 & 80 \\ 2 & 4 & 3 & 0 & 0 & 0 & z_0 \end{bmatrix}$$

最末一行为目标函数的价值系数 c_j 及目标函数值 z_0。可见，在目标函数中，基变量所对应的价值系数 c_4、c_5、c_6 为0，而非基变量 x_1、x_2、x_3 所对应的价值系数全为正值。如果把非基变量变换成基变量，由变量的非负条件可知，目标函数的值就会增大。所以初始基本可行解不是最优解，必须从该顶点移动到另一顶点上去。顶点的移动是通过非基变量与基变量的对换来进行的，一般选择目标函数中价值系数最大的那个非基变量作为换入变量，因为它对目标函数值的影响大、增值快，取它为换入变量，迭代次数较少。本例中，x_2 所对应的价值系数最大，所以 x_2 为换入变量。我们把增广矩阵 $\boldsymbol{M}_0$ 中，换入变量所在的列称为基准列（Pivot Column）。

（3）在非基变量中确定了换入变量后，在原基变量中也应相应地确定一个换出变量，并保证其余的基变量满足非负条件。

前面我们已经确定了 x_2 为换入变量，即当 x_2 增大时，目标函数值能增大，但 x_2 增大必须保证原基变量 x_4、x_5、x_6 能满足非负条件。故令非基变量 $x_1=0$，$x_3=0$，把 x_4、x_5、x_6 表达为 x_2 的函数。由式(2-13)得：

$$\begin{cases} x_4 = 60 - 4x_2 \geqslant 0 \\ x_5 = 40 - x_2 \geqslant 0 \\ x_6 = 80 - 3x_2 \geqslant 0 \end{cases} \tag{2-14}$$

从式(2-14)可见，为了满足非负条件，x_2 的最大值只能取

$$\min\left(\frac{60}{4},\frac{40}{1},\frac{80}{3}\right) = 15$$

若 x_2 增大到大于15，则 x_4 将出现负值而不满足非负条件，这就决定了基变量 x_4 为换出变量，即用 x_2 去替换 x_4，从而从初始基本可行解所对应的那个顶点移动到另一个顶点。

以矩阵 $\boldsymbol{M}_0$ 的基准列中各约束方程式的系数 a_{ij} 去除相应的约束方程式的常数项 b_i，得比率 $\theta_i = \dfrac{b_i}{a_{ij}}$，在所有为正数的比率中，最小的那一行称为基准行（Pivot Row）。基准行与基准列的交点，称为基准点。

本例中，基准列为第2列，基准行为第1行，基准点为 a_{12}。

$$\begin{array}{c} \text{基准点} \\ \downarrow \end{array}$$

$$\boldsymbol{M}_0 = \begin{bmatrix} 3 & \boxed{4} & 2 & 1 & 0 & 0 & 60 \\ 2 & 1 & 2 & 0 & 1 & 0 & 40 \\ 1 & 3 & 2 & 0 & 0 & 1 & 80 \\ 2 & 4 & 3 & 0 & 0 & 0 & z_0 \end{bmatrix} \begin{matrix} \theta_i \\ \frac{60}{4} \leftarrow \text{基准行}\left[\min\left(\frac{60}{4},\frac{40}{1},\frac{80}{3}\right)=\frac{60}{4}\right] \\ \frac{40}{1} \\ \frac{80}{3} \\ \\ \end{matrix}$$

$$\uparrow$$

基准列[max(2,3,4) = 4]

可见，确定基准行、基准列，实质上就是确定换入变量与换出变量。

（4）变量 x_2 替代 x_4 后，x_2、x_5、x_6 为基变量，相应的基为：

$$\boldsymbol{D}_1 = \begin{bmatrix} 4 & 0 & 0 \\ 1 & 1 & 0 \\ 3 & 0 & 1 \end{bmatrix}$$

为了求得基本可行解，应将基准列单位化，也就是把基准点化为1，其余的元素化为0，这可以通过对初始增广矩阵 $\boldsymbol{M}_0$ 进行初等变换得到。

$$\boldsymbol{M}_0 = \begin{bmatrix} 3 & 4 & 2 & 1 & 0 & 0 & 60 \\ 2 & 1 & 2 & 0 & 1 & 0 & 40 \\ 1 & 3 & 2 & 0 & 0 & 1 & 80 \\ 2 & 4 & 3 & 0 & 0 & 0 & z_0 \end{bmatrix} \begin{matrix} \frac{1}{4}R_1 \\ R_2 + \left(-\frac{1}{4}R_1\right) \\ R_3 + \left(-\frac{3}{4}R_1\right) \\ R_4 - R_1 \end{matrix}$$

其中 R_i 表示矩阵 $\boldsymbol{M}_0$ 中的各行，如 R_1 表示第一行。通过运算得：

$$\boldsymbol{M}_1 = \begin{bmatrix} \frac{3}{4} & 1 & \frac{1}{2} & \frac{1}{4} & 0 & 0 & 15 \\ \frac{5}{4} & 0 & \frac{3}{2} & -\frac{1}{4} & 1 & 0 & 25 \\ -\frac{5}{4} & 0 & \frac{1}{2} & -\frac{3}{4} & 0 & 1 & 35 \\ -1 & 0 & 1 & -1 & 0 & 0 & z_1 = 60 \end{bmatrix}$$

令非基变量 $x_1 = 0, x_3 = 0, x_4 = 0$，可得到一组新的基本可行解：

$$\boldsymbol{X}_1 = (0,15,0,0,25,35)^{\mathrm{T}}$$

相应的目标函数值为 $z_1 = 60$，大于 $z_0 = 0$。

(5)重复步骤(2)~(4)，直到增广矩阵 $\boldsymbol{M}$ 中，基变量对应的价值系数均为0，非基变量对应的价值系数均为负。这时，若再调换基变量，反而会引起目标函数值 z 的减小，所以此时的基本可行解就是最优解。

本例中，

$$\boldsymbol{M}_1 = \begin{bmatrix} \frac{3}{4} & 1 & \frac{1}{2} & \frac{1}{4} & 0 & 0 & 15 \\ \frac{5}{4} & 0 & \boxed{\frac{3}{2}} & -\frac{1}{4} & 1 & 0 & 25 \\ -\frac{5}{4} & 0 & \frac{1}{2} & -\frac{3}{4} & 0 & 1 & 35 \\ -1 & 0 & 1 & -1 & 0 & 0 & z_1 = 60 \end{bmatrix} \begin{matrix} \theta_i \\ 15 \times 2 = 30 \\ 25 \times \frac{2}{3} = \frac{50}{3} \leftarrow \text{基准行} \\ 35 \times 2 = 70 \\ \\ \end{matrix}$$

↑

基准列

$$\boldsymbol{M}_2 = \begin{bmatrix} \frac{1}{3} & 1 & 0 & \frac{1}{3} & -\frac{1}{3} & 0 & \frac{20}{3} \\ \frac{5}{6} & 0 & 1 & -\frac{1}{6} & \frac{2}{3} & 0 & \frac{50}{3} \\ -\frac{5}{3} & 0 & 0 & -\frac{2}{3} & -\frac{1}{3} & 1 & \frac{80}{3} \\ -\frac{11}{6} & 0 & 0 & -\frac{5}{6} & -\frac{2}{3} & 0 & z_2 = \frac{230}{3} \end{bmatrix}$$

M_2中目标函数的价值系数都为负，故已达到最优解，令非基变量为0，则

$$X = \left(0, \frac{20}{3}, \frac{50}{3}, 0, 0, \frac{80}{3}\right)^{\mathrm{T}}$$

即原线性规划问题的解为：

$$X = \left(0, \frac{20}{3}, \frac{50}{3}\right)^{\mathrm{T}}, \max z = \frac{230}{3}$$

为了使计算过程规格化、简单化，上述计算过程可以列成表格形式（表2-2），便于应用计算机进行计算。

单 纯 形 表 表2-2

	C_j	C_1	C_2	…	C_n	C_{n+1}	C_{n+2}	…	C_{n+m}	b_i	θ_i
C_{Bi}	X_{Bi} \ X_j	x_1	x_2	…	x_n	x_{n+1}	x_{n+2}	…	x_{n+m}		
C_{n+1}	x_{n+1}	a_{11}	a_{12}	…	a_{1n}	1	0	…	0	b_1	θ_1
C_{n+2}	x_{n+2}	a_{21}	a_{22}	…	a_{2n}	0	1	…	0	b_2	θ_2
⋮	⋮	⋮	⋮	⋱	⋮	⋮	⋮	⋱	⋮	⋮	⋮
C_{n+m}	x_{n+m}	a_{m1}	a_{m2}	…	a_{mn}	0	0	…	1	b_m	θ_m
z'_j		z_1	z_2	…	z_n	z'_{n+1}	z'_{n+2}	…	z'_{n+m}	z	
$\sigma_j = C_j z'_j$		$C_1 - z'_1$	$C_2 - z'_2$	…	$C_n - z'_n$	$C_{n+1} - z'_{n+1}$		…	$C_{n+m} - z'_{n+m}$		

表2-2称为单纯形表。表中X_B为基变量，C_B为相应于基变量的价值系数，它们随着基变量的改变而改变，并与基变量相对应。σ_j为检验数，定义θ_i为判断基准行的指示数，z为目标函数值，其各自表达式如下。

$$z'_j = C_B^{\mathrm{T}} P_j = \sum_{i=1}^{m} C_{n+i} a_{ij}$$

$$\sigma_j = C_j - z'_j = C_j - \sum_{i=1}^{m} C_{n+i} a_{ij}$$

$$\theta_i = \frac{b_i}{a_{ij}} \qquad (a_{ik} > 0)$$

$$z = \sum_{i=1}^{m} b_i C_{n+i}$$

下面用一例题说明列表单纯形法的解题步骤。

[例2-6] 用单纯形法解下列线性规划问题。

$$\max z = 8x_1 + 6x_2$$

$$\text{s.t.} \begin{cases} 4x_1 + 2x_2 \leqslant 60 \\ 2x_1 + 4x_2 \leqslant 48 \\ x_1, x_2 \geqslant 0 \end{cases}$$

解：(1)标准化。引入松弛变量x_3、x_4，把原问题化成标准形式：

$$\max z = 8x_1 + 6x_2 + 0x_3 + 0x_4$$

$$\text{s. t.}\begin{cases}4x_1 + 2x_2 + x_3 = 60\\ 2x_1 + 4x_2 + x_4 = 48\\ x_1, x_2, x_3, x_4 \geqslant 0\end{cases}$$

(2)列初始单纯形表。取 x_3、x_4 为基变量,则得到初始单纯形表,如表 2-3 所示。

初始单纯形表　　　　表 2-3

C_{Bi}	X_{Bi} \ C_j / X_j	8 x_1	6 x_2	0 x_3	0 x_4	b_i	θ_i
0	x_3	[4]	2	1	0	60	15
0	x_4	2	4	0	1	48	24
z_j'		0	0	0	0	$z=0$	
$\sigma_j = C_j - z_j'$		8	6	0	0		

→基准行

↑
基准列

(3)判别最优解。在初始单纯形表中,令非基变量 $x_1 = 0, x_2 = 0$,即得一个初始的基本可行解 $\boldsymbol{X}^0 = (0,0,60,48)^{\mathrm{T}}$,目标函数值为 0。

有了一组基本可行解,就要判断它是否是最优解,以确定是否需要进行迭代。在求极大值问题时,若各项检验数 σ_j 均 $\leqslant 0$,则该基本可行解就是最优解,否则需要继续迭代。在本例中,目标函数是极大值问题,由表 2-3 可知,存在大于 0 的检验数,故初始解不是最优解。

(4)确定换入变量(确定基准列)。与例 2-5 中矩阵算法一样,在求极大值问题时,选择检验数最大的那一列作为基准列,对应的非基变量即为换入变量。

在本例中,选取第 1 列为基准列,则 x_1 为换入变量。

(5)确定换出变量(确定基准行)。根据选定的基准列,设为第 k 列,计算基准行指示数 θ_i:

$$\theta_i = \frac{b_i}{a_{ik}} \qquad (i = 1, 2, \cdots, m)$$

再从各 θ_i 值中选取最小正值所对应的行为基准行,设为第 r 行,则

$$\theta_r = \min\left(\frac{b_i}{a_{ik}}, a_{ik} \geqslant 0\right)$$

这样就确定了基准点为 a_{rk}。单纯形表中,第 r 行所在的那个变量即为换出变量,以换入变量代替换出变量,注意价值系数 C_B 也应相应地改变。

(6)基变换。将基准列单位化,使基准点为 1,其余元素为 0,数值变换法则与矩阵算法一样。这样就得到一个新的单纯形表。

在本例中,第 1 列为基准列,则 x_1 为换入变量,第 1 行为基准行,则 x_3 为换出变量,a_{11} 为基准点。以 x_1 作为新的基变量,把原来位于第 1 行的 x_3 换出,并以 $C_1 = 8$ 取代 C_B 中的 $C_{B1} = 0$,于是第一次迭代所得的单纯形表如表 2-4 所示。

第一次迭代后的单纯形表　　表 2-4

C_{Bi}	X_{Bi}	C_j 8 / X_j x_1	6 / x_2	0 / x_3	0 / x_4	b_i	θ_i
8	x_1	1	$\frac{1}{2}$	$\frac{1}{4}$	0	15	30
0	x_4	0	[3]	$-\frac{1}{2}$	1	18	6 →基准行
	z'_j	8	4	2	0	$z=0$	
	σ_j	0	2	-2	0		
			↑ 基准列				

表 2-4 中元素计算如下：

$$a_{11}=\frac{4}{4}=1,a_{12}=\frac{2}{4}=\frac{1}{2}$$

$$a_{13}=\frac{1}{4},a_{14}=\frac{0}{4}=0$$

$$b_1=\frac{60}{4}=15$$

$$a_{21}=2-(1\times 2)=0,a_{22}=4-1\div 2\times 2=3$$

$$a_{23}=0-\frac{2}{4}=-\frac{1}{2},a_{24}=1-0\times 2=1$$

$$b_2=48-15\times 2=18$$

$$z'_1=\sum_{i=1}^{m}a_{i1}C_{Bi}=1\times 8+0\times 0=8$$

$$z'_2=\frac{1}{2}\times 8+3\times 0=4$$

$$z'_3=\frac{1}{4}\times 8+\left(-\frac{1}{2}\right)\times 0=2$$

$$z'_4=0\times 8+1\times 0=0$$

目标函数为：

$$z=\sum_{i=1}^{m}b_iC_{Bi}=15\times 8+18\times 0=120$$

令非基变量 $x_2=0,x_3=0$，则得第一次迭代的基本可行解和相应的目标函数值为：

$$\boldsymbol{X}_1=(15,0,0,18)^{\mathrm{T}},z=120$$

由表 2-4 可知，检验数 σ_j 中仍有正值，故上述可行解不是最优解。重复步骤(3)～(5)，得第二次迭代后的单纯形表，如表 2-5 所示。

第二次迭代后的单纯形表 表 2-5

C_{Bi}	X_{Bi} \ C_j	8	6	0	0	b_i	θ_i
	X_j	x_1	x_2	x_3	x_4		
8	x_1	1	0	$\frac{1}{3}$	$-\frac{1}{6}$	12	
6	x_2	0	1	$-\frac{1}{6}$	$\frac{1}{3}$	6	
	z_j	8	6	$\frac{5}{3}$	$\frac{2}{3}$	$z=132$	
	σ_j	0	0	$-\frac{5}{3}$	$-\frac{2}{3}$		

从表 2-5 中可以看出,检验数 σ_{ij} 均$\leqslant 0$,所以这时的基本可行解就是最优解。解为:

$$X^* = (12,6)^{\mathrm{T}}, \max z = 132$$

上述单纯形法的计算过程,可以全部在单纯形表上进行,如例 2-7 所示。

[**例 2-7**] 用单纯形法求解下列线性规划问题。

$$\max z = 3x_1 + 5x_2 + 4x_3$$

$$\text{s. t.} \begin{cases} 2x_1 + 3x_2 \leqslant 8 \\ 2x_2 + 5x_3 \leqslant 10 \\ 3x_1 + 2x_2 + 4x_3 \leqslant 16 \\ x_1, x_2, x_3 \geqslant 0 \end{cases}$$

解:将原问题化成标准形式:

$$\max z = 3x_1 + 5x_{2+} + 4x_3 + 0x_4 + 0x_5 + 0x_6$$

$$\text{s. t.} \begin{cases} 2x_1 + 3x_2 + x_4 = 8 \\ 2x_2 + 5x_3 + x_5 = 10 \\ 3x_1 + 2x_2 + 4x_3 + x_6 = 16 \\ x_1, x_2, x_3, x_4, x_5, x_6 \geqslant 0 \end{cases}$$

计算过程见表 2-6。

单纯形迭代计算表 表 2-6

C_{Bi}	X_{Bi} \ C_j	3	5	4	0	0	0	b_i	θ_i
	X_j	x_1	x_2	x_3	x_4	x_5	x_6		
0	x_4	2	[3]	0	1	0	0	8	$\frac{8}{3}$
0	x_5	0	2	5	0	1	0	10	$\frac{10}{2}$
0	x_6	3	2	4	0	0	1	16	$\frac{16}{2}$
$\sigma_j = C_j - z_j'$		3	5	4	0	0	0	$z=0$	

续上表

C_{Bi}	X_{Bi} \ C_j	3	5	4	0	0	0	b_i	θ_i
	X_j	x_1	x_2	x_3	x_4	x_5	x_6		
5	x_2	$\frac{2}{3}$	1	0	$\frac{1}{3}$	0	0	$\frac{8}{3}$	—
0	x_5	$-\frac{4}{3}$	0	$\boxed{5}$	$-\frac{2}{3}$	1	0	$\frac{14}{3}$	$\frac{14}{15}$
0	x_6	$\frac{5}{3}$	0	4	$-\frac{2}{3}$	0	1	$\frac{32}{3}$	$\frac{32}{3}$
	σ_j	$-\frac{1}{3}$	0	4	$\frac{5}{3}$	0	0	$z=\frac{40}{3}$	
5	x_2	$\frac{2}{3}$	1	0	$\frac{1}{3}$	0	0	$\frac{8}{3}$	$\frac{8}{2}$
4	x_3	$-\frac{4}{15}$	0	1	$-\frac{2}{15}$	$\frac{1}{5}$	0	$\frac{14}{15}$	—
0	x_6	$\boxed{\frac{41}{15}}$	0	0	$-\frac{2}{15}$	$-\frac{4}{5}$	1	$\frac{104}{15}$	$\frac{104}{41}$
	σ_j	$\frac{11}{15}$	0	0	$-\frac{17}{15}$	$-\frac{4}{5}$	0	$z=\frac{256}{15}$	
5	x_2	0	1	0	$\frac{15}{14}$	$\frac{8}{41}$	$-\frac{10}{41}$	$\frac{40}{41}$	
4	x_3	0	0	1	$-\frac{6}{41}$	$\frac{5}{41}$	$\frac{4}{41}$	$\frac{66}{41}$	
3	x_1	1	0	0	$-\frac{2}{41}$	$-\frac{12}{41}$	$\frac{15}{41}$	$\frac{104}{41}$	
	σ_j	0	0	0	$-\frac{45}{41}$	$-\frac{24}{41}$	$-\frac{11}{41}$	$z=\frac{776}{41}$	

原问题的最优解为：

$$\boldsymbol{X} = \left(\frac{104}{41},\frac{40}{41},\frac{60}{41}\right)^{\mathrm{T}},\max z = \frac{776}{41}$$

二、单纯形法的基本步骤

从上面的几个例题可以看出，用单纯形法求解线性规划问题时，其基本步骤如下。

(1)将数学模型标准化。

(2)找出初始可行基，确定初始基本可行解，建立初始单纯形表。用单纯形法求解时，取系数矩阵 $\boldsymbol{A}$ 中的单位化子矩阵为初始可行基，若其中无单位化子矩阵，则应引进人工变量，使 $\boldsymbol{A}$ 中出现单位化子矩阵，详见本章第五节。

(3)检查对应于非基变量的检验数 σ_j，若所有的 $\sigma_j<0$，则已得到最优解，停止计算，否则

转入步骤(4)。

(4)在所有大于零的 σ_j 中,若有一个 σ_k 对应的 x_k 的系数列向量 $\boldsymbol{P}_k \leqslant 0$(即对 $i=1,2,\cdots m$,均有 $a_{ik} \leqslant 0$),则此问题无解,停止计算,否则转入步骤(5)。

(5)根据 $\max(\sigma_j > 0) = \sigma_k$,确定第 k 列为基准列,则 x_k 为换入变量。根据规则

$$\theta_r = \min\left(\frac{b_i}{a_{ik}}, a_{ik} > 0\right) = \frac{b_l}{a_{lk}}$$

确定第 l 行为基准行,则 x_l 为换出变量,a_{lk} 为基准点,转入步骤(6)。

(6)通过初等变换,将基准列单位化,使基准点为1,其余元素为0,并将 x_k 与 x_l 对换位置,于是得到一个新的单纯形表。令非基变量为0,得到新的基本可行解。

重复步骤(3)~(6),直至得到最优解为止。

单纯形法的基本步骤可用如图2-7所示的流程图表示。

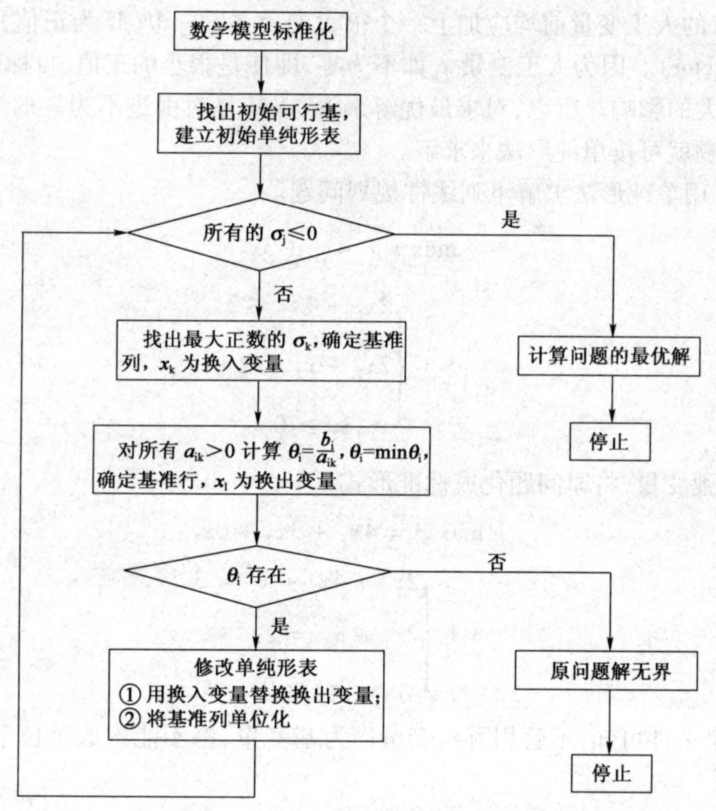

图2-7 单纯形法计算流程图

三、初始基本可行解的确定

从上面的讨论可以看出,用单纯形法求解线性规划问题时,确定初始基本可行解是相当重要的,是进行迭代运算的前提。如果约束不等式组中,不等式号全为"≤",那么由例2-5~例2-7可知,我们可以引入松弛变量 $x_{n+i}(i=1,2,\cdots,m)$ 把不等式组化成方程组。这些松弛变量在方程组的系数中构成一个单位矩阵,取这些松弛变量为基变量,就可得到一组初始基本可行解 $\boldsymbol{X}=(x_i | x_i = b_i)^{\mathrm{T}}$。

如果约束不等式组中,出现"≥"的不等号,在本章第一节中我们已经讲过,可通过引入剩

余变量 x_{n+j} 将其化为标准型，即

$$a_{j1}x_1 + a_{j2}x_2 + \cdots + a_{jn}x_n - x_{n+j} = b_j$$

但通过这种变换，这个线性方程组仍不能直接用单纯形法求解。因为所有剩余变量之前为负号，将它们取做基变量得到的解为 $x_{n+j} = -b_j$，不满足非负条件。单纯形法要求通过变换的等式约束方程组，其作为基变量的系数矩阵一定是单位矩阵。因此，需要引入新的人工变量。

对于具有等式约束条件的情况，也可通过引入人工变量的办法来寻找初始基本可行解。

所谓人工变量，是指并不是为满足方程式由不等式变为等式而引进的，而是为了能找到初始的基本可行解而人为引进的变量。即在原不等式化成等式后，再在等式中外加一个人工变量 x_a，为了使这些变量最终不影响原来的等式，要求在迭代结束时，人工变量为零。为此，在目标函数中所有的人工变量前均应加上一个很大的负系数 $-M$（M 为正值），这个 $-M$ 称为罚因子（Penalty Factor）。因为人工变量 x_a 如不为零，即使是很小的正值，目标函数值也会大幅度减小，而受到很大的影响。所以，对求最优解来说，$-M$ 是对引进不为零的人工变量 x_a 的一种惩罚。这样，问题就可按单纯形法来求解。

［**例 2-8**］ 用单纯形法求解下列线性规划问题。

$$\max z = 4x_1 + 3x_2$$

$$\text{s.t.}\begin{cases} 2x_1 + 4x_2 \leqslant 3 \\ 2x_1 + x_2 = 2 \\ x_1, x_2 \geqslant 0 \end{cases}$$

解：引入松弛变量，将原问题化成标准形式：

$$\max z = 4x_1 + 3x_2 + 0x_3$$

$$\text{s.t.}\begin{cases} 2x_1 + 4x_2 + x_3 = 3 \\ 2x_1 + x_2 = 2 \\ x_1, x_2, x_3 \geqslant 0 \end{cases}$$

从等式约束条件可知，不管用哪些变量作为基变量，都不能构成单位系数矩阵，故需引入人工变量 x_4，则

$$\max z = 4x_1 + 3x_2 + 0x_3 - Mx_4$$

$$\text{s.t.}\begin{cases} 2x_1 + 4x_2 + x_3 = 3 \\ 2x_1 + x_2 + x_4 = 2 \\ x_1, x_2, x_3, x_4 \geqslant 0 \end{cases}$$

其中，M 是足够大的正数，只要 x_4 不为 0，则目标函数就不可能达到最大值，所以到最后 x_4 必定等于 0。

引入人工变量后，取 x_3、x_4 为基变量，则 x_3、x_4 所对应的系数矩阵为单位矩阵，便可用单纯形法求解原线性规划问题。其计算过程见表 2-7。

单纯形迭代计算表 表 2-7

C_{Bi}	X_{Bi} \ C_j / X_j	4	3	0	$-M$	b_i	θ_i
		x_1	x_2	x_3	x_4		
0	x_3	2	4	1	0	3	$\frac{3}{2}$
$-M$	x_4	[2]	1	0	1	2	1
$\sigma_j = C_j - z_j'$		$4+2M$	$3+M$	0	0	$z=-2M$	
0	x_3	0	[3]	1	-1	1	$\frac{1}{3}$
4	x_1	1	$\frac{1}{2}$	0	$\frac{1}{2}$	1	2
σ_j		0	1	0	$-M-2$	$z=4$	
3	x_2	0	1	$\frac{1}{3}$	$-\frac{1}{3}$	$\frac{1}{3}$	
4	x_1	1	0	$-\frac{1}{6}$	$\frac{2}{3}$	$\frac{5}{6}$	
σ_j		0	0	$-\frac{1}{3}$	$-M-\frac{5}{3}$	$z=\frac{13}{3}$	

原问题的最优解为:

$$X^* = \left(\frac{5}{6}, \frac{1}{3}\right)^T, \max z = \frac{13}{3}$$

需要说明的是,如果原约束条件中有多个不等号或等号,则通常需添置多个人工变量。这时,在相应的目标函数中,有几个人工变量就应该添加几项 $-M$。

[**例 2-9**] 用单纯形法求解下列问题。

$$\max z = 5x_1 + 6x_2 + 7x_3 + 7x_4$$

$$\text{s. t.} \begin{cases} x_1 + 2x_2 + x_3 + 4x_4 \geqslant 10 \\ 2x_1 + 4x_3 + 5x_4 \leqslant 20 \\ 2x_1 + 3x_2 + 5x_3 = 15 \\ 3x_1 + 4x_3 + x_4 \geqslant 16 \\ x_1, x_2, x_3, x_4 \geqslant 0 \end{cases}$$

解:将原问题化成标准形式:

$$\max z = 5x_1 + 6x_2 + 7x_3 + 7x_4 + 0x_5 + 0x_6 + 0x_7$$

$$\text{s. t.} \begin{cases} x_1 + 2x_2 + x_3 + 4x_4 - x_5 = 10 \\ 2x_1 + 4x_3 + 5x_4 + x_6 = 20 \\ 2x_1 + 3x_2 + 5x_3 = 15 \\ 3x_1 + 4x_2 + x_4 - x_7 = 16 \\ x_1, x_2, \cdots, x_7 \geqslant 0 \end{cases}$$

为了获得初始基本可行解，需添加三个人工变量 x_8、x_9、x_{10}，这时目标函数也要作相应的变更。

$$\max z = 5x_1 + 6x_2 + 7x_3 + 7x_4 - Mx_8 - Mx_9 - Mx_{10}$$

$$\text{s.t.}\begin{cases} x_1 + 2x_2 + x_3 + 4x_4 - x_5 + x_8 = 10 \\ 2x_1 + 4x_3 + 5x_4 + x_6 = 20 \\ 2x_1 + 3x_2 + 5x_3 + x_9 = 15 \\ 3x_1 + 4x_3 + x_4 - x_7 + x_{10} = 16 \\ x_1, x_2, \cdots, x_9, x_{10} \geqslant 0 \end{cases}$$

这样，就可应用前面所讨论的方法求解上述规划问题了。

第五节　线性规划在道路交通设计中的应用

实例 2-1　道路优化设计问题

某地段的地面剖面如图 2-8 所示（折线 $ABCD$），拟在 AD 之间修一条公路。修筑公路除一般的建造费用外，由于填挖土方不平衡而需要增加的额外费用为 $\Delta M_1 = 6\Delta V$ 元/m³，其中 ΔV 为填挖不平衡土方量（公路填挖宽度为 10m）；由于纵坡而引起汽车额外的油料费用（设计年限内的总费用）为 $\Delta M_2 = 3\,000|i|$元/m，其中 i 为纵坡度。问如何设计纵坡才能使这些附加的费用为最少？

要求最大纵坡不大于 10%，并且 $i_1 \geqslant 0, i_2 \leqslant 0, i_3 \geqslant 0$。因坡度不大，公路长度可按水平距离计算，即 $AB' = B'C' = C'D = 400$m。

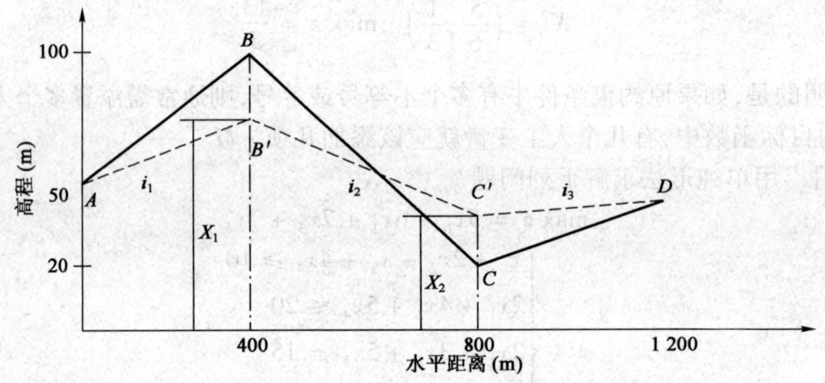

图 2-8　某路段的地面线高程

解：设公路纵断面为 $AB'C'D$，x_1、x_2 为 B'、C'的高程，则各路段填挖不平衡土方量为（正时为挖、负时为填）：

$$\Delta V_1 = 10\Delta S_1 = 10 \times \frac{1}{2} \times 400 \times (100 - x_1)$$

$$= 2\,000(100 - x_1)$$

$$\Delta V_2 = 10\Delta S_2 = 10 \times \frac{1}{2} \times 400 \times (100 - x_1 + 20 - x_2)$$

$$= 2\,000(120 - x_1 - x_2)$$

$$\Delta V_3 = 10\Delta S_3 = 10 \times \frac{1}{2} \times 400 \times (20 - x_2)$$
$$= 2\,000(20 - x_2)$$

总的不平衡土方量为：

$$\Delta V = \Delta V_1 + \Delta V_2 + \Delta V_3 = 4\,000(120 - x_1 - x_2)$$

则填挖不平衡的附加费用为：

$$\Delta M_1 = |\Delta V| \times 6 = 24\,000\,|120 - x_1 - x_2|$$

公路纵坡为：

$$i_1 = \frac{x_1 - 50}{400}, i_2 = \frac{x_2 - x_1}{400}, i_3 = \frac{50 - x_2}{400}$$

由于 $i_1 \geqslant 0, i_2 \leqslant 0, i_3 \geqslant 0$，所以纵坡引起的附加费用为：

$$\begin{aligned}\Delta M_2 &= i_1 \times 3\,000 \times 400 - i_2 \times 3\,000 \times 400 + i_3 \times 3\,000 \times 400 \\ &= 1\,200\,000(i_1 - i_2 + i_3) \\ &= 3\,000(2x_1 - 2x_2) \\ &= 6\,000(x_1 - x_2)\end{aligned}$$

那么，该问题的目标函数为：

$$\begin{aligned}\min z &= \Delta M_1 + \Delta M_2 \\ &= 24\,000\,|120 - x_1 - x_2| + 6\,000(x_1 - x_2)\end{aligned}$$

因为最大纵坡不能大于10%，所以必须满足：

$$i_1 \leqslant 0.1, i_2 \geqslant -0.1, i_3 \leqslant 0.1$$

即

$$\begin{cases}\dfrac{x_1 - 50}{400} \leqslant 0.1 \\ \dfrac{x_2 - x_1}{400} \geqslant -0.1 \\ \dfrac{50 - x_2}{400} \leqslant 0.1\end{cases}$$

得到：

$$\begin{cases}x_1 \leqslant 90 \\ x_2 - x_1 \geqslant -40 \\ x_2 \geqslant 10\end{cases}$$

由 $i_1 \geqslant 0, i_2 \leqslant 0, i_3 \geqslant 0$ 可得：

$$\begin{cases}x_1 \geqslant 50 \\ x_2 - x_1 \leqslant 0 \\ x_2 \leqslant 50\end{cases}$$

那么，原问题可用如下的数学模型来表达：

$$\min z = 24\,000\,|120 - x_1 - x_2| + 6\,000(x_1 - x_2)$$

$$\text{s.t.}\begin{cases}x_1 \leqslant 90\\ x_2 \geqslant 10\\ x_1 - x_2 \leqslant 40\\ x_1 \geqslant 50\\ x_2 \leqslant 50\\ x_1 - x_2 \geqslant 0\end{cases}$$

上述模型的目标函数中含有绝对值符号,不能用线性规划方法求解,我们可以通过去绝对值符号把它化为两个线性规划问题。

问题 A　当 $120 - x_1 - x_2 \geqslant 0$ 时,则目标函数为:

$$\begin{aligned}\min z &= 24\,000(120 - x_1 - x_2) + 6\,000(x_1 - x_2)\\ &= 2\,880\,000 - 18\,000x_1 - 30\,000x_2\end{aligned}$$

这时,需增加一个附加约束条件:

$$120 - x_1 - x_2 \geqslant 0$$

问题 B　当 $120 - x_1 - x_2 \leqslant 0$ 时,则目标函数为:

$$\begin{aligned}\min z &= -24\,000(120 - x_1 - x_2) + 6\,000(x_1 - x_2)\\ &= -2\,880\,000 + 30\,000x_1 + 18\,000x_2\end{aligned}$$

这时,需增加约束条件:

$$120 - x_1 - x_2 \leqslant 0$$

即原问题可分解成以下两个线性规划问题:

问题 A　　$\min z = 2\,880\,000 - 18\,000x_1 - 30\,000x_2$

$$\text{s.t.}\begin{cases}x_1 \leqslant 90\\ x_2 \geqslant 10\\ x_1 - x_2 \leqslant 40\\ x_1 \geqslant 50\\ x_2 \leqslant 50\\ x_1 - x_2 \geqslant 0\\ x_1 + x_2 \leqslant 120\\ x_1, x_2 \geqslant 0\end{cases}$$

问题 B　　$\min z = -2\,880\,000 + 30\,000x_1 + 18\,000x_2$

$$\text{s.t.}\begin{cases}x_1 \leqslant 90\\ x_2 \geqslant 10\\ x_1 - x_2 \leqslant 40\\ x_1 \geqslant 50\\ x_2 \leqslant 50\\ x_1 - x_2 \geqslant 0\\ x_1 + x_2 \geqslant 120\\ x_1, x_2 \geqslant 0\end{cases}$$

上述两线性规划问题可用单纯形法求解，问题 A 的最优解为：

$$x_1=70\text{m}, x_2=50\text{m}, \min z=120\,000\text{ 元}$$

问题 B 的最优解为：

$$x_1=70\text{m}, x_2=50\text{m}, \min s=120\,000\text{ 元}$$

问题 A 和问题 B 的最优解是相同的（如果不同，则取 z 较小的作最优解），所以，在原问题中，当设 B'高程为 70m，C'高程为 50m 时公路纵断面设计最为合理。

实例 2-2　最小费用集料问题

某筑路工地需 10 000m^{3}混合集料作为道路基层，拟从附近两个弃土堆 A、B 取料，从弃土堆 A 取料的装载运输费为 1.0 元/m^3，从弃土堆 B 取料的装载运输费为 1.4 元/m^3。问如何取料才能使总的费用最少？

已知弃土堆 A 的材料成分为砂含量 30%，砾石含量 70%；弃土堆 B 的材料成分为砂含量 60%，砾石含量 30%，黏土含量 10%。混合集料的成分要求为砂含量≥50%，砾石含量≤60%，黏土含量≤8%。

解：设 x_1、x_2分别为从弃土堆 A、B 所取的材料数量（单位：m^3），那么费用函数为：

$$z=1.0x_1+1.4x_2$$

工地需要的集料为 10 000m^3，所以有：

$$x_1+x_2=10\,000$$

混合料砂含量必须≥50%，则有：

$$0.3x_1+0.5x_2\geqslant 0.5(x_1+x_2)$$

混合料砾石含量必须≤60%，则有：

$$0.7x_1+0.3x_2\leqslant 0.6(x_1+x_2)$$

混合料的黏土含量必须≤8%，则有：

$$0.1x_2\leqslant 0.08(x_1+x_2)$$

那么原问题可用如下数学模型来表达：

$$\min z=1.0x_1+1.4x_2$$

$$\text{s.t.}\begin{cases}x_1+x_2=10\,000\\-2x_1+2x_2\geqslant 0\\-x_1+3x_2\geqslant 0\\4x_1-x_2\geqslant 0\\x_1,x_2\geqslant 0\end{cases}$$

该问题为线性规划问题，用单纯形法求得最优解为：

$$x_1=3\,333\text{m}^3, x_2=6\,667\text{m}^3, \min z=12\,666\text{ 元}$$

即从弃土堆 A 取料 3 333 m^3，从弃土堆 B 取料 6 667m^3，这样配料运输费用最少，最少费用为 12 666 元。

实例 2-3　施工规划问题

某筑路工地同时开挖 A、B 两段路堑，A 路堑采用牵引式挖土机，B 路堑采用液压式挖土机，运行费用见表 2-8。因为受运土车辆的限制，挖掘土方量不能超过 10 000m^3/d。为了保证施工进度，要求路堑 A 每天的挖土量≥1 600 m^3，路堑 B 每天的挖土量≥3 000m^3。该工地有 12 名机械手可操作两种挖土机。试问如何分配这几名机械手，才能使每天的运行费用最少？

两种挖土机的运行费用与挖掘能力 表 2-8

机　　具	运行费用（每台）	挖掘能力（每台）
牵引式挖土机	394 元/d	200m^3/d
液压式挖土机	1 110 元/d	1 000m^3/d

解：设 x_1、x_2分别为操作牵引式挖土机、液压式挖土机的机械手人数，那么每天总的运行费用为：

$$z = 394x_1 + 1\,110x_2$$

由于受土方运输条件的限制，每天的开挖土方量必须小于 10 000m^3，即满足：

$$200x_1 + 1\,000x_2 \leqslant 10\,000$$

为了保证施工进度，必须满足：

$$200x_1 \geqslant 1\,600$$

$$1\,000x_2 \geqslant 3\,000$$

因为该工地仅有 12 名机械手，所以有：

$$x_1 + x_2 \leqslant 12$$

那么，原问题可用下列数学模型来表达：

$$\min z = 394\,x_1 + 1\,110\,x_2$$

$$\text{s.t.}\begin{cases}200x_1 + 1\,000x_2 \leqslant 10\,000\\ 200x_1 \geqslant 1\,600\\ 1\,000x_2 \geqslant 3\,000\\ x_1 + x_2 \leqslant 12\\ x_1, x_2 \geqslant 0\end{cases}$$

该问题为线性规划问题，用单纯形法求得的最优解为：

$$x_1 = 8, x_2 = 3, \min z = 6\,482\text{ 元}$$

即分配 8 名机械手操作牵引式挖土机，3 名机械手操作液压式挖土机，这时的运行费用最少。

实例 2-4　截料优化问题

某桥梁工地用一批长度为 8.4m 的角钢（数量充分多）制造钢桁架，因构造要求，需将角钢截成三种不同规格的短料：2m、3.5m、4m。这三种规格短料的需求量分别为 100 根、50 根、50 根。试问怎样截料才能使废料最少？

解：经过试计算，可以得到如表 2-9 所示的六种截法。若单纯选用一种截法（如截法二、截法四、截法六），自然可以使废料最少，但这样不能保证满足规定的需要量即不成套。为了满足配套的要求，而又使总的废料最少，必须同时配合采用若干种截法。

钢材截取方法　　表2-9

长度 \ 根数 \ 截法	一	二	三	四	五	六
2.0m	2	2	0	0	0	4
3.5m	1	0	1	0	2	0
4.5m	0	1	1	2	0	0
废料长(m)	0.9	0.4	0.9	0.4	1.4	0.4

设按第一种截法下料的原材料根数为 x_1，第二种截法为 x_2，…，第六种截法为 x_6。那么废料的总长度为：

$$z = 0.9x_1 + 0.4x_2 + 0.9x_3 + 0.4x_4 + 1.4x_5 + 0.4x_6$$

该问题的目标为使总废料最少，所以该问题可用如下的数学模型来表达：

$$\min z = 0.9x_1 + 0.4x_2 + 0.9x_3 + 0.4x_4 + 1.4x_5 + 0.4x_6$$

$$\text{s.t.}\begin{cases} 2x_1 + 2x_2 + 4x_6 = 100 \\ x_1 + x_3 + 2x_5 = 50 \\ x_2 + x_3 + 2x_4 = 50 \\ x_1, x_2, x_3, x_4, x_5, x_6 \geqslant 0 \text{ 且为整数} \end{cases}$$

该问题为整数规划问题（一种特殊类型的线性规划问题，详见第三章），用单纯形法求得的最优解为：

$$X^* = (0,0,0,25,25,25)^{\mathrm{T}}, \min z = 55\text{m}$$

从数学模型可以看出，该问题的最优解不是唯一的，如：

$$X_1 = (0,50,0,0,25,0)^{\mathrm{T}}$$
$$X_2 = (0,10,0,20,25,20)^{\mathrm{T}}$$
$$X_3 = (0,20,0,15,25,15)^{\mathrm{T}}$$
$$\cdots\cdots$$

它们的废料总长均为55m。所以，从经济的角度来讲，可采用很多下料方案，而得到相同的最佳经济效果，但从下料方便性来讲，采用 X^* 更为合理。即取25根角钢全截4.0m的短料，取25根角钢全截3.5m的短料，取25根角钢全截2.0m的短料。这样可得2.0m短料100根，3.5m及4.0m短料各50根，废料总长55m。

实例2-5　连续投资问题

某部门在今后五年内考虑给下列项目投资，已知各项目投资收益状况如下。

项目A：从第一年到第四年每年年初需要投资，并于次年年末回收本利115%。

项目B：第三年年初需要投资，到第五年年末能回收本利125%，但规定最大投资额不超过4万元。

项目C:第二年年初需要投资,到第五年年末能回收本利140%,但规定最大投资额不超过3万元。

项目D:四年内每年年初可购买公债,于当年年末归还,并加利息6%。

该部门现有资金10万元,问它应如何确定这些项目每年的投资额,使第五年年末拥有的资金的本利总额为最大?

解:(1)确定变量。这是一个连续投资问题,与时间有关,但这里设法用线性规划方法进行静态处理。以 x_{iA}、x_{iB}、x_{iC}、x_{iD}($i=1,2,\cdots,5$)分别表示第 i 年年初给项目 A、B、C、D 的投资额,它们都是待定的未知变量。根据给定的条件,将变量列于表2-10中。

各年年初各项目的投资额变量 表2-10

项目\年份	1	2	3	4	5
A	x_{1A}	x_{2A}	x_{3A}	x_{4A}	
B			x_{3B}		
C		x_{2C}			
D	x_{1D}	x_{2D}	x_{3D}	x_{4D}	x_{5D}

(2)确定投资额。投资额应等于手中拥有的资金。由于项目D每年都可以投资,并且当年年末即能回收本息。所以该部门每年应把资金全部投出去,手中不应当有剩余的闲置资金。因此,

第一年 该部门年初拥有100 000元,所以有:

$$x_{1A}+x_{1D}=100\,000$$

第二年 因第一年给项目A的投资要到第二年年末才能回收,所以该部门在第二年年初拥有资金额仅为项目D在第一年回收的本息$(1+6\%)x_{1D}$。于是第二年的投资分配为:

$$x_{2A}+x_{2C}+x_{2D}=1.06x_{1d}$$

第三年 第三年年初的资金额是从项目A第一年投资及项目D第二年投资中回收的本利总和$(1+15\%)x_{1A}$及$(1+6\%)x_{2D}$。于是第三年的资金分配为:

$$x_{3A}+x_{3B}+x_{3D}=1.15x_{1A}+1.06x_{2D}$$

第四年 同以上分析,可得:

$$x_{4A}+x_{4D}=1.15x_{2A}+1.06x_{2D}$$

第五年 同以上分析,可得:

$$x_{5D}=1.15x_{3A}+1.06x_{4D}$$

此外,由于对项目B、C的投资有限额的规定,需满足:

$$\begin{cases}x_{3B}\leqslant 40\,000\\ x_{2C}\leqslant 30\,000\end{cases}$$

(3)确定目标函数。问题是要求在第五年年末该部门手中拥有的资金额达到最大,这个目标函数可表示为:

$$\max z=1.15x_{4A}+1.40x_{2C}+1.25x_{3B}+1.06x_{5D}$$

(4)建立数学模型。经过以上分析,这个与时间有关的投资问题可以用以下线性规划模型来描述:

$$\max z=1.15x_{4A}+1.40x_{2C}+1.25x_{3B}+1.06x_{5D}$$

$$
\text{s.t.}\begin{cases}
x_{1A}+x_{1D}=100\,000\\
-1.06x_{1D}+x_{2A}+x_{2C}+x_{2D}=0\\
-1.15x_{1A}-1.06x_{2D}+x_{3A}+x_{3B}+x_{3D}=0\\
-1.15x_{2A}-1.06x_{3D}+x_{4A}+x_{4D}=0\\
-1.15x_{3A}-1.06x_{4D}+x_{5D}=0\\
x_{2C}\leqslant 30\,000\\
x_{3B}\leqslant 40\,000\\
x_{iA},x_{iB},x_{iC},x_{iD}\geqslant 0 \qquad (i=1,2,\cdots,5)
\end{cases}
$$

(5)用单纯形法计算得最佳投资情况如下。

第一年:$x_{1A}=34\,783$,$x_{1D}=65\,217$

第二年:$x_{2A}=39\,130$,$x_{2C}=30\,000$,$x_{2D}=0$

第三年:$x_{3A}=0$,$x_{3B}=40\,000$,$x_{3D}=0$

第四年:$x_{4A}=45\,000$,$x_{4D}=0$

第五年:$x_{5D}=0$

即到第五年年末该部门拥有资金总额为143 750元,盈利43.75%。

实例2-6　公交换乘点问题

在ITS环境提供实时公共交通信息的条件下,以单换乘点的一条公共汽车线路与市内轨道交通之间的换乘为例,研究公共交通换乘等待时间最短调度问题。假设:

(1)各换乘点乘客的到达服从均匀分布,乘客的到达率为常数;

(2)不考虑道路交通运行条件的影响;

(3)公共汽车从换乘点的发车时间、市内轨道交通车辆在换乘点的发车时间已知,公共汽车在线路上各站之间行驶的行程时间已知;

(4)在某一时间区间内,某公共汽车线路的发车间隔为定值。

解:(1)建模过程如下。设r_i表示市内轨道交通车辆i从始发站到达换乘点的时间,b_j表示公共汽车j从始发站到达换乘点的时间(在换乘点k与轨道交通车辆相邻到达),则有:

$$
\begin{cases}
r_i=r_0+iI_r & (i=1,2,\cdots,n)\\
b_j=b_0+jI_b & (j=1,2,\cdots,m)
\end{cases}
$$

式中:$r_0(0\leqslant r_0\leqslant 60)$——第一辆轨道交通车辆从始发站的发车时间,min;

$b_0(0\leqslant b_0\leqslant 60)$——同一时间区间内第一辆公共汽车从始发站的发车时间,min;

I_r——轨道交通车辆的发车间隔,min;

I_b——与以上轨道交通车辆存在换乘的公共汽车线路的发车间隔,min。

设$t_{b,k}$表示公共汽车j从始发站到达换乘点k的行程时间,$t_{r,k}$表示轨道交通车辆i从始发站到达换乘点k的行程时间,t_w表示换乘等待时间。则在某一时间区间内,$b_0+t_{b,k}$为第一辆公共汽车从始发站到达换乘点k的时间,$b_j+t_{b,k}$为公共汽车j从始发站到达换乘点k的时间;$r_0+t_{r,k}$为第一辆轨道交通车辆从始发站到达换乘点k的时间,$r_i+t_{r,k}$为轨道交通车辆i从始发站到达换乘点k的时间。设$p_{r,b}$表示在换乘点k从轨道交通车辆i换乘到公共汽车j的平均乘客数,$p_{b,r}$表示从公共汽车j换乘到轨道交通车辆i的平均乘客数。I_r、I_b可通过上下车人数自动统计数据得到。则轨道交通车辆与公共汽车线路间所有车次乘客的总换乘等待时间为:

$$
\begin{aligned}
T = p_{\mathrm{r,b}} & \left\{ \left[(b_0 + t_{\mathrm{b,k}}) - (r_0 + t_{\mathrm{r,k}} + t_{\mathrm{w}}) \right] + \sum_{i=1}^{n}\sum_{j=1}^{m} \left[(b_{\mathrm{j}} + t_{\mathrm{b,k}}) - (r_{\mathrm{i}} + t_{\mathrm{r,k}} + t_{\mathrm{w}}) \right] \right\} \\
& + y_{\mathrm{i,j}} p_{\mathrm{b,r}} \left\{ \left[(r_0 + t_{\mathrm{r,k}}) + I_{\mathrm{r}} - (b_0 + t_{\mathrm{b,k}} + t_{\mathrm{w}}) \right] + \sum_{i=1}^{n}\sum_{j=1}^{m} \left[(r_{\mathrm{i}} + t_{\mathrm{r,k}}) + I_{\mathrm{r}} - (b_{\mathrm{j}} + t_{\mathrm{b,k}} + t_{\mathrm{w}}) \right] \right\}
\end{aligned}
$$

式中：

$$
y_{\mathrm{i,j}} = \begin{cases} 1 & \text{若} 0 < (b_{\mathrm{j}} + t_{\mathrm{b,k}}) - (r_{\mathrm{i}} + t_{\mathrm{r,k}} + t_{\mathrm{w}}) \leqslant \min(I_{\mathrm{r}}, I_{\mathrm{b}}), \\ & 0 < (b_0 + t_{\mathrm{b,k}}) - (r_0 + t_{\mathrm{r,k}} + t_{\mathrm{w}}) \leqslant \min(I_{\mathrm{r}}, I_{\mathrm{b}}) \\ 0 & \text{若} (b_{\mathrm{j}} + t_{\mathrm{b,k}}) - (r_{\mathrm{i}} + t_{\mathrm{r,k}} + t_{\mathrm{w}}) = 0, \\ & (b_0 + t_{\mathrm{b,k}}) - (r_0 + t_{\mathrm{r,k}} + t_{\mathrm{w}}) = 0 \end{cases}
$$

此问题的目标是轨道交通车辆与公共汽车在换乘点 k 乘客的总换乘等待时间最短。在1h 时间内，$n = \left[\frac{60}{I_{\mathrm{r}}}\right], m = \left[\frac{60}{I_{\mathrm{b}}}\right]$。综上所述，此问题可用线性规划模型表示为：

$$
\begin{aligned}
\min\ T = p_{\mathrm{r,b}} & \left\{ \left[(b_0 + t_{\mathrm{b,k}}) - (r_0 + t_{\mathrm{r,k}} + t_{\mathrm{w}}) \right] + \sum_{i=1}^{n}\sum_{j=1}^{m} \left[(b_{\mathrm{j}} + t_{\mathrm{b,k}}) - (r_{\mathrm{i}} + t_{\mathrm{r,k}} + t_{\mathrm{w}}) \right] \right\} \\
& + y_{\mathrm{i,j}} p_{\mathrm{b,r}} \left\{ \left[(r_0 + t_{\mathrm{r,k}}) + I_{\mathrm{r}} - (b_0 + t_{\mathrm{b,k}} + t_{\mathrm{w}}) \right] + \sum_{i=1}^{n}\sum_{j=1}^{m} \left[(r_{\mathrm{i}} + t_{\mathrm{r,k}}) + I_{\mathrm{r}} - (b_{\mathrm{j}} + t_{\mathrm{b,k}} + t_{\mathrm{w}}) \right] \right\}
\end{aligned}
$$

$$
\text{s.t.} \begin{cases} 0 \leqslant (b_{\mathrm{j}} + t_{\mathrm{b,k}}) - (r_{\mathrm{i}} + t_{\mathrm{r,k}} + t_{\mathrm{w}}) \leqslant \min(I_{\mathrm{r}}, I_{\mathrm{b}}) \\ 0 \leqslant (b_0 + t_{\mathrm{b,k}}) - (r_0 + t_{\mathrm{r,k}} + t_{\mathrm{w}}) \leqslant \min(I_{\mathrm{r}}, I_{\mathrm{b}}) \\ r_{\mathrm{i}} = r_0 + iI_{\mathrm{r}} \quad (i = 1, 2, \cdots, n) \\ b_{\mathrm{j}} = b_0 + jI_{\mathrm{b}} \quad (j = 1, 2, \cdots, m) \\ n = \left[\frac{60}{I_{\mathrm{r}}}\right],\ m = \left[\frac{60}{I_{\mathrm{b}}}\right] \\ 0 \leqslant r_0 \leqslant 60 \\ 0 \leqslant b_0 \leqslant 60 \end{cases}
$$

(2)具体算例。假设在某一时间区间内，从轨道交通车辆 i 换乘到公共汽车 j 的平均乘客数 $p_{\mathrm{r,b}}$ 为6人，在换乘站 k 从公共汽车 j 换乘到轨道交通车辆 i 的平均乘客数 $p_{\mathrm{b,r}}$ 为6人(可由调查数据得到)；从始发站到达换乘站 k 行程时间 $t_{\mathrm{r,k}} = 30\mathrm{min}, t_{\mathrm{b,k}} = 20\mathrm{min}$；换乘步行时间 $t_{\mathrm{w}} = 3\mathrm{min}$；发车间隔 $I_{\mathrm{r}} = 5\mathrm{min}, I_{\mathrm{b}} = 6\mathrm{min}$。

则线性规划模型为：

$$
\min\ T = 6\left[(b_0 - r_0 - 13) + \sum_{i=1}^{12}\sum_{j=1}^{10} (b_{\mathrm{j}} - r_{\mathrm{i}} - 13) \right] + 6y_{\mathrm{i,j}} \left[(r_0 - b_0 + 12) + \sum_{i=1}^{12}\sum_{j=1}^{10} (r_{\mathrm{i}} - b_{\mathrm{j}} + 12) \right]
$$

$$
y_{\mathrm{i,j}} = \begin{cases} 1 & \text{若} 0 < (b_{\mathrm{j}} + 20) - (r_{\mathrm{i}} + 30 + 3) \leqslant 5, 0 < (b_0 + 20) - (r_0 + 30 + 3) \leqslant 5 \\ 0 & \text{若} (b_{\mathrm{j}} + 20) - (r_{\mathrm{i}} + 30 + 3) = 0, (b_0 + 20) - (r_0 + 30 + 3) = 0 \end{cases}
$$

$$
\text{s.t.} \begin{cases} 0 \leqslant b_{\mathrm{j}} - r_{\mathrm{i}} - 13 \leqslant 5 \quad (i = 1, 2, \cdots, 12) \\ 0 \leqslant b_0 - r_0 - 13 \leqslant 5 \quad (j = 1, 2, \cdots, 12) \\ r_{\mathrm{i}} = r_0 + 5i \\ b_{\mathrm{j}} = b_0 + 6j \\ 0 \leqslant r_0 \leqslant 60 \\ 0 \leqslant b_0 \leqslant 60 \end{cases}
$$

计算得到的结果为：$b_0 = 7, r_0 = 0, \min T = 45\mathrm{min}$。即若时间区间内为[7:00,8:00]，则在此

时间区间内第一辆公共汽车发车时间为7:07,第一辆轨道交通车辆发车时间为7:00,此时乘客换乘总等待时间最短,为45min。

应用拓展:求解线性规划问题的常用软件

许多实际的线性规划问题中变量和约束的个数都很多,在有些规模比较大的问题中甚至可高达上万个,这样的问题当然是无法用手工计算的,需要用计算机和专门的软件求解。对于规模不是太大(如几十个变量)的线性规划问题,现在常用的数学软件如Mathematica、Matlab都可以解,规模大的问题则需要借助LINDO和LINGO等专门求解线性规划问题的软件。

LINDO和LINGO是美国LINDO系统公司开发的一套专门用于求解最优化问题的软件包。LINDO用于求解线性规划和二次规划问题,LINGO除了具有LINDO的全部功能外,还可以用于求解非线性规划问题,也可以用于一些线性和非线性方程(组)的求解。LINDO和LINGO软件的最大特色在于可以允许优化模型中的决策变量是整数(即整数规划等),而且执行速度很快。实际上,LINGO还是最优化问题的一种建模语言,包含许多常用的函数,可供使用者建立优化模型时调用,并提供与其他数据文件(如文本文件、Excel电子表格文件、数据库文件等)的接口,易于方便地输入、求解和分析大规模最优化问题。由于这些特点,LINDO和LINGO软件在教学、科研和工业、商业、服务等领域得到了广泛应用。

习　题

1. 将下列线性规划问题化成标准型。

(1)

$$\max z = 4x_1 + 5x_2 + x_4$$
$$\text{s.t.}\begin{cases} 4x_1 + x_2 = 30 \\ 4x_1 + 3x_2 + 3x_3 + x_4 \leqslant 80 \\ 4x_2 + 4x_3 - x_4 \leqslant -10 \\ 3x_3 + 4x_4 \geqslant 8 \\ x_1, x_2, x_3, x_4 \geqslant 0 \end{cases}$$

(2)

$$\min z = 3x_1 + 4x_2 - 3x_3 - x_4$$
$$\text{s.t.}\begin{cases} x_1 + x_4 \leqslant 40 \\ x_1 + x_2 - x_3 = 40 \\ x_1 + x_2 + x_4 \geqslant -40 \\ 3x_2 + 4x_3 \leqslant 8 \\ x_1, x_2 \geqslant 0, x_3 \leqslant 0 \end{cases}$$

2. 用图解法求解下列线性规划问题。

(1)

$$\max z = 2x_1 + 5x_2$$
$$\text{s.t.}\begin{cases} x_1 \leqslant 4 \\ x_2 \leqslant 3 \\ x_1 + 2x_2 \leqslant 8 \\ x_1, x_2 \geqslant 0 \end{cases}$$

（参考答案：$z^* = 19, \boldsymbol{X}^* = (2,3)^{\mathrm{T}}$）

（2）

$$\max z = -2x_1 + x_2$$

$$\text{s.t.}\begin{cases} x_1 + x_2 \geqslant 10 \\ -2x_1 + 2x_2 \leqslant 10 \\ -4x_1 + 2x_2 \leqslant 20 \\ x_1 + 4x_2 \geqslant 20 \\ x_1, x_2 \geqslant 0 \end{cases}$$

（参考答案：$z^* = 2.5, \boldsymbol{X}^* = (2.5, 7.5)^{\mathrm{T}}$）

3. 用单纯形法求解下列线性规划问题。

（1）

$$\max z = x_1 + 3x_2$$

$$\text{s.t.}\begin{cases} 2x_1 + x_2 \leqslant 3 \\ -x_1 + x_2 \leqslant 4 \\ x_1 \leqslant 3 \\ x_1, x_2 \geqslant 0 \end{cases}$$

（参考答案：$z^* = 9, \boldsymbol{X}^* = (0,3)^{\mathrm{T}}$）

（2）

$$\max z = 5x_1 + 3x_2$$

$$\text{s.t.}\begin{cases} 3x_1 + 5x_2 \leqslant 15 \\ 5x_1 + 2x_2 \leqslant 10 \\ x_1, x_2 \geqslant 0 \end{cases}$$

（参考答案：$z^* = \dfrac{235}{9}, \boldsymbol{X}^* = \left(\dfrac{20}{19}, \dfrac{45}{19}\right)^{\mathrm{T}}$）

（3）

$$\min z = 4x_1 + 3x_2 + 8x_3$$

$$\text{s.t.}\begin{cases} x_1 + x_3 \leqslant 2 \\ x_2 + 2x_3 \geqslant 5 \\ x_1, x_2, x_3 \geqslant 0 \end{cases}$$

（参考答案：$z^* = 15, \boldsymbol{X}^* = (0,5,0)^{\mathrm{T}}$）

（4）

$$\max z = x_1 + 2x_2 + 3x_3 - x_4$$

$$\text{s.t.}\begin{cases} x_1 + 2x_2 + 3x_3 = 15 \\ 2x_1 + x_2 + 5x_3 = 20 \\ x_1 + 2x_2 + x_3 + x_4 = 10 \\ x_1, x_2, x_3, x_4 \geqslant 0 \end{cases}$$

（参考答案：$z^* = 15, \boldsymbol{X}^* = \left(\dfrac{5}{2}, \dfrac{5}{2}, \dfrac{5}{2}, 0\right)^{\mathrm{T}}$）

（5）

$$\max z = 3x_1 + |5x_2 - 4x_3|$$

$$\text{s.t.}\begin{cases} 2x_1 + 3x_2 \leqslant 8 \\ 2x_2 + 5x_3 \leqslant 10 \\ 3x_1 + 2x_2 + 4x_3 \leqslant 15 \\ x_1, x_2, x_3 \geqslant 0 \end{cases}$$

(6)

$$\min z = x_1 - 3x_2 + 2x_3$$

$$\text{s. t.} \begin{cases} 3x_1 - |x_2 - 2x_3| \leqslant 7 \\ -2x_1 + 4x_2 \leqslant 12 \\ -4x_1 + 3x_2 + 8x_3 \leqslant 10 \\ x_1, x_2, x_3 \geqslant 0 \end{cases}$$

(7)

$$\max z = 10x_1 + 15x_2 + 12x_3$$

$$\text{s. t.} \begin{cases} 5x_1 + 3x_2 + x_3 \leqslant 9 \\ -5x_1 + 6x_2 + 15x_3 \leqslant 15 \\ 2x_1 + x_2 + x_3 \geqslant 5 \\ x_1, x_2, x_3 \geqslant 0 \end{cases}$$

(参考答案:无可行解)

4. 用大 M 法求解下述线性规划问题。

$$\max z = 2x_1 - x_2 + 2x_3$$

$$\text{s. t.} \begin{cases} x_1 + x_2 + x_3 \geqslant 6 \\ -2x_1 + x_3 \leqslant 24 \\ 2x_2 - x_3 \geqslant 0 \\ x_1, x_2, x_3 \geqslant 0 \end{cases}$$

5. 在下面的线性规划问题中找出满足约束条件的所有基解,指出哪些是基可行解,并确定哪一个是最优解。

$$\max z = 2x_1 + 3x_2 + 4x_3 + 7x_4$$

$$\text{s. t.} \begin{cases} 2x_1 + 3x_2 - x_3 + 4x_4 = 8 \\ -x_1 + 2x_2 - 6x_3 + 7x_4 = 3 \\ x_1, x_2, x_3, x_4 \geqslant 0 \end{cases}$$

6. 分别用图解法和单纯形法求解下列线性规划问题,并指出单纯形法迭代的每一步相当于图形上的哪一个顶点。

$$\max z = 2x_1 + x_2$$

$$\text{s. t.} \begin{cases} 3x_1 + 5x_2 \leqslant 15 \\ 6x_1 + 2x_2 \leqslant 24 \\ x_1, x_2 \geqslant 0 \end{cases}$$

7. 表 1 是求极大化线性规划问题计算得到的单纯形表,其中无人工变量,a_1、a_2、a_3、d、c_1、c_2为待定常数。试说明这些常数分别取何值时,以下结论成立。

表 1

基	b	x_1	x_2	x_3	x_4	x_5	x_6
x_3	d	4	a_1	1	0	a_2	0
x_4	2	−1	−3	0	1	−1	0
x_6	3	$a3$	−5	0	0	−4	1
σ_j		c_1	c_2	0	0	−3	0

(1)表中解为唯一最优解；

(2)表中解为最优解，但存在无穷多最优解；

(3)该线性规划问题无解；

(4)表中解非最优解，为将其改进，换入变量为 x_1，换出变量为 x_6。

8. 设某仓库要搬迁，仓库内有三种物资，用 B_1、B_2、B_3 表示，数量分别为 2 万 t、3 万 t、4 万 t；有三种运输工具 A_1、A_2、A_3 可利用，这三种运输工具运送各种物资的运输效果也不同，每种运输工具的数量及其运输各种物资的效率如表 2 所示。

表 2

运输工具	工具数量	运输工具的运输效率(100t/工作日)		
		B_1	B_2	B_3
A_1	40	0.5	0.6	1.5
A_2	1	10	30	36
A_3	5	8	3	4
物资数量(万 t)		2	3	4

现需在最短的时间内完成这一运输任务，问如何确定其运输方案？(仅建立数学模型)

9. 某桥梁工地需集合料 3 万 m^3，集合料含量为黏土含量不大于 0.8%，细砂含量在 5% ~ 8%之间，粗砂含量在 60% ~70%之间，砾石含量在 20% ~30%之间，现有材料数量及单价如表 3 所示。

表 3

	黏土	细砂	粗砂	砾石
现有存储量(m^3)	2 000	20 000	25 000	10 000
单价(元/ m^3)	4	15	12	7

问如何配料才能使集合料的总成本费用最少？(仅建立数学模型)

10. 设某种集合料的成分含量要求为砂含量不少于 30%，碎石含量不大于 60%，黏土含量不大于 10%。拟从三个材料源 A、B、C 取料，三个材料源的原材料含量及运送费如表 4 所示。

表 4

成分 \ 材料源	A	B	C
砂(%)	5	30	100
碎石(%)	60	70	—
黏土(%)	35	—	—
运送费(元/m^3)	2	10	8

试确定使运送费最少的配料方案。(仅建立数学模型)

11. 桥梁工地要制作 100 套钢筋架子，每套需要长 2.9m、2.1m 和 1.5m 的钢筋各 1 根。现有原材料(钢筋)7.4m，问如何下料最省？(建立数学模型并求解)

第三章　特殊类型的线性规划

前面一章介绍了一般线性规划问题及其求解方法。由于在实际问题中,经常遇到许多特殊类型的线性规划问题,它们相应的数学规划模型中的变量与约束方程的系数矩阵具有特殊的要求与特殊的结构,如下面将要介绍的运输问题、整数规划、资源分配问题等。针对这些线性规划问题的特殊性,求解这类问题相应地有比求解一般线性规划问题的单纯形法更加简便、有效的方法,可以节省大量的计算时间和费用。本章主要讨论运输问题、整数规划和资源分配问题三种特殊的线性规划问题。

第一节　运 输 问 题

运输问题是应用广泛的一类线性规划问题,特别是在交通与物流工程中经常遇到这种特殊类型的线性规划模型。这种问题可以描述为:把某一种物资从其某些供应地运往某些需求地,已知每个物资供应地的供应量,每个物资需求地的需求量以及从各物资供应地到各物资需求地的运输单价,要求制订总的运输费用最少的运输方案。同一般的线性规划问题相比较,运输问题的模型约束有其特殊性,根据这些特殊性,从求解一般线性规划问题的单纯形法的本质出发,可以提出更为简便、有效的求解方法,如表上作业法等。

一、问题的数学模型

在给出一般运输问题的数学模型之前,先来看两个实际的例子。

[例 3-1]　某厂下属三个加工厂同时生产一种产品,每天的生产量分别是 $A_1=8\text{t}, A_2=7\text{t}, A_3=10\text{t}$。该工厂把这些产品分别运往四个地区的门市部销售,各门市部的销售量分别为 $B_1=3\text{t}, B_2=4\text{t}, B_3=9\text{t}, B_4=9\text{t}$。已知从各加工厂到各门市部的每吨运费如表 3-1 所示。问该工厂如何制订调运产品的方案,在满足各门市部销售量的情况下,使总的费用为最少?

从各加工厂到各门市部的每吨运费(元/t)　　表 3-1

销售量 / 运费 / 生产量	B_1	B_2	B_3	B_4
A_1	2	2	3	16
A_2	1	16	2	3
A_3	4	7	10	8

[例 3-2]　现有三个道路工地 A、B、C,为了修建路面基层,每月需要砂砾材料分别为 32 万 m^3、25 万 m^3 和 35 万 m^3。由甲、乙两个砂砾集料场来负责供应,它们每月的供应能力分别为 40m^3 和 45m^3。由砂砾场到各道路工地的单位运价见表 3-2。

从各砂砾场到各道路工地的单位运价(万元/万 m^3)　　表 3-2

运费 砂砾集料场 \ 道路工地	A	B	C
甲	8	12	20
乙	18	22	16

由于需求大于供给,根据三个工地的施工规模和进度安排,工地 A 要求供应量减少 0 ~ 3 万 m^3,工地 B 要求供应量应全部满足,工地 C 要求供应量不少于 27 万 m^3。试求集料场将每月砂砾材料供应量分配完又使总的运费为最少的供运方案。

上述两个例子都是典型的运输问题。例 3-1 是产销或供需平衡的运输问题,而例 3-2 是产销或供需不平衡的运输问题。因此,可以将运输问题描述成:某一种物资有 m 个产地,有 n 个销地,第 i 个产地记为 $A_i(i=1,2,\cdots,m)$,其产量为 a_i;第 j 个销地记为 $B_j(j=1,2,\cdots,n)$,其需求量为 b_j。从产地 A_i 到销地 B_j 运输单位物资的运价为 c_{ij}。当 $\sum_{i=1}^{m}a_i=\sum_{j=1}^{n}b_j$ 时,是产销平衡运输问题;当 $\sum_{i=1}^{m}a_i\neq\sum_{j=1}^{n}b_j$ 时,是产销不平衡运输问题。下面先讨论产销平衡运输问题,产销不平衡运输问题将在本节后面介绍。

产销平衡运输问题,就是在满足产销平衡条件下,确定一个使得总的运输费用为最少的物资调拨运输方案。上面这些数据可以汇总成运输问题的产销平衡与单位运价表,如表 3-3 所示。

运输问题的产销平衡与单位运价表　　表 3-3

运费 产地 \ 销地	B_1	B_2	…	B_n	产　量
A_1	C_{11}	C_{12}	…	C_{1n}	a_1
A_2	C_{21}	C_{22}	…	C_{2n}	a_2
⋮	⋮	⋮	⋱	⋮	⋮
A_m	C_{m1}	C_{m2}	…	C_{mn}	a_m
销　量	b_1	b_2	…	b_n	$\sum_{i=1}^{m}a_i=\sum_{j=1}^{n}b_j$

确定一个完整的运输方案,主要是在满足产销平衡条件下来确定每个生产地 $A_i(i=1,2,\cdots,m)$ 到每个销售地 $B_j(j=1,2,\cdots,n)$ 具体的物资调运量。因此,假设从产地到销地的运输量为 x_{ij},则 $m\times n$ 个 x_{ij} 就表示了一个运输方案。那么在产销平衡条件下,总的运输费用为最少的运输方案可以描述成如下线性规划的最优解:

$$\min C=\sum_{i=1}^{m}\sum_{j=1}^{n}c_{ij}x_{ij}$$

$$\begin{cases}\sum_{j=1}^{n}x_{ij}=a_i & (i=1,2,\cdots,m)\\ \sum_{i=1}^{m}x_{ij}=b_j & (j=1,2,\cdots,n)\\ x_{ij}\geqslant 0 & (i=1,2,\cdots,m;j=1,2,\cdots,n)\end{cases}$$

这就是产销平衡运输问题的数学模型。它含有 $m\times n$ 个变量,有 $m+n$ 个约束方程。其系数矩阵为:

$$
\begin{array}{ccccccccccccc}
x_{11} & x_{12} & \cdots & x_{1n} & x_{21} & x_{22} & \cdots & x_{2n} & \cdots & x_{m1} & x_{m2} & \cdots & x_{mn}
\end{array}
$$

$$
\begin{bmatrix}
1 & 1 & \cdots & 1 & & & & & & & & & \\
 & & & & 1 & 1 & \cdots & 1 & & & & & \\
 & & & & & & & & \ddots & & & & \\
 & & & & & & & & & 1 & 1 & \cdots & 1 \\
1 & & & & 1 & & & & & 1 & & & \\
 & 1 & & & & 1 & & & & & 1 & & \\
 & & \ddots & & & & \ddots & & & & & \ddots & \\
 & & & 1 & & & & 1 & & & & & 1
\end{bmatrix}
$$

其余所有空位置上的元素均为零。此矩阵的前 m 行代表模型中约束条件的前 m 个约束方程，后 n 行表示后 n 个约束方程。它是一个 $m+n$ 行、$m\times n$ 列的矩阵。容易看出，产销平衡运输问题对应的线性规划问题的系数矩阵比较稀疏，而且很特殊。它有如下特点。

(1)系数矩阵 $\boldsymbol{A}$ 的每一列元素中均只有两个元素为1，其余元素均为零，即 x_{ij} 的系数列向量 $\boldsymbol{P}_{ij}=(0,\cdots,0,1,0,\cdots,0,1,0,\cdots,0)^{T}$，其中第 i 和第 $m+j$ 个分量为1。

(2)对于产销平衡运输问题，由于满足关系

$$
\sum_{i=1}^{m}a_{i}=\sum_{i=1}^{m}\Big(\sum_{j=1}^{n}x_{ij}\Big)=\sum_{j=1}^{n}\Big(\sum_{i=1}^{m}x_{ij}\Big)=\sum_{j=1}^{n}b_{j}
$$

所以模型中至多有 $m+n-1$ 个独立的约束方程，即系数矩阵的秩 $\leqslant m+n-1$。如果在系数矩阵中取变量 $x_{11},x_{21},\cdots,x_{m1}$ 以及 $x_{m2},x_{m3},\cdots,x_{mn}$ 对应的列和前 m 行与后 $n-1$ 行(除第 $m+1$ 行)的元素，得到系数矩阵的 $m+n-1$ 阶子矩阵，则此子矩阵的行列式值是1，说明系数矩阵的秩恰好等于 $m+n-1$。这就是说在求解过程中每个基本可行解都只有 $m+n-1$ 个基变量。

(3)产销平衡运输问题一定有最优解。事实上，直接验证可知，

$$
x_{ij}=\frac{a_{i}b_{j}}{\sum\limits_{i=1}^{m}a_{i}}\qquad(i=1,2,\cdots,m;j=1,2,\cdots,n)
$$

是其一个可行解。再注意到

$$
0\leqslant x_{ij}\leqslant\min(a_{i},b_{j})
$$

即此解有界，由线性规划理论得知平衡运输问题必有最优解。

求解运输问题的“表上作业法”就是基于以上特征从单纯形法中衍生出来的。

二、表上作业法

表上作业法是单纯形法在求解运输问题时的一种简化方法，其实质仍然是单纯形法，所以表上作业法的求解过程也包含如下三个关键步骤。

(1)初始基可行解(也称初始运输方案)的确定。

(2)基可行解检验数的计算与最优性判别。

(3)非最优基可行解的改进。

但是，在求解过程中所用的表格和术语与单纯形法有所不同。另外，用表上作业法求解运输问题时也不必去掉约束方程组中那个多余的方程，只需注意在迭代过程中确保每个基本可行解有 $m+n-1$ 个基变量即可。

下面分别介绍表上作业法的各关键步骤。

1.初始运输方案的确定

无论用什么方法来确定初始运输方案，都要求所给出的初始方案必须是含 $m+n-1$ 个基

变量的基本可行解。下面介绍较为实用、简便的两种方法:西北角法和最小元素法。

(1)西北角法

西北角法的基本思想是优先考虑产销平衡表的左上角(西北角)的供应关系。下面结合具体例子来介绍西北角法。

[例3-3] 假设某平衡物资运输问题有三个产地 $O_i(i=1,2,3)$ 及四个销地 $D_j(j=1,2,3,4)$。产地 O_i 需要运出的物资量为 a_i,销地 D_j 需要此物资的总量为 b_j,各产销点之间的运输费用单价如表3-4所示。试用西北角法给出初始平衡运输方案 $x_{ij}(i=1,2,3;j=1,2,3,4)$。

各产销点之间的运输费用单价 表3-4

运费 产地＼销地	D_1	D_2	D_3	D_4	a_i
O_1	6	22	5	6	5
O_2	3	10	4	8	4
O_3	1	8	2	1	6
b_j	4	2	3	3	

解:在逐步确定初始运输方案时,一般每步要经过两个过程:先是根据单位运价确定供应关系,然后根据供需要求进行运量分配。为了方便,将产销平衡与单位运价表(表3-4)拆分成单位运价表(表3-5)与运量分配表(表3-6)。

单位运价表 表3-5

运费 产地＼销地	D_1	D_2	D_3	D_4
O_1	6	22	5	6
O_2	3	10	4	8
O_3	1	8	2	1

运量分配表 表3-6

运量 产地＼销地	D_1	D_2	D_3	D_4	a_i
O_1	4	1			5
O_2		1	3	0	4
O_3				6	6
b_j	4	2	3	3	

首先,从单位运价表(表3-5)的最左上角(西北角)的格子(O_1,D_1)开始,让产地 O_1 的物资尽可能多地运往销地 D_1。由于销地 D_1 需要的物资总量只有4,而产地 O_1 要求运出的物资总量为5,所以 O_1 要运出的物资总量中4个单位运至 D_1,即 $x_{11}=4$,将其填入运量分配表(表3-6)的(O_1,D_1)格子。这时产地 D_1 物资需求量已经满足,不再需要其他任何产地运来物资,由平衡条件得 $x_{21}=0,x_{31}=0$。而产地 O_1 还有1个单位物资量需运往其他销地,将需要运出的物资量修改为1,同时在单位运价表(表3-5)中将 D_1 对应的列画去。

接着,在表3-5上没有被画去的所有格子中找出位于最西北角的格子(O_1,D_2)。重复上面的讨论,得 $x_{12}=1$,并将其填入表 3-6 的(O_1,D_2)格子。至此产地 O_1的所有物资已经全部分配完,由产销平衡条件可知,从 O_1至 D_3、D_4的物资调运量 $x_{13}=0,x_{14}=0$。此时第一行所有格子的物资运量已完全确定,而销地 D_2还需要 1 个单位的物资,将物资需求量修改为 1,再画去表 3-5 中 O_1对应的行。

然后,找表 3-5 上没有被画去的格子中最西北角的格子(O_2,D_2),类似地,得到 $x_{22}=1$,将其填入表 3-6 的(O_2,D_2)格子,而 $x_{32}=0$。修改产地 O_2的物资运出量为 3,画去表 3-5 中的 D_2列。

这样,每次在单位运价表(表 3-5)中没有被画去的所有格中找出位于最西北角的格子,确定此格的物资调运量,并将此数据填入运量分配表(表 3-6)相应的格子。此时必有一行或一列物资供需要求全部满足,然后画去单位运价表(表 3-5)中该行或该列,直至单位运价表中所有的格子被全部画去为止。至此在运量分配表上得到了一个初始平衡运输方案,见表 3-6。其中没有填入的格子表示运量为 0。

此初始方案的运输总费用为:

$$C=\sum_{i=1}^{3}\sum_{j=1}^{4}c_{ij}x_{ij}=4\times6+1\times22+1\times10+3\times4+0\times8+1\times6=74$$

在最终运量分配表(表 3-6)中,填入数字的格子称为数字格。可以看到,表 3-6 中 6 个数字格中,(O_2,D_4)格子填入的数据是 0,这是为了使最终的运量分配表上保证有 $m+n-1$ 个数字格(例 3-3 就是 6 个数字格)。值得注意的是,平衡运输问题的运量分配表中的零数字格不是随便添加的。一般来说,对于一个 $m\times n$ 的平衡运输问题,在给出初始运输方案的过程中,若在某一步已确定(A_i,B_j)格子的供需关系并要填入运量数字时,A_i产地尚余物资供应量恰好等于 B_j销地的物资需求量,此时在(A_i,B_j)格子填入数字后 A_i和 B_j将都得到满足,即 A_i行和 B_j列都已经满足平衡条件,因此,在单位运价表上要同时画去 A_i行和 B_j列。为了使分配表上有 $m+n-1$ 个数字格,就需要在同时画去的 A_i行和 B_j列中,从前面未曾被画去的空格中任意找一个格子填入一个"0",即运量为零的数字格。如本例,当确定供需关系(O_2,D_3)格子并在表 3-6中填入从 O_2到 D_3的运量"3"时,O_2和 D_3的供需要求都已经满足,在单位运价表(表 3-5)中将要同时画去 O_2行和 D_3列,此时在前面没有被画去的 O_2行或 D_3列的格子中任意找一个格子,例如格子(O_2,D_4),在表 3-6 的此格中填入运量"0"。

表上作业法要求初始方案必须是运输问题的基本可行解。一个运输方案是不是基本可行解,要看它是否满足下面两个条件。

①最终运量分配表中的数字格恰好是 $m+n-1$ 个。数字格对应的变量就是基变量,数字格中所填的运量就是相应变量的值,其余不填数字的空格对应的变量取零值。由表 3-6 给出的例 3-3 的初始运输方案有 6 个数字格,满足这一条。

②最终运量分配表中不存在由数字格作顶点构成的闭回路。所谓在最终运量分配表中存在由数字格作顶点构成的闭回路,是指从由最终运量分配表所给出的运输方案的任何一个数字格出发,沿水平或竖直方向前进,只有碰到数字格时才允许转 90°改变前进方向,最后还能回到原出发的数字格,否则就不存在由数字格作顶点构成的闭回路。这种回路是封闭的,顶点都是数字格,线路都是水平或竖直的直线段。例如:用"□"代表数字格,图 3-1a) ~ 图 3-1c)都是可能的由数字格构成的闭回路。

西北角法给出初始方案的过程非常简单,它不考虑费用因素,所以一般得到的方案不是最优的方案。下面要介绍的最小元素法是基于费用来确定初始方案的方法。

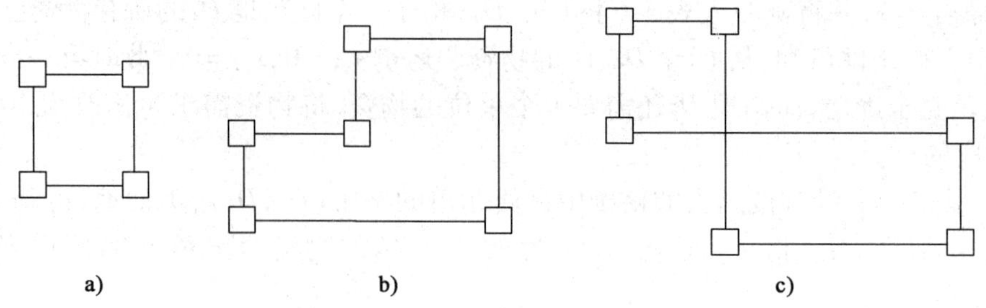

图 3-1　由数字格构成的闭回路示意

(2)最小元素法

最小元素法的基本思想是就近供应,即依据单位运价表中最小的运价来确定供需关系。下面结合具体例子来介绍最小元素法。

[例 3-4]　某建筑公司拟从 A_1、A_2、A_3 三个砖厂购买红砖,供应 B_1、B_2、B_3、B_4 四个工地使用。已知各砖厂可供砖的数量(万块)、各工地需用砖的数量(万块)及从各砖厂到各工地的运输单价(百元/万块)(表 3-7)。试用最小元素法给出初始运输方案。

产销平衡及单位运价表　　表 3-7

砖厂＼运费＼工地	B_1	B_2	B_3	B_4	产　量
A_1	3	11	3	10	7
A_2	1	9	2	8	4
A_3	7	4	10	5	9
销　量	3	6	5	6	

解:首先,分别作出产销平衡表(表 3-8)和单位运价表(表 3-9),并将表 3-8 作为分配表。从表 3-9 的单位运价中找出最小运价 $c_{21}=1$,并将"1"用圆圈上,它位于 A_2 行 B_1 列,表示 A_2 的产品首先供应 B_1。由于 A_2 可供量为 4 万块,B_1 只需要 3 万块,A_2 除满足 B_1 全部需求外还剩余 1 万块。这时在表 3-9 的(A_2,B_1)格子内填上"3",并将表 3-9 中已被满足的 B_1 列运价画去,这表示 B_1 的需求已满足,不需再分配给它,而砖厂 A_2 余下的 1 万块砖需运往其他工地。

产 销 平 衡 表　　表 3-8

砖厂＼运量＼工地	B_1	B_2	B_3	B_4	产　量
A_1			4		7
A_2	3		1		4
A_3					9
销　量	3	6	5	6	

然后,在表 3-9 未画去的元素中再找出最小运价,即 $c_{23}=2$,将"2"用圆圈上,确定把 A_2 剩余的 1 万块砖供应给 B_3。因此,在表 3-8 的(A_2,B_3)格子中填上"1",并画去表 3-9 中 A_2 这一

行的运价,表示A_2生产的砖已全部运出。

单位运价表　表3-9

运费 工地 / 砖厂	B_1	B_2	B_3	B_4
A_1	3	11	③	10
A_2	①	9	②	8
A_3	7	4	10	5

接着,再从表3-9未画去的元素中找出最小元素$c_{13}=3$,将其用圆圈上,表示A_1生产的砖优先供应B_3。A_1可供应7万块,B_3尚缺4万块,于是确定从A_1调运4万块砖给B_3。因此在表3-8的(A_1,B_3)格子中填入"4",B_3需求已满足,画去表3-9中B_3这一列的运价。

这样一步步地进行下去,直到单位运价表上所有元素都被画去为止。同时在产销平衡表上就得到一个运输方案,见表3-10。按该方案组织运输需付出的总运费为8 600元。

产销平衡运输方案　表3-10

工地 / 砖厂	B_1	B_2	B_3	B_4	产　量
A_1	(3)	(11)	(3) 4	(10) 3	7
A_2	(1) 3	(9)	(2) 1	(8)	4
A_3	(7)	(4) 6	(10)	(5) 3	9
销　量	3	6	5	6	

用最小元素法给出的初始运输方案也满足基本可行解的两个条件,所以它可以作为表上作业法求解的初始方案。一般来说,最小元素法给出的解要比西北角法好,更接近于最优解。

2. 基可行解检验数的计算与最优性判别

运输方案的最优性判别,实质上与单纯形法是一样的。首先,计算运量分配表中每个空格(即非基变量)的检验数σ_{ij},然后判别每个检验数σ_{ij}的正负。由于运输问题是求目标函数极小化的问题,所以当所有$\sigma_{ij}\geqslant 0$时的运输方案即为最优运输方案,否则,需再改进当前的运输方案。求检验数的方法很多,下面介绍两种常用方法:闭回路法和位势法。

(1)闭回路法

首先应注意这样的一个事实:对于一个$m\times n$的运输问题,任意一个运输方案对应的运量分配表中有$m+n-1$个数字格(基变量),它们不能构成任何闭回路,但是可以证明,运量分配表中的任意一个空格(A_i, B_j)(非基变量)与所有的数字格组成的 $m+n$ 个格子中,一定有且仅有一个闭回路。闭回路法就是根据这个闭回路来计算每个空格(A_i, B_j)(非基变量)的检验数 σ_{ij} 的。具体做法为:找出对应空格(A_i, B_j)的唯一闭回路,先给空格(A_i, B_j)标以正号(称为正格),然后沿此闭回路,正负相间地将此回路上所有格子都标上正负号,则空格(A_i, B_j)(非基变量)的检验数 σ_{ij} 等于回路上所有正格对应的单位运价之和减去所有负格的单位运价之和。据此,计算运量分配表(表 3-6)给出的例 3-3 中运输方案各空格的检验数。单位运价表(表 3-5)与运量分配表(表 3-6)合并为表 3-11。单位运价在每个格子的右上角,运量在左下角。

单位运价运量及检验数表 表 3-11

产地 \ 销地	D_1	D_2	D_3	D_4
O_1	6 4	22 1	-11 5	-14 6
O_2	9 3	10 1	4 3	8 0
O_3	14 1	5 8	5 2	1 6

对于空格(O_2, D_1),其对应的唯一回路是:$(O_2, D_1) \to (O_1, D_1) \to (O_1, D_2) \to (O_2, D_2) \to (O_2, D_1)$,所以此格的检验数 $\sigma_{21}=(3+22)-(6+10)=9$,将“9”填在表 3-11 中此格的左上角。同样,对空格(O_3, D_1),其对应的回路是:$(O_3, D_1) \to (O_1, D_1) \to (O_1, D_2) \to (O_2, D_2) \to (O_2, D_4) \to (O_3, D_4) \to (O_3, D_1)$,$\sigma_{31}=(1+22+8)-(6+10+1)=14$,将“14”填在此格的左上角。依次可以得到所有空格的检验数,见表 3-11。

现在分析一下闭回路法计算空格检验数的意义。以空格(O_3, D_1)为例,如果分配给此格 1 个单位的运量,为了保持供需平衡,(O_1, D_1)格子的运量要减少 1 个单位,(O_1, D_2)格子的运量要增加 1 个单位,(O_2, D_2)格子的运量要减少 1 个单位,(O_2, D_4)格子的运量要增加 1 个单位,(O_3, D_4)格子的运量要减少 1 个单位,从而得到另一个平衡运输方案。此方案比原来方案所要增加的总运输费用为:$1-6+22-10+8-1=(1+22+8)-(6+10+1)=14$,这就是空格$(O_3, D_1)$的检验数 σ_{31}。

从这个检验数的意义很容易理解,当所有检验数 $\sigma_{ij} \geqslant 0$ 时,对应的运输方案一定是最优运输方案,否则,可以通过上面的运量调整得到总运费更少的运输方案。可见,表 3-6 给出的不是最优运输方案,因为表 3-11 中有负检验数。

(2)位势法

闭回路法计算各个空格检验数时需要找出对应的闭回路,这使得在运输问题比较复杂(即 m、n 都比较大)时计算量很大。下面介绍一种比较简便的计算检验数的方法——位势法。

位势法是从线性规划的对偶理论中产生的。对于一个 $m \times n$ 产销平衡运输问题的任意一个满足基本可行解的运量分配方案,一定有 $m+n$ 个数:$u_1, u_2, \cdots, u_m$ 和 $v_1, v_2, \cdots, v_n$,使得对一切数字格(基变量)满足

$$c_{ij} = u_i + v_j$$

对一切空格(非基变量)满足

$$\sigma_{ij} = c_{ij} - (u_i + v_j)$$

式中：c_{ij}——空格(A_i, B_j)的单位运价；

σ_{ij}——空格(A_i, B_j)的检验数；

u_i——行位势$(i=1,2,\cdots,m)$；

v_j——列位势$(j=1,2,\cdots,n)$。

由上可知，要计算一个运量分配方案（基本可行解）各个空格的检验数，只需知道行位势$u_i(i=1,2,\cdots,m)$和列位势$v_j(j=1,2,\cdots,n)$就可以了。把$m+n-1$个数字格（基变量）的单位运价c_{ij}分别代入上面的第一个式子即得到一个线性方程组。该方程组由$m+n-1$个方程组成，含$m+n$个变量$u_1,\cdots,u_m,v_1,\cdots,v_n$。只要任意给定其中一个变量的值（通常令$u_1=0$），解此方程组即可得到行位势$u_1,\cdots,u_m$和列位势$v_1,\cdots,v_n$。

［例 3-5］ 考虑例 3-3 由西北角法给出的初始运输方案（表 3-6），请用位势法求各空格的检验数。

解：表 3-6 中数字格对应的变量（基变量）有x_{11}、x_{12}、x_{22}、x_{23}、x_{24}、x_{34}，则行位势u_1、u_2、u_3和列位势v_1、v_2、v_3、v_4满足如下方程组：

$$\begin{cases} u_1 + v_1 = c_{11} = 6 \\ u_1 + v_2 = c_{12} = 22 \\ u_2 + v_2 = c_{22} = 10 \\ u_2 + v_3 = c_{23} = 4 \\ u_2 + v_4 = c_{24} = 8 \\ u_3 + v_4 = c_{34} = 1 \end{cases}$$

令$u_1=0$，解此方程组得行位势u_1、u_2、u_3和列位势v_1、v_2、v_3、v_4，分别见表 3-12 的最后一列与最后一行。

利用公式$\sigma_{ij}=c_{ij}-(u_i+v_j)$，求得各个空格的检验数，见表 3-12 各个空格左上角的数字。显然计算结果与用闭回路法得到的检验数（表 3-11）完全一致。

位势法计算检验数表 表 3-12

销地 / 产地	D_1		D_2		D_3		D_4		行位势 u_i
O_1	4	6	1	22	−11	5	−14	6	0
O_2	9	3	1	10	3	4	0	8	−12
O_3	14	1	5	8	5	2	6	1	−19
列位势 v_j	6		22		16		20		

3. 非最优运输方案的改进

对于一个运输方案，假设已经求出其运量分配表中各个空格的检验数，如果每个检验数都非负，则此方案为最优运输方案，否则需要调整运量分配，即调整运量分配表中的数字格（基变量）以便改进运输方案。每次调整时，总是选定一个检验数为负的空格，通过闭回路来分配运量，使此闭回路上的某个且仅此一个数字格的运量调为零，并使其退出数字格，成为空格，所以这种方法也称为闭回路调整法。具体步骤如下。

(1)在运量分配表中选定一个负检验数,一般选最小的负检验数,以它对应的空格分配运输量,成为数字格。现以例3-3的运量分配表(表3-6)对应的运输方案为例。在表3-11中有两个负检验数,选最小的 -14 所在的空格 (O_1,D_4)。

(2)找出该空格对应的唯一闭回路,并与闭回路法求检验数一样,给此回路上的每个格子相间地标以正负号。空格 (O_1,D_4) 对应的闭回路及正负标号是: $(O_1,D_4)(+)\rightarrow(O_2,D_4)(-)\rightarrow(O_2,D_2)(+)\rightarrow(O_1,D_2)(-)\rightarrow(O_1,D_4)(+)$。

(3)求出可能给该格增加的最大运量 θ。最大运输调整量 θ 等于闭回路上除该空格以外的所有标有负号数字格中的运量最小值。例如空格 (O_1,D_4) 的最大调整运输量 $\theta=\min(0,1)=0$。

(4)沿闭回路调整运输方案。将闭回路上所有正格的运量都增加 θ,所有负格的运量均减去 θ,并将负格中调整后运量为0的某个格子退出数字格。值得注意的是,如果有两个或两个以上的负格调整后的运量为0,则只能选择其中一个退出数字格,成为空格,其余的仍然保持数字格,只是运量为0。格子 (O_1,D_4) 调整其运量为0,填入运量分配表,同时将格子 (O_2,D_4) 退出数字格,见表3-13。

沿闭回路调整格 (O_1,D_4) 与 (O_2,D_4) 表3-13

产地 \ 销地	D_1	D_2	D_3	D_4
O_1	6 4	22 1	5	6 0
O_2	3	10 1	4 3	8
O_3	1	8	2	1 6

(5)对调整后得到的新运输方案,重新计算各个空格的检验数。如果每个检验数均非负,则得到最优运输方案,否则重复上面的步骤(1)~(4)。经过有限次这样的迭代,一定能够得到最优方案。重新计算表3-13的空格检验数,得表3-14。

表3-14中还有负检验数,选定空格 (O_1,D_3),再作一次上面的迭代,得到改进的物资运输方案,见表3-15左下角的数字。

第一次迭代后的检验数表 表3-14

产地 \ 销地	D_1	D_2	D_3	D_4
O_1	6 4	22 1	-11 5	6 0
O_2	9 3	10 1	4 3	14 8
O_3	0 1	-9 8	-9 2	1 6

改进的物资运输方案　　表 3-15

产地＼销地	D_1	D_2	D_3	D_4
O_1	6 4	11　22	5 1	6 0
O_2	−2　3	10 2	4 2	3　8
O_3	0　1	2　8	2　2	1 6

计算表 3-15 的检验数,见表 3-15 各空格左上角的数字。此时还有空格(O_2,D_1)的检验数是负的,同样以此格再作一次迭代,得进一步改进的物资运输方案,见表 3-16 左下角的数字。

进一步改进的物资运输方案　　表 3-16

产地＼销地	D_1	D_2	D_3	D_4
O_1	6 2	9　22	5 3	6 0
O_2	3 2	10 2	2　4	5　8
O_3	0　1	0　8	2　2	1 6

计算表 3-16 的检验数,见表 3-16 各空格左上角的数字。可以看到,表 3-16 中所有空格的检验数均为非负,至此得到了例 3-3 平衡物资运输问题的最优运输方案。即产地 O_1 的 5 个单位物资,运往销地 D_1 2 个单位,运往销地 D_3 3 个单位;产地 O_2 的 4 个单位物资,运往销地 D_1 2 个单位,运往销地 D_2 2 个单位;产地 O_3 的 6 个单位物资,全部运往销地 D_4,此运输方案相应的总运费是 59。

表 3-16 中有些空格的检验数是 0,由线性规划理论可知,此物资运输问题存在无穷多个最优运输方案。表 3-16 所示的最优运输方案中数字格(O_1,D_4)的运量是 0,在线性规划中称这样的解是退化的。

综上所述,表上作业法求解平衡运输问题的步骤可用如图 3-2 所示的框图表示。

三、产销不平衡的运输问题

前面介绍的表上作业法,是针对产销平衡运输问题的求解方法,即满足

$$\sum_{i=1}^{m} a_i = \sum_{j=1}^{n} b_j$$

但实际工作中经常会遇到一些产销量不平衡的运输问题。为了同样能应用表上作业法来求解这样的不平衡运输问题,就需要把它化成等价的产销平衡运输问题。根据产销总量的大小,将其分为两种情况来分别讨论。

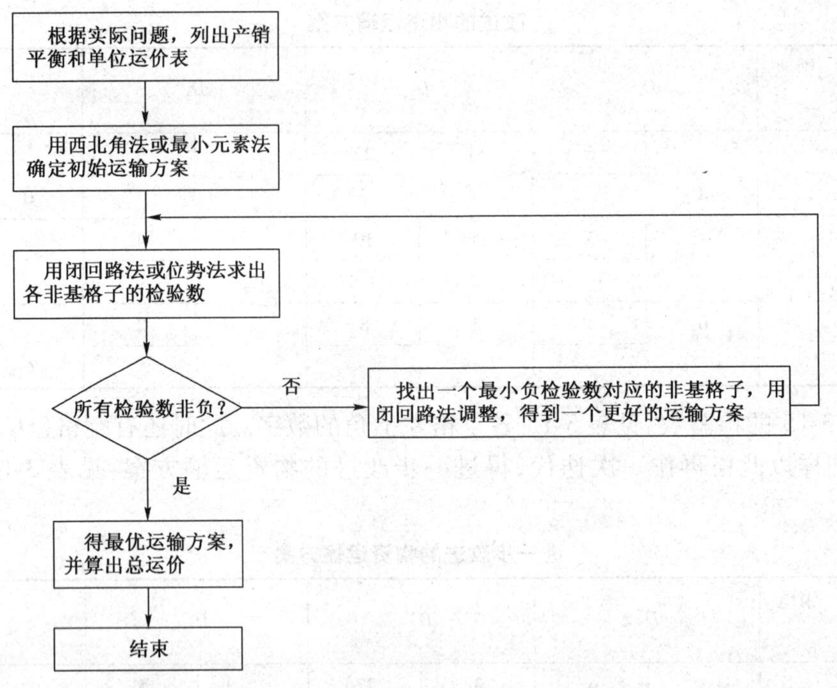

图 3-2　表上作业法求解平衡运输问题步骤

1. 总产量大于总销量的情形

这种情形即

$$\sum_{i=1}^{m} a_i > \sum_{j=1}^{n} b_j$$

此时对应的运输问题的数学模型应为：

$$\min C = \sum_{i=1}^{m}\sum_{j=1}^{n} c_{ij} x_{ij}$$

$$\begin{cases} \sum_{j=1}^{n} x_{ij} \leqslant a_i & (i = 1,2,\cdots,m) \\ \sum_{i=1}^{m} x_{ij} = b_j & (j = 1,2,\cdots,n) \\ x_{ij} \geqslant 0 & (i = 1,2,\cdots,m; j = 1,2,\cdots,n) \end{cases}$$

由于产大于销，必有某些产地的一些物资无法运出去，只能就地储存。这就要考虑多余的物资应在哪些产地就地储存。假设每个产地 $A_i(i=1,2,\cdots,m)$ 的就地储存物资量为 $x_{i,n+1}$，则有：

$$\sum_{i=1}^{m} x_{i,n+1} = \sum_{i=1}^{m} a_i - \sum_{j=1}^{n} b_j$$

且

$$\sum_{j=1}^{n} x_{ij} + x_{i,n+1} = \sum_{j=1}^{n+1} x_{ij} = a_i \qquad (i = 1,2,\cdots,m)$$

由此，假设一个虚拟的销地 B_{n+1}，其销量 $b_{n+1} = \sum_{i=1}^{m} a_i - \sum_{j=1}^{n} b_j$，各个产地 $A_i(i=1,2,\cdots,m)$ 运往销地 B_{n+1} 的运量就是其相应的就地物资储存量 $x_{i,n+1}$。由于没有经过实际运输，显然单位运价 $c_{i,n+1}=0(i=1,2,\cdots,m)$。则总产量大于总销量的运输问题就等价于如下的 $m\times(n+1)$ 产销平衡运输问题，就可以用前面介绍的表上作业法求解了。

$$\min C = \sum_{i=1}^{m}\sum_{j=1}^{n+1} c_{ij}x_{ij}$$

$$\begin{cases} \sum_{j=1}^{n+1} x_{ij} = a_i & (i = 1,2,\cdots,m) \\ \sum_{i=1}^{m} x_{ij} = b_j & (j = 1,2,\cdots,n+1) \\ x_{ij} \geqslant 0 & (i = 1,2,\cdots,m; j = 1,2,\cdots,n+1) \end{cases}$$

2. 总产量小于总销量的情形

这种情形即

$$\sum_{i=1}^{m} a_i < \sum_{j=1}^{n} b_j$$

此时对应的运输问题的数学模型应为：

$$\min C = \sum_{i=1}^{m}\sum_{j=1}^{n} c_{ij}x_{ij}$$

$$\begin{cases} \sum_{j=1}^{n} x_{ij} = a_i & (i = 1,2,\cdots,m) \\ \sum_{i=1}^{m} x_{ij} \leqslant b_j & (j = 1,2,\cdots,n) \\ x_{ij} \geqslant 0 & (i = 1,2,\cdots,m; j = 1,2,\cdots,n) \end{cases}$$

由于产小于销，必有某些销地的物资需求无法得到满足。那么，对于物资运输部门来讲，这就要决定让哪些销地的需求量短缺、短缺多少，使得所有产地的物资全部运出且总的运输费用最少。假设每个销地 $B_j(j=1,2,\cdots,n)$ 在上述运输模型对应方案下的需求短缺量为 $x_{m+1,j}$，则有：

$$\sum_{j=1}^{n} x_{m+1,j} = \sum_{j=1}^{n} b_j - \sum_{i=1}^{m} a_i$$

且

$$\sum_{i=1}^{m} x_{ij} + x_{m+1,j} = \sum_{i=1}^{m+1} x_{ij} = b_j \qquad (j = 1,2,\cdots,n)$$

由此，假设一个虚拟的产地 A_{m+1}，其产量 $a_{m+1} = \sum_{j=1}^{n} b_j - \sum_{i=1}^{m} a_i$，从 A_{m+1} 运往各个销地 $B_j(j=1,2,\cdots,n)$ 的运量就是其相应的物资需求短缺量 $x_{m+1,j}$。由于这一部分需求量运输部门没有办法满足，需要各个销地自行解决，而自行解决不经过实际运输，所以虚拟的产地 A_{m+1} 的单位运价 $c_{m+1,j}=0(j=1,2,\cdots,n)$。则总产量小于总销量的运输问题就等价于如下的 $(m+1)\times n$ 产销平衡运输问题，就可以用前面介绍的表上作业法求解了。

$$\min C = \sum_{i=1}^{m+1}\sum_{j=1}^{n} c_{ij}x_{ij}$$

$$\begin{cases} \sum_{j=1}^{n} x_{ij} = a_i & (i = 1,2,\cdots,m+1) \\ \sum_{i=1}^{m+1} x_{ij} = b_j & (j = 1,2,\cdots,n) \\ x_{ij} \geqslant 0 & (i = 1,2,\cdots,m+1; j = 1,2,\cdots,n) \end{cases}$$

第二节　整 数 规 划

上一章讨论的一般线性规划问题，其可行域都是实数空间的子集，也就是说变量都取实数值。但是有许多来自实际应用的线性规划问题，其有些变量必须要取整数值。例如，公交车辆的分配、建筑设备的合理配备、产品的生产规划等问题中，都要求其中的车辆数、机械设备数和产品件数等为整数。还有一些问题，如工程项目优化排序、投资项目选择、任务分派等问题，相应的线性规划问题中要求某些变量只能取 0 或 1。这种限制某些变量只能取整数的线性规划称为线性整数规划，简称整数规划。其中，若所有变量都要求取整的线性规划称为纯整数规划；若只一部分变量要求取整的线性规划称为混合整数规划。特别地，若要求变量只能取 0 或 1 的线性规划称为 0-1 整数规划或 0-1 规划。本节主要讨论整数规划和 0-1 规划的解法。

一、例子与模型

先来看几个例子。

[例 3-6]　某厂制造三种不同规格的金属产品 I、II、III，所用的资源是金属板、劳动力和机器。制造各种型号的单位产品资源消耗情况见表 3-17。

单位产品资源消耗情况　　表 3-17

消耗量 产品型号 / 资源	I	II	III
金属板(块)	3	5	8
劳动力(人)	2	4	6
机器(台)	1	2	3

若现在工厂有金属板 500 块，可支配劳动力 300 人，可使用的机器 100 台。各种产品出售后单位利润分别是 6 元、8 元和 9 元。问该工厂各种型号的产品分别生产多少，才能获得最大利润？

解：这个问题很容易用线性规划数学模型来描述。假设该厂生产 I、II、III 型号的产品数量分别为 x_1、x_2 和 x_3，则问题可以描述为求解下面线性规划问题的最优解。

$$\max z = 6x_1 + 8x_2 + 9x_3$$

$$\text{s. t.}\begin{cases} 3x_1 + 5x_2 + 8x_3 \leqslant 500 \\ 2x_1 + 4x_2 + 6x_3 \leqslant 300 \\ x_1 + 2x_2 + 3x_3 \leqslant 100 \\ x_1, x_2, x_3 \geqslant 0 \text{ 且为整数} \end{cases}$$

[例 3-7]　现用集装箱托运甲、乙两种货物，每箱的体积、质量、可获利润及托运所受限制见表 3-18。问两种货物各托运多少箱可获利最多？

每箱货物的体积、质量、可获利润及托运所受限制　　表 3-18

集 装 箱	体积(m^3)	质量(t)	利润(百元/箱)
甲	4	2	12
乙	5	1	9
托运限制	20	8	

解:设 x_1、x_2 分别为甲、乙两种货物的托运箱数,则此问题的线性规划数学模型为:

$$\max z = 12x_1 + 9x_2$$

$$\text{s.t.}\begin{cases}4x_1 + 5x_2 \leqslant 20\\2x_1 + x_2 \leqslant 8\\x_1, x_2 \geqslant 0 \text{ 且为整数}\end{cases}$$

[例 3-8] 某桥梁工地为了制作桁架,需在长度为 L 的角钢上截取长度分别为 a_1、a_2、…、a_n 的单件。问怎样截取,才能使得角钢的残料最少?

解:设 x_i 为在长度为 L 的角钢上截 $a_i(i=1,2,\cdots,n)$ 单件的根数,z 是截取后的残料长度,则问题就是求 $x_i(i=1,2,\cdots,n)$ 和 z,满足下面的线性规划:

$$\min z$$

$$\text{s.t.}\begin{cases}a_1x_1 + a_2x_2 + \cdots + a_nx_n + z = L\\x_1, x_2, \cdots, x_n \geqslant 0 \text{ 且为整数}\\z \geqslant 0\end{cases}$$

从例 3-6 ~ 例 3-8 可以看到,在线性规划的约束条件中出现了变量要求取整或部分变量要求取整的情况,这就是前面介绍的纯整数规划和混合整数规划。

一般整数规划的数学模型可以统一地描述为:

$$\max z = \sum_{j=1}^{n} c_j x_j$$

$$(\text{ILP})\quad \text{s.t.}\begin{cases}\sum_{j=1}^{n} a_{ij}x_j = b_i & (i = 1,2,\cdots,m)\\x_j \geqslant 0 & (j = 1,2,\cdots,n \text{ 且为整数或部分为整数})\end{cases}$$

如何来求解整数规划(ILP)呢?为了寻求(ILP)的解,有人可能会想到先不考虑整数约束条件而求解与(ILP)相对应的如下一般线性规划:

$$\max z = \sum_{j=1}^{n} c_j x_j$$

$$(\text{LP})\quad \text{s.t.}\begin{cases}\sum_{j=1}^{n} a_{ij}x_j = b_i & (i = 1,2,\cdots,m)\\x_j \geqslant 0 & (j = 1,2,\cdots,n)\end{cases}$$

这个线性规划(LP)称为整数线性规划(ILP)的松弛问题。即先求出其松弛问题(LP)的最优解,然后将该解中不满足整数约束要求的变量,通过“舍入化整”来得到原整数规划的最优解。但是这样做一般情况下是行不通的,原因是:舍入化整后的解不一定是原整数规划的可行解;有的虽是原整数规划的可行解,但却不是最优解,甚至离最优解很远。为了说明这个情况,下面用这种方法来求解例 3-7。

相应例 3-7 整数规划的松弛问题为:

$$\max z = 12x_1 + 9x_2$$

$$\text{s.t.}\begin{cases}4x_1 + 5x_2 \leqslant 20\\2x_1 + x_2 \leqslant 8\\x_1, x_2 \geqslant 0\end{cases}$$

其可行域 Ω 为图 3-3 中所示的阴影部分。用线性规划的图解法易求得最优解 $x'=\left(\frac{10}{3},\frac{4}{3}\right)^{\mathrm{T}}$。对 x'舍入化整可以找到 4 个整数点，其中(3,2)、(4,1)、(4,2)都不是原来整数规划的可行解，而(3,1)虽是可行解，但相应的目标函数值 $z'=45$，并非最优。实际上，最优解在 $x^*=(4,0)^{\mathrm{T}}$，相应的目标值 $z^*=48$。

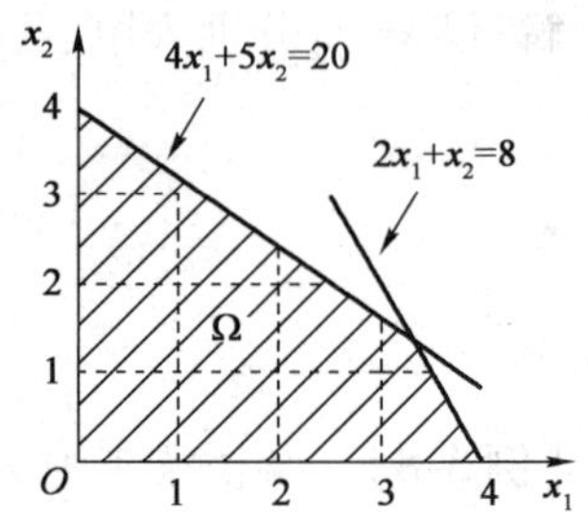

图 3-3　对应例 3-7 整数线性规划的松弛问题可行域 Ω

由此可知，用"舍入取整"求解整数规划一般是行不通的，所以研究整数规划问题的解法还是很有必要的。事实上，求解整数规划没有很理想的方法。下面介绍目前应用效果比较好的两种方法——"分枝定界法"和"割平面法"。

二、分枝定界法

分枝定界法可用于求解纯整数规划和混合整数规划(ILP)，其基本思想是：先求出其松弛问题(LP)的最优解，若此最优解不满足整数约束条件，则根据某个变量的整数要求来抛弃松弛问题(LP)可行域中不含可行整数解的那些部分，缩小松弛问题的可行域，由此将原来的松弛问题分解成一系列子可行域的松弛问题(分枝)，并依次在缩小后的子可行域对应的子松弛问题中寻求最优整数解。

显然，原整数规划的最优目标值不会更优于其松弛问题的最优目标值，这是因为整数规划的可行域包含于其松弛问题的可行域中。因此，对于极大化问题，其松弛问题的最优目标值一定是原整数规划最优目标值的上界；而对于极小化问题，则为下界。由此，当某个子松弛问题求得整数最优解，则此解就是原整数规划的一个可行解，对应的目标函数值就是原整数规划最优目标值的下界(对应极大化问题)或上界(对应极小化问题)，即定界。

以极大化整数规划(ILP)为例，用分枝定界法求解整数规划的一般步骤如下。

(1)求解(ILP)的松弛问题(LP)，可能出现以下三种情形：

①(LP)无可行解，此时(ILP)无可行解，计算结束。

②(LP)有最优解且满足(ILP)的所有整数约束要求，此时(LP)的最优解即为(ILP)的最优解，计算结束。

③(LP)有最优解，但此最优解中有某些变量不满足(ILP)的整数约束，转入步骤(2)。

(2)分枝。设(LP)的最优解为 x'，假定 x'中第 k 个分量 x'_k不满足整数要求，此时从(LP)的可行域中去掉含点 x'而不含(ILP)的任何可行整数解的条形区间：

$$[x'_k] < x_k < [x'_k]+1$$

这里$[x'_k]$为不大于 x'_k的最大整数。即把约束条件

$$x_k \leqslant [x'_k] \text{ 和 } x_k \geqslant [x'_k]+1$$

分别加入(LP)，从而把(LP)的可行域分割成两个不相交的子集，即把(LP)分成两个分枝。

(3)定界。(LP)的最优值记为 $\bar{z}$，它是(ILP)最优值 z^* 的一个上界。任取(ILP)的一个可行解，对应的目标值记为 $\underline{z}$，它是 z^* 的一个下界(初次下界也可取"$-\infty$")，则有：

$$\underline{z} \leqslant z^* \leqslant \bar{z}$$

(4)解每一分枝的线性规划，并根据解的情况进入不同步骤：

①若无可行解，则该分枝已查清，结束此枝的计算。

②若是整数解且最优值 $z=\bar{z}$，则该分枝的解就是原整数规划（ILP）的最优解，结束此枝的计算。

③若是整数解，但最优值 $z<\bar{z}$，则取 $\max(z,\underline{z})$ 为新的下界 $\underline{z}$。该子区域停止再分枝，称为剪枝。

④若是非整数解且 $z\leqslant\underline{z}$，则该分枝中一定不含有（ILP）的最优解，此子区域停止再往下分枝，剪枝。

⑤若是非整数解，$\underline{z}<z<\bar{z}$ 且 z 又是平行各分枝中的最大目标值，则取 z 值为新的上界 $\bar{z}$。同时将该分枝视为（LP），回到步骤（2）。

（5）各分枝均已查清或已被剪枝，对应最优目标值的解即是原整数规划（ILP）的最优解。

在分枝定界法中，剪枝的依据如下：

①分枝所在的子松弛问题的最优解已满足取整要求；

②分枝所在的子松弛问题无可行解；

③分枝所在的子松弛问题的最优值不大于当前下界。

下面来举个例子。

［例 3-9］ 用分枝定界法求解如下整数规划。

$$\max z = 4x_1 + 3x_2$$

$$(\mathrm{I})\quad \text{s. t.}\begin{cases}4x_1 + x_2 \leqslant 10\\ 2x_1 + 3x_2 \leqslant 8\\ x_1, x_2 \geqslant 0 \text{ 且均为整数}\end{cases}$$

解：用（L_0）代表整数规划（Ⅰ）的松弛问题。因整数规划（Ⅰ）中仅含两个变量，故可借助于图解法（一般问题需用单纯形法）求解各分枝的线性规划问题的最优解。

（1）求出（L_0）的最优解 $x^0=\left(\frac{11}{5},\frac{6}{5}\right)^{\mathrm{T}}$（图 3-4），相应目标值 $z^0=\frac{62}{5}$。x^0 不满足整数约束条件，转入步骤（2）。

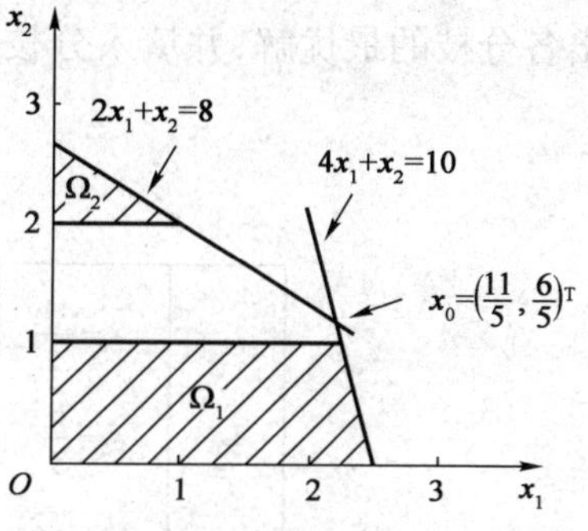

（2）分枝与定界。

①定界：$z^0=\frac{62}{5}$ 是（L_0）的最优目标值 z^* 的一个上界，记为 $\bar{z}$，即 $\bar{z}=\frac{62}{5}$；$(0,0)$ 是（L_0）的一个可行解，相应目标值 $z=0$ 是 z^* 的一个下界，记作 $\underline{z}=0$，即有 $0\leqslant z^*\leqslant\frac{62}{5}$。

图 3-4　松弛问题 L_0 的最优解

②分枝：在 x^0 中任取一非整分量，比如取 $x_2^0=\frac{6}{5}$ 作为分枝变量。在（L_0）中分别增加约束

$$x_2 \leqslant \left[\frac{6}{5}\right] = 1 \text{ 和 } x_2 \geqslant \left[\frac{6}{5}\right] + 1 = 2$$

得（L_0）的两个分枝，记为（L_1）和（L_2），它们对应的线性规划问题分别为：

$$
\max z = 4x_1 + 3x_2 \qquad\qquad \max z = 4x_1 + 3x_2
$$

$$
(\mathrm{L}_1)\begin{cases}4x_1 + x_2 \leqslant 10\\ 2x_1 + 3x_2 \leqslant 8\\ x_2 \leqslant 1\\ x_1, x_2 \geqslant 0\end{cases} \qquad (\mathrm{L}_2)\begin{cases}4x_1 + x_2 \leqslant 10\\ 2x_1 + 3x_2 \leqslant 8\\ x_2 \geqslant 2\\ x_1, x_2 \geqslant 0\end{cases}
$$

求出各分枝的最优解，并填入分枝图（图3-5）。

分枝后去掉了（L_0）中 $1 < x_2 < 2$ 的可行域，但并未失去原整数规划问题（L_0）的整数可行解（图3-4），其中 Ω_1、Ω_2 分别为分枝（L_1）和（L_2）的可行域。此时 z^* 的上界可减为 $\bar{z} = 12$，下界取为 $\underline{z} = 10$，即 $10 \leqslant z^* \leqslant 12$。

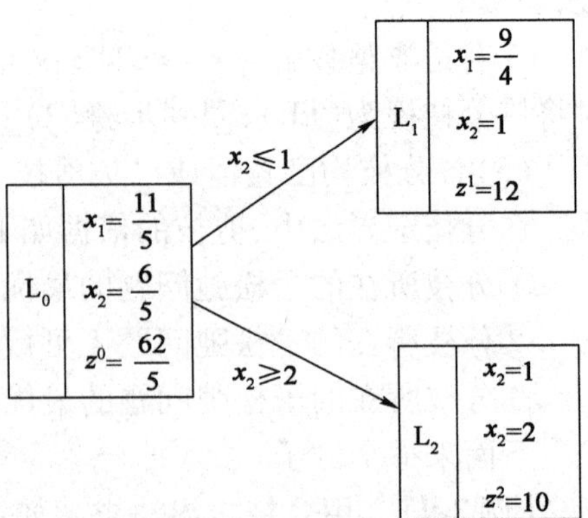

图3-5 L_0 的两个分枝的最优解

（3）分枝（L_2）的最优解已是原整数规划（Ⅰ）的可行解，该分枝已查清；分枝（L_1）的最优值 $z^1 = 12 > \underline{z}$，因而需对（L_1）再分枝。取 x_1 为分枝变量，在（L_1）中分别增加约束

$$
x_1 \leqslant \left[\frac{9}{4}\right] = 2 \text{ 和 } x_1 \geqslant \left[\frac{9}{4}\right] + 1 = 3
$$

得（L_1）的两个分枝（L_3）和（L_4）：

$$
\max z = 4x_1 + 3x_2 \qquad\qquad \max z = 4x_1 + 3x_2
$$

$$
(\mathrm{L}_3)\begin{cases}4x_1 + x_2 \leqslant 10\\ 2x_1 + 3x_2 \leqslant 8\\ x_2 \leqslant 1\\ x_1 \leqslant 2\\ x_1, x_2 \geqslant 0\end{cases} \qquad (\mathrm{L}_4)\begin{cases}4x_1 + x_2 \leqslant 10\\ 2x_1 + 3x_2 \leqslant 8\\ x_2 \leqslant 1\\ x_1 \geqslant 3\\ x_1, x_2 \geqslant 0\end{cases}
$$

求出各分枝的最优解，并填入分枝图（图3-6）。

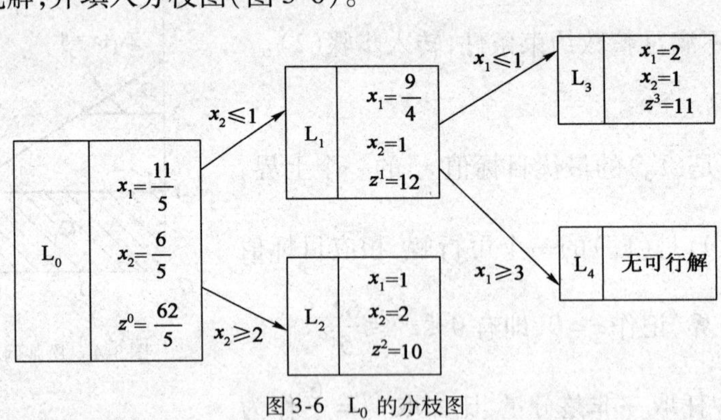

图3-6 L_0 的分枝图

从图3-6的分枝图可以看到，分枝线性规划（L_4）已无可行解，将此分枝剪掉，而（L_3）的最优解已是整数解。此时所有分枝都已查清，比较（Ⅰ）的各可行解的目标值可知，原整数规划（Ⅰ）的最优解为：

$$
x^* = (2,1)^{\mathrm{T}}, z^* = 11
$$

三、割平面法

割平面法是求解纯整数规划的一种方法，由 R. E. Gomory 于 1958 年提出，所以也称为 Gomory 割平面法。割平面法是通过不断引入附加线性约束条件（割平面）来逐步缩小其松弛问题的可行域，使原整数规划问题的最优解成为其松弛问题可行域的一个顶点，这时再用单纯形法就可以求解原整数规划的最优解。

用割平面法求解（ILP），有如下两个基本步骤。

（1）用单纯形法求解（ILP）的松弛问题（LP），如果所得（LP）的最优解 x' 已满足整数约束条件，则此（LP）最优解就是原整数规划（ILP）的最优解；否则转至步骤（2）。

（2）根据 x' 最优解构造一个线性约束（称为 Gomory 约束或割平面），并将此割平面添加到松弛问题（LP）的约束中，使得

①将松弛问题（LP）的可行域割去包含解 x' 的一部分可行域；

②不丢失原整数规划的任何整数可行解。

然后再返回到步骤（1）。

割平面法的关键是如何找到符合上述要求的割平面。在用这种方法求解时，为了寻求这种割平面，首先要把原整数规划的所有约束条件的系数和右端常数都化成整数，为的是使在计算过程中新引进的松弛变量也都满足取整要求。这是非常有必要的。

下面通过例题说明割平面法的具体解题步骤。

［例 3-10］ 用割平面法求解下列整数规划。

$$\max z = 4x_1 + 3x_2$$

$$\text{s.t.}\begin{cases} x_1 + \dfrac{5}{4}x_2 \leqslant 5 \\ 2x_1 + x_2 \leqslant 6 \\ x_1, x_2 \geqslant 0 \text{ 且均整数} \end{cases}$$

解：（1）将各约束条件的系数和右端常数均化为整数，得等价整数规划如下。

$$\max z = 4x_1 + 3x_2$$

$$(\text{ILP})\quad\begin{cases} 4x_1 + 5x_2 \leqslant 20 \\ 2x_1 + x_2 \leqslant 6 \\ x_1, x_2 \geqslant 0 \text{ 且均整数} \end{cases}$$

其松弛问题为：

$$\max z = 4x_1 + 3x_2$$

$$(\text{LP})\quad\begin{cases} 4x_1 + 5x_2 \leqslant 20 \\ 2x_1 + x_2 \leqslant 6 \\ x_1, x_2 \geqslant 0 \end{cases}$$

将其化为标准线性规划，得：

$$\max z = 4x_1 + 3x_2$$

$$\begin{cases} 4x_1 + 5x_2 + x_3 = 20 \\ 2x_1 + x_2 + x_4 = 6 \\ x_1, x_2, x_3, x_4 \geqslant 0 \end{cases}$$

用单纯形法求解,其初始表和最终表见表3-19。

单纯形法求解原整数规划的松弛问题(LP)　　表3-19

项　目	c_j		4	3	0	0	b
	C_B	X_B	x_1	x_2	x_3	x_4	
初始表	0	x_3	4	5	1	0	20
	0	x_4	2	1	0	1	6
	σ_j		4	3	0	0	
最终表	3	x_2	0	1	$\frac{1}{3}$	$-\frac{2}{3}$	$\frac{8}{3}$
	4	x_1	1	0	$-\frac{1}{6}$	$\frac{5}{6}$	$\frac{5}{3}$
	σ_j		0	0	$-\frac{1}{3}$	$-\frac{4}{3}$	$\frac{44}{3}$

若所得(LP)的最优解已全部满足整数条件,则该解就是原整数规划的最优解。本例所得解$(x_1,x_2)=\left(\frac{5}{3},\frac{8}{3}\right)$尚未满足整数条件,所以转入步骤(2)。

(2)构造割平面方程。由表3-19的最终单纯形表中找出基变量取值不满足整数要求的约束方程。如果有多个基变量的取值不满足整数要求时,需将它们的取值分成"整数"和"非负真分数"两个部分,选取非负真分数最大者。如有多个最大非负真分数时,取排在前面的,这样选择常可减少迭代次数。对于本例,有:

$$x_2 = \frac{8}{3} = 2 + \frac{2}{3};\quad x_1 = \frac{5}{3} = 1 + \frac{2}{3}$$

两者分离出来的非负真分数都是$\frac{2}{3}$,取排在前面的,据此写出相应的约束条件为:

$$x_2 + \frac{1}{3}x_3 - \frac{2}{3}x_4 = \frac{8}{3} \tag{3-1}$$

下面从式(3-1)出发导出割平面方程。

将式(3-1)中的所有系数与常数项均写成整数与非负真分数之和的形式,则有:

$$(1+0)x_2 + \left(0+\frac{1}{3}\right)x_3 + \left(-1+\frac{1}{3}\right)x_4 = 2 + \frac{2}{3} \tag{3-2}$$

然后,把整数及系数为整数的项移到等式左端,分数及系数为分数的项移到等式右端,得到:

$$x_2 - x_4 - 2 = \frac{2}{3} - \left(\frac{1}{3}x_3 + \frac{1}{3}x_4\right) \tag{3-3}$$

由整数条件可知,式(3-3)左端必定是整数,因而右端也必须是整数。又因 $x_3,x_4 \geqslant 0$,则$\frac{1}{3}x_3 + \frac{1}{3}x_4 \geqslant 0$,所以有:

$$\frac{2}{3} - \frac{1}{3}x_3 - \frac{1}{3}x_4 \leqslant 0$$

即

$$x_3 + x_4 \geqslant 2$$

从而由松弛问题(LP)的标准型得到:

$$x_1 + x_2 \leqslant 4 \tag{3-4}$$

式(3-4)就是所要的割平面方程。显然松弛问题(LP)的最优解$(x_1, x_2) = \left(\frac{5}{3}, \frac{8}{3}\right)$不满足这个不等式约束。

(3)将此约束加入松弛问题(LP)的约束条件中,得到如下(ILP)的另一个松弛线性规划:

$$\max z = 4x_1 + 3x_2$$

$$(\text{LP}')\quad \begin{cases} 4x_1 + 5x_2 \leqslant 20 \\ 2x_1 + x_2 \leqslant 6 \\ x_1 + x_2 \leqslant 4 \\ x_1, x_2 \geqslant 0 \end{cases}$$

返回步骤(1)再用单纯形法求解(LP′)。此时引入标准化松弛变量x_3、x_4、x_5,用单纯形法迭代求解得最终表,见表3-20。

单纯形法求解原整数规划的松弛问题(LP′) 表3-20

c_j		4	3	0	0	0	b
C_B	X_B	x_1	x_2	x_3	x_4	x_5	
3	x_2	0	1	0	−1	$\frac{1}{3}$	2
4	x_1	1	0	0	1	$-\frac{1}{6}$	2
0	x_3	0	0	1	1	−1	2
σ_j		0	0	0	−1	$-\frac{1}{3}$	

若所得解仍不满足(ILP)的整数约束,则重复步骤(1)~(3),直至得到整数解为止。本例已经得到整数解$x^* = (2,2,2,0)^T$,故得到原整数规划(ILP)的最优解:

$$x_1^* = 2, x_2^* = 2, z^* = 14$$

下面用图3-7来说明本例整数规划(ILP)的松弛问题(LP)可行域的变化及割平面的几何意义。

整数规划(ILP)的松弛问题(LP)可行域是图3-7中的四边形$OABCO$,松弛问题(LP)的最优解$(x_1, x_2) = \left(\frac{5}{3}, \frac{8}{3}\right)$是其中的$B$点。增加的约束条件式(3-4)相当于割去了可行域$OABCO$中的$\triangle DBC$。可以看到,割去的部分中含有松弛问题(LP)的最优解$(x_1, x_2) = \left(\frac{5}{3}, \frac{8}{3}\right)$,而不含任何(ILP)的整数可行解。割去$\triangle DBC$后,对应(ILP)的松弛问题(LP′)的可行域为$OADCO$,原整数规划(ILP)的整数可行点$D(2,2)$成为了(LP′)的顶点,且此点是松弛问题(LP′)的最优解,所以$D(2,2)$就是原整数规划(ILP)的最优解。

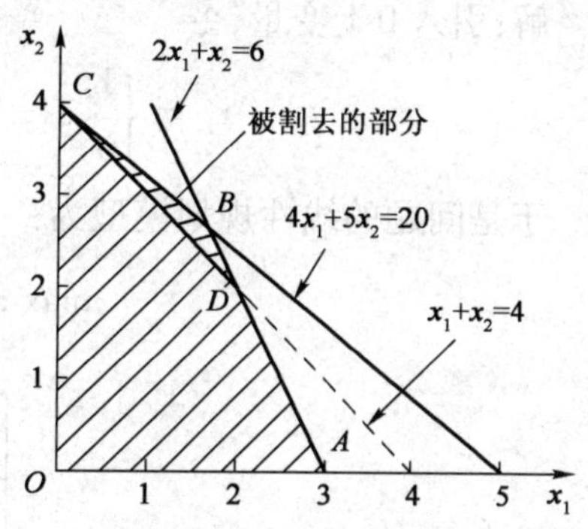

图3-7 割平面的几何意义

四、0-1规划

0-1规划是指变量只能取0或1的线性规划,是一种特殊的整数规划。在进行实际问题最优决策和处理问题时常常会碰到0-1规划。下面看几个实际例子。

［**例3-11**］ 某建筑公司在同一时间内可参加A_1、A_2、A_3、A_4四项工程的投标。这些项目要求的工期相同。公司根据招标文件和本公司的技术水平对每项工程进行了仔细的研究和计算，将各项工程的预期利润、主要工序的工程量及本企业的施工能力列于表3-21。问该公司对哪几种项目投标可能获得的总利润最大？试建立该问题的数学模型。

各项工程的预期利润、主要工序的工程量及施工能力 表3-21

工程项目	预期利润(万元)	砌筑量(m^3)	混凝土量(m^3)	抹灰量(m^2)
A_1	5	4 200	280	2 500
A_2	8	2 300	880	480
A_3	7.5	4 800	300	1 500
A_4	9	2 300	900	5 200
施工能力		12 000	1 600	9 000

解：设

$$x_i=\begin{cases}1 & \text{对项目 } A_i \text{ 投资}\\ 0 & \text{否则}\end{cases}\qquad (i=1,2,3,4)$$

则问题可以描述成如下的线性规划：

$$\max z=5x_1+8x_2+7.5x_3+9x_4$$

$$\text{s. t.}\begin{cases}4\,200x_1+2\,300x_2+4\,800x_3+3\,200x_4\leqslant 12\,000\\ 280x_1+880x_2+300x_3+900x_4\leqslant 1\,600\\ 2\,500x_1+480x_2+1\,500x_3+5\,200x_4\leqslant 9\,000\\ x_i=0\text{ 或 }1\qquad (i=1,2,3,4)\end{cases}$$

［**例3-12**］ 某公司拟在城市的东、西、南三区建立门市部，可选用的位置共7个，设为A_i($i=1,2,\cdots,7$)。根据计划在东区安排不多于两个；在西区，由A_4、A_5两个候选点中至少选一个；在南区，由A_6、A_7两个候选点中至少选一个。又知，选用A_i点的投资为b_i元，每年可获利c_i元，但投资总额不能超过B元。问选用哪几个点可使年利润最大？试建立该问题的数学模型。

解：引入0-1变量，令

$$x_i=\begin{cases}1 & \text{当 } A_i \text{ 点被选中}\\ 0 & \text{否则}\end{cases}\qquad (i=1,2,\cdots,7)$$

于是问题的线性规划模型为：

$$\max z=\sum_{i=1}^{7}c_ix_i$$

$$\text{s. t.}\begin{cases}\sum_{i=1}^{7}c_ix_i\leqslant B\\ x_1+x_2+x_3\leqslant 2\\ x_1+x_5\geqslant 1\\ x_6+x_7\geqslant 1\\ x_i=0\text{ 或 }1\qquad (i=1,2,\cdots,7)\end{cases}$$

［**例3-13**］ 设有m台同类型的机床，有n种零件在这种机床上加工。设加工时间分别是$t_1,t_2,\cdots,t_n$。问如何分配可使各种机床的总加工任务相等，或尽可能地均衡？

解:设

$$x_{ij}=\begin{cases}1 & 若加工时间为 t_j 的零件在机床 i 上加工\\ 0 & 否则\end{cases}\qquad (i=1,2,\cdots,m;j=1,2,\cdots,n)$$

则问题可以描述成如下的线性规划:

$$\min x_0$$

$$\text{s. t.}\begin{cases}\sum_{j=1}^{n} t_j x_{ij} \leqslant x_0 & (i=1,2,\cdots,m)\\ \sum_{i=1}^{m} x_{ij}=1 & (j=1,2,\cdots,n)\\ x_{ij}=0 或 1 & (i=1,2,\cdots,m;j=1,2,\cdots,n)\end{cases}$$

对于0-1 规划,由于它是特殊的整数规划,当然可以用整数规划的方法来求解。另外,由于每个变量都只取0、1 两个值,变量取值的0-1 组合是有限的,容易想到用枚举法,即先列出各变量分别取0 或1 值的每一种组合,然后在满足约束条件的变量的0-1 组合中找出使目标函数达到最优值的组合,该组合即是0-1 规划的最优解。但是,用这种方法求解变量个数为 n 的0-1 规划,通常需检查 2^n 个组合,显然,当 n 相当大时,这种做法几乎是不可能的。前面介绍的求解整数规划的分枝定界法,事实上就是对整数规划的部分整数可行解进行枚举的求解方法。因此,求解0-1 规划也可用隐枚举法,即利用过滤性条件,只需要检查0-1 变量取值组合的一部分即可得到问题的最优解。下面结合例子来介绍这种求解0-1 规划的隐枚举法。

[例3-14] 求解下列0-1 规划。

$$\max z=3x_1-2x_2+5x_3$$

$$\text{s. t.}\begin{cases}x_1+2x_2-x_3\leqslant 2\\ x_1+4x_2-x_3\leqslant 4\\ x_1+x_2\leqslant 3\\ 4x_2-x_3\leqslant 6\\ x_1,x_2,x_3=0 或 1\end{cases}$$

解:(1)变量次序重排。对 max z 型0-1 规划问题,变量按目标函数式中系数由小到大的顺序重排(对 min z 型问题则相反),原模型变为:

$$\max z=-2x_2+3x_1+5x_3$$

$$\text{s. t.}\begin{cases}2x_2+x_1-x_3\leqslant 2 & ①\\ 4x_2+x_1+x_3\leqslant 4 & ②\\ x_2+x_1\leqslant 3 & ③\\ 4x_2+x_3\leqslant 6 & ④\\ x_2,x_1,x_3=0 或 1\end{cases}\qquad(3\text{-}5)$$

(2)将变量组(x_2,x_1,x_3)所有可能的数值组(亦称作点)按字典序排列(表3-22)。

(3)构造过滤条件。先用试探法找出一可行解,如(0,1,0)即满足式(3-5)的所有约束条件,计算相应的目标值有 $z=3$。因该问题是最大化问题,可知凡目标值小于3 的解肯定不是最优解,或认为凡是不满足约束条件

$$-2x_2+3x_1+5x_3\geqslant 3\qquad ⓪$$

的解(右端项3 是最优目标值的一个下界)都不可能是最优解,故可不予考虑。称约束条件⓪为过滤条件。将它加入式(3-5),并将约束条件按⓪~④的顺序排列。

需注意的是:求解过程中,当遇到可行解的目标值大于过滤条件⓪当前的右端值时,应及时将⓪的右端值换成大者,以减少需进一步检验的点。如本例,当发现(0,0,1)是可行解,且相应的目标值 $z=5>3$ 时,应立即将过滤条件换成

$$-2x_2+3x_1+5x_3\geqslant 5$$

(4)寻求最优解的过程见表3-22。于是求得问题的最优解 $(x_1,x_2,x_3)=(1,0,1)$,相应目标值 $z^*=8$。

在变量数目不是很大时,利用过滤性条件的隐枚举法解0-1规划还是比较实用的。但当0-1规划的变量数目很大时,这种算法的计算量会很大。除了过滤性条件的隐枚举法求解0-1规划外,还有利用分枝定界求解的隐枚举法。这里不再介绍,有兴趣的读者可以查阅相关数学规划方面的资料。

例3-14中所有可能的数值组 表3-22

点 (x_2,x_1,x_3)	约束条件左端值					是否满足条件	z 值
	⓪	①	②	③	④		
(0,0,0)	0					×	
(0,0,1)	5					√	
(0,1,0)	3	−1	1	0	1	×	
(0,1,1)	8					√	5
(1,0,0)	−2					×	
(1,0,1)	3	0	2	1	1	×	8
(1,1,0)	1					×	
(1,1,1)	6					×	

第三节 资源分配问题

资源分配问题是数学规划的经典问题之一,一般有静态与动态两种。这里介绍的资源分配是可以由整数规划来描述和求解的简单静态资源分配问题,也常称为分配问题或指派问题。

在工程项目管理、资源利用和劳动分配等实际工作中,分配问题比较常见。例如在工程运输中各个运输任务的人力与物力分配问题、n 个工程公司对 n 个工程项目的投标问题、公共交通客运公司运营的车辆与运营线路的分配问题等。当然还有其他方面的问题,例如在生产企业管理中工人或设备的合理分配问题、在学校里教师课程的合理安排以及课表的制订问题等。

一、资源分配问题的数学模型

[例3-15] 设某运输队有6辆卡车,需分派驶往6个不同的目的地,由于各辆卡车的性能、消耗和效率不同,因而驶往各目的地的运输成本也不同,如表3-23所示。试求使总成本最低的车辆分派方案。

车辆驶往各目的地的运输成本(百元)　　表 3-23

目的地 运输成本 车辆编号	D_1	D_2	D_3	D_4	D_5	D_6
1	46	66	55	59	20	28
2	24	81	25	62	25	91
3	28	22	39	50	27	86
4	46	31	45	47	54	58
5	65	44	64	43	31	60
6	32	24	34	24	33	64

解:设

$$x_{ij}=\begin{cases}0 & \text{若分派第 } i \text{ 号车辆驶往第 } j \text{ 目的地} \\ 1 & \text{否则}\end{cases}\qquad (i,j=1,2,\cdots,6)$$

则原问题的数学模型为:

$$\begin{aligned}\min z = {} & 46x_{11}+66x_{12}+55x_{13}+59x_{14}+20x_{15}+28x_{16}+\\ & 24x_{21}+81x_{22}+25x_{23}+62x_{24}+25x_{25}+91x_{26}+\\ & 28x_{31}+622x_{32}+39x_{33}+50x_{34}+27x_{35}+86x_{36}+\\ & 46x_{41}+31x_{42}+45x_{43}+47x_{44}+54x_{45}+58x_{46}+\\ & 65x_{51}+44x_{52}+64x_{53}+43x_{54}+31x_{55}+60x_{56}+\\ & 32x_{61}+24x_{62}+34x_{63}+24x_{64}+33x_{65}+64x_{66}\end{aligned}$$

$$\text{s. t.}\begin{cases}\sum\limits_{j=1}^{6}x_{ij}=1 & (i=1,2,\cdots,6)\\ \sum\limits_{i=1}^{6}x_{ij}=1 & (j=1,2,\cdots,6)\\ x_{ij}=0 \text{ 或 } 1 & (i,j=1,2,\cdots,6)\end{cases}$$

[例 3-16]　设有 4 个教师,要分配他们去教 4 门不同的课程。由于他们的专长、教学水平、教学经历和经验不同,每个教师完成不同课程的教学任务每周所需备课时间如表 3-24 所示。问应分配哪个教师去担任哪门课程可使 4 门课程花费的总备课时间最少?

各教师完成不同课程的教学任务每周所需备课时间(h)　　表 3-24

课程 备课时间 教师	A	B	C	D
甲	4	6	5	8
乙	6	10	7	4
丙	7	8	11	9
丁	9	3	8	6

解:设

$$x_{ij}=\begin{cases}0 & \text{若分派第 } i \text{ 个教师担任第 } j \text{ 门课程} \\ 1 & \text{否则}\end{cases}\qquad (i,j=1,2,3,4)$$

则原问题的数学模型为:

$$\begin{aligned}\min z = {} & 4x_{11}+6x_{12}+5x_{13}+8x_{14}+6x_{21}+10x_{22}+7x_{23}+4x_{24}+\\ & 7x_{31}+8x_{32}+11x_{33}+9x_{34}+9x_{41}+3x_{42}+8x_{43}+6x_{44}\end{aligned}$$

$$\text{s.t.}\begin{cases}x_{11}+x_{12}+x_{13}+x_{14}=1\\x_{21}+x_{22}+x_{23}+x_{24}=1\\x_{31}+x_{32}+x_{33}+x_{34}=1\\x_{11}+x_{12}+x_{31}+x_{32}=1\\x_{11}+x_{12}+x_{32}+x_{42}=1\\x_{13}+x_{23}+x_{33}+x_{43}=1\\x_{14}+x_{24}+x_{34}+x_{44}=1\\x_{ij}=0\text{ 或 }1\qquad(i,j=1,2,3,4)\end{cases}$$

从上面两个例子可以得出资源分配问题的一般描述：设有 n 项任务，分配给 n 个人去完成，要求每个人完成其中一项任务，每项任务只交给其中一个人完成，已知每个人完成各项任务的成本（或效率），求使总成本最低（或总效率最高）的分配方案。

要特别注意的是，对于上面的资源分配问题，必须满足每个人只承担一项任务，而且每项任务只由一个人来完成。当然，问题中的"任务"可以是各种类型的活动，完成任务的"人"可以是各种类型的资源，完成任务的效率可以是成本、时间等。

引入变量

$$x_{ij}=\begin{cases}1 & \text{若分配第 } i \text{ 人完成第 } j \text{ 项任务}\\0 & \text{否则}\end{cases}\qquad(i,j=1,2,\cdots,n)$$

则资源分配问题的一般数学模型为：

$$\min z=\sum_{i=1}^{n}\sum_{j=1}^{n}c_{ij}x_{ij}$$

$$(\text{AP})\qquad\text{s.t.}\begin{cases}\sum_{j=1}^{n}x_{ij}=1\qquad(i=1,2,\cdots,n)\\\sum_{i=1}^{n}x_{ij}=1\qquad(j=1,2,\cdots,n)\\x_{ij}=0\text{ 或 }1\qquad(i,j=1,2,\cdots,n)\end{cases}$$

其中 c_{ij} 是第 i 人完成第 j 项任务时的费用（或效率），矩阵 $\boldsymbol{c}_{ij}$ 称为费用矩阵（或效率矩阵）。对于要研究的资源分配问题，矩阵 $\boldsymbol{c}_{ij}$ 一般都是已知的，如例 3-17 与例 3-18 的 $\boldsymbol{c}_{ij}$ 分别由表 3-23 与表 3-24 给出。

二、求解方法

从资源分配模型结构形式不难看出，典型的资源分配问题既是一类特殊的 0-1 规划，也是一类特殊的运输问题，因此可采用 0-1 规划运输问题的解法来解，但这样做就如同用单纯形法求解运输问题一样不合算。下面介绍一种求解资源分配问题更有效的方法——匈牙利法。该方法是由匈牙利数学家狄·考尼格（D. Konig）给出的。

匈牙利法的基本思想是，设法对效率矩阵 $(\boldsymbol{c}_{ij})_{n\times n}$ 进行变换，使变换后的效率矩阵 $(\boldsymbol{c}'_{ij})_{n\times n}$ 中有 n 个位于不同行、不同列的零元素（以下称为独立的零元素），没有负元素，而且还要求 $(\boldsymbol{c}_{ij})_{n\times n}$ 与 $(\boldsymbol{c}'_{ij})_{n\times n}$ 等效。即分别由 $(\boldsymbol{c}_{ij})_{n\times n}$ 和 $(\boldsymbol{c}'_{ij})_{n\times n}$ 给出的效率矩阵分配问题是等价的。分配问题的任意一个可行解矩阵 $(\boldsymbol{x}_{ij})_{n\times n}$ 一定对应于某变换后的效率矩阵，该效率矩阵中独立零元素对应的变量 x_{ij} 取值 1，其余变量取值 0。

匈牙利法的基本依据是以下定理。

定理 效率矩阵$(\boldsymbol{c}_{ij})_{n\times n}$的任意一行(列)各元素中分别减去同一常数$a$,得一变换了的矩阵$(\boldsymbol{b}_{ij})_{n\times n}$,则以$(\boldsymbol{b}_{ij})_{n\times n}$为效率矩阵的分配问题最优解与原问题的最优解相同。

证:仅证明行变换,对于列的情形是完全类似的。不妨设$(\boldsymbol{c}_{ij})_{n\times n}$的第$k$行($1\leqslant k\leqslant n$)分别减去常数$a$,得矩阵$(\boldsymbol{b}_{ij})_{n\times n}$,即

$$b_{kj} = c_{kj} - a \qquad (j = 1,2,\cdots,n)$$
$$b_{ij} = c_{ij} \qquad (i \neq k;i,j = 1,2,\cdots,n)$$

设$(\boldsymbol{x}_{ij})_{n\times n}$是以$(\boldsymbol{b}_{ij})_{n\times n}$为效率矩阵的分配问题的任意可行解矩阵,目标函数值为z',则有:

$$\begin{aligned} z' &= \sum_{\substack{i=1\\ i\neq k}}^{n}\sum_{j=1}^{n} c_{ij}x_{ij} + \sum_{j=1}^{n}(c_{kj} - a)x_{kj} \\ &= \sum_{i=1}^{n}\sum_{j=1}^{n} c_{ij}x_{ij} - a\sum_{j=1}^{n}x_{kj} \\ &= z - a \end{aligned}$$

其中z是以$(\boldsymbol{c}_{ij})_{n\times n}$为效率矩阵的分配问题对应可行解矩阵$(\boldsymbol{x}_{ij})_{n\times n}$的目标函数值。显然,若$(\boldsymbol{x}_{ij})_{n\times n}$使$z'$达到最小,亦必使$z$达到最小,反之亦然。即以$(\boldsymbol{b}_{ij})_{n\times n}$为效率矩阵的分配问题与原问题有相同的最优解,只是目标函数值相差一个常数a。

用匈牙利法求解资源分配问题(AP)的步骤如下。

(1)将效率矩阵$\boldsymbol{c}_{ij}$每行的各元素减去该行的最小元素,再将所得矩阵每列的各元素减去该列的最小元素,设所得矩阵为$\boldsymbol{c}_{ij}^{1}$,则矩阵$\boldsymbol{c}_{ij}^{1}$的每一行和每一列中都有零元素。

(2)在$\boldsymbol{c}_{ij}^{1}$中找出所有位于不同行、不同列的零元素,即独立零元素,并用最少条数的直线覆盖$\boldsymbol{c}_{ij}^{1}$中的全部零元素。方法如下:

①从$\boldsymbol{c}_{ij}^{1}$中的第一行开始逐行检查,若发现某行只有一个零元素,则给该零元素加“[ ]”,并对[0]所在列画上一条直线。若某行零元素多于一个,则转下一行,直到最后一行为止。

②接着对$\boldsymbol{c}_{ij}^{1}$中没有被画去的列作类似的检查。如果有某列只有一个零元素,则给该零元素加“[ ]”,并对[0]所在行画上一条直线。重复①的做法。

③对$\boldsymbol{c}_{ij}^{1}$中没有被画去的元素组成的子矩阵,反复重复①、②,直到原$\boldsymbol{c}_{ij}^{1}$矩阵中所有零元素被加“[ ]”和画去为止,转入⑤。

④若还有未被直线覆盖的零元素,则这些零元素之间必存在闭回路,这时可沿着某一闭回路的走向,对每个间隔的零元素加“[ ]”,每加一个“[ ]”就对[0]所在的行(或列)画一条直线,直至$\boldsymbol{c}_{ij}^{1}$中的所有零元素都被直线覆盖为止。如果有这种情况出现,原来的资源分配问题(AP)的解一定不唯一。

⑤若[0]的零元素个数已有n个,这表明已经找到了n个独立零元素,则让每个[0]对应的变量x_{ij}取值为1,其余变量x_{ij}均取值为0,即得问题(AP)的最优分配方案。若[0]的个数不足n个,则①、②和③画出的直线即是覆盖$\boldsymbol{c}_{ij}^{1}$中全部零元素的最少直线条数,它恰好等于[0]的个数,转入步骤(3)。

(3)再变换矩阵$\boldsymbol{c}_{ij}^{1}$来增多变换后效率矩阵中的独立零元素的个数。方法如下:

①在$\boldsymbol{c}_{ij}^{1}$未被直线覆盖的元素中找出最小元素,设为c。

②将$\boldsymbol{c}_{ij}^{1}$中未被直线覆盖的各个元素均减去c,被两条直线交叉覆盖的元素均加上c,其余元素不变,得一新矩阵$\boldsymbol{c}_{ij}^{2}$,令$\boldsymbol{c}_{ij}^{1}=\boldsymbol{c}_{ij}^{2}$,转入步骤(2),直至找到资源分配问题(AP)的最优分配方案。

[例 3-17] 某资源分配问题对应的效率矩阵由表 3-25 给出，求其最优分配方案。

某资源分配问题对应的效率矩阵　　表 3-25

人员＼任务	*A*	*B*	*C*	*D*
甲	7	10	9	11
乙	6	11	10	5
丙	18	12	10	11
丁	12	13	14	8

解：(1)将效率矩阵的每行减去此行最小元素，然后每列减去其最小元素，得变换效率矩阵 $\boldsymbol{c}_{\text{ij}}^{1}$：

$$\boldsymbol{c}_{\text{ij}}=\begin{bmatrix}7&10&9&11\\6&11&10&5\\18&12&10&11\\12&13&14&8\end{bmatrix}\Rightarrow\begin{bmatrix}0&3&2&4\\1&6&5&0\\8&2&0&1\\4&5&6&0\end{bmatrix}\Rightarrow\begin{bmatrix}0&1&2&4\\1&4&5&0\\8&0&0&1\\4&3&6&0\end{bmatrix}=\boldsymbol{c}_{\text{ij}}^{1}$$

(2)找出 $\boldsymbol{c}_{\text{ij}}^{1}$ 中的独立零元素。

$$\boldsymbol{c}_{\text{ij}}^{1}=\begin{bmatrix}[0]&1&2&4\\1&4&5&[0]\\8&[0]&0&1\\4&3&6&0\end{bmatrix}$$

独立零元素的个数是 3，不足 $n(=4)$ 个，转入步骤(3)；

(3)在未被直线覆盖的元素中最小元素为 1，未被直线覆盖的行均减 1，被直线覆盖的列均加 1，这等价于未被直线覆盖的元素均减 1，被两条直线交叉覆盖的元素均加 1，得到变换后的矩阵 $\boldsymbol{c}_{\text{ij}}^{2}$，并求得相应的最少直线覆盖：

$$\boldsymbol{c}_{\text{ij}}^{2}=\begin{bmatrix}[0]&0&1&4\\1&3&4&[0]\\9&[0]&0&2\\4&2&5&0\end{bmatrix}$$

此时 $\boldsymbol{c}_{\text{ij}}^{2}$ 中独立零元素仍然没有达到 $n(=4)$ 个，对 $\boldsymbol{c}_{\text{ij}}^{2}$ 再重复步骤(1)～(3)，得 $\boldsymbol{c}_{\text{ij}}^{3}$，并求其最少直线覆盖：

$$
c_{ij}^3 = \begin{bmatrix} & \vdots & & & & & & \vdots & \\ \cdots & 0 & \cdots & [0] & \cdots & 1 & \cdots & 5 & \cdots \\ & \vdots & & & & & & \vdots & \\ & [0] & & 2 & & 3 & & 0 & \\ & \vdots & & & & & & \vdots & \\ \cdots & 9 & \cdots & 0 & \cdots & [0] & \cdots & 3 & \cdots \\ & \vdots & & & & & & \vdots & \\ & 3 & & 1 & & 4 & & [0] & \\ & \vdots & & & & & & \vdots & \end{bmatrix}
$$

此时已找到 4 个独立零元素,对应的最优解矩阵为:

$$
x_{ij} = \begin{bmatrix} 0 & 1 & 0 & 0 \\ 1 & 0 & 0 & 0 \\ 0 & 0 & 1 & 0 \\ 0 & 0 & 0 & 1 \end{bmatrix}
$$

由此知道,最优任务分配方案为:甲去完成任务 B,乙去完成任务 A,丙去完成任务 C,丁去完成任务 D,此方案完成任务所需要的最少总时间为:

$$
\min z = 10 + 6 + 10 + 8 = 34
$$

第四节　特殊类型线性规划在道路交通工程中的应用

本节主要总结特殊类型线性规划问题的演变关系,并介绍其在道路交通工程中几个比较典型的应用例子。

本章所学的特殊类型线性规划问题,包括运输问题、整数规划、0-1 规划、资源分配问题等。它们相应的数学规划模型中的变量与约束方程的系数矩阵具有特殊的要求与特殊的结构,并有针对上述特殊结构的更加有效的求解方法,彼此之间以及与一般线性规划问题之间既有联系又有区别(图 3-8),需要在学习和应用过程中加以注意。

实例 3-1　交通分配问题

在交通规划的研究中,经常遇到这样的交通分配问题。设 $O_1,O_2,\cdots,O_m$ 为车辆出行的始点,$a_1,a_2,\cdots,a_m$ 为各始点发生的出行交通量;$D_1,D_2,\cdots,D_n$ 为出行的终点,$b_1,b_2,\cdots,b_n$ 为各终点吸引的出行交通量;总的出行交通量为 N。那么,

$$
\sum_{i=1}^{m} a_i = \sum_{j=1}^{n} b_i = N
$$

设从始点 O_i 到终点 D_j 的出行量为 f_{ij},出行费用为 c_{ij}。则总的出行费用为:

$$
C = \sum_{i=1}^{m}\sum_{j=1}^{n} c_{ij} f_{ij}
$$

现在的问题是如何分配出行交通量 f_{ij},使得总的出行费用为最少。即找出 f_{ij},满足

$$
\begin{cases} f_{ij} \geqslant 0 & (i = 1,2,\cdots,m; j = 1,2,\cdots,n) \\ \sum_{j=1}^{n} f_{ij} = a_i & (i = 1,2,\cdots,m) \\ \sum_{i=1}^{m} f_{ij} = b_j & (j = 1,2,\cdots,n) \end{cases}
$$

且使 $C=\sum_{i=1}^{m}\sum_{j=1}^{n}c_{ij}f_{ij}$ 最小。

上述交通分配问题可以应用运输问题的表上作业法来进行出行交通量的最优分配。下面给出一个带有具体数值的例子。

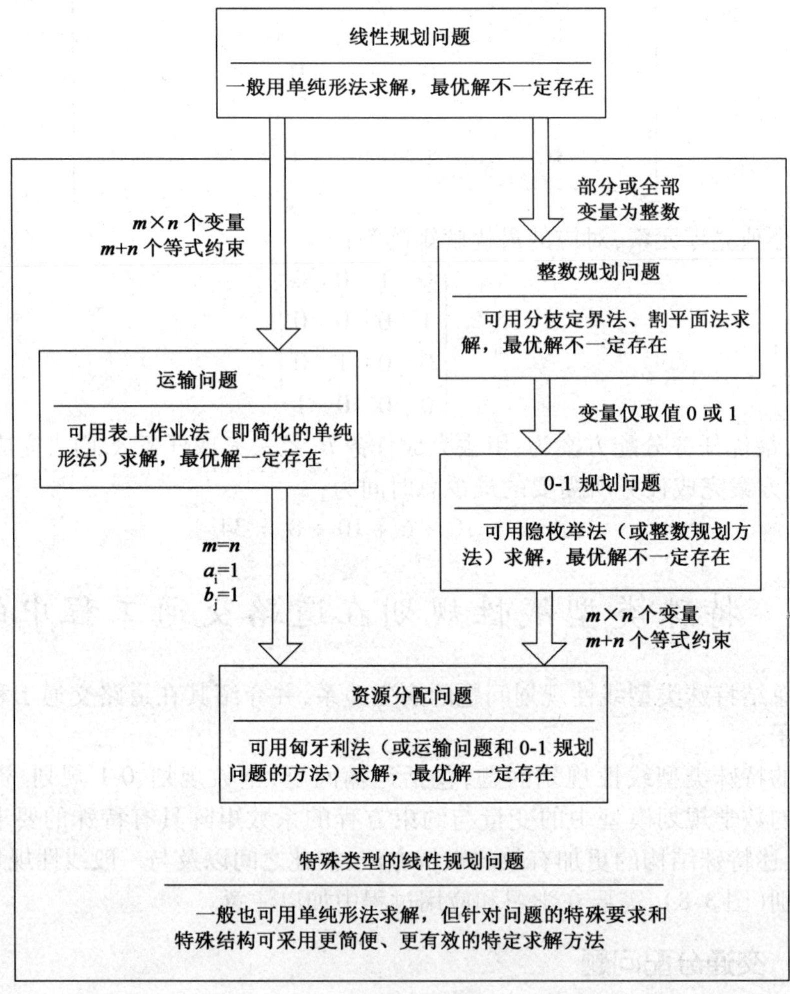

图 3-8　线性规划问题的分类、联系与区别

假设某交通分配问题有三个始点 $O_i(i=1,2,3)$ 和四个终点 $D_j(j=1,2,3,4)$，始点 O_i 发生的出行交通量 a_i、终点 D_j 吸引的出行交通量 b_j 及各始终点之间的出行时耗 t_{ij} 如表 3-26 所示，出行总量 $N=\sum_{i=1}^{3}a_i=\sum_{j=1}^{4}b_j=30$。试求系统总时耗最小的出行量分配 $f_{ij}(i=1,2,3;j=1,2,3,4)$。

各始终点之间的出行时耗　　表 3-26

出行时耗 终点 / 始点	D_1	D_2	D_3	D_4	a_i
O_1	8	2	6	7	12
O_2	4	9	1	10	10
O_3	2	8	12	5	8
b_j	6	8	7	9	$N=30$

解:首先用最小元素法求得初始出行量分配$f_{ij}(i=1,2,3;j=1,2,3,4)$,见表3-27。

初 始 出 行 量　　表3-27

始点＼终点	D_1	D_2	D_3	D_4
O_1		8		4
O_2			7	3
O_3	6			2

再用闭回路法或位势法计算各非基格的判别数σ_{ij},得表3-28。

各非基格的判别数　　表3-28

始点＼终点	D_1	D_2	D_3	D_4
O_1	4		8	
O_2	−3	4		
O_3		8	15	

因为判别数σ_{ij}中存在负数,即非基格(O_2,D_1)的判别数$\sigma_{21}=-3$,所以由表3-27给出的出行量分配$f_{ij}(i=1,2,3;j=1,2,3,4)$不是最优的。沿此非基格$(O_2,D_1)$对应的闭回路进行最大限度地出行量分配调优,得表3-29。

出行量分配优化　　表3-29

始点＼终点	D_1	D_2	D_3	D_4
O_1		8		4
O_2	3		7	
O_3	3			5

然后再对表3-29对应的出行量分配$f_{ij}(i=1,2,3;j=1,2,3,4)$进行最优性检验,重新计算判别数,得表3-30。

优化后的判别数　　表3-30

始点＼终点	D_1	D_2	D_3	D_4
O_1	4		5	
O_2		7		3
O_3		8	13	

由于此时所有非基格对应的判别数σ_{ij}全部非负,所以由表3-29给出的出行量分配$f_{ij}(i=1,2,3;j=1,2,3,4)$是系统最优的。即从$O_1$到$D_2$的出行量为8,到$D_4$的出行量是4;从$O_2$到$D_1$的出行量是3,到$D_3$的出行量为7;从$O_3$到$D_1$的出行量为3,到$D_4$的出行量是5;其余始点到终点的出行量均为0。相应的系统总时耗为:

$$C=\sum_{i=1}^{3}\sum_{j=1}^{4}t_{ij}f_{ij}=8\times2+4\times7+3\times4+7\times1+3\times2+5\times5=94$$

由于表3-30中的所有非基格的判别数σ_{ij}均是大于0的,所以此最优出行量分配是唯一的。

实例3-2　公交车交接班问题

在线营运公交车辆的驾驶员与乘务员交接班问题是每个公交服务公司比较普遍的营运管

理问题。公交公司为了提高服务水平和工作效率,一般希望在较短的时间内完成所有在线营运公交车辆某两个工作时段之间的驾乘人员的交接班。考虑到各组驾乘人员上下班的方便,同时也为了提高交接班的效率,各在线公交车辆交接班地点不一定要设在公交线路的起终点,也可以是各路公交车辆行驶线路上的站点。一般来说,完成所有在线公交车辆交接班的总时间,与各在线公交车辆交接地点的选择以及驾乘人员与在线各公交车辆的合理交接匹配有关。一组合作驾乘人员到某辆公交车指定线路上的站点交接班的时间,是指驾乘人员从家里出发到完成交接班所花费的时间。评价一个公交车辆驾乘人员交接班方案的优劣指标并不是唯一的,可以根据不同公交公司的管理策略来选定。有一种评价方法,兼顾驾乘人员和公交公司两者的利益,采用完成在线各路公交车辆交接班的总时间最少为指标。决定一个在线公交车辆交接班方案主要有两个因素,一个是各在线公交车辆交接班站点的选定,另一个是各组驾乘人员与各在线公交车辆的交接匹配。由于每条线路公交车辆适合交接班的站点是有限的,当确定了各在线公交车辆交接班站点后,最优交接班方案就主要体现在各组驾乘人员与各路在线车辆合理的交接匹配上。而此时,如果采用上述评价指标,则确定最优交接班方案问题即为资源分配问题。

假设某公交公司在某一营运工作时段要安排 $A_i(i=1,2,\cdots,n)$ 组驾乘人员与 n 辆在线公交车 $B_j(j=1,2,\cdots,n)$ 的驾乘人员进行交接班,并且各辆在线公交车交接班的站点都已经确定,因此每组驾乘人员到各在线公交车辆交接班的时间就可以预测确定。设 $A_i(i=1,2,\cdots,n)$ 组驾乘人员去交接在线公交车辆 $B_j(j=1,2,\cdots,n)$ 所需时间为 $t_{ij}(i,j=1,2,\cdots,n)$。引入变量

$$x_{ij}=\begin{cases}1 & \text{若 } A_i \text{ 组驾乘人员被安排去交接 } B_j \text{ 在线公交车辆时}\\ 0 & \text{否则}\end{cases}\qquad (i,j=1,2,\cdots,n)$$

则使交接班总时间最少的最优交接班方案就是如下数学规划模型的最优解:

$$\min T=\sum_{i=1}^{n}\sum_{j=1}^{n}t_{ij}x_{ij}$$

$$\text{s.t.}\begin{cases}\sum_{j=1}^{n}x_{ij}=1 & (i=1,2,\cdots,n)\\ \sum_{i=1}^{n}x_{ij}=1 & (j=1,2,\cdots,n)\\ x_{ij}=0\text{ 或 }1\end{cases}$$

易知,上述模型是标准的资源分配问题,可以用相应的匈牙利法来求解。下面举例来进一步说明。在上述的一般交接班问题模型中,令 $n=5$,$t_{ij}(i,j=1,2,\cdots,5)$ 即为资源分配问题的效率矩阵,如下矩阵所示,单位假设为 min。

$$(t_{ij})=\begin{bmatrix}20 & 15 & 17 & 15 & 17\\ 16 & 22 & 12 & 6 & 10\\ 15 & 32 & 24 & 22 & 18\\ 30 & 21 & 12 & 13 & 20\\ 8 & 11 & 17 & 27 & 19\end{bmatrix}$$

将该效率矩阵的每行元素减去该行的最小元素,得:

$$(t_{ij}^{1})=\begin{bmatrix}5 & 0 & 2 & 0 & 2\\ 10 & 16 & 6 & 0 & 4\\ 0 & 17 & 9 & 7 & 3\\ 18 & 9 & 0 & 1 & 8\\ 0 & 3 & 9 & 19 & 11\end{bmatrix}$$

再将该矩阵的每列元素减去该列的最小元素,得:

$$(t_{ij}^2)=\begin{bmatrix}5&0&2&0&0\\10&16&6&0&2\\0&17&9&7&1\\18&9&0&1&6\\0&3&9&19&9\end{bmatrix}$$

找出(t_{ij}^2)中的独立零元素,同时得到覆盖(t_{ij}^2)中所有零元素的最少直线覆盖:

$$(t_{ij}^2)=\begin{bmatrix} & \vdots & & & & & & & & & \\ \cdots & 5 & \cdots & 0 & \cdots & 2 & \cdots & 0 & \cdots & 0 & \cdots \\ & \vdots & & & & & & & & & \\ \cdots & 10 & \cdots & 16 & \cdots & 6 & \cdots & 0 & \cdots & 2 & \cdots \\ & \vdots & & & & & & & & & \\ & 0 & & 17 & & 9 & & 7 & & 1 & \\ & \vdots & & & & & & & & & \\ \cdots & 18 & \cdots & 9 & \cdots & 0 & \cdots & 1 & \cdots & 6 & \cdots \\ & \vdots & & & & & & & & & \\ & 0 & & 3 & & 9 & & 19 & & 9 & \\ & \vdots & & & & & & & & & \end{bmatrix}$$

此时,(t_{ij}^2)中的最多独立零元素的个数是4,不足5,因此要变换此矩阵。在未被直线覆盖的元素中最小元素是1,则将未被直线覆盖的行元素均减去1,被直线覆盖的列元素均加上1,得:

$$(t_{ij}^3)=\begin{bmatrix}6&[0]&2&0&0\\11&16&6&[0]&2\\0&16&8&6&[0]\\19&9&[0]&1&6\\[0]&2&8&18&8\end{bmatrix}$$

此时矩阵(t_{ij}^3)可以找到5个独立零元素,则相应的最优解矩阵为:

$$(x_{ij})=\begin{bmatrix}0&1&0&0&0\\0&0&0&1&0\\0&0&0&0&1\\0&0&1&0&0\\1&0&0&0&0\end{bmatrix}$$

从上述解矩阵可知驾乘人员交接班的最优匹配方案为:A_1组驾乘人员去交接B_2在线公交车辆,A_2组去交接B_4,A_3组去交接B_5,A_4组去交接B_3,A_5组去交接B_1。此方案下各在线公交车辆所有交接班完成所需的总时间为:

$$T=15+6+18+12+8=59\text{min}$$

从矩阵(t_{ij}^3)注意到此最优解是唯一的。

实例 3-3　航运船只配备问题

某航运公司承担六个港口城市 A、B、C、D、E、F 之间的四条固定航线的物资运输任务。已知各条航线的起终点城市及每天航班数，见表 3-31。假定各条航线使用相同型号的船只，各城市间的航程天数见表 3-32。又知每条船只每次装卸货各需 1 天，则该航运公司至少应配备多少条船，才能满足所有航线的运货要求？

各条航线的起终点城市及每天航班数　　表 3-31

航　线	起点城市	终点城市	每天航班数
1	E	D	3
2	B	C	2
3	A	F	1
4	D	B	1

各城市间的航程(天)　　表 3-32

起点城市 \ 航程 \ 终点城市	A	B	C	D	E	F
A	0	1	2	14	7	7
B	1	0	3	13	8	8
C	2	3	0	15	5	5
D	14	13	15	0	17	20
E	7	8	5	17	0	3
F	7	8	5	20	3	0

解：该航运公司所需配备船只分为两部分：

(1) 载货航程需要的周转船只数。例如航线 1，在港口 E 装货 1 天，$E \to D$ 航程 17 天，在 D 卸货 1 天，总计 19 天。每天 3 个航班，故该航线周转船只需要 57 条。各条航线周转所需船只见表 3-33，累计共需周转船只 91 条。

各条航线周转所需船只　　表 3-33

航　线	装货天数	航程天数	卸货天数	小　计	航班数	需周转船只数
1	1	17	1	19	3	57
2	1	3	1	5	2	10
3	1	7	1	9	1	9
4	1	13	1	15	1	15

(2) 各港口之间调度所需船只数。有些港口每天到达船只数多于需要船只数，例如港口 D，每天到达 3 条，需求 1 条；而有些港口到达船只数少于需求船只数，例如港口 B。各港口每天余缺船只数的计算见表 3-34。

各港口每天余缺船只数

表 3-34

航　　线	起点城市	终点城市	每天航班数
1	E	D	3
2	B	C	2
3	A	F	1
4	D	B	1

为使配备船只数最少，应做到周转的空船数最少。因此建立以下运输问题，其产销平衡表见表 3-35。

产 销 平 衡 表

表 3-35

终点城市 \ 起点城市	A	B	E	每天多余船只
C				2
D				2
F				1
每天缺少船只	1	1	3	

单位运价表应为相应各港口之间的船只航程天数，见表 3-36。

相应各港口之间的船只航程（天）

表 3-36

终点城市 \ 起点城市	A	B	E
C	2	3	5
D	14	13	17
F	7	8	3

用表上作业法求出空船的最优调度方案，见表 3-37。

空船的最优调度方案

表 3-37

终点城市 \ 起点城市	A	B	E	每天多余船只
C			2	2
D		1	1	2
F	1			1
每天缺少船只	1	1	3	

由表 3-37 可知，需周转的空船最少为 47 条。这样在不考虑维修、储备等情况下，该航运公司至少应配备 138 条船。

实例 3-4　公交线路驾乘人员配备问题

某昼夜服务的公交线路每天各时间区段内所需驾驶员和乘务人员人数见表 3-38。

公交线路每天各时间区段内所需驾驶员和乘务人员人数

表 3-38

班　次	时　间	所需人数	班　次	时　间	所需人数
1	6:00～10:00	60	4	18:00～22:00	50
2	10:00～14:00	70	5	22:00～2:00	20
3	14:00～18:00	60	6	2:00～6:00	30

设驾驶员和乘务人员分别在各时间区段一开始时上班，并连续工作 8h，问该公交线路应至少配备多少名驾驶员和乘务人员。

解：设各时间区段上班的驾驶员和乘务人员人数分别为 $x_i(i=1,2,\cdots,6)$，按题意建立线性规划模型：

$$\min z = x_1 + x_2 + x_3 + x_4 + x_5 + x_6$$

$$\text{s.t.}\begin{cases} x_6 + x_1 \geqslant 60 \\ x_1 + x_2 \geqslant 70 \\ x_2 + x_3 \geqslant 60 \\ x_3 + x_4 \geqslant 50 \\ x_4 + x_5 \geqslant 20 \\ x_5 + x_6 \geqslant 30 \\ x_i \geqslant 0 \text{ 且为整数} \quad (i = 1,2,\cdots,6) \end{cases}$$

这是一个整数规划问题，理论上可用分枝定界法或割平面法求解。但是，用单纯形法求得该问题对应的松弛问题的一个最优解 $\boldsymbol{X}^* = (60,10,50,0,20,10)^{\mathrm{T}}$，$z^* = 150$ 恰恰为整数解，因此也是该问题的最优解。

实例 3-5　车辆调度问题

假设：(1) 运输中心的车辆有 n 辆，每辆车每公里的运输费用为 $c_i(i=1,2,\cdots,n)$，它是根据每公里的耗油量、养路费以及其他相关因素综合给出的。把车辆分为大(L)、中(M)、小(S)三种车型，当申请使用中型车(M)时，只能派遣大型车(L)和中型车(M)中无任务的车辆；当申请使用大型车(L)时，只能派遣大车(L)中无任务的车辆。

(2) 在某个时段 t 内有 m 项车辆请求任务，目前可以用来调度的无任务的车辆共有 l ($\geqslant m$) 辆。用 $d_{ij}(i=1,2,\cdots,m;j=1,2,\cdots,l)$ 表示车辆 j 到申请位置 i 的距离。

根据以上假设，有关车辆调度的数学规划模型表示如下（设调度的总成本为 f）：

$$\min f = \sum_{i=1}^{m}\sum_{j=1}^{l} f_{ij} = \sum_{i=1}^{m}\sum_{j=1}^{l} c_j d_{ij} x_{ij}$$

$$x_{ij} = \begin{cases} 1 & \text{汽车 } j \text{ 调度到任务请求 } i \\ 0 & \text{其他} \end{cases}$$

该问题的约束条件类似于资源分配问题。需要注意的是，这是一个车辆数比任务数多的特殊的资源分配问题。

设在时刻 t 有 5 个用车请求，此时共有 10 辆车可以用来调度，它们均能在任务要求时间内到达任务申请地点。在这 10 辆车中有大型车、中型车和小型车，分别用 L、M、S 表示，且大型车每运行 1km 成本为 4 元，中型车每运行 1km 成本为 3 元，小型车每运行 1km 成本为 2 元。

任务请求地点与调度车辆之间的运行距离如表 3-39 所示。在通常情况下，汽车的运输成本等于汽车的行驶距离乘以汽车每公里的运输成本。当调度车辆类型不能满足时，例如请求车辆类型为大型车，而调度的为小型车时，其运输成本设为∞。每辆汽车的运输成本如表3-40 所示。

任务请求地点与调度车辆距离(km) 表 3-39

距离 \ 车辆 任务	1(M)	2(L)	3(S)	4(S)	5(L)	6(M)	7(L)	8(M)	9(S)	10(L)
1(M)	10	20	15	19	30	5	18	16	13	12
2(S)	4	12	8	9	16	20	22	17	9	6
3(L)	3	5	12	9	16	25	6	8	11	8
4(M)	13	21	8	14	9	16	31	4	21	12
5(S)	15	23	24	5	18	5	16	13	9	12

任务请求与调度车辆对应的运输成本(元) 表 3-40

运输成本 \ 车辆 任务	1(M)	2(L)	3(S)	4(S)	5(L)	6(M)	7(L)	8(M)	9(S)	10(L)
1(M)	30	80	∞	∞	120	15	72	48	∞	48
2(S)	12	48	16	18	64	60	88	51	18	24
3(L)	∞	20	∞	∞	64	∞	24	∞	∞	32
4(M)	39	84	∞	∞	36	48	124	12	∞	48
5(S)	45	92	48	10	72	15	64	39	18	48

根据上述条件,可得效率矩阵如下:

$$\begin{bmatrix} 30 & 80 & \infty & \infty & 120 & 15 & 72 & 48 & \infty & 48 \\ 12 & 48 & 16 & 18 & 64 & 60 & 88 & 51 & 18 & 24 \\ \infty & 20 & \infty & \infty & 64 & \infty & 24 & \infty & \infty & 32 \\ 39 & 84 & \infty & \infty & 36 & 48 & 124 & 12 & \infty & 48 \\ 45 & 92 & 48 & 10 & 72 & 15 & 64 & 39 & 18 & 48 \end{bmatrix}$$

由于任务请求与可用来调度的车辆数量不同,为了满足匈牙利解法的条件,必须补充 5 个虚构的任务请求,使得任务请求和调度的车辆数量相等。于是,得到新的效率矩阵 $\boldsymbol{C}$:

$$\begin{bmatrix} 30 & 80 & \infty & \infty & 120 & 15 & 72 & 48 & \infty & 48 \\ 12 & 48 & 16 & 18 & 64 & 60 & 88 & 51 & 18 & 24 \\ \infty & 20 & \infty & \infty & 64 & \infty & 24 & \infty & \infty & 32 \\ 39 & 84 & \infty & \infty & 36 & 48 & 124 & 12 & \infty & 48 \\ 45 & 92 & 48 & 10 & 72 & 15 & 64 & 39 & 18 & 48 \\ 0 & 0 & 0 & 0 & 0 & 0 & 0 & 0 & 0 & 0 \\ 0 & 0 & 0 & 0 & 0 & 0 & 0 & 0 & 0 & 0 \\ 0 & 0 & 0 & 0 & 0 & 0 & 0 & 0 & 0 & 0 \\ 0 & 0 & 0 & 0 & 0 & 0 & 0 & 0 & 0 & 0 \\ 0 & 0 & 0 & 0 & 0 & 0 & 0 & 0 & 0 & 0 \end{bmatrix}$$

首先调整效率矩阵 $\boldsymbol{C}$,使得每一行和每一列中至少有一个零元素。具体做法是从 $\boldsymbol{C}$ 的每一行减去该行的最小元素,得如下矩阵:

$$\begin{bmatrix} 15 & 65 & \infty & \infty & 105 & 0 & 57 & 33 & \infty & 33 \\ 0 & 36 & 4 & 6 & 52 & 48 & 76 & 39 & 6 & 12 \\ \infty & 0 & \infty & \infty & 44 & \infty & 4 & \infty & \infty & 12 \\ 27 & 72 & \infty & \infty & 24 & 36 & 112 & 0 & \infty & 36 \\ 35 & 82 & 38 & 0 & 62 & 5 & 54 & 29 & 8 & 38 \\ 0 & 0 & 0 & 0 & 0 & 0 & 0 & 0 & 0 & 0 \\ 0 & 0 & 0 & 0 & 0 & 0 & 0 & 0 & 0 & 0 \\ 0 & 0 & 0 & 0 & 0 & 0 & 0 & 0 & 0 & 0 \\ 0 & 0 & 0 & 0 & 0 & 0 & 0 & 0 & 0 & 0 \\ 0 & 0 & 0 & 0 & 0 & 0 & 0 & 0 & 0 & 0 \end{bmatrix}$$

再从上述矩阵中找出不同行、不同列的 10 个不同的零元素。具体做法是从零元素最少的行中取出零,作出标记,并画出相同列和行的零元素。以此类推,直到标出所有的零元素。标记出 10 个不同的零元素的矩阵如下:

$$\begin{bmatrix} 15 & 65 & \infty & \infty & 105 & [0] & 57 & 33 & \infty & 33 \\ [0] & 36 & 4 & 6 & 52 & 48 & 76 & 39 & 6 & 12 \\ \infty & [0] & \infty & \infty & 44 & \infty & 4 & \infty & \infty & 12 \\ 27 & 72 & \infty & \infty & 24 & 36 & 112 & [0] & \infty & 36 \\ 35 & 82 & 38 & [0] & 62 & 5 & 54 & 29 & 8 & 38 \\ 0 & 0 & [0] & 0 & 0 & 0 & 0 & 0 & 0 & 0 \\ 0 & 0 & 0 & 0 & [0] & 0 & 0 & 0 & 0 & 0 \\ 0 & 0 & 0 & 0 & 0 & 0 & [0] & 0 & 0 & 0 \\ 0 & 0 & 0 & 0 & 0 & 0 & 0 & 0 & [0] & 0 \\ 0 & 0 & 0 & 0 & 0 & 0 & 0 & 0 & 0 & [0] \end{bmatrix}$$

由此可得该调度问题的最优解矩阵 $\boldsymbol{x}_{\mathrm{ij}}$:

$$\begin{bmatrix} 0 & 0 & 0 & 0 & 0 & 1 & 0 & 0 & 0 & 0 \\ 1 & 0 & 0 & 0 & 0 & 0 & 0 & 0 & 0 & 0 \\ 0 & 1 & 0 & 0 & 0 & 0 & 0 & 0 & 0 & 0 \\ 0 & 0 & 0 & 0 & 0 & 0 & 0 & 1 & 0 & 0 \\ 0 & 0 & 0 & 1 & 0 & 0 & 0 & 0 & 0 & 0 \\ 0 & 0 & 1 & 0 & 0 & 0 & 0 & 0 & 0 & 0 \\ 0 & 0 & 0 & 0 & 1 & 0 & 0 & 0 & 0 & 0 \\ 0 & 0 & 0 & 0 & 0 & 0 & 1 & 0 & 0 & 0 \\ 0 & 0 & 0 & 0 & 0 & 0 & 0 & 0 & 1 & 0 \\ 0 & 0 & 0 & 0 & 0 & 0 & 0 & 0 & 0 & 1 \end{bmatrix}$$

由于后五行为虚构的任务,所以只取前五行的非零项:x_{16}、x_{21}、x_{32}、x_{48}、x_{54},那么便得到了最优的调度结果:车辆 6 去完成请求 1,车辆 1 去完成请求 2,车辆 2 去完成请求 3,车辆 8 去完成请求 4,车辆 4 去完成请求 5。

根据上述调度方法,最优的调度成本为:

$$f = \sum_{i=1}^{m}\sum_{j=1}^{l} c_{\mathrm{j}} d_{\mathrm{ij}} x_{\mathrm{ij}} = c_{16} + c_{21} + c_{32} + c_{48} + c_{54} = 15 + 12 + 20 + 12 + 10 = 69 \text{ 元}$$

习　　题

1. 用表上作业法求解如表 1 所示的运输问题。

表 1

产地＼销地	A	B	C	D	产　量
甲	2	4	7	6	5
乙	4	3	2	5	2
丙	6	3	5	4	3
销量	3	3	2	2	10

2. 某市区交通期望图有三个始点和三个终点，始点发生的出行交通量 a_i、终点吸引的出行交通量 b_j 及始终点之间的旅行费用如表 2 所示。问如何安排出行交通量 f_{ij} 才能使总的旅行费用为最小？

表 2

旅行费用＼终点＼始点	D_1	D_2	D_3	a_i
O_1	5	4	2	30
O_2	10	4	7	40
O_3	9	8	4	30
b_j	20	30	50	100

（参考答案：最小旅行费用为 430）

3. 某运输公司有 5 辆汽车分别担负五条运输线的运输任务，由于车辆性能、路线等级及驾驶员水平不同，不同车辆在不同运输线上所需的运输费用是不一样的，见表 3。试问如何分配这 5 辆汽车才能使总的运输费用最少？

表 3

运输费用＼运输线＼车辆	R_1	R_2	R_3	R_4	R_5
T_1	5	6	9	3	4
T_2	7	4	6	3	5
T_3	3	4	5	3	6
T_4	6	7	4	9	7
T_5	7	9	8	10	5

（参考答案：最小运输费用为 19）

4. 已知某运输问题的产销平衡表、单位运价表及得到的一个最优调运方案分别见表 4、表 5，请确定表 5 中参数 k 的取值范围。

表4

	B_1	B_2	B_3	B_4	产　量
A_1		5		10	15
A_2	0	10	15		25
A_3	5				5
销　量	5	15	15	10	

表5

	B_1	B_2	B_3	B_4
A_1	10	1	20	11
A_2	12	k	9	20
A_3	2	14	16	18

5. 用隐枚举法求解下列问题。

$$\min z = 4x_1 + 3x_2 + 2x_3$$

$$\text{s.t.}\begin{cases}2x_1 - 5x_2 + 3x_3 \leqslant 4\\4x_1 + x_2 + 3x_3 \geqslant 3\\x_2 + x_3 \geqslant 1\\x_1, x_2, x_3 = 1 \text{ 或 } 0\end{cases}$$

（参考答案：$x_1 = 0, x_2 = 0, x_3 = 1, \min z = 2$）

6. 用割平面法求解下列问题。

$$\max z = x_1 + x_2$$

$$\text{s.t.}\begin{cases}2x_1 + x_2 \leqslant 6\\4x_1 + 5x_2 \leqslant 20\\x_1, x_2 \geqslant 0 \text{ 且为整数}\end{cases}$$

（参考答案：$x_1 = 2, x_2 = 2, \max z = 4$）

7. 用分支定界法求解下列问题。

$$\max z = -2x_1 + x_2$$

$$\text{s.t.}\begin{cases}x_1 - x_2 \leqslant 0\\-3x_1 + x_2 \leqslant 3\\x_1 + 2x_2 \leqslant 30\\x_1, x_2 \geqslant 0 \text{ 且为整数}\end{cases}$$

（参考答案：$x_1 = 3, x_2 = 12, \max z = 6$）

8. 用割平面法求解下列问题。

$$\max z = -x_1 - x_2$$

$$\text{s.t.}\begin{cases}3x_1 + 2x_2 \leqslant 10\\x_1 + 4x_2 \leqslant 11\\x_1, x_2 \geqslant 0 \text{ 且为整数}\end{cases}$$

（参考答案：$x_1 = 2, x_2 = 2, \max z = -4$）

9. 用分支定界法求解下列问题。

$$\max z = -3x_1 - 4x_2$$

$$\text{s. t.} \begin{cases} 2x_1 + 5x_2 \leqslant 15 \\ 2x_1 - 2x_2 \leqslant 5 \\ x_1, x_2 \geqslant 0 \text{ 且为整数} \end{cases}$$

（参考答案：$x_1 = 2, x_2 = 2, \max z = -14$）

10. 对下列整数规划问题，用先解相应的线性规划然后凑整的办法能否求到最优整数解？

(1)

$$\max z = 3x_1 + 2x_2$$

$$\text{s. t.} \begin{cases} 2x_1 + 3x_2 \leqslant 14.5 \\ 4x_1 + x_2 \leqslant 16.5 \\ x_1, x_2 \geqslant 0 \text{ 且为整数} \end{cases}$$

(2)

$$\max z = 3x_1 + 2x_2$$

$$\text{s. t.} \begin{cases} 2x_1 + 3x_2 \leqslant 14 \\ 2x_1 + x_2 \leqslant 9 \\ x_1, x_2 \geqslant 0 \text{ 且为整数} \end{cases}$$

11. 某城市的消防总部将全市划分为11个防火区，设有4个消防（救火）站。图1表示各消防防火区域与消防站的位置，其中①、②、③、④表示消防站，1、2、…、11表示防火区域。根据历史资料证实，各消防站可在事先规定的允许时间内对所负责地区的火灾予以扑灭。图1中虚线表示各地区由哪个消防站负责（没有虚线联系，就表示不负责）。现在消防总部提出：可否减少消防站的数目，仍能同样负责各地区的防火任务？如果可以，应当关闭哪个？

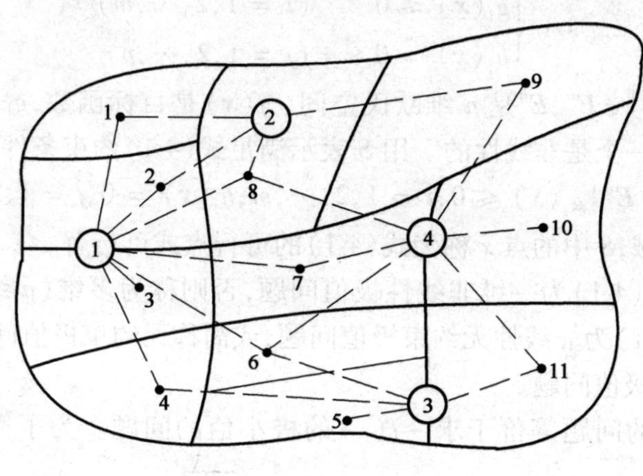

图 1

（提示：对每个消防站定义一个0-1变量 x_j，令

$$x_j = \begin{cases} 1 & \text{当某防火区域可由第 } j \text{ 消防站负责时} \\ 0 & \text{当某防火区域不由第 } j \text{ 消防站负责时} \end{cases} \quad (j = 1,2,3,4)$$

并对每个消防防火区域列一个约束条件。）

第四章　非线性规划及其应用

前面讨论的线性最优化问题或线性规划，其目标函数和约束条件均是线性函数。而当极值问题的目标函数或约束条件出现非线性函数时，则这样的极值问题就是非线性极值问题或非线性规划问题。在许多军事、工业、经济和社会等实际问题中遇到的大部分都是非线性规划问题。例如道路工程设计中遇到的许多工程最优设计、交通系统规划中遇到的各种交通分配模型、交通信息与系统优化以及工程优化排序等，涉及的数学模型基本上都是非线性极值问题。本章讨论非线性极值问题及其求解方法。

第一节　非线性极值问题

一、模型及解的概念

非线性极值问题数学模型的一般形式如下：

$$\min f(\boldsymbol{x})$$
$$\text{s.t.}\begin{cases} g_i(\boldsymbol{x}) \leqslant 0 & (i = 1,2,\cdots,m) \\ h_j(\boldsymbol{x}) = 0 & (j = 1,2,\cdots,p) \end{cases} \tag{4-1}$$

其中 $\boldsymbol{x} = (x_1, x_2, \cdots, x_n)^{\mathrm{T}} \in \boldsymbol{E}^n$，$\boldsymbol{E}^n$ 是 n 维欧氏空间。$f(\boldsymbol{x})$ 是目标函数，$g_i(\boldsymbol{x})$、$h_j(\boldsymbol{x})$ 是约束函数，这些函数中至少有一个是非线性的。用 S 表示满足式(4-1)约束条件的 x 点的集合，即

$$S = \{\boldsymbol{x} \in \boldsymbol{E}^n \mid g_i(\boldsymbol{x}) \leqslant 0, i = 1,2,\cdots,m; h_j(\boldsymbol{x}) = 0, j = 1,2,\cdots,p\} \tag{4-2}$$

S 称为式(4-1)的可行域，S 中的点 x 称为式(4-1)的可行点或可行解。

如果 $n=1$，则称式(4-1)为一维非线性极值问题，否则称为多维(n 维)非线性极值问题。如果 $S=\boldsymbol{E}^n$，则称式(4-1)为非线性无约束极值问题，或简称无约束极值问题，否则称为非线性约束极值问题，或约束极值问题。

求 $f(x)$ 的极大值的问题等价于求 $-f(x)$ 的极小值的问题。为了简便，有时将式(4-1)写成

$$\min f(\boldsymbol{x})$$
$$\text{s.t.}\ \boldsymbol{x} \in S \tag{4-3}$$

定义 4-1　可行点 $\boldsymbol{x}^* \in S$，若对每一个 $\boldsymbol{x} \in S$，均有 $f(\boldsymbol{x}) \geqslant f(\boldsymbol{x}^*)$，则称 $\boldsymbol{x}^*$ 为式(4-1)的最优解或称为全局最优解或极小点。

定义 4-2　可行点 $\boldsymbol{x}^* \in S$，若存在 $\boldsymbol{x}^*$ 的某个 $\varepsilon>0$ 领域

$$N_\varepsilon(\boldsymbol{x}^*) = \{\boldsymbol{x} \mid \|\boldsymbol{x} - \boldsymbol{x}^*\| < \varepsilon\}$$

使得对每个 $\boldsymbol{x} \in S \cap N_\varepsilon(\boldsymbol{x}^*)$，有 $f(\boldsymbol{x}) \geqslant f(\boldsymbol{x}^*)$，则称 $\boldsymbol{x}^*$ 为式(4-1)的局部最优解或局部极小点。

对于线性规划,如果最优解存在的话,它一定存在于其可行域的边界上,而且一定至少有一个最优解能在其可行域的一个顶点上出现,所以存在求解一切线性规划的最优解普遍有效的方法。但是如果非线性规划的最优解存在的话,它未必一定存在于其可行域的边界上,也可以出现在可行域的内部,而且最优解附近的情况比较复杂,所以非线性规划极值问题的求解没有一个普遍有效的方法,它比求解线性规划极值问题要复杂得多。从下面两个简单的非线性规划例子可以看出非线性极值问题最优解存在的一般性。

[**例 4-1**]

$$\min f(x_1,x_2)=(x_1-1)^2+(x_2-1)^2$$

$$\text{s.t.}\begin{cases}0\leqslant x_1\leqslant 2\\0\leqslant x_2\leqslant 2\end{cases}$$

解:容易看出,这个简单的非线性规划的最优解 $\boldsymbol{x}^*=(1,1)^{\mathrm{T}}$。显然这个最优解 $\boldsymbol{x}^*$ 在其可行域的内部(图 4-1)。

[**例 4-2**]

$$\min f(x_1,x_2)=(x_1-1)^2+(x_2-1)^2$$

$$\text{s.t.}\ (x_1-2)^2+(x_2-1)^2\leqslant 1$$

解:易知这个非线性规划的最优解 $\boldsymbol{x}^*$ 也是 $(1,1)^{\mathrm{T}}$,而且最优解 $(1,1)^{\mathrm{T}}$ 在其可行域的边界上(图 4-2)。

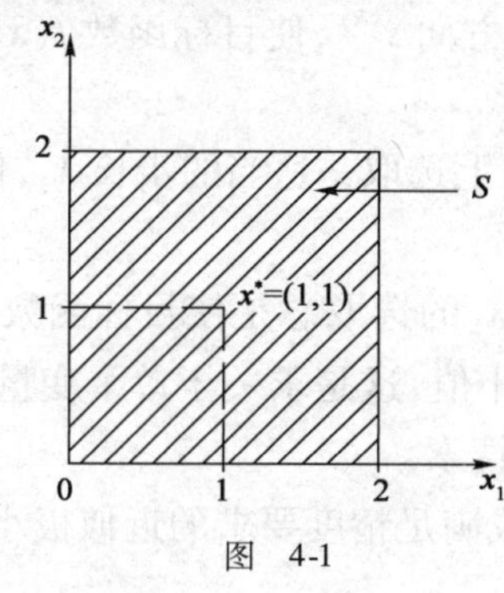

图 4-1

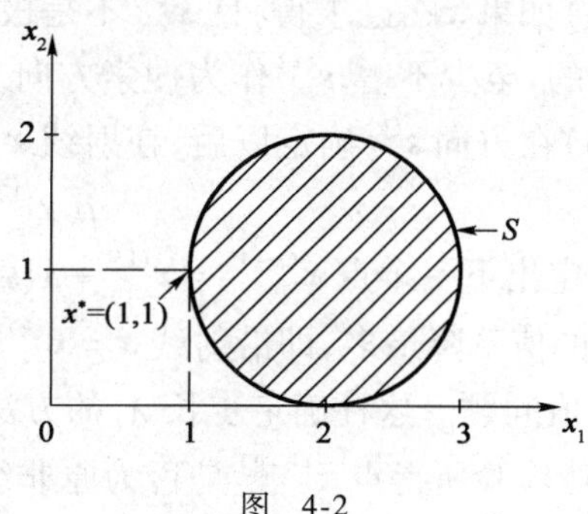

图 4-2

二、下降算法

求解非线性规划比求解线性规划要困难复杂得多,即使是无约束极值问题也是很难用解析的方法求出精确解。由多元微积分理论知道,如果 $\boldsymbol{S}=\boldsymbol{E}^n$ 且 $f(\boldsymbol{x})$ 连续可微,则 $\boldsymbol{x}^*$ 为式(4-1)的一个最优解或局部最优解的必要条件是

$$\nabla f(\boldsymbol{x}^*)=0$$

或

$$\frac{\partial f(\boldsymbol{x}^*)}{\partial x_i}=0\qquad(i=1,2,\cdots,n)$$

这是 n 个未知量、n 个方程组,并且一般是非线性的。对于一些比较简单的函数,上面的方程组是可以求出精确解的,但是在一般情况下,都不能用解析方法求得精确解。所以,求解式(4-1),一般只能用数值迭代方法求得其近似解。对于式(4-1),无论是有约束极值问题还是无约束极值问题,求解的许多算法都有一个共同的特点,就是通过迭代得到一个目标函数值下降的收敛可行点列,然后由此点列得到式(4-1)的近似最优解或近似局部最优解。

下降迭代法的基本思想是:首先给出式(4-1)的最优解或局部最优解的一个初始估计 $\boldsymbol{x}^{(0)}$(称为初始点),然后通过某种迭代算法得到一系列的可行点 $\boldsymbol{x}^{(1)},\boldsymbol{x}^{(2)},\cdots,\boldsymbol{x}^{(k)},\cdots$,点列 $\{\boldsymbol{x}^{(k)}\}$

的极限就是式(4-1)的一个最优解或局部最优解 $\boldsymbol{x}^*$。怎样产生这个点列呢？也就是说在有了点 $\boldsymbol{x}^{(k)}$之后,如何迭代求得点 $\boldsymbol{x}^{(k+1)}$呢？现在假定已经迭代得到点 $\boldsymbol{x}^{(k)}$,若从点 $\boldsymbol{x}^{(k)}$ 出发,沿任何方向移动时,在 S 中都不存在可行点使目标函数值下降,则 $\boldsymbol{x}^{(k)}$ 是式(4-1)的一个局部最优解,迭代结束。若从 $\boldsymbol{x}^{(k)}$ 出发至少存在一个方向,在 S 中沿此方向可以使目标函数值有所下降,则可选定能使目标函数值下降的某个方向 $\boldsymbol{s}^{(k)}$,然后沿此方向移动适当的一步,得到下一个迭代点 $\boldsymbol{x}^{(k+1)}$,即在射线 $\boldsymbol{x}=\boldsymbol{x}^{(k)}+\lambda\boldsymbol{s}^{(k)}$ 上选取一个新的可行点

$$\boldsymbol{x}^{(k+1)}=\boldsymbol{x}^{(k)}+\lambda_k\boldsymbol{s}^{(k)}$$

使

$$f(\boldsymbol{x}^{(k+1)})<f(\boldsymbol{x}^{(k)})$$

其中 $\boldsymbol{s}^{(k)}$ 是一个向量,称为搜索方向,而 λ_k 是一个实数,称为搜索步长或步长。当 λ_k 和 $\boldsymbol{s}^{(k)}$ 确定以后,$\boldsymbol{x}^{(k)}$ 就可以唯一确定 $\boldsymbol{x}^{(k+1)}$,这样可以产生目标函数值下降且逼近式(4-1)的最优解和局部最优解的序列$\{\boldsymbol{x}^{(k)}\}$,这种算法称为下降迭代算法。而求解式(4-1)的各种下降迭代算法的差别就在于选取方向 $\boldsymbol{s}^{(k)}$ 和步长 λ_k 的方法不同,特别是 $\boldsymbol{s}^{(k)}$ 选取的方法不同。

下降迭代算法的一般步骤如下:

(1)选择初始点 $\boldsymbol{x}^{(0)}$。

(2)如果 $\boldsymbol{x}^{(k)}$已求得,且 $\boldsymbol{x}^{(k)}$ 不是极小点,设法选取一个方向 $\boldsymbol{s}^{(k)}$,使目标函数 $f(\boldsymbol{x})$ 沿 $\boldsymbol{s}^{(k)}$ 是下降的,至少不增,$\boldsymbol{s}^{(k)}$ 作为搜索方向。

(3)在方向 $\boldsymbol{s}^{(k)}$ 确定以后,在射线 $\boldsymbol{x}=\boldsymbol{x}^{(k)}+\lambda\boldsymbol{s}^{(k)}$($\lambda\geqslant 0$)上选取一适当的步长 λ_k,使

$$f(\boldsymbol{x}^{(k)}+\lambda\boldsymbol{s}^{(k)})\leqslant f(\boldsymbol{x}^{(k)})$$

如此确定出下一个点 $\boldsymbol{x}^{(k+1)}=\boldsymbol{x}^{(k)}+\lambda_k\boldsymbol{s}^{(k)}$。在多数算法中,$\lambda_k$ 的选取总是使目标函数 $f(\boldsymbol{x})$ 在点 $\boldsymbol{x}^{(k)}$ 的值下降最多,即沿射线 $\boldsymbol{x}=\boldsymbol{x}^{(k)}+\lambda\boldsymbol{s}^{(k)}$ 求 $f(\boldsymbol{x})$ 的极小值,这是求关于单个变量 λ 函数的极小值问题。这种确定步长 λ_k 的方法称为一维搜索或线搜索。

(4)检验所得点 $\boldsymbol{x}^{(k+1)}$ 是否为原非线性规划的极小点,或满足精度要求的近似极小点。若满足,则迭代结束,否则继续进行迭代。

由于极值问题的最优解或局部最优解事先是不知道的,为了决定什么时候迭代结束,一般根据相继两次迭代的结果来检验是否满足迭代精度。但是检验的方法因所采用的算法不同而不同,一般常用的有以下几种方法。

(1)相继两次迭代的绝对误差:

$$\|\boldsymbol{x}^{(k+1)}-\boldsymbol{x}^{(k)}\|<\varepsilon$$

或

$$\|f(\boldsymbol{x}^{(k+1)})-f(\boldsymbol{x}^{(k)})\|<\varepsilon$$

(2)相继两次迭代的相对误差:

$$\frac{\|\boldsymbol{x}^{(k+1)}-\boldsymbol{x}^{(k)}\|}{\|\boldsymbol{x}^{(k)}\|}<\varepsilon$$

或

$$\frac{\|f(\boldsymbol{x}^{(k+1)})-f(\boldsymbol{x}^{(k)})\|}{\|f(\boldsymbol{x}^{(k)})\|}<\varepsilon$$

(3)目标函数梯度的模:

如果目标函数存在梯度的话,可以根据目标函数在最近迭代点处的梯度模足够小作为结

束迭代的准则。即

$$\|\nabla f(\boldsymbol{x}^{(k)})\| < \varepsilon$$

其中 $\varepsilon(>0)$是事先给出的对近似解的计算精度。

三、多目标极值问题

当极值问题的目标函数有两个以上时,称为多目标极值问题。例如有两个目标函数的非线性极值问题的数学表达式为:

$$\min f_1(x)$$
$$\min f_2(x)$$
$$\text{s.t.}\begin{cases} g_i(x) \leqslant 0 & (i = 1,2,\cdots,m) \\ h_j(x) = 0 & (j = 1,2,\cdots,p) \end{cases}$$

对于多目标极值问题,一般化成单目标极值问题进行求解。一种常用的方法是根据专家咨询,确定各目标函数的系数,将多目标问题化为单目标问题。

假设上述问题的系数为 w_1 和 w_2,则上述两目标极值问题化为下述单目标极值问题:

$$\min w_1 f_1(x) + w_2 f_2(x)$$
$$\text{s.t.}\begin{cases} g_i(x) & (i = 1,2,\cdots,m) \\ h_j(x) & (j = 1,2,\cdots,p) \end{cases}$$

此时,就可运用单目标极值问题的方法对其进行求解了。

第二节　一　维　搜　索

由本章第一节知道,在大多数非线性最优化极值问题的迭代算法中,为了确定极小化点列 $\{\boldsymbol{x}^{(k)}\}$,在每次迭代时要沿确定的搜索方向 $\boldsymbol{s}^{(k)}$,在射线 $\boldsymbol{x}=\boldsymbol{x}^{(k)}+\lambda\boldsymbol{s}^{(k)}(\lambda\geqslant 0)$上,确定一个适当的步长 λ_k,使

$$\boldsymbol{x}^{(k+1)} = \boldsymbol{x}^{(k)} + \lambda_k \boldsymbol{s}^{(k)}$$

且

$$f(\boldsymbol{x}^{(k+1)}) \leqslant f(\boldsymbol{x}^{(k)})$$

在不少非线性最优化的下降算法中,步长 λ_k 的选取要求目标函数 $f(\boldsymbol{x})$ 在点 $\boldsymbol{x}^{(k)}$ 的值下降最多,即步长 λ_k 满足:

$$f(\boldsymbol{x}^{(k)} + \lambda_k \boldsymbol{s}^{(k)}) = \min_{\lambda\geqslant 0} f(\boldsymbol{x}^{(k)} + \lambda \boldsymbol{s}^{(k)})$$

也就是求一元函数 $\varphi(\lambda) = f(\boldsymbol{x}^{(k)} + \lambda\boldsymbol{s}^{(k)})(\lambda \geqslant 0)$的极小值点 λ_k。这种确定迭代步长 λ_k 的方法称为精确一维搜索,简称一维搜索。为此,下面介绍求解一般一元函数 $\varphi(x)$ 极小值点的一维搜索方法。

设一元函数 $\varphi(x)$的极小点问题为:

$$\min \varphi(x) \tag{4-4}$$

若 $\varphi(x)$连续可微,则在其极小点 x^* 处导数为0,即

$$\varphi'(x^*) = 0 \tag{4-5}$$

一维搜索法有的是直接求解式(4-4),有的是通过求解式(4-5)来求解式(4-4)的。下面

先介绍几种常用的精确一维搜索方法，再介绍两种不精确一维搜索方法。

一、精确一维搜索法

1. 牛顿法

牛顿法的基本思想是：用 $\varphi(x)$ 在已知点 x_0 处的二阶 Taylor 展开式

$$g(x) = \varphi(x_0) + \varphi'(x_0)(x - x_0) + \frac{1}{2}\varphi''(x_0)(x - x_0)^2$$

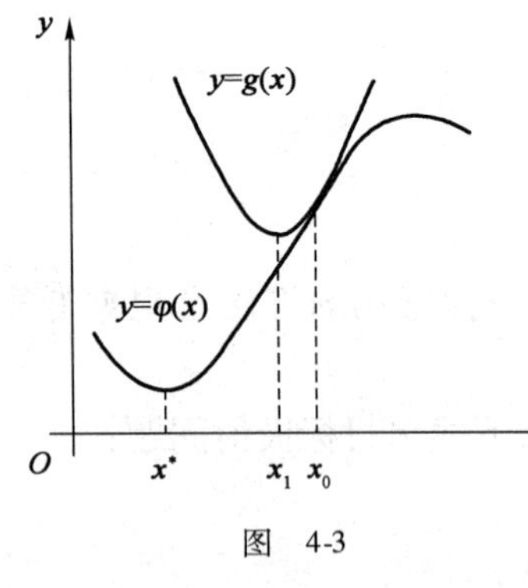

图 4-3

来近似代替 $\varphi(x)$，即 $\varphi(x) \approx g(x)$，然后用二次函数 $g(x)$ 的极小点 x_1 作为 $\varphi(x)$ 的近似极小点，见图 4-3。

由于

$$g'(x) = \varphi'(x_0) + \varphi''(x_0)(x - x_0)$$

令 $g'(x) = 0$，得：

$$x_1 = x_0 - \frac{\varphi'(x_0)}{\varphi''(x_0)}$$

类似地，若已知 x_k，则有：

$$x_{k+1} = x_k - \frac{\varphi'(x_k)}{\varphi''(x_k)} \quad (k = 0,1,2,\cdots) \tag{4-6}$$

按式(4-6)进行迭代计算，得一点列 $\{x_k\}$，这种求一元函数 $\varphi(x)$ 极小值问题的一维搜索方法称为牛顿法。当 $|\varphi'(x_k)| < \varepsilon$ 时（其中 $\varepsilon > 0$ 为预先给定的近似精度），则迭代结束，x_k 为 $\varphi(x)$ 的近似极小值点，即 $x^* \approx x_k$。

牛顿法收敛速度快，但是它对函数要求二次可微，且要计算二阶导数。另外还要求初始点 x_0 选得好，否则可能得到的点列 $\{x_k\}$ 不收敛。

牛顿法产生的点列即使收敛，其极限有时也不一定是所要求的函数的极小值点，而只能保证它是函数的驻点（一阶导数为 0 的点）。由微积分可知，驻点可能是极小值点，也可能是极大值点，也可能不是极值点。

2. 抛物线法

抛物线法的基本思想也是用某个二次函数 $g(x)$ 来近似地代替原来的函数 $\varphi(x)$，并以它的极小点作为函数 $\varphi(x)$ 的近似极小点。它与牛顿法不同的地方在于：牛顿法是用 $\varphi(x)$ 在 x_0 点的二阶 Taylor 展开式 $g(x)$ 来逼近 $\varphi(x)$，即利用点 x_0 的函数值 $\varphi(x_0)$ 及其一阶、二阶导数值 $\varphi'(x_0)$、$\varphi''(x_0)$ 来构造二次函数 $g(x)$，而抛物线法则是利用 $\varphi(x)$ 在三个点 x_0、x_1、x_2 处的函数值来构造二次函数 $g(x)$，使它满足

$$g(x_i) = \varphi(x_i) \quad (i = 0,1,2) \tag{4-7}$$

假设 $g(x) = a_0 + a_1 x + a_2 x^2$，则 $g'(x) = a_1 + 2a_2 x$。令 $g'(x) = 0$，得：

$$\bar{x} = -\frac{a_1}{2a_2} \tag{4-8}$$

式(4-8)就是 $\varphi(x)$ 近似极小值点的计算公式（也是在迭代过程中迭代点的计算公式）。从此式看到，为了求出近似极小值点 $\bar{x}$，只需算出 a_1、a_2 即可。将 $g(x)$ 代入式(4-7)，得到关于 a_0、a_1、a_2 的方程组，然后求解得

$$a_2 = \frac{b_2 - b_1}{x_2 - x_0}$$

$$a_1 = b_1 - a_2(x_1 + x_0)$$

式中：

$$b_2 = \frac{\varphi(x_2) - \varphi(x_1)}{x_2 - x_1}$$

$$b_1 = \frac{\varphi(x_1) - \varphi(x_0)}{x_1 - x_0}$$

将 a_1、a_2 代入式(4-8)或利用

$$\bar{x} = \frac{1}{2}\left(x_1 + x_0 - \frac{b_1}{a_2}\right)$$

即可求得 $f(x)$ 的近似极小值点 $\bar{x}$。

抛物线法求解式(4-4)极小值点的基本迭代过程如下。

(1)设定计算精度 $\varepsilon > 0$。取三个初始迭代点 $x_1 < x_0 < x_2$，满足 $\varphi(x_0) < \varphi(x_i)\ (i = 1,2)$。显然，所要求的极小值点一定在区间 $[x_1, x_2]$ 内。

(2)计算 a_1、a_2 和 $\bar{x}$ 及函数值 $\varphi(\bar{x})$。

(3)若 $|\varphi(\bar{x}) - \varphi(x_0)| < \varepsilon$，则迭代结束，取极小值点 $x^* \approx \bar{x}$，否则，在点 x_0、x_1、x_2 和 $\bar{x}$ 中，去掉函数值最大的点，然后将其余三点重新标名成 x_0、x_1、x_2，使其满足 $x_1 < x_0 < x_2$ 且 $\varphi(x_0) < \varphi(x_i)\ (i = 1,2)$。转入步骤(2)，继续进行迭代，直到获得近似极小值点为止。

在算法步骤(3)中的收敛准则还可以采用 $|x_0 - \bar{x}| < \varepsilon$ 或 $|\varphi(\bar{x}) - g(\bar{x})| < \varepsilon$。抛物线法与牛顿法一样，它并不能保证算法一定收敛，即在迭代过程中可能出现上一次迭代点 x_k 与下一次迭代点 x_{k+1} 充分接近，但 x_{k+1} 并不一定是 $\varphi(x)$ 的近似极小值点。

3. 二分法

假设式(4-4)的函数 $\varphi(x)$ 连续可微。由高等微积分学知道，如果找到一个区间 $[a,b]$ $(a < b)$ 使 $\varphi'(a) < 0$ 且 $\varphi'(b) > 0$，则在 a,b 之间一定有一个 $\varphi(x)$ 的极小值点 x^* 使得 $\varphi'(x^*) = 0$。由此可以这样来求极小值点 x^*：取 $x_0 = \frac{a+b}{2}$，若 $\varphi'(x_0) > 0$，则 $\varphi(x)$ 在区间 $[a, x_0]$ 中必有极小点，用区间 $[a, x_0]$ 代替区间 $[a,b]$，再取 $x_1 = \frac{a + x_0}{2}$；若 $\varphi'(x_0) < 0$，则 $\varphi(x)$ 在区间 $[x_0, b]$ 中必有极小点，则用区间 $[x_0, b]$ 代替区间 $[a,b]$，再取 $x_1 = \frac{x_0 + b}{2}$……经过 k 次迭代，设所得缩小的区间为 $[a_k, b_k]$。若 $|b_k - a_k| < \varepsilon$ 或 $|\varphi'(x^*)| < \varepsilon$ 时，则取极小值点 $x^* = \frac{a_k + b_k}{2}$，迭代结束，否则继续进行迭代。

二分法每步迭代的计算量比较小，程序也很简单，而且总能收敛于一个局部极小值点，但是收敛速度一般比较慢。

4. "成功—失败"法

"成功—失败"法事实上是一种启发式算法，它一般求解的是无约束极小化问题：

$$\min_{x \in R} \varphi(x)$$

这里 R 表示整个实数域$(-\infty, +\infty)$。

如果遇到约束极小化问题

$$\min_{a \leqslant x \leqslant b} f(x)$$

则令

$$\varphi(x) = \begin{cases} f(x) & x \in [a,b] \\ +\infty & x \notin [a,b] \end{cases}$$

就等价转化为函数 $\varphi(x)$ 的无约束极小化问题。

"成功—失败"法的迭代基本步骤如下：

(1)任意取定一初始点 $x_0 \in R$，设定迭代搜索的步长 $h > 0$（不能选得太小）及计算精度 $\varepsilon > 0$。

(2)计算 $x_1 = x_0 + h$ 及 $f(x_1)$。

(3)若 $f(x_1) < f(x_0)$，则称此步向前搜索成功，下一次就加大步长继续向前搜索，即用 x_1 代替 x_0，用步长 $2h$ 代替步长 h，继续向前搜索。

若 $f(x_1) \geqslant f(x_0)$，则称此步搜索失败，下一次就要缩小步长，然后向后搜索。首先看是否满足 $|h| < \varepsilon$，若是，则极小值点取 $x^* = x_0$，迭代结束；否则，用 $-\dfrac{h}{4}$ 代替步长 h，返回步骤(2)，继续进行迭代搜索。

5. 黄金分割法

黄金分割法，有的文献也称为 0.618 法，它是 Fibonacci 法（参见有关最优化方法的文献）的一种简化方法。黄金分割法是不用导数的一维搜索方法中比较常用的一种方法。

考虑如下一维极小化问题

$$\min_{a_1 \leqslant x \leqslant b_1} \varphi(x)$$

其中要求 $\varphi(x)$ 在 $[a_1, b_1]$ 上是凸函数。

用黄金分割法计算上面问题的极小值点的步骤如下。

(1)设定最后区间长度精度 $\varepsilon > 0$，令 $\alpha = 0.618$。

(2)令 $k = 1$，计算

$$x_1 = a_1 + (1 - \alpha)(b_1 - a_1) \quad 及 \quad \varphi(x_1)$$
$$u_1 = a_1 + \alpha(b_1 - a_1) \quad 及 \quad \varphi(u_1)$$

(3)若 $b_k - a_k < \varepsilon$，则计算结束，取极小值点 $x^* \approx \dfrac{1}{2}(a_k + b_k)$；否则，若 $\varphi(x_k) > \varphi(u_k)$，则转入步骤(4)，否则转入步骤(5)。

(4)令 $a_{k+1} = x_k, b_{k+1} = b_k$，再令 $x_{k+1} = u_k, u_{k+1} = a_{k+1} + \alpha(b_{k+1} - a_{k+1})$，并计算 $\varphi(u_{k+1})$，转入步骤(6)。

(5)令 $a_{k+1} = a_k, b_{k+1} = u_k$，再令 $u_{k+1} = x_k, x_{k+1} = a_{k+1} + (1 - \alpha)(b_{k+1} - a_{k+1})$，并计算 $\varphi(x_{k+1})$，转入步骤(6)。

(6)令 $k = k + 1$，返回步骤(3)。

黄金分割法收敛速度比较慢，它的优点是不要求 $\varphi(x)$ 可微，且每次迭代只需计算一个函数值，因此计算量小，程序简单。

6. 初始区间和初始点的确定

前面介绍的几种求一维极小值点的搜索方法，都要从一个初始点出发或一个含极小值点的初始搜索区间出发，进行迭代计算，得近似极小值点。所以，一般求解式(4-4)时，都要求先确定一个较好的初始点或一个含有极小值点的初始搜索区间。为此，下面给出一种确定式(4-4)的初始搜索区间和初始点的算法——进退算法。

算法的基本步骤如下。

(1)选定初始点的一个估计值 x_0 及初始步长 $h>0$,计算 $\varphi(x_0)$。

(2)令 $x_2=x_0+h$,再计算 $\varphi(x_2)$。

(3)若 $\varphi(x_2)\leqslant\varphi(x_0)$,则转入步骤(4),否则,令 $h=-h$,再转入步骤(4)。

(4)令 $x_1=x_0+h$,计算 $\varphi(x_1)$。

(5)若 $\varphi(x_1)\leqslant\varphi(x_0)$,则令 $h=2h,x_2=x_0,x_0=x_1$,然后转入步骤(4);否则转入步骤(6)。

(6)令 $a=\min(x_1,x_2),b=\max(x_1,x_2)$,则$[a,b]$即为所要求的初始搜索区间,而 $x_0=\dfrac{a+b}{2}$ 可作为所要求的初始点,计算结束。

二、不精确一维搜索法

在实际计算中,一般做不到精确的一维搜索,实际上,也没有必要做到这一点,由于精确的一维搜索需要付出较高的代价,而对加速收敛作用不太大,因此不精确一维搜索方法受到了广泛的重视和青睐。下面针对求解式(4-1)的下降迭代算法,计算第 k 步迭代步长 λ_k 对应的一维极小值问题:

$$f(\boldsymbol{x}^{(k)}+\lambda_k\boldsymbol{s}^{(k)})=\min_{\lambda\geqslant 0}f(\boldsymbol{x}^{(k)}+\lambda\boldsymbol{s}^{(k)}) \tag{4-9}$$

来介绍两种较实用的不精确一维搜索方法。

1. 直接法

对于式(4-9),不精确一维直接搜索算法的计算步骤如下:

记 $\nabla f(x)=\left(\dfrac{\partial f}{\partial x_1},\dfrac{\partial f}{\partial x_2},\cdots,\dfrac{\partial f}{\partial x_n}\right)^{\mathrm{T}}$ 为 n 元函数 $f(\boldsymbol{x})$ 在点 $\boldsymbol{x}$ 处的梯度,并假设式(4-9)中的点 $\boldsymbol{x}^{(k)}$ 及搜索方向 $\boldsymbol{s}^{(k)}$ 已经求得,并已计算出函数值 $f(\boldsymbol{x}^{(k)})$ 和梯度 $\nabla f(\boldsymbol{x}^{(k)})$。

(1)选定两个常数 c_1、c_2 使得 $0<c_1<c_2<1$,令 $a=0,b=+\infty,\lambda=1,i=0$。

(2)令 $\boldsymbol{x}^{(k+1)}=\boldsymbol{x}^{(k)}+\lambda\boldsymbol{s}^{(k)}$,计算 $f(\boldsymbol{x})$ 在点 $\boldsymbol{x}^{(k+1)}$ 处的函数值 $f(\boldsymbol{x}^{(k+1)})$ 和梯度 $\nabla f(\boldsymbol{x}^{(k+1)})$。检验当前 λ 是否使函数值 $f(\boldsymbol{x}^{(k+1)})$ 满足下降要求

$$f(\boldsymbol{x}^{(k)})-f(\boldsymbol{x}^{(k+1)})\geqslant -c_1\lambda\ \nabla f(\boldsymbol{x}^{(k)})^{\mathrm{T}}\boldsymbol{s}^{(k)} \tag{4-10}$$

及 $f(\boldsymbol{x})$ 在点 $\boldsymbol{x}^{(k+1)}$ 处的方向导数 $\nabla f(\boldsymbol{x}^{(k+1)})$ 满足下面的要求

$$\nabla f(\boldsymbol{x}^{(k+1)})^{\mathrm{T}}\boldsymbol{s}^{(k)}\geqslant c_2\ \nabla f(\boldsymbol{x}^{(k)})^{\mathrm{T}}\boldsymbol{s}^{(k)} \tag{4-11}$$

如果同时满足,则令 $\lambda_k=\lambda$,计算结束。如果 λ 不满足式(4-10),则转入步骤(3)。如果 λ 满足式(4-10),而不满足式(4-11),则转入步骤(4)。

(3)令 $b=\lambda,\lambda=\dfrac{\lambda+a}{2},i=i+1$,转入步骤(2)。

(4)令 $a=\lambda,\lambda=\min\left(2\lambda,\dfrac{\lambda+b}{2}\right),i=i+1$,转入步骤(2)。

下面举例说明。

[例4-3] 设 $f(\boldsymbol{x})=100(x_2-x_1^2)^2+(1-x_1)^2$,已求得 $\boldsymbol{x}^{(k)}=(0,0)^{\mathrm{T}},\boldsymbol{s}^{(k)}=(1,0)^{\mathrm{T}}$。试确定在 $\boldsymbol{x}^{(k)}$ 点,沿搜索方向 $\boldsymbol{s}^{(k)}$ 的步长 λ_k。

解: $\nabla f(\boldsymbol{x})=\begin{bmatrix}-400(x_2-x_1)^2x_1-2(1-x_1)\\200(x_2-x_1^2)\end{bmatrix}$

$$f(\boldsymbol{x}^{(k)}) = f(0,0) = 1,\ \nabla f(\boldsymbol{x}^{(k)}) = (-2,0)^{\mathrm{T}},\ \nabla f(\boldsymbol{x}^{(k)})^{\mathrm{T}}\boldsymbol{s}^{(k)} = -2$$

(1)选 $c_1=0.1, c_2=0.5$,令 $a=0, b=+\infty, \lambda=1, i=0$,然后开始迭代。

(2)迭代点 $\boldsymbol{x}^{(k+1)}=\boldsymbol{x}^{(k)}+\lambda\boldsymbol{s}^{(k)}=(1,0)^{\mathrm{T}}$,计算函数值 $f(\boldsymbol{x}^{(k+1)})=f(1,0)=100$。因为

$$f(\boldsymbol{x}^{(k)})-f(\boldsymbol{x}^{(k+1)}) = 1-100 = -99 < -c_1\lambda\nabla f(\boldsymbol{x}^{(k)})^{\mathrm{T}}\boldsymbol{s}^{(k)} = 0.2$$

所以,当前 $\lambda=1$ 不满足式(4-10)。

(3)令 $b=1, \lambda=\frac{1}{2}(1+0)=0.5$,重新计算得:

$$\boldsymbol{x}^{(k+1)} = \boldsymbol{x}^{(k)}+\lambda\boldsymbol{s}^{(k)} = (0.5,0)^{\mathrm{T}},\ f(\boldsymbol{x}^{(k+1)}) = f(0.5,0) = 6.25$$

此时

$$f(\boldsymbol{x}^{(k)})-f(\boldsymbol{x}^{(k+1)}) = 1-6.25 = -5.25 < -c_1\lambda\nabla f(\boldsymbol{x}^{(k)})^{\mathrm{T}}\boldsymbol{s}^{(k)} = 0.1$$

仍不满足式(4-10)。

(4)令 $b=0.5, \lambda=\frac{1}{2}(0.5+0)=0.25$,计算得:

$$\boldsymbol{x}^{(k+1)} = \boldsymbol{x}^{(k)}+\lambda\boldsymbol{s}^{(k)} = (0.25,0)^{\mathrm{T}},\ f(\boldsymbol{x}^{(k+1)}) = f(0.25,0) = 0.953$$

而

$$f(\boldsymbol{x}^{(k)})-f(\boldsymbol{x}^{(k+1)}) = 1-0.953 = 0.047 < -c_1\lambda\nabla f(\boldsymbol{x}^{(k)})^{\mathrm{T}}\boldsymbol{s}^{(k)} = 0.05$$

还是不满足式(4-10)。

(5)令 $b=0.25, \lambda=\frac{1}{2}(0.25+0)=0.125$,计算得:

$$\boldsymbol{x}^{(k+1)} = \boldsymbol{x}^{(k)}+\lambda\boldsymbol{s}^{(k)} = (0.125,0)^{\mathrm{T}},\ f(\boldsymbol{x}^{(k+1)}) = f(0.125,0) = 0.79$$

而

$$f(\boldsymbol{x}^{(k)})-f(\boldsymbol{x}^{(k+1)}) = 1-0.79 = 0.21 > -c_1\lambda\nabla f(\boldsymbol{x}^{(k)})^{\mathrm{T}}\boldsymbol{s}^{(k)} = 0.025$$

这时的 λ 已经满足式(4-10)。再计算梯度 $\nabla f(\boldsymbol{x}^{(k+1)})=(-0.969, -3.125)^{\mathrm{T}}$,则

$$\begin{aligned}\nabla f(\boldsymbol{x}^{(k+1)})^{\mathrm{T}}\boldsymbol{s}^{(k)} &= (-0.969, -3.125)\times(1,0)^{\mathrm{T}}\\ &= -0.969 > c_2\nabla f(\boldsymbol{x}^{(k)})^{\mathrm{T}}\boldsymbol{s}^{(k)} = 0.5\times(-2) = -1\end{aligned}$$

所以这时的 λ 也满足式(4-11),从而迭代结束,得第 k 步的搜索步长为 $\lambda_k=0.125$。

2. 二次插值法

对于式(4-9),记 $\varphi(\lambda)=f(\boldsymbol{x}^{(k)}+\lambda\boldsymbol{s}^{(k)})$,则式(4-9)可简写成

$$\varphi(\lambda_k) = \min_{\lambda\geq 0}\varphi(\lambda)$$

假设已知变量 λ 的两个值 λ_1、λ_2 及函数 $\varphi(\lambda)$ 相应的两个函数值 $\varphi_1=\varphi(\lambda_1)$,$\varphi_2=\varphi(\lambda_2)$,并且已知函数 $\varphi(\lambda)$ 在 λ_1 处的导数 $\varphi'_1=\varphi'_1(\lambda_1)$。二次插值法在每步的迭代过程中,都要求经过 (λ_1,φ_1)、(λ_2,φ_2) 两点和在点 (λ_1,φ_1) 处具有与 $\varphi(\lambda)$ 相同切线的二次曲线 $g(\lambda)=a\lambda^2+b\lambda+c$,然后用此二次曲线的最小值点 $\hat{\lambda}$ 来近似 $\varphi(\lambda)$ 的极小值点。因为二次抛物线 $g(\lambda)$ 的最小值点 $\hat{\lambda}=\frac{-b}{2a}$,由条件 $g(\lambda_i)=\varphi(\lambda_i)=\varphi_i(i=1,2)$ 和 $g'(\lambda_1)=\varphi'(\lambda_1)=\varphi'_1$,可以解方程得到 a、b,从而得到

$$\hat{\lambda} = \lambda_1 + \frac{\frac{1}{2}(\lambda_2-\lambda_1)}{1-\frac{\varphi_2-\varphi_1}{(\lambda_2-\lambda_1)\varphi'_1}} \tag{4-12}$$

二次插值法求解式(4-9)的步骤如下:

(1)选定两个常数 c_1、c_2 满足 $0 < c_1 < c_2 < 1$,再取 α 满足 $0 < \alpha < 1$。令 $\lambda_1 = 0, \lambda_2 = 0, \lambda_3 = +\infty, i = 0$。

(2)如果 λ_2 已经满足式(4-10)和式(4-11),则令 $\lambda_k = \lambda_2$,计算结束;否则转入步骤(3)。

(3)计算 $\varphi_1 = \varphi(\lambda_1), \varphi_2 = \varphi(\lambda_2)$ 以及 $\varphi_1' = \varphi'(\lambda_1) = \nabla f(\boldsymbol{x}^{(k)} + \lambda_1 \boldsymbol{s}^{(k)})^{\mathrm{T}} \boldsymbol{s}^{(k)}$,由式(4-12)计算出 $\hat{\lambda}$,令 $i = i + 1$,转入步骤(4)。

(4)如果 $\lambda_1 < \hat{\lambda} < \lambda_2$,则令 $\lambda_3 = \hat{\lambda}, \lambda_2 = \hat{\lambda}$,转入步骤(2);如果 $\lambda_2 \leqslant \hat{\lambda} < \lambda_3$,则令 $\lambda_1 = \lambda_2$,$\lambda_2 = \hat{\lambda}$,转入步骤(2);否则转入步骤(5)。

(5)如果 $\hat{\lambda} \leqslant \lambda_1$,则令 $\hat{\lambda} = \lambda_1 + \alpha(\lambda_3 - \lambda_1)$;如果 $\hat{\lambda} \geqslant \lambda_3$,则令 $\hat{\lambda} = \lambda_3 - \alpha(\lambda_3 - \lambda_1)$,令 $\lambda_2 = \hat{\lambda}$,然后转入步骤(2)。

不精确一维搜索的方法简单,而且有时收敛速度比精确一维搜索方法快得多。

第三节　无约束极值问题的解法

一般求解无约束极值问题的算法都是下降算法。本节介绍求解多维无约束非线性规划问题

$$\begin{gathered} \min f(\boldsymbol{x}) \\ \text{s.t.}\ \boldsymbol{x} \in \boldsymbol{E}^n \end{gathered} \tag{4-13}$$

比较常用、有效的算法,包括最速下降法(梯度法)、牛顿法、阻尼牛顿法、共轭梯度法、变尺度法等。

一、最速下降法

最速下降法,也叫梯度法,是人们最早用来求多变量函数的极值问题的一种方法。后来提出的不少方法基本上都是这种算法的改进算法。

设函数 $f(x)$ 连续可微,它在点 $\boldsymbol{x}$ 处的梯度为 $\nabla f(x) = \left(\frac{\partial f}{\partial x_1}, \frac{\partial f}{\partial x_2}, \cdots, \frac{\partial f}{\partial x_n}\right)^{\mathrm{T}}$,海赛矩阵为 $\nabla^2 f(x) = \left(\frac{\partial^2 f}{\partial x_i \partial x_j}\right)_{n \times n}$。由于函数 $f(\boldsymbol{x})$ 沿负梯度方向 $-\nabla f(\boldsymbol{x})$ 下降最快,所以取它作为每次迭代的搜索方向,即 $\boldsymbol{s}^{(k)} = -\nabla f(\boldsymbol{x}^{(k)})$。因此梯度法的基本思路是:任给一个初始点 $\boldsymbol{x}^{(0)}$,计算 $\boldsymbol{s}^{(0)} = -\nabla f(\boldsymbol{x}^{(0)})$,从 $\boldsymbol{x}^{(0)}$ 出发沿方向 $\boldsymbol{s}^{(0)}$ 在射线 $\boldsymbol{x}^{(0)} + \lambda \boldsymbol{s}^{(0)}$ $(\lambda \geqslant 0)$ 上求得 $f(\boldsymbol{x})$ 的第一个近似极小点 $\boldsymbol{x}^{(1)}$,$\boldsymbol{x}^{(1)} = \boldsymbol{x}^{(0)} + \lambda_0 \boldsymbol{s}^{(0)}$,再以 $\boldsymbol{x}^{(1)}$ 为起点,重复上述过程求得 $f(\boldsymbol{x})$ 的第二个近似极小点 $\boldsymbol{x}^{(2)} = \boldsymbol{x}^{(1)} + \lambda_1 \boldsymbol{s}^{(1)}$,…直到得到满意的结果为止。

梯度法的迭代步骤如下:

(1)给定初始点 $\boldsymbol{x}^{(0)}$,迭代精度 $\varepsilon > 0$,令 $k = 0$。

(2)计算梯度 $\nabla f(\boldsymbol{x}^{(k)})$。若 $\| \nabla f(\boldsymbol{x}^{(k)}) \| < \varepsilon$,则迭代结束,式(4-13)的近似极小值点取为 $\boldsymbol{x}^* = \boldsymbol{x}^{(k)}$;否则转入步骤(3)。

(3)用一维搜索法求函数 $\varphi(\lambda) = f[\boldsymbol{x}^{(k)} - \lambda \nabla f(\boldsymbol{x}^{(k)})]$ 的一个极小点 λ_k,使

$$f[\boldsymbol{x}^{(k)} - \lambda_k \nabla f(\boldsymbol{x}^{(k)})] < f(\boldsymbol{x}^{(k)})$$

(4)令 $\boldsymbol{x}^{(k+1)} = \boldsymbol{x}^{(k)} - \lambda_k \nabla f(\boldsymbol{x}^{(k)})$,$k = k + 1$,转入步骤(2)。

由于负梯度方向的最速下降性,很容易使人们认为负梯度方向是理想的搜索方向,从而最

速下降法是一种理想的求解式(4-13)的算法。其实不然,这是因为当用最速下降法迭代趋近极小点时,其搜索路径呈直角锯齿状。在迭代开始时下降比较快,但是当迭代点列接近极小点时收敛速度会很慢。

二、牛顿法

在本章第二节中介绍了求解一维极值问题的牛顿法,它容易推广到多维的情况,这个方法也是求解无约束极值问题的最早算法之一。

牛顿法的基本想法是:与一维极值问题类似,在局部用一个二次函数 $\varphi(\boldsymbol{x})$ 近似地代替目标函数 $f(\boldsymbol{x})$,然后用 $\varphi(\boldsymbol{x})$ 的极小值点作为 $f(\boldsymbol{x})$ 的近似极小值点。

牛顿法的计算步骤与最速下降法类似,只是采用的迭代公式不同。设 $\boldsymbol{x}^{(k)}$ 为 $f(\boldsymbol{x})$ 的一个近似极小值点,将函数 $f(\boldsymbol{x})$ 在 $\boldsymbol{x}^{(k)}$ 点进行 Taylor 展开,并略去高于二次的项,则得:

$$f(\boldsymbol{x}) \approx \psi(\boldsymbol{x}) = f(\boldsymbol{x}^{(k)}) + \nabla f(\boldsymbol{x}^{(k)})^{\mathrm{T}}(\boldsymbol{x} - \boldsymbol{x}^{(k)}) + \frac{1}{2}(\boldsymbol{x} - \boldsymbol{x}^{(k)})^{\mathrm{T}} \nabla^2 f(\boldsymbol{x}^{(k)})(\boldsymbol{x} - \boldsymbol{x}^{(k)})$$

容易求得:

$$\nabla \psi(\boldsymbol{x}) = \nabla f(\boldsymbol{x}^{(k)}) + \nabla^2 f(\boldsymbol{x}^{(k)})(\boldsymbol{x} - \boldsymbol{x}^{(k)})$$

令 $\nabla \psi(\boldsymbol{x}) = 0$,得 $\psi(\boldsymbol{x})$ 的极小值点为:

$$\hat{\boldsymbol{x}} = \boldsymbol{x}^{(k)} - [\nabla^2 f(\boldsymbol{x}^{(k)})]^{-1} \nabla f(\boldsymbol{x}^{(k)})$$

容易知道:当目标函数是二次函数时,如果它的极小值点存在,则用牛顿法只需迭代一次就可得到它的极小值点。

牛顿法要比最速下降法的收敛速度快,但是它要求 $f(\boldsymbol{x})$ 二阶连续可微,而且在迭代中要计算海赛矩阵的逆阵 $[\nabla^2 f(\boldsymbol{x})]^{-1}$,这在一般情况下是困难的。另外,初始点 $\boldsymbol{x}^{(0)}$ 不能离极小值点 $\boldsymbol{x}^*$ 太远,否则迭代可能不收敛,为了克服这个缺点,人们对牛顿法作了修正,提出了阻尼牛顿法,又称为修正牛顿法。

三、阻尼牛顿法

在上面的牛顿法中,步长 λ_k 总是取 1,而在阻尼牛顿法中,是通过每步迭代时沿方向

$$\boldsymbol{s}^{(k)} = -[\nabla^2 f(\boldsymbol{x}^{(k)})]^{-1} \nabla f(\boldsymbol{x}^{(k)})$$

进行一维极小化搜索来决定 λ_k 的,即取 λ_k 使

$$f(\boldsymbol{x}^{(k)} + \lambda_k \boldsymbol{s}^{(k)}) = \min_{\lambda \geqslant 0} f(\boldsymbol{x}^{(k)} + \lambda \boldsymbol{s}^{(k)})$$

并用迭代公式

$$\boldsymbol{x}^{(k+1)} = \boldsymbol{x}^{(k)} - \lambda_k [\nabla^2 f(\boldsymbol{x}^{(k)})]^{-1} \nabla f(\boldsymbol{x}^{(k)})$$

来代替牛顿法中的迭代公式。阻尼牛顿法保持了牛顿法快速收敛的优点,且不要求初点选得很好,因而在实际应用中取得了较好的效果,当然其迭代公式中也没有避免计算海赛矩阵 $\nabla^2 f(\boldsymbol{x}^{(k)})$ 的逆阵 $[\nabla^2 f(\boldsymbol{x}^{(k)})]^{-1}$。

阻尼牛顿法的计算步骤如下:

(1)给定初始点 $\boldsymbol{x}^{(0)}$,迭代精度 $\varepsilon > 0$,令 $k = 0$。

(2)计算梯度 $\nabla f(\boldsymbol{x}^{(k)})$。若 $\|\nabla f(\boldsymbol{x}^{(k)})\| < \varepsilon$,则迭代结束,式(4-13)的近似极小值点取为 $\boldsymbol{x}^* = \boldsymbol{x}^{(k)}$;否则转入步骤(3)。

(3)计算 $[\nabla^2 f(\boldsymbol{x}^{(k)})]^{-1}$ 及 $\boldsymbol{s}^{(k)} = -[\nabla^2 f(\boldsymbol{x}^{(k)})]^{-1} \nabla f(\boldsymbol{x}^{(k)})$,然后对函数

$$\varphi(\lambda) = f(\boldsymbol{x}^{(k)} + \lambda \boldsymbol{s}^{(k)})$$

进行一维极小值点搜索,来决定出步长 λ_k。

(4)令 $\boldsymbol{x}^{(k+1)} = \boldsymbol{x}^{(k)} + \lambda_k \boldsymbol{s}^{(k)}$,$k = k+1$,转入步骤(2)。

四、共轭梯度法

最速下降法,计算步骤简单,但收敛速度太慢,而牛顿法和阻尼牛顿法收敛速度快,但要计算二阶偏导数矩阵及其逆阵,计算量太大,因此人们希望找到一种方法,它兼有这两种方法的优点,又能克服它们的缺点。共轭梯度法就是这样的一类方法,它比最速下降法的收敛速度要快得多,同时又避免了像牛顿法所要求的海赛矩阵的计算、存储和求逆。

共轭梯度法是由 Hesteness 和 Stiefel 于 1952 年为求解线性方程组而提出来的,后来用于求解无约束极值问题。共轭梯度法对一般目标函数的无约束优化问题的求解具有较高的效率,因此在无约束优化算法中占有重要的地位,是目前最常用的方法之一。由于它的计算公式简单,存储量少,因此可以用来求解比较大的问题。对于交通系统规划中遇到的极值问题,该方法是效果较好的算法之一。

共轭梯度法是以一种叫共轭方向作为迭代的搜索方向的下降算法。下面先介绍一下共轭方向的概念。

定义 4-3 设 $\boldsymbol{A}$ 为 n 阶对称矩阵,$\boldsymbol{p}$、$\boldsymbol{q}$ 为 n 维列向量。若

$$\boldsymbol{p}^{\mathrm{T}} \boldsymbol{A} \boldsymbol{q} = 0$$

则称向量 $\boldsymbol{p}$ 和 $\boldsymbol{q}$ 关于 $\boldsymbol{A}$ 正交,或关于 $\boldsymbol{A}$ 共轭。

如果对于有限 m 个向量 $\boldsymbol{p}_1, \boldsymbol{p}_2, \cdots, \boldsymbol{p}_m$,有 $\boldsymbol{p}_i^{\mathrm{T}} \boldsymbol{A} \boldsymbol{p}_j = 0\ (\forall i \neq j)$,则称这个向量组是 $\boldsymbol{A}$ 正交(共轭)向量组,也称它们是一组 $\boldsymbol{A}$ 共轭方向。可以证明非零共轭向量组是线性无关的。

用共轭方向作为搜索方向的下降迭代算法求解无约束二次规划非常有效。

设 n 元二次函数 $f(\boldsymbol{x})$ 无约束极小化问题为:

$$\min f(\boldsymbol{x}) = c + \boldsymbol{b}^{\mathrm{T}} \boldsymbol{x} + \frac{1}{2} \boldsymbol{x}^{\mathrm{T}} \boldsymbol{H} \boldsymbol{x} \tag{4-14}$$

其中 c 为常数,$\boldsymbol{x} = (x_1, x_2, \cdots, x_n)^{\mathrm{T}}$ 为 n 维列向量,$\boldsymbol{H}$ 为 n 阶对称正定矩阵。这时

$$\nabla f(\boldsymbol{x}) = \boldsymbol{b} + \boldsymbol{H}\boldsymbol{x}, \nabla^2 f(\boldsymbol{x}) = \boldsymbol{H}$$

$f(\boldsymbol{x})$ 有唯一的极小值点 $\boldsymbol{x}^*$,满足 $\nabla f(\boldsymbol{x}^*) = \boldsymbol{b} + \boldsymbol{H}\boldsymbol{x}^* = 0$,则 $\boldsymbol{x}^* = -\boldsymbol{H}^{-1}\boldsymbol{b}$。

对 n 元二次函数 $f(\boldsymbol{x})$,有下面的结论:设 $\boldsymbol{H}$ 为 n 阶对称正定矩阵,$\boldsymbol{s}^{(0)}, \boldsymbol{s}^{(1)}, \cdots, \boldsymbol{s}^{(n-1)}$ 是一组 $\boldsymbol{H}$ 共轭方向。对式(4-14),如果从任一初始点 $\boldsymbol{x}^{(0)} \in E^n$ 出发,依次沿方向 $\boldsymbol{s}^{(0)}, \boldsymbol{s}^{(1)}, \cdots, \boldsymbol{s}^{(n-1)}$ 进行精确一维搜索,则至多经过 n 次迭代,即可求得 $f(\boldsymbol{x})$ 的极小值点。由此可见,只要能够选取到一组 $\boldsymbol{H}$ 共轭的方向 $\boldsymbol{s}^{(0)}, \boldsymbol{s}^{(1)}, \cdots, \boldsymbol{s}^{(n-1)}$,就可以用上述方法在 n 步之内求得 n 元二次函数 $f(\boldsymbol{x})$ 的极小值点。上述算法称为共轭方向法,这种算法对于形如式(4-14)的二次函数,具有有限步收敛性,因为不超过 n 次迭代,即可求得 n 元二次函数的极小值点 $\boldsymbol{x}^*$。事实上,用共轭梯度法求解式(4-14)时,共轭方向不是事先给定的,而是迭代产生的。

下面是共轭梯度法求解式(4-14)的具体步骤。

(1)给定初始点 $\boldsymbol{x}^{(0)}$,令 $\boldsymbol{s}^{(0)} = -\nabla f(\boldsymbol{x}^{(0)})$,$k=0$。

(2)从 $\boldsymbol{x}^{(k)}$ 出发,沿方向 $\boldsymbol{s}^{(k)}$ 对二次函数 $f(\boldsymbol{x})$ 作精确搜索,求得搜索步长 λ_k:

$$\lambda_k = -\frac{\nabla f(\boldsymbol{x}^{(k)})^{\mathrm{T}} \boldsymbol{s}^{(k)}}{\boldsymbol{s}^{(k)\mathrm{T}} \boldsymbol{H} \boldsymbol{s}^{(k)}} \tag{4-15}$$

得迭代点 $\boldsymbol{x}^{(k+1)}=\boldsymbol{x}^{(k)}+\lambda_k\boldsymbol{s}^{(k)}$。

(3)计算 $\nabla f(\boldsymbol{x}^{(k+1)})$。如果 $\nabla f(\boldsymbol{x}^{(k+1)})=0$($n$ 维零向量),则停止迭代,得式(4-14)的极小值点 $\boldsymbol{x}^*=\boldsymbol{x}^{(k+1)}$;否则转入步骤(4)。

(4)令

$$\boldsymbol{s}^{(k+1)}=-\nabla f(\boldsymbol{x}^{(k+1)})+\frac{\|\nabla f(\boldsymbol{x}^{(k+1)})\|^2}{\|\nabla f(\boldsymbol{x}^{(k)})\|^2}\boldsymbol{s}^{(k)},k=k+1$$

转入步骤(2)。

对一般的非线性无约束极值问题,假设目标函数 $f(\boldsymbol{x})$ 可微。由于 $f(\boldsymbol{x})$ 不一定是二次凸函数,共轭梯度法用于一般无约束极值问题时,迭代公式与上面的二次规划略有不同。搜索步长的迭代公式即式(4-15)不再适用,这时要用一维搜索方法来求步长 λ_k,即需要求解一维极小化问题

$$f(\boldsymbol{x}^{(k)}+\lambda_k\boldsymbol{s}^{(k)})=\min_{\lambda\geqslant0}f(\boldsymbol{x}^{(k)}+\lambda\boldsymbol{s}^{(k)})$$

用共轭梯度法求一般非线性无约束极值问题的具体步骤如下:

(1)给定初始点 $\boldsymbol{x}^{(0)}$ 及迭代计算的允许误差 $\varepsilon>0$。

(2)计算 $\nabla f(\boldsymbol{x}^{(0)})$,令 $\boldsymbol{s}^{(0)}=-\nabla f(\boldsymbol{x}^{(0)})$,$k=0$。

(3)求一维搜索 $\min\limits_{\lambda\geqslant0}f(\boldsymbol{x}^{(k)}+\lambda\boldsymbol{s}^{(k)})$ 得步长 λ_k,再计算 $\boldsymbol{x}^{(k+1)}=\boldsymbol{x}^{(k)}+\lambda_k\boldsymbol{s}^{(k)}$ 及梯度 $\nabla f(\boldsymbol{x}^{(k+1)})$。

(4)如果 $\|\nabla f(\boldsymbol{x}^{(k+1)})\|<\varepsilon$,则得到无约束极值问题式(4-13)的近似极小值点 $\boldsymbol{x}^*=\boldsymbol{x}^{(k+1)}$,迭代结束,否则转入步骤(5)。

(5)若 $k<n-1$,计算

$$\boldsymbol{s}^{(k+1)}=-\nabla f(\boldsymbol{x}^{(k+1)})+\frac{\|\nabla f(\boldsymbol{x}^{(k+1)})\|^2}{\|\nabla f(\boldsymbol{x}^{(k)})\|^2}\boldsymbol{s}^{(k)}$$

令 $k=k+1$,转入步骤(3);若 $k=n-1$,则令 $x^0=x^{k+1}$,再转入步骤(2)。

一般来讲,共轭梯度法用于求一般非线性无约束极值问题的极小值点时,在有限步迭代内是得不到极小值点的。由于 n 维问题的共轭方向最多只有 n 个,在 n 步之后,迭代将如何继续下去呢?方法很多,但在实际应用时,大多是采用经过每一轮迭代(n 步共轭方向迭代)计算得到的最新迭代点 $\boldsymbol{x}^{(n)}$ 作为新的初始点,重新开始迭代。

五、变尺度法

变尺度法也是求解无约束极值问题的一种有效算法。它既避免了计算二阶导数海赛矩阵及其求逆过程,又比梯度法的收敛速度快,特别是对高维极值问题具有显著的优越性。它的基本思想是:在确定每次迭代的搜索方向时,用不包含二阶导数的矩阵 $\boldsymbol{H}_k$ 取代牛顿法中的海赛逆矩阵 $[\nabla^2 f(\boldsymbol{x}^{(k)})]^{-1}$,得到搜索方向 $\boldsymbol{s}^{(k)}=-H_k\nabla f(\boldsymbol{x}^{(k)})$,然后沿此方向作一维搜索。由于构造近似矩阵 $\boldsymbol{H}_k$ 的方法不同,因而有不同的变尺度法。这里介绍的变尺度法是由 Davidon 于 1959 年首先提出,1963 年 Flecher 和 Powell 作了修正的,故称 DFP 变尺度算法或简称 DFP 法。

DFP 变尺度算法求解非线性无约束极值问题式(4-13)的计算步骤如下。

(1)给定初始点 $\boldsymbol{x}^{(0)}$,允许误差 $\varepsilon>0$ 和初始矩阵 $\boldsymbol{H}_0=\boldsymbol{I}$($\boldsymbol{I}$ 为单位阵)。

(2)计算点 $\boldsymbol{x}^{(0)}$ 处的梯度 $\boldsymbol{g}_0=\nabla f(\boldsymbol{x}^{(0)})$,令 $k=0$。

(3)计算 $\boldsymbol{s}^{(k)}=-\boldsymbol{H}_k\boldsymbol{g}_k$,并沿 $\boldsymbol{s}^{(k)}$ 方向进行一维搜索,求出步长 λ_k,使它满足

$$f(\boldsymbol{x}^{(k)}+\lambda_k\boldsymbol{s}^{(k)})=\min_{\lambda\geqslant0}[f(\boldsymbol{x}^{(k)})+\lambda\boldsymbol{s}^{(k)}]$$

然后令 $\boldsymbol{x}^{(k+1)}=\boldsymbol{x}^{(k)}+\lambda_k\boldsymbol{s}^{(k)}$，计算 $\boldsymbol{g}_{k+1}=\nabla f(\boldsymbol{x}^{(k+1)})$。

(4)如果 $\|\boldsymbol{g}_{k+1}\|<\varepsilon$，则取式(4-13)的极小值点 $\boldsymbol{x}^*=\boldsymbol{x}^{(k+1)}$，计算结束，否则计算

$$\begin{cases}\Delta\boldsymbol{x}_k=\boldsymbol{x}^{(k+1)}-\boldsymbol{x}^{(k)}\\ \Delta\boldsymbol{g}_k=\boldsymbol{g}_{k+1}-\boldsymbol{g}_k\end{cases}$$

再由公式

$$\boldsymbol{H}_{k+1}=\boldsymbol{H}_k+\frac{\Delta\boldsymbol{x}_k\Delta\boldsymbol{x}_k^{\mathrm{T}}}{\Delta\boldsymbol{x}_k^{\mathrm{T}}\Delta\boldsymbol{g}_k}-\frac{\boldsymbol{H}_k\Delta\boldsymbol{g}_k(\boldsymbol{H}_k\Delta\boldsymbol{g}_k)^{\mathrm{T}}}{\Delta\boldsymbol{g}_k^{\mathrm{T}}\boldsymbol{H}_k\Delta\boldsymbol{g}_k}$$

计算 $\boldsymbol{H}_{k+1}$。

(5)若 $k\neq n-1$，则令 $k=k+1$，转入步骤(3)；若 $k=n-1$，则令 $\boldsymbol{x}^{(0)}=\boldsymbol{x}^{(k+1)}$，$k=0$，转入步骤(3)。

可以看出，在上面的步骤(3)中，若 $\boldsymbol{H}_k=\boldsymbol{I}$（$\boldsymbol{I}$ 为单位矩阵），则得最速下降法的计算公式。若 $\boldsymbol{H}_k=[\nabla^2 f(\boldsymbol{x}^{(k)})]^{-1}$，则得阻尼牛顿法的计算公式。特别地，又若搜索步长取 $\lambda_k=1$，则得到牛顿法的迭代公式。

第四节　有约束极值问题及求解

在道路工程与交通系统规划中，经常遇到许多问题的数学模型描述为非线性最优化问题，而且规划模型中的变量和约束条件一般比较多，特别是交通系统规划优化模型规模尤其大，所以约束非线性最优化方法在道路与交通工程系统分析中极其重要。

因为有约束极值问题是应用中经常遇到的一类数学规划问题，所以它的解法是人们最为关心的。由于其算法相当复杂，关于这方面的研究很多，也很活跃，但目前尚没有一种对一切有约束极值问题的求解都普遍有效的算法，而且从理论上说，许多方法求得的解大多不能保证是全局最优解，而只能是局部最优解。

求解非线性约束优化问题的方法相当多，一般的处理是将非线性约束极值问题转化成无约束极值问题，例如惩罚函数法；将非线性极值问题转化成线性规划问题或用二次规划来逐次逼近，将复杂的约束问题转化成简单问题来处理；还有就是针对非线性约束极值问题的约束特点直接求解的方法，例如可行方向法、梯度投影法、既约梯度法等。本节主要介绍求解非线性约束极值问题的一些比较常用且有效的算法。

在介绍算法之前，先讨论一下约束极值问题最优解或局部最优解的性质。

一、解的最优性条件

非线性规划解的最优性条件是指全局最优解或局部最优解的必要条件和充分条件。非线性规划解的最优性条件很重要，因为许多求解的方法都与最优性条件有密切的关系。

讨论式(4-1)给出的一般非线性约束极小化问题。为方便起见，对该问题重新描述如下：

$$\begin{aligned}&\min f(\boldsymbol{x})\\&\text{s. t.}\begin{cases}g_i(\boldsymbol{x})\leqslant 0 & (i=1,2,\cdots,m)\\ h_j(\boldsymbol{x})=0 & (j=1,2,\cdots,p)\end{cases}\end{aligned}\tag{4-16}$$

其中 $\boldsymbol{x}=(x_1,x_2,\cdots,x_n)^{\mathrm{T}}\in\boldsymbol{E}^n$，$\boldsymbol{E}^n$ 是 n 维欧氏空间。$f(\boldsymbol{x})$ 是目标函数，$g_i(\boldsymbol{x})$，$h_j(\boldsymbol{x})$ 是约束函数，这些函数中至少有一个是非线性的。用 S 表示式(4-16)的可行域，即

$$S = \{\boldsymbol{x} \in \boldsymbol{E}^n \mid g_i(\boldsymbol{x}) \leqslant 0, i = 1,2,\cdots,m; h_j(\boldsymbol{x}) = 0, j = 1,2,\cdots,p\}$$

假定 $S \neq \boldsymbol{E}^n$。

设 $\boldsymbol{x}^{(0)}$ 为式(4-16)的可行点，即 $\boldsymbol{x}^{(0)} \in S$，定义

$$\boldsymbol{I}(\boldsymbol{x}^{(0)}) = \{i \mid g_i(\boldsymbol{x}^{(0)}) = 0, 1 \leqslant i \leqslant m\} \tag{4-17}$$

当 $i \in \boldsymbol{I}(\boldsymbol{x}^{(0)})$ 时，对应的约束 $g_i(\boldsymbol{x}) \leqslant 0$ 称为在 $\boldsymbol{x}^{(0)}$ 处的紧约束或起作用约束，而 $\boldsymbol{I}(\boldsymbol{x}^{(0)})$ 称为点 $\boldsymbol{x}^{(0)}$ 的紧约束指标集。显然 $\boldsymbol{I}(\boldsymbol{x}^{(0)}) \subset \{1,2,\cdots,m\}$。在描述极值问题解的最优性条件之前先来看下面的例子。

［例 4-4］

$$\min f(\boldsymbol{x}) = (x_1 - 1)^2 + x_2^2$$

$$\text{s.t.} \begin{cases} g_1(\boldsymbol{x}) = -x_1 \leqslant 0 \\ g_2(\boldsymbol{x}) = -x_2 \leqslant 0 \\ g_3(\boldsymbol{x}) = x_1 - x_2 \leqslant 0 \\ g_4(\boldsymbol{x}) = x_1^2 + x_2^2 - 2 \leqslant 0 \end{cases}$$

解：其可行域 S 如图 4-4 所示。易见最优点 $\boldsymbol{x}^* = (1,1)^T$，它是两个约束 $g_3(\boldsymbol{x}) = 0$ 和 $g_4(\boldsymbol{x}) = 0$ 的交点，所以这里 $\boldsymbol{I}(\boldsymbol{x}^*) = \{3,4\}$，$g_3(\boldsymbol{x}) \leqslant 0$ 和 $g_4(\boldsymbol{x}) \leqslant 0$ 为 $\boldsymbol{x}^*$ 点的紧约束。

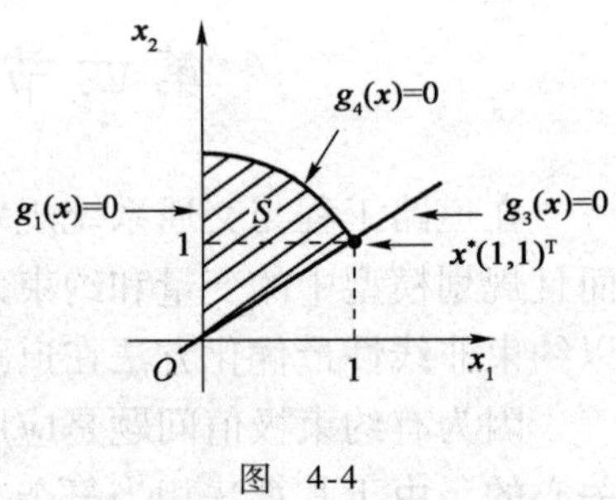

图 4-4

定理 4-1 最优性的一阶必要条件

设 x^* 是式(4-16)的一个可行解，$f(\boldsymbol{x})$、$g_i(\boldsymbol{x})$ $[i \in \boldsymbol{I}(\boldsymbol{x}^*)]$ 在 $\boldsymbol{x}^*$ 点可微，$g_i(x)$ $[i \notin \boldsymbol{I}(\boldsymbol{x}^*)]$ 在 $\boldsymbol{x}^*$ 点连续，$\nabla g_i(\boldsymbol{x}^*)$ $[i \subset \boldsymbol{I}(\boldsymbol{x}^*)]$，$\nabla h_j(\boldsymbol{x}^*)$ $(j = 1,2,\cdots,p)$ 线性无关，若 x^* 是式(4-16)的局部最优解，则存在实数 u_i, v_j [其中 $i \in \boldsymbol{I}(\boldsymbol{x}^*)$；$j = 1,2\cdots,p$] 使得

$$\nabla f(\boldsymbol{x}^*) + \sum_{i \in I} u_i \nabla g_i(\boldsymbol{x}^*) + \sum_{j=1}^{p} v_j \nabla h_j(\boldsymbol{x}^*) = 0$$

$$u_i \geqslant 0 \quad (i \in \boldsymbol{I}(\boldsymbol{x}^*))$$

如果 $i \notin \boldsymbol{I}(\boldsymbol{x}^*)$ 时，$g_i(\boldsymbol{x})$ 在点 $\boldsymbol{x}^*$ 可微，则上述条件可改写成为：

$$\nabla f(\boldsymbol{x}^*) + \sum_{i=1}^{p} u_i \nabla g_i(\boldsymbol{x}^*) + \sum_{j=1}^{p} v_j \nabla h_j(\boldsymbol{x}^*) = 0 \tag*{[4-18a)]}$$

$$u_i \geqslant 0 \quad (i = 1,2,\cdots,m) \tag*{[4-18b)]}$$

$$u_i g_i(\boldsymbol{x}^*) = 0 \quad (i = 1,2,\cdots,m) \tag*{[4-18c)]}$$

式(4-18)称为 Kuhn-Tucker 最优性必要条件，满足式(4-18)的点称为 Kuhn-Tucher 点，简称为 K-T 点。式[(4-18c)]称为互补松弛条件。为此引入 Lagrange 函数

$$L(\boldsymbol{x},\boldsymbol{u},\boldsymbol{v}) = f(\boldsymbol{x}) + \sum_{i=1}^{m} u_i g_i(\boldsymbol{x}) + \sum_{j=1}^{p} v_j h_j(\boldsymbol{x}) \tag{4-19}$$

其中 $\boldsymbol{u} = (u_1, u_2, \cdots, u_m)^T$，$\boldsymbol{v} = (v_1, v_2, \cdots v_p)^T$ 称为 Lagrange 乘子向量。

由定理 4-1 可知：若 $\boldsymbol{x}^*$ 是式(4-16)的最优解，则存在 $\boldsymbol{u}^*(\geqslant 0)$，$\boldsymbol{v}^*$ 使 $(\boldsymbol{x}^*, \boldsymbol{u}^*, \boldsymbol{v}^*)$ 是 $L(\boldsymbol{x}, \boldsymbol{u}, \boldsymbol{v})$ 的稳定点。

定理 4-2 最优性的充分条件

设 $\boldsymbol{x}^* \in S$，在 $\boldsymbol{x}^*$ 点处式(4-18) K-T 条件成立，即存在数 $u_i \geqslant 0$ $[i \in \boldsymbol{I}(\boldsymbol{x}^*)]$ 和 v_i $(i = 1,2,\cdots,p)$，使得

$$\nabla f(\boldsymbol{x}^*) = \sum_{i\in 1} u_i \nabla g_i(\boldsymbol{x}^*) + \sum_{i=1} v_i \nabla h_i(\boldsymbol{x}^*) = 0$$

令 $J = \{i \mid v_i > 0\}$，$K = \{i \mid v_i < 0\}$，设 $f(\boldsymbol{x})$ 在 $\boldsymbol{x}^*$ 点是凸函数，$g_i(x)\,(i \in \boldsymbol{I})$ 在 $\boldsymbol{x}^*$ 点也是凸函数，$h_i(x)\,(i \in J)$ 在 $\boldsymbol{x}^*$ 点也是凸函数，$h_i(x)\,(i \in K)$ 在 $\boldsymbol{x}^*$ 点是凹函数，则 $\boldsymbol{x}^*$ 是式(4-16)的全局最优解。

关于定理 4-1 和定理 4-2 的证明以及函数在一点处为凸函数和凹函数的定义可查阅有关多元微积分方面的资料。

下面举个例子来理解一下上述的最优性条件。

[例 4-5] 考察问题

$$\min f(\boldsymbol{x}) = (x_1 - 3)^2 + (x_2 - 2)^2$$

$$\text{s. t.} \begin{cases} g_1(\boldsymbol{x}) = x_1^2 + x_2^2 - 5 \leqslant 0 \\ g_2(\boldsymbol{x}) = -x_1 \leqslant 0 \\ g_3(\boldsymbol{x}) = -x_2 \leqslant 0 \\ h_1(\boldsymbol{x}) = x_1 + 2x_2 - 4 = 0 \end{cases}$$

解：易见 $\boldsymbol{x}^{(0)} = (2,1)^{\mathrm{T}} \in S$，且只有一个不等式约束 $g_1(\boldsymbol{x}) \leqslant 0$ 是紧约束。下面来验证点 $\boldsymbol{x}^{(0)}$ 是 K-T 点。

因 $\nabla f(\boldsymbol{x}^{(0)}) = \begin{bmatrix} -2 \\ -2 \end{bmatrix}$，$\nabla g_1(\boldsymbol{x}^{(0)}) = \begin{bmatrix} 4 \\ 2 \end{bmatrix}$，$\nabla h_1(\boldsymbol{x}^{(0)}) = \begin{bmatrix} 1 \\ 2 \end{bmatrix}$，所以由式[4-18a)]得

$$\begin{bmatrix} -2 \\ -2 \end{bmatrix} = u_1 \begin{bmatrix} 4 \\ 2 \end{bmatrix} + v_1 \begin{bmatrix} 1 \\ 2 \end{bmatrix} = 0, \quad 即 \quad \begin{cases} 4u_1 + v_1 = 2 \\ 2u_1 + 2v_1 = 2 \end{cases}$$

所以 $u_1 = \dfrac{1}{3}$，$v_1 = \dfrac{2}{3}$，$u_2 = u_3 = 0$，因此 $\boldsymbol{x}^{(0)}$ 是 K-T 点。

容易看出，f、g_1、h_1 均为凸函数，所以在 $\boldsymbol{x}^{(0)}$ 点，定理 4-2 中的条件是满足的，因此 $\boldsymbol{x}^{(0)}$ 点也是此问题的全局最优解，最优值为 $f(\boldsymbol{x}^{(0)})$。

下面再看另一点 $\boldsymbol{x}^{(1)} = (0,2)^{\mathrm{T}}$。这时，$\boldsymbol{I}(\boldsymbol{x}^{(1)}) = \{2\}$，即紧约束为 $g_2(\boldsymbol{x}) \leqslant 0$，然后计算

$$\nabla f(\boldsymbol{x}^{(1)}) = \begin{bmatrix} -6 \\ 0 \end{bmatrix}, \nabla g_2(\boldsymbol{x}^{(1)}) = \begin{bmatrix} -1 \\ 0 \end{bmatrix}, \nabla h_1(\boldsymbol{x}^{(1)}) = \begin{bmatrix} 1 \\ 2 \end{bmatrix}$$

由式[4-18a)]得：

$$\begin{bmatrix} -6 \\ 0 \end{bmatrix} + u_2 \begin{bmatrix} -1 \\ 0 \end{bmatrix} + v_1 \begin{bmatrix} 1 \\ 2 \end{bmatrix} = 0, \quad 即 \quad \begin{cases} v_1 - u_2 = 6 \\ 2v_1 = 0 \end{cases}$$

所以 $v_1 = 0$，$u_2 = -6 < 0$。因此，在 $\boldsymbol{x}^{(1)}$ 点，式(4-18)不成立，所以 $\boldsymbol{x}^{(1)}$ 不是 K-T 点，也就不可能是最优解了。

下面介绍求解约束极小值问题式(4-16)的方法。

二、惩罚函数法

惩罚函数法是求解式(4-16)的一种重要而常用的方法。这种方法是通过将式(4-16)转化成一系列无约束极值问题来求解的，所以称为序列无约束极小化技术，或称 SUMT 法。惩罚函数法是序列无约束极小化技术之一，又称其为 SUMT 外点法。

惩罚函数法是如何将约束极值问题转化成一系列无约束极值问题的呢？它是通过构造所谓约束极值问题的惩罚函数来转化的。首先介绍式(4-16)的惩罚函数构造。

设式(4-16)的函数f、$g_i(i=1,2,\cdots,m)$、$h_j(j=1,2,\cdots,p)$均有一阶连续偏导数，构造式(4-16)的惩罚函数为：

$$F(\boldsymbol{x},M)=f(\boldsymbol{x})+Mp(\boldsymbol{x}) \tag{4-20}$$

其中$M>0$为常数，称为惩罚因子，$p(x)$是定义在$\boldsymbol{E}^n$上的一个函数，称为惩罚项，它满足：

(1)$p(x)$是连续函数；

(2)对任意$x\in\boldsymbol{E}^n$，$p(x)\geqslant 0$；

(3)当且仅当$\boldsymbol{x}\in S$，$p(\boldsymbol{x})=0$，其中S是式(4-20)的可行集。

对于式(4-20)，这样的函数是能够构造的。例如，对等式约束，定义函数

$$g_j^+(\boldsymbol{x})=[h_j(\boldsymbol{x})]^2 \qquad (j=1,2,\cdots,p) \tag{4-21}$$

对不等式约束，定义函数

$$g_{i+p}^+(\boldsymbol{x})=\begin{cases}0,g_i(\boldsymbol{x})\leqslant 0\\ [g_i(\boldsymbol{x})]^2,g_i(\boldsymbol{x})>0\end{cases} \qquad (i=1,2,\cdots,m) \tag{4-22}$$

于是，惩罚函数为：

$$F(\boldsymbol{x},M_k)=f(\boldsymbol{x})+M_k\sum_{i=1}^{p+m}g_i^+(\boldsymbol{x}) \tag{4-23}$$

其中$M_k>0$，$M_1<M_2<\cdots<M_k<M_{k+1}<\cdots$，且$\lim\limits_{k\to\infty}M_k=+\infty$。

从构造容易验证，这样的惩罚项$p(\boldsymbol{x})=\sum_{i=1}^{p+m}g_i^+(\boldsymbol{x})$具有上述的三条性质。而且当$\boldsymbol{x}$满足约束条件，即$\boldsymbol{x}\in S$时，则$g_i^+(\boldsymbol{x})=0(i=1,2,\cdots,p+m)$；当约束条件不满足，即$\boldsymbol{x}\notin S$时，则至少有一个$i(1\leqslant i\leqslant p+m)$，使$g_i^+(\boldsymbol{x})>0$，从而$p(\boldsymbol{x})>0$。约束条件被破坏得越厉害，则$p(\boldsymbol{x})>0$的值越大，从而$F(\boldsymbol{x},M)=f(\boldsymbol{x})+Mp(\boldsymbol{x})$也就越大，即对于约束条件被破坏是一种惩罚，$M$越大，则惩罚得越厉害。反之，当约束条件满足时，则$p(\boldsymbol{x})=0$，这时不管$M>0$取多大的值，$F(\boldsymbol{x},M)=f(\boldsymbol{x})$，就是说，当约束条件满足时不受惩罚，由此可见惩罚项及惩罚函数的意义。关于惩罚因子M_k的取法，根据计算经验通常可以选取$M_{k+1}=M_kC$，$C\in[2,50]$。

一般用惩罚函数法来求解式(4-20)的计算步骤如下：

(1)选取$M_1>0$，精度$\varepsilon>0$，$C\geqslant 2$，初始点$\boldsymbol{x}^{(0)}$，令$k=1$。

(2)以$\boldsymbol{x}^{(k-1)}$为初始点，求解无约束极小化问题

$$\min f(\boldsymbol{x},M_k)=f(\boldsymbol{x})+M_k\sum_{i=1}^{p+m}g_i^+(\boldsymbol{x}) \tag{4-24}$$

设其最优解为$X^{(k)}=X(M_k)$。

(3)计算$\tau_1=\max\limits_{1\leqslant i\leqslant p}[|h_i(\boldsymbol{x}^{(k)})|]$，$\tau_2=\max\limits_{1\leqslant i\leqslant m}[g_i(\boldsymbol{x}^{(k)})]$，$\tau=\max(\tau_1,\tau_2)$。

(4)若$\tau<\varepsilon$，则迭代结束，取$\boldsymbol{x}^*=\boldsymbol{x}^{(k)}$；否则令$M_{k+1}=CM_k$，$k=k+1$，转入步骤(2)。

在上面的算法中，式(4-24)中的惩罚项是$p(\boldsymbol{x})=\sum_{i=1}^{p+m}g_i^+(\boldsymbol{x})$，它也可用其他的方法来定义，只要能保证$p(\boldsymbol{x})$具有前面所述的三条性质就行。另外，算法的结束准则是$\tau<\varepsilon$，也可以改为$M_kp(\boldsymbol{x}^{(k)})<\varepsilon$。

理论上可以证明，在迭代过程中，由求解式(4-24)的极小值点产生的序列，其任一个极限点都是式(4-16)的一个最优解。有兴趣的读者可以参考一些非线性最优化方面的书。

下面给出用惩罚函数法(SUMT外点法)求解非线性约束极值问题的例子。

[例 4-6] 用SUMT外点法求解如下非线性约束极值问题。

$$\min f(\boldsymbol{x})=(x_1-3)^2+(x_2-2)^2$$

$$\text{s.t. } h(\boldsymbol{x}) = x_1 + x_2 - 4 = 0$$

解:令 $F(\boldsymbol{x},M) = (x_1-3)^2 + (x_2-2)^2 + M(x_1+x_2-4)^2$,则

$$\frac{\partial F}{\partial x_1} = 2(x_1 - 3) + 2M(x_1 + x_2 - 4)$$

$$\frac{\partial F}{\partial x_2} = 2(x_2 - 3) + 2M(x_1 + x_2 - 4)$$

令$\frac{\partial F}{\partial x_1}=0$,$\frac{\partial F}{\partial x_2}=0$,得:

$$x_1 = \frac{5M+3}{2M+1}, x_2 = \frac{3M+2}{2M+1}$$

令 $M \to +\infty$,得:

$$\boldsymbol{x}^* = \lim_{M\to+\infty} \boldsymbol{x}(M) = \left(\frac{5}{2},\frac{3}{2}\right)^{\mathrm{T}}$$

易见 $h(\boldsymbol{x}^*)=0$,所以 $\boldsymbol{x}^*$ 即为所要求的 $f(\boldsymbol{x})$ 的极小值点,极小值为$\frac{1}{2}$。

三、碰壁函数法

碰壁函数法跟惩罚函数法一样,是一种将约束极值问题转化成一系列无约束极值问题来求解的方法,也属于序列无约束极小化技术,而这个方法要求约束极值问题的可行约束集连通且内部非空,所以有别于 SUMT 外点法,称其为 SUMT 内点法。

由于碰壁函数法要求式(4-16)的可行集 S 连通且内部 int$S$ 非空,所以可行集中没有等式约束,因而非线性极值问题为:

$$\begin{aligned} &\min f(\boldsymbol{x}) \\ &\text{s.t. } g_i(\boldsymbol{x}) \leqslant 0 \quad (i = 1,2,\cdots,m) \end{aligned} \tag{4-25}$$

其可行集为 $S = \{\boldsymbol{x} \mid g_i(\boldsymbol{x}) \leqslant 0, i=1,2,\cdots m\}$。

碰壁函数法也称为障碍函数法,是从一个可行点 $\boldsymbol{x}^{(0)}$ 出发,在可行点之间进行迭代的一种方法。为了使迭代点保持为可行点,在约束集 S 的边界上建起了一道“障碍”或“壁垒”,以此阻挡迭代点列离开可行集 S。为此定义碰壁函数

$$F(\boldsymbol{x},r) = f(\boldsymbol{x}) + rB(\boldsymbol{x}) \tag{4-26}$$

其中函数 $B(\boldsymbol{x})$ 称为碰壁项,它要求是非负连续函数,并且当 $\boldsymbol{x}$ 趋向可行域 S 的边界时,$B(\boldsymbol{x}) \to +\infty$。对于式(4-25),函数 $B(\boldsymbol{x})$ 一般有两种形式:

$$B(\boldsymbol{x}) = \sum_{i=1}^{m} \frac{-1}{g_i(\boldsymbol{x})} \tag{4-27}$$

和

$$B(\boldsymbol{x}) = -\sum_{i=1}^{m} \ln[-g_i(\boldsymbol{x})] \tag{4-28}$$

r 是一个很小的正数。

由式(4-26),当 $\boldsymbol{x}$ 趋向可行域 S 的边界时,$F(\boldsymbol{x},r) \to +\infty$。但是,当 x 在 S 的内部时,由于 r 很小,则函数 $F(\boldsymbol{x},r)$ 就近似于 $f(\boldsymbol{x})$,因此可以通过求解下面的极小化问题来得到式(4-25)的近似极小值点。

$$\begin{aligned} &\min F(\boldsymbol{x},r) = f(\boldsymbol{x}) + rB(\boldsymbol{x}) \\ &\text{s.t. } \boldsymbol{x} \in \text{int } S \end{aligned} \tag{4-29}$$

由于函数 $B(\boldsymbol{x})$ 的障碍作用,式(4-29)的最优解必含在可行域的内部,而 $B(\boldsymbol{x})$ 的障碍作用又是自动实现的,因此从计算上来说,可以把式(4-29)当作一个无约束极小化极值问题。但是由于计算上的困难,r 不能取很小,因此类似惩罚函数法,采用序列极小化方法。取定一序列 $r_k>0, r_1>r_2>r_3>\cdots>r_k>r_{k+1}>\cdots, \lim\limits_{k\to\infty} r_k=0$,对每个 r_k,求解下面的极小化问题:

$$\begin{aligned} &\min F(\boldsymbol{x}, r_k) = f(\boldsymbol{x}) + r_k B(\boldsymbol{x}) \\ &\text{s.t. } \boldsymbol{x} \in \text{int } S \end{aligned} \tag{4-30}$$

得点列$\{\boldsymbol{x}^{(k)}\}$。理论上可以证明,其极限点 $\lim\limits_{k\to+\infty}\boldsymbol{x}^{(k)}$ 就是式(4-29)的最优解,也是式(4-25)的极小值点。

SUMT 内点法计算式(4-25)的一般步骤如下:

(1)选取初始内点 $\boldsymbol{x}^{(0)}\in \text{int } S$,初始参数 $r_1>0$,给定允许误差 $\varepsilon>0$,缩小系数 $\alpha\in(0,1)$,令 $k=1$。

(2)以 $x^{(k-1)}$ 为初始点,用无约束极小值问题的方法求解下列问题

$$\begin{aligned} &\min F(\boldsymbol{x}, r_k) = f(\boldsymbol{x}) + r_k B(\boldsymbol{x}) \\ &\text{s.t. } \boldsymbol{x} \in \text{int } S \end{aligned}$$

设求得的极小值点为 $\boldsymbol{x}^{(k)}$。

(3)如果 $\boldsymbol{x}^{(k)}$ 满足 $r_k B(\boldsymbol{x}^{(k)})<\varepsilon$(当然还可以采用本章第一节中介绍的其他收敛准则),则迭代结束,取 $\boldsymbol{x}^{(k)}$ 为式(4-25)的近似极小值点;否则令 $r_{k+1}=\alpha r_k, k=k+1$,转入步骤(2)。

四、可行方向法

可行方向法是求解约束优化问题的一类重要的方法,它是在 1960 年由 G. Zoutendijk 首先提出来的,其基本的思想主要是下降算法。即从式(4-16)的一个可行点 $\boldsymbol{x}^{(k)}$ 出发,用某种方法确定一个下降的可行方向 $\boldsymbol{s}^{(k)}$,然后沿方向 $\boldsymbol{s}^{(k)}$,求解一个有约束的一维搜索问题,得极小点 λ_k 作为搜索步长,令 $\boldsymbol{x}^{(k+1)}=\boldsymbol{x}^{(k)}+\lambda_k\boldsymbol{s}^{(k)}$,如果 $\boldsymbol{x}^{(k+1)}$ 满足精度,则停止迭代,$\boldsymbol{x}^{(k+1)}$ 就是最优解或近似最优解,否则再从 $\boldsymbol{x}^{(k+1)}$ 出发,重复上述步骤,直至得到满足要求的点。基于可行下降方向 $\boldsymbol{s}^{(k)}$ 选取方法的不同,相应地有不同的可行方向法。

先介绍式(4-16)的可行下降方向的概念。

定义 4-4 非零 n 维向量 $\boldsymbol{s}$ 称为在点 $\boldsymbol{x}\in S$ 的一个可行方向,如果存在一个数 $\delta>0$,使得对 $\forall\lambda\in(0,\delta)$,都有 $\boldsymbol{x}+\lambda\boldsymbol{s}\in S$。可行方向 $\boldsymbol{s}\neq 0$ 称为点 $\boldsymbol{x}\in S$ 的一个可行下降方向,如果存在 $\delta>0$,使得对 $\forall\lambda\in(0,\delta)$,都有 $f(\boldsymbol{x}+\lambda\boldsymbol{s})<f(\boldsymbol{x})$。

对可行方向法来说,关键是如何在每次迭代时产生点 $\boldsymbol{x}^{(k)}$ 处的可行下降方向 $\boldsymbol{s}^{(k)}$。下面给出 Zoutendijk 的可行方向法。

1. 可行域 S 是线性约束集

考虑非线性约束极小化问题:

$$\begin{aligned} &\min f(\boldsymbol{x}) \\ &\text{s.t.} \begin{cases} \boldsymbol{A}\boldsymbol{x} \leqslant \boldsymbol{a} \\ \boldsymbol{B}\boldsymbol{x} = \boldsymbol{b} \end{cases} \end{aligned} \tag{4-31}$$

其中,$f(\boldsymbol{x})$ 是可微函数,$\boldsymbol{A}$ 是 $m\times n$ 矩阵,$\boldsymbol{B}$ 是 $l\times n$ 矩阵,$\boldsymbol{a}\in\boldsymbol{E}^m, \boldsymbol{b}\in\boldsymbol{E}^l$。

用 Zoutendijk 的可行方向法求解上述线性约束极值问题时,每次迭代过程分两步:第一步,在可行点 $\boldsymbol{x}^{(k)}$ 求一个可行下降方向 $\boldsymbol{s}^{(k)}$;第二步,从 $\boldsymbol{x}^{(k)}$ 出发,沿可行下降方向 $\boldsymbol{s}^{(k)}$ 进行一维

搜索,求得最佳下降步长 λ_k,然后得下一个迭代可行点 $\boldsymbol{x}^{(k+1)}$。

下面是线性约束的 Zoutendijk 可行方向法的计算步骤。

(1)给定式(4-31)的一初始可行点 $\boldsymbol{x}^{(1)}$,令 $k=1$,转入步骤(2)。

(2)在可行点 $\boldsymbol{x}^{(k)}$ 处,把 $\boldsymbol{A}$ 和 $\boldsymbol{a}$ 分解成 $\boldsymbol{A}=\begin{bmatrix}\boldsymbol{A}_1\\ \boldsymbol{A}_2\end{bmatrix}$ 和 $\boldsymbol{a}=\begin{bmatrix}\boldsymbol{a}_1\\ \boldsymbol{a}_2\end{bmatrix}$,使得 $\boldsymbol{A}_1\boldsymbol{x}^{(k)}=\boldsymbol{a}_1,\boldsymbol{A}_2\boldsymbol{x}^{(k)}<\boldsymbol{a}_2$,并计算 $\nabla f(\boldsymbol{x}^{(k)})$。

(3)求解线性规划问题

$$\min z=\nabla f(\boldsymbol{x}^{(k)})^{\mathrm{T}}\boldsymbol{s}$$

$$\text{s. t.}\begin{cases}\boldsymbol{A}_1\boldsymbol{s}\leqslant 0\\ \boldsymbol{B}\boldsymbol{s}=0\\ -1\leqslant s_j\leqslant 1 \qquad (j=1,2,\cdots,n)\end{cases}$$

其中 $\boldsymbol{s}=(s_1,s_2,\cdots,s_n)^{\mathrm{T}}$,最后一个约束是为了保证所得的解在有限范围内而添加的规范化约束。解此线性规划得最优解 $\boldsymbol{s}^{(k)}$。

(4)如果 $\nabla f(\boldsymbol{x}^{(k)})^{\mathrm{T}}\boldsymbol{s}^{(k)}=0$,则停止计算(实际计算时也可以采用 $|\nabla f(\boldsymbol{x}^{(k)})^{\mathrm{T}}\boldsymbol{s}^{(k)}|<\varepsilon$ 作为迭代结束准则,允许误差 $\varepsilon>0$),$\boldsymbol{x}^{(k)}$ 是 K-T 点;否则转入步骤(5)。

(5)计算

$$\hat{\boldsymbol{a}}=\boldsymbol{a}_2-\boldsymbol{A}_2\boldsymbol{x}^{(k)},\hat{\boldsymbol{s}}=\boldsymbol{A}_2\boldsymbol{s}^{(k)} \tag{4-32}$$

$$\lambda_{\max}=\begin{cases}\min\{\hat{a}_i/\hat{s}_i \mid \hat{s}_i>0\} & \text{若 }\hat{\boldsymbol{s}}\geqslant 0\\ +\infty & \text{若 }\hat{\boldsymbol{s}}\leqslant 0\end{cases} \tag{4-33}$$

然后求解一维搜索问题

$$\begin{aligned}&\min f(\boldsymbol{x}^{(k)}+\lambda\boldsymbol{s}^{(k)})\\ &\text{s. t. }0\leqslant\lambda\leqslant\lambda_{\max}\end{aligned} \tag{4-34}$$

得最优解 λ_k,令 $\boldsymbol{x}^{(k+1)}=\boldsymbol{x}^{(k)}+\lambda_k\boldsymbol{s}^{(k)}$,$k=k+1$,转入步骤(2)。

2. 可行域 S 是非线性约束集

考虑非线性约束极值问题

$$\begin{aligned}&\min f(\boldsymbol{x})\\ &\text{s. t. }g_i(\boldsymbol{x})\leqslant 0 \qquad (i=1,2,\cdots,m)\end{aligned}$$

其中 $f(\boldsymbol{x})$、$g_i(\boldsymbol{x})$ 均是可微函数。

对于非线性不等式约束的极值问题,Zoutendijk 可行方向法的求解步骤如下:

(1)选取一初始可行点 $\boldsymbol{x}^{(1)}$,两个允许误差 $\varepsilon_1>0,\varepsilon_2>0$,令 $k=1$,转入步骤(2)。

(2)确定 $\boldsymbol{x}^{(k)}$ 点的紧约束指标集 $\boldsymbol{I}(\boldsymbol{x}^{(k)})=\{i\,|\,g_i(\boldsymbol{x}^{(k)})=0,i=1,2,\cdots,m\}$,计算梯度 $\nabla f(\boldsymbol{x}^{(k)})$,然后要确定出点 $\boldsymbol{x}^{(k)}$ 的可行下降方向 $\boldsymbol{s}^{(k)}$。

若 $\boldsymbol{I}(\boldsymbol{x}^{(k)})$ 为空集,且 $\|\nabla f(\boldsymbol{x}^{(k)})\|\leqslant\varepsilon_1$,则取最优解点 $\boldsymbol{x}^*=\boldsymbol{x}^{(k)}$,停止迭代。

若 $\boldsymbol{I}(\boldsymbol{x}^{(k)})$ 为空集,但是 $\|\nabla f(\boldsymbol{x}^{(k)})\|>\varepsilon_1$,则令 $\boldsymbol{s}^{(k)}=-\nabla f(\boldsymbol{s}^{(k)})$,转入步骤(5)。

若 $\boldsymbol{I}(\boldsymbol{x}^{(k)})$ 为非空,转入步骤(3)。

(3)求解线性规划问题

$$\min z$$

$$\text{s.t.}\begin{cases}\nabla f(\boldsymbol{x}^{(k)})^{T}\boldsymbol{s}-z\leqslant 0\\ \nabla g_{i}(\boldsymbol{x}^{(k)})^{T}\boldsymbol{s}-z\leqslant 0, i\in I(\boldsymbol{x}^{(k)})\\ -1\leqslant s_{j}\leqslant 1\qquad (j=1,2,\cdots,n)\end{cases}$$

得最优解$(z_k,\boldsymbol{s}^{(k)})$。

(4)如果 $|z_k|<\varepsilon_2$，则取最优解点 $\boldsymbol{x}^*=\boldsymbol{x}^{(k)}$，停止迭代；否则转入步骤(5)。

(5)计算 $\lambda_{\max}=\max\{\lambda\mid \boldsymbol{x}^{(k)}+\lambda\boldsymbol{s}^{(k)}\in S\}$，然后求解一维搜索问题

$$\min f(\boldsymbol{x}^{(k)}+\lambda\boldsymbol{s}^{(k)})$$

$$\text{s.t.}\ 0\leqslant\lambda\leqslant\lambda_{\max}$$

得最优解 λ_k，令 $\boldsymbol{x}^{(k+1)}=\boldsymbol{x}^{(k)}+\lambda_k\boldsymbol{s}^{(k)}$，$k=k+1$，转入步骤(2)。

对于某些非线性约束极值问题，用上述 Zoutendijk 的可行方向法求解时可能会出现收敛速度很慢的情况，甚至有可能产生的点列 $x^{(k)}$ 会不收敛于 K-T 点，所以 1967 年 Topkis 和 Veinott 提出了一种修正的可行方向法，有兴趣的读者可以参考有关的文献。

五、梯度投影法

梯度投影法也是一种可行方向法。它的基本思想是：从非线性约束极值问题可行域的可行点出发，沿此可行点的可行下降方向进行搜索。当迭代出发点在可行域的内部时，则负梯度方向作为可行下降方向，然后沿此方向搜索；当迭代出发点不在可行域的内部而是在约束域的边界上时，则将此点处的负梯度投影到某个子空间，这样的投影一定是迭代点的可行下降方向，然后再沿此方向进行搜索。

本节介绍 Rosen 的梯度投影法。1960 年，Rosen 针对线性约束的极值问题首先提出了梯度投影法，1961 年他又将他的办法推广到处理非线性约束的情况。这里只介绍线性约束的极值问题的 Rosen 梯度投影法。

考虑线性约束的非线性极值问题

$$\min f(\boldsymbol{x})$$

$$\text{s.t.}\begin{cases}\boldsymbol{Ax}\leqslant\boldsymbol{a}\\ \boldsymbol{Bx}=\boldsymbol{b}\end{cases}\tag{4-35}$$

其中 $f:\boldsymbol{E}^n\to R$ 是 n 元可微函数，$\boldsymbol{A}$ 是 $m\times n$ 矩阵，$\boldsymbol{B}$ 是 $l\times n$ 矩阵，$\boldsymbol{a}\in E^m$，$\boldsymbol{b}\in E^l$。仍用 S 表示式(4-35)的可行域。

梯度投影法的基本思想是：当迭代点 $\boldsymbol{x}^{(k)}$ 在可行域 S 的内部时，取 $\boldsymbol{s}=-\nabla f(\boldsymbol{x}^{(k)})$ 为迭代方向；当点 $\boldsymbol{x}^{(k)}$ 在 S 的边界上时，取 $-\nabla f(\boldsymbol{x}^{(k)})$ 在这些边界面的交集上的投影为迭代的方向。

为了具体说明上述方法，先介绍一下投影矩阵的概念。

定义 4-5　设 $\boldsymbol{P}$ 是 $n\times n$ 矩阵，如果 $\boldsymbol{P}=\boldsymbol{P}^T$，且 $\boldsymbol{P}^2=\boldsymbol{P}$，则称 $\boldsymbol{P}$ 为投影矩阵。

例如，假设 $\boldsymbol{M}$ 是一个 $m\times n$ 矩阵，其秩为 m，则易知矩阵 $\boldsymbol{Q}=\boldsymbol{M}^T(\boldsymbol{MM}^T)^{-1}\boldsymbol{M}$ 与 $\boldsymbol{P}=\boldsymbol{I}-\boldsymbol{M}^T(\boldsymbol{MM}^T)^{-1}\boldsymbol{M}$ 均是投影矩阵。

下面的定理是 Rosen 梯度投影法求解式(4-35)的理论依据，其证明从略，读者可以参考有关非线性规划方面的书。

定理 4-3　设 $\boldsymbol{x}$ 是式(4-35)的一个可行解，且有 $\boldsymbol{A}_1\boldsymbol{x}=\boldsymbol{a}_1$，$\boldsymbol{A}_2\boldsymbol{x}<\boldsymbol{a}_2$，而 $\boldsymbol{A}^T=(\boldsymbol{A}_1^T,\boldsymbol{A}_2^T)$，$\boldsymbol{a}^T=(\boldsymbol{a}_1^T,\boldsymbol{a}_2^T)$，矩阵 $\boldsymbol{M}^T=(\boldsymbol{A}_1^T,\boldsymbol{B}^T)$ 为满秩的。令 $\boldsymbol{P}=\boldsymbol{I}-\boldsymbol{M}^T(\boldsymbol{MM}^T)^{-1}\boldsymbol{M}$，$\boldsymbol{I}$ 是单位矩阵，再令 $\boldsymbol{w}=-$

$(MM^T)^{-1}M\nabla f(x)$，$w^T=(u^T,v^T)$，其中 u 和 v 分别对应于 A_1 和 B。设 $P\nabla f(x)=0$，则

(1)若 $u\geqslant 0$，则 x 是一个 K-T 点。

(2)若 u 中存在负分量，设 u_j 是 u 的一个负分量，令 $\hat{M}^T=(\hat{A}_1^T,B^T)$，其中 $\hat{A}_1$ 是由 A_1 中去掉第 j 行后得到的矩阵，再令

$$\hat{p}=I-\hat{M}^T(\hat{M}\hat{M}^T)^{-1}\hat{M},s=-\hat{p}\nabla f(x)$$

则 s 是一个可行下降方向。

在给出梯度投影法求解式(4-35)的算法之前，先引入一些记号。在式(4-35)中，设

$$A=\begin{bmatrix}a_{11}&a_{12}&\cdots&a_{1n}\\a_{21}&a_{22}&\cdots&a_{2n}\\\vdots&\vdots&\vdots&\vdots\\a_{m1}&a_{m2}&\cdots&a_{mn}\end{bmatrix}=\begin{bmatrix}a_1^T\\a_2^T\\\vdots\\a_m^T\end{bmatrix},\quad c=\begin{bmatrix}a\\b\end{bmatrix}=\begin{bmatrix}c_1\\c_2\\\vdots\\c_{m+1}\end{bmatrix},$$

$$B=\begin{bmatrix}a_{m+1,1}&a_{m+1,2}&\cdots&a_{m+1,n}\\a_{m+2,1}&a_{m+2,2}&\cdots&a_{m+2,n}\\\vdots&\vdots&\vdots&\vdots\\a_{m+1,1}&a_{m+1,2}&\cdots&a_{m+1,n}\end{bmatrix}=\begin{bmatrix}a_{m+1}^T\\a_{m+2}^T\\\vdots\\a_{m+1}^T\end{bmatrix}$$

其中 $a_i=(a_{i1},a_{i2},\cdots,a_{in})^T,i=1,2,\cdots,m+l$。设 $x^{(k)}$ 是式(4-35)的可行解，令

$$I_k=I(x^{(k)})=\{i\mid a_i^Tx^{(k)}=c_i\}$$

I_k 称为在点 $x^{(k)}$ 的指标集。用 M_k 表示以 $a_i^T(i\in I_k)$ 为行所组成的矩阵。

Rosen 梯度投影法的具体计算步骤如下：

(1)选取 $x^{(1)}$ 为式(4-35)的一个可行解，给定计算精度 $\varepsilon>0$，令 $k=1$。

(2)在 $x^{(k)}$ 点处，将 A 和 a 分解成 $A^T=(A_1^T,A_2^T)$ 与 $a^T=(a_1^T,a_2^T)$，使得 $A_1x^{(k)}=a_1$，$A_2x^{(k)}<a_2$，并计算 $\nabla f(x^{(k)})$。

(3)若 $\|\nabla f(x^{(k)})\|<\varepsilon$，则 $x^{(k)}$ 为近似的 K-T 点，计算结束。否则计算 $I_k=\{i\mid a_i^Tx^{(k)}=c_i\}$，若 I_k 为空集，则令 $P=I$；若 I_k 非空，则计算矩阵 M_k［即有 ${M_k}^T=(A_1^T,B^T)$］，令 $P=I-M_k^T(M_kM_k^T)^{-1}M_k$。

(4)若 $P\nabla f(x^{(k)})\neq 0$，令 $s^{(k)}=-P\nabla f(x^{(k)})$，转入步骤(5)。若 $P\nabla f(x^{(k)})=0$，则令

$$w=-(M_kM_k^T)^{-1}M_k\ \nabla f(x^{(k)})=\begin{bmatrix}u\\v\end{bmatrix}$$

如果 $u\geqslant 0$，则停止计算，$x^{(k)}$ 为 K-T 点；如果 u 有某个分量 $u_j<0$，令 $\hat{M}_k$ 是在 M_k 中去掉与 u_j 对应的第 j 行而得到的矩阵，再令

$$\hat{P}=I-\hat{M}_k^T(\hat{M}_k\hat{M}_k^T)^{-1}\hat{M}_k,s^{(k)}=-\hat{P}\nabla f(x^{(k)})$$

转入步骤(5)。

(5)计算 λ_{max}。如果对任意的 i，有 $a_i^Ts^{(k)}\leqslant 0$，则 $\lambda_{max}=+\infty$，否则

$$\lambda_{max}=\min\left\{\frac{c_i-a_i^Tx^{(k)}}{a_i^Ts^{(k)}}\mid i\notin J_k,a_i^Ts^{(k)}>0\right\}$$

然后求解一维搜索问题

$$\min f(x^{(k)}+\lambda s^{(k)})$$

$$\text{s.t.}\quad 0 \leqslant \lambda \leqslant \lambda_{\max}$$

得解 λ_k，令 $\boldsymbol{x}^{(k+1)}=\boldsymbol{x}^{(k)}+\lambda\boldsymbol{s}^{(k)}$，$k=k+1$，转入步骤(2)。

[例 4-7] 用梯度投影法求解如下的极小值问题。

$$\min f(\boldsymbol{x}) = 2x_1^2+2x_2^2-2x_1x_2-4x_1-6x_2$$

$$\text{s.t.}\begin{cases} x_1+x_2 \leqslant 2 \\ x_1+5x_2 \leqslant 5 \\ -x_1 \leqslant 0 \\ -x_2 \leqslant 0 \end{cases}$$

解： $\dfrac{\partial f}{\partial_1} = 4x_1-2x_2-4$，$\dfrac{\partial f}{\partial x_2} = 4x_2-2x_1-6$

(1)第 1 次迭代：

取 $\boldsymbol{x}^{(1)}=(0,0)^{\mathrm{T}}$，则

$$\boldsymbol{M}_1 = \boldsymbol{A}_1 = \begin{bmatrix} -1 & 0 \\ 0 & -1 \end{bmatrix},\boldsymbol{I}_1 = \{3,4\},\ \nabla f(\boldsymbol{x}^{(1)}) = (-4,\ -6)^{\mathrm{T}},$$

$$\boldsymbol{P} = \boldsymbol{I}-\boldsymbol{A}_1^{\mathrm{T}}(\boldsymbol{A}_1\boldsymbol{A}_1^{\mathrm{T}})^{-1} = \begin{bmatrix} 0 & 0 \\ 0 & 0 \end{bmatrix}$$

则有 $\boldsymbol{P}\,\nabla f(\boldsymbol{x}^{(1)})=(0,0)^{\mathrm{T}}$，所以

$$\boldsymbol{w} = -(\boldsymbol{A}_1\boldsymbol{A}_1^{\mathrm{T}})^{-1}\boldsymbol{A}_1\nabla f(\boldsymbol{x}^{(1)}) = (-4,\ -6)^{\mathrm{T}} = \boldsymbol{u}$$

取 $u_4=-6$，从 $\boldsymbol{A}_1$ 中去掉与 u_4 对应的行得到

$$\hat{\boldsymbol{M}}_1 = (-1,0),\hat{\boldsymbol{P}} = \boldsymbol{I}-\hat{\boldsymbol{M}}_1^{\mathrm{T}}(\hat{\boldsymbol{M}}_1\hat{\boldsymbol{M}}_1^{\mathrm{T}})^{-1}\hat{\boldsymbol{M}}_1 = \begin{bmatrix} 0 & 0 \\ 0 & 1 \end{bmatrix}$$

得到下降可行方向

$$\boldsymbol{s}^{(1)} = -\hat{\boldsymbol{P}}\,\nabla f(\boldsymbol{x}^{(1)}) = -\begin{bmatrix} 0 & 0 \\ 0 & 1 \end{bmatrix}\begin{bmatrix} -4 \\ -6 \end{bmatrix} = \begin{bmatrix} 0 \\ 6 \end{bmatrix}$$

计算得 $\lambda_{\max}=\min\left(\dfrac{2}{6},\dfrac{5}{30}\right)=\dfrac{1}{6}$，求解一维搜索

$$\min f(\boldsymbol{x}^{(1)}+\lambda\boldsymbol{s}^{(1)}) = 72\lambda^2-36\lambda$$

$$\text{s.t.}\,0 \leqslant \lambda \leqslant \frac{1}{6}$$

得最优解 $\lambda_1=\dfrac{1}{6}$，于是得 $\boldsymbol{x}^{(2)}=\boldsymbol{x}^{(1)}+\lambda_1\boldsymbol{s}^{(1)}=(0,1)^{\mathrm{T}}$。

(2)第 2 次迭代：

在 $\boldsymbol{x}^{(2)}$ 点，$\nabla f(\boldsymbol{x}^{(2)})=(-6,-2)^{\mathrm{T}}$，$\boldsymbol{I}_2=\{2,3\}$，$\boldsymbol{M}_2=\boldsymbol{A}_2=\begin{bmatrix} 1 & 5 \\ -1 & 0 \end{bmatrix}$，

$$\boldsymbol{P} = \boldsymbol{I}-\boldsymbol{M}_2^{\mathrm{T}}(\boldsymbol{M}_2\boldsymbol{M}_2^{\mathrm{T}})^{-1}\boldsymbol{M}_2 = \begin{bmatrix} 0 & 0 \\ 0 & 0 \end{bmatrix}$$

则 $\boldsymbol{P}\,\nabla f(\boldsymbol{x}^{(2)})=(0,0)^{\mathrm{T}}$，从而

$$\boldsymbol{w} = -(\boldsymbol{M}_2\boldsymbol{M}_2^{\mathrm{T}})^{-1}\boldsymbol{M}_2\nabla f(\boldsymbol{x}^{(2)}) = \left(\frac{2}{5},\ -\frac{28}{5}\right)^{\mathrm{T}} = \boldsymbol{u}$$

因为 $\boldsymbol{u}_2=-\dfrac{28}{5}<0$，所以从 $\boldsymbol{A}_2$ 中去掉行 $(-1,0)$，得到 $\hat{\boldsymbol{M}}_2=(1,5)$，于是

$$\hat{\boldsymbol{P}} = \boldsymbol{I} - \hat{\boldsymbol{M}}_2^{\mathrm{T}}(\boldsymbol{M}_2\hat{\boldsymbol{M}}_2^{\mathrm{T}})^{-1}\hat{\boldsymbol{M}}_2 = \begin{bmatrix} \frac{25}{26} & -\frac{5}{26} \\ -\frac{5}{26} & \frac{1}{26} \end{bmatrix}$$

得 $-\hat{\boldsymbol{P}}\,\nabla f(\boldsymbol{x}^{(2)}) = \left(\frac{70}{13}, -\frac{14}{13}\right)^{\mathrm{T}} = \frac{14}{13}(5, -1)^{\mathrm{T}}$,所以取 $\boldsymbol{s}^{(2)} = (5, -1)^{\mathrm{T}}$。

计算得 $\lambda_{\max} = \min\left(\frac{1}{4}, 1\right) = \frac{1}{4}$, 求解一维搜索

$$\min f(\boldsymbol{x}^{(2)} + \lambda \boldsymbol{s}^{(2)}) = 62\lambda^2 - 28\lambda - 4$$

$$\text{s. t. } 0 \leqslant \lambda \leqslant \frac{1}{4}$$

得最优解 $\lambda_2 = \frac{7}{31}$,因此 $\boldsymbol{x}^{(3)} = \boldsymbol{x}^{(2)} + \lambda_2\boldsymbol{s}^{(2)} = \left(\frac{35}{31}, \frac{24}{31}\right)^{\mathrm{T}}$。

(3)第 3 次迭代:

在 $\boldsymbol{x}^{(3)}$ 点处, $\nabla f(\boldsymbol{x}^{(3)}) = \left(-\frac{32}{31}, -\frac{160}{31}\right)^{\mathrm{T}}$, $\boldsymbol{I}_3 = \{2\}$, $\boldsymbol{M}_3 = \boldsymbol{A}_3 = (1, 5)$,则

$$\boldsymbol{P} = \boldsymbol{I} - \boldsymbol{M}_3^{\mathrm{T}}(\boldsymbol{M}_3\boldsymbol{M}_3^{\mathrm{T}})^{-1}\boldsymbol{M}_3 = \frac{1}{26}\begin{bmatrix} 25 & 5 \\ -5 & 1 \end{bmatrix}$$

得到 $\boldsymbol{s}^{(3)} = -\boldsymbol{P}\,\nabla f(\boldsymbol{x}^{(3)}) = (0, 0)^{\mathrm{T}}$,从而

$$\boldsymbol{w} = -(\boldsymbol{M}_3\boldsymbol{M}_3^{\mathrm{T}})^{-1}\boldsymbol{M}_3\nabla f(\boldsymbol{x}^{(3)}) = \frac{32}{31} = \boldsymbol{u}$$

因为 $\boldsymbol{u} > 0$,所以 $\boldsymbol{x}^{(3)} = \left(\frac{35}{31}, \frac{24}{31}\right)^{\mathrm{T}}$ 是 K-T 点,又因为 $f(\boldsymbol{x})$ 是凸函数,因此 $\boldsymbol{x}^{(3)}$ 就是要求的最优解。

六、乘子法

乘子法(Mutiplier Method)是为了克服惩罚函数法中罚函数的海赛矩阵在迭代过程中越来越病态,由 Powell 和 Hestenes 于 1969 年各自对等式约束的极值问题首先提出来的。1973 年, Rockafellar 将其推广到不等式约束极值问题。后来还有其他的学者对非线性极值问题的乘子法作了许多的研究,发展和产生了新的非线性极值问题的乘子法。这里根据约束的不同分两种情形来介绍基本的乘子法。

1. 等式约束情形

考虑等式约束极值问题

$$\begin{aligned} &\min f(\boldsymbol{x}) \\ &\text{s. t. } h_{\mathrm{i}}(\boldsymbol{x}) = 0 \quad (i = 1, 2, \cdots, p) \end{aligned} \tag{4-36}$$

其中 $\boldsymbol{x} \in \boldsymbol{E}^n$, $f(\boldsymbol{x})$、$h_{\mathrm{i}}(\boldsymbol{x})$ $(i = 1, 2, \cdots, p)$ 是二次可微函数。记 $\boldsymbol{h}(\boldsymbol{x}) = [h_1(\boldsymbol{x}), \cdots, h_{\mathrm{p}}(\boldsymbol{x})]^{\mathrm{T}}$。先引入增广 Lagrange 函数(乘子罚函数)

$$\varphi(\boldsymbol{x}, \mu, c) = f(\boldsymbol{x}) + \sum_{j=1}^{p}\mu_{\mathrm{j}}h_{\mathrm{j}}(\boldsymbol{x}) + \frac{c}{2}\sum_{j=1}^{p}[h_{\mathrm{j}}(\boldsymbol{x})]^2 \tag{4-37}$$

其中, $\mu_1, \mu_2, \cdots, \mu_{\mathrm{p}}$ 为 Lagrange 乘子, c 是正数, $\sum_{j=1}^{p}\mu_{\mathrm{j}}h_{\mathrm{j}}(\boldsymbol{x})$ 是乘子项,而 $\frac{c}{2}\sum_{j=1}^{p}[h_{\mathrm{j}}(\boldsymbol{x})]^2$ 是惩罚项。式(4-37)也可改写为:

$$\varphi(\boldsymbol{x},\mu,c) = L(\boldsymbol{x},\mu) + \frac{c}{2}\sum_{j=1}^{p}[h_j(\boldsymbol{x})]^2$$

其中，$L(\boldsymbol{x},\mu) = f(\boldsymbol{x}) + \sum_{j=1}^{p}\mu_j h_j(\boldsymbol{x})$ 为式(4-36)的 Lagrange 函数。由式(4-36)知，增广 Lagrange 函数具有与 Lagrange 函数和惩罚函数不同的性质。

由 K-T 条件可知，必存在 μ^*，使$(\boldsymbol{x}^*,\mu^*)$为 $L(\boldsymbol{x},\mu)$的稳定点，即

$$\nabla_x L(\boldsymbol{x}^*,\mu^*) = 0$$

而惩罚项 $\frac{c}{2}\sum_{j=1}^{p}[h_j(\boldsymbol{x})]^2$ 在 $\boldsymbol{x}^*$ 点的梯度为零。因此

$$\nabla_x \varphi(\boldsymbol{x}^*,\mu^*,c) = 0$$

这样，$\boldsymbol{x}^*$ 将是 $\varphi(\boldsymbol{x},\mu^*,c)$的极小点，而求解问题式(4-36)便可转化为对某个 μ^* 求 $\varphi(\boldsymbol{x},\mu^*,c)$ 的无约束局部最优解了。但是最优乘子 μ^* 事先是不知道的，因此为了先得到 μ^* 的值或近似值，一般先给定一个充分大的正数 c 和 Lagrange 乘子 μ 的初步估计，然后在迭代过程中逐步修正 μ，使其趋向于最优值。采用的迭代修正公式为：

$$\mu_j^{(k+1)} = \mu_j^{(k)} + ch_j(x^{(k)}) \qquad (j = 1,2,\cdots,p)$$

用乘子法求解非线性等式约束极值问题(4-36)的计算步骤如下：

(1)选取初始点 $\boldsymbol{x}^{(0)}$，初始乘子向量 $\mu^{(1)}$(一般可取 $\mu^{(1)}=0$)，给定允许误差 $\varepsilon>0$，取 $c>0$，$0<r<1$(如取 $r=0.2$)，$\alpha>1$(比如取 $\alpha=2\sim10$)，令 $k=1$。

(2)以 $\boldsymbol{x}^{(k-1)}$为初始点，求解无约束极小值问题 $\min\ \varphi(\boldsymbol{x},\mu^{(k)},c)$，得解 $\boldsymbol{x}^{(k)}$，其中函数 $\varphi(\boldsymbol{x},\mu,c)$由式(4-37)给定。

(3)若$\|\boldsymbol{h}(\boldsymbol{x}^{(k)})\|<\varepsilon$，则计算结束，取 $\boldsymbol{x}^{(k)}$ 为式(4-36)的近似最优解；否则计算

$$\beta = \frac{\|\boldsymbol{h}(\boldsymbol{x}^{(k)})\|}{\|\boldsymbol{h}(\boldsymbol{x}^{(k-1)})\|}$$

若$\beta\leqslant r$，转入步骤(4)，否则令 $c=\alpha c$，再转入步骤(4)。

(4)计算 $\mu_j^{(k+1)}=\mu_j^{(k)}+ch_j(\boldsymbol{x}^{(k)})(j=1,2,\cdots,p)$，令 $k=k+1$，返回步骤(1)。

2. 一般约束情形

下面介绍一般约束的非线性极值问题的乘子法，即考虑如下极值问题

$$\min f(\boldsymbol{x})$$
$$\text{s.t.}\begin{cases}h_i(\boldsymbol{x}) = 0 & (i = 1,2,\cdots,m)\\ g_j(\boldsymbol{x}) \geqslant 0 & (j = 1,2,\cdots,p)\end{cases} \tag{4-38}$$

其中 $\boldsymbol{x}\in E^n$，$f(\boldsymbol{x})$、$h_i(\boldsymbol{x})(i=1,2,\cdots,p)$以及 $g_j(\boldsymbol{x})(j=1,2,\cdots,p)$都是二次连续可微函数。

由于上面的极值问题有等式与不等式约束两种约束，因此在将其化为无约束极值问题所构造的增广 Lagrange 函数(乘子罚函数)时有所不同，除了要有等式约束的 Lagrange 乘子与罚函数外，还要体现不等式约束条件，因此式(4-37)的增广 Lagrange 函数(乘子罚函数)定义为：

$$\varphi(\boldsymbol{x},\lambda,\mu,c) = f(\boldsymbol{x}) + \sum_{i=1}^{m}\lambda_i h_i(\boldsymbol{x}) + \frac{c}{2}\sum_{i=1}^{m}[h_i(\boldsymbol{x})]^2 + \frac{1}{2c}\sum_{j=1}^{p}\{[\min(0,\mu_j + cg_j(\boldsymbol{x}))]^2 - \mu_j^2\} \tag{4-39}$$

在迭代中，对于两个乘子的修正迭代与等式情形类似，也是先取定充分大的正数 c，以及通过修正的 k 次迭代中的两个 Lagrange 乘子 $\lambda^{(k)}$ 与 $\mu^{(k)}$，得到第 $k+1$ 次迭代中的 Lagrange 乘子 $\lambda^{(k+1)}$ 与 $\mu^{(k+1)}$。其迭代公式如下：

$$\lambda_i^{(k+1)} = \lambda_i^{(k)} + ch_i(\boldsymbol{x}^{(k)}) \qquad (i = 1,2,\cdots,m) \tag{4-40}$$

$$\mu_j^{(k+1)} = \min[0, \mu_j^{(k)} + cg_j(x^{(k)})] \qquad (j = 1,2,\cdots,p) \tag{4-41}$$

而迭代计算的结束采用如下准则：

$$\sum_{i=1}^{m} h_i^2(\boldsymbol{x}^{(k)}) + \sum_{j=1}^{p}\left\{\min\left[g_j(\boldsymbol{x}^{(k)}), -\frac{\mu_j^{(k)}}{c}\right]\right\}^2 < \varepsilon \tag{4-42}$$

一般约束非线性极值问题的乘子法计算步骤与等式约束类似，叙述如下。

(1)选取初始点 $\boldsymbol{x}^{(0)}$，初始乘子向量 $\boldsymbol{\mu}^{(1)}$、$\boldsymbol{\lambda}^{(1)}$（一般可取 $\boldsymbol{\mu}^{(1)}=0, \boldsymbol{\lambda}^{(1)}=0$），计算允许误差 $\varepsilon>0$，取 $c>0, 0<r<1$（如取 $r=0.2$），$\alpha>1$（比如取 $\alpha=2\sim10$），令 $k=1$。

(2)以 $\boldsymbol{x}^{(k-1)}$ 为初始点，求解无约束极小值问题 $\min\varphi(\boldsymbol{x},\boldsymbol{\lambda}^{(k)},\boldsymbol{\mu}^{(k)},c)$，得解 $\boldsymbol{x}^{(k)}$，其中函数 $\varphi(\boldsymbol{x},\boldsymbol{\lambda},\boldsymbol{\mu},c)$ 由式(4-39)给定。

(3)若式(4-42)成立，则计算结束，取 $\boldsymbol{x}^{(k)}$ 为式(4-38)的近似最优解；否则计算

$$\beta = \frac{\|\boldsymbol{h}(\boldsymbol{x}^{(k)})\|}{\|\boldsymbol{h}(\boldsymbol{x}^{(k-1)})\|}$$

若 $\beta \leqslant r$，转入步骤(4)，否则令 $c=\alpha c$，再转入步骤(4)。

(4)计算

$$\lambda_i^{(k+1)} = \lambda_i^{(k)} + ch_i(\boldsymbol{x}^{(k)}) \qquad (i = 1,2,\cdots,m)$$
$$\mu_j^{(k+1)} = \mu_j^{(k)} + ch_j(\boldsymbol{x}^{(k)}) \qquad (j = 1,2,\cdots,p)$$

令 $k = k+1$，返回步骤(1)。

在乘子法中，由于罚因子 c 不必趋向于无穷大，就能够求得非线性约束极值问题的最优解，因而不会出现罚函数法中的病态现象。而且，计算经验表明，乘子法一般要比罚函数法收敛速度快。

七、二次规划法

二次规划是非线性极值问题中一种比较特殊的情形，它的目标函数是二次函数，约束是线性的。由于二次规划简单且有比较有效的算法，某些非线性极值问题可以转化为求解一系列二次规划极值问题，即用二次规划来逐步逼近非线性规划，这种方法称为二次逼近法或序列二次规划法。现在二次逼近法已成为求解某些非线性极值问题比较重要的约束优化算法之一。本节对二次规划法作简要介绍，对二次逼近法，读者可参考相关的资料。

二次规划是指约束是线性而目标函数是二次函数的如下极值问题：

$$\begin{aligned} &\min Q(\boldsymbol{x}) = \frac{1}{2}\boldsymbol{x}^T\boldsymbol{G}\boldsymbol{x} + \boldsymbol{c}^T\boldsymbol{x} \\ &\text{s.t.}\begin{cases}\boldsymbol{a}_i^T\boldsymbol{x} = b_i & (i = 1,2,\cdots,m) \\ \boldsymbol{a}_i^T\boldsymbol{x} \leqslant b_i & (i = m+1,\cdots,p)\end{cases}\end{aligned} \tag{4-43}$$

其中，$\boldsymbol{G}$ 为 n 阶对称矩阵，$\boldsymbol{c},\boldsymbol{a}_1,\boldsymbol{a}_2,\cdots,\boldsymbol{a}_p$ 均为 n 维常数列向量，且假设 $\boldsymbol{a}_1,\cdots,\boldsymbol{a}_m$ 线性无关，b_1，$b_2,\cdots,b_p$ 为已知常数。而 $\boldsymbol{x}=(x_1,x_2,\cdots,x_n)^T\in\boldsymbol{E}^n$，$m\leqslant n, p\geqslant m$。用 S 表示式(4-43)的可行域。二次规划问题也简称为 QP 问题。

式(4-43)的约束可能不相容，也可能没有有限的最小值，这时称 QP 问题无解。对于矩阵 $\boldsymbol{G}$，若 $\boldsymbol{G}\geqslant0$（半正定），则式(4-43)就是一个凸 QP 问题，它的任何局部最优解，也是全局最优解，简称整体解；若 $\boldsymbol{G}>0$（正定），则式(4-43)是一个严格凸 QP 问题，只要存在整体解，则它是唯一的；若 $\boldsymbol{G}$ 不定，则问题式(4-43)是一个一般的 QP 问题。

定义 4-6 设 $\bar{\boldsymbol{x}}$ 是式(4-43)的可行解，若某个 $i\in\{1,2,\cdots,p\}$，使得 $\boldsymbol{a}_i^T\bar{\boldsymbol{x}}=b_i$ 成立，则称它

为点 $\bar{x}$ 处的有效约束,称在 $\bar{x}$ 点处所有有效约束的指标组成的集合 $J=J(\bar{x})=\{i|\boldsymbol{a}_i^{\mathrm{T}}\bar{\boldsymbol{x}}=b_i\}$ 为 $\bar{x}$ 点处的有效约束指标集,简称为 $\bar{x}$ 点处的有效集。

显然,对于任何可行点 $\bar{x}$,所有等式约束都是有效约束,只有不等式约束才可能是非有效约束。

二次规划根据线性约束的不同,也有几种算法。下面介绍一种有效指标集法。理论上可以证明:若 $\boldsymbol{x}^*$ 是正定式(4-43)的最优解,且在 $\boldsymbol{x}^*$ 点处的有效集为 J^*,则 $\boldsymbol{x}^*$ 是如下等式约束问题的唯一解。

$$\begin{aligned} &\min Q(\boldsymbol{x}) = \frac{1}{2}\boldsymbol{x}^{\mathrm{T}}G\boldsymbol{x} + \boldsymbol{c}^{\mathrm{T}}\boldsymbol{x} \\ &\mathrm{s.t.}\ \boldsymbol{a}_i^{\mathrm{T}}\boldsymbol{x} = b_i \qquad (i \in J^*) \end{aligned} \tag{4-44}$$

式(4-43)最优解的这个性质是有效集法的依据。从这个性质可以看到,求解式(4-43)要通过求解具有等式约束的式(4-44)来实现。下面先介绍求解一般等式约束二次规划的 Lagrange 乘子法。

一般等式约束正定二次规划为:

$$\begin{aligned} &\min Q(\boldsymbol{x}) = \frac{1}{2}\boldsymbol{x}^{\mathrm{T}}\boldsymbol{G}\boldsymbol{x} + \boldsymbol{c}^{\mathrm{T}}\boldsymbol{x} \\ &\mathrm{s.t.}\ \boldsymbol{a}_i^{\mathrm{T}}\boldsymbol{x} = b_i \qquad i \in \boldsymbol{I} = \{1,2,\cdots,m\} \end{aligned} \tag{4-45}$$

这里 $\boldsymbol{a}_1,\cdots,\boldsymbol{a}_m$ 线性无关,$\boldsymbol{G}$ 为 n 阶对称正定矩阵,$m \leqslant n$。令 $\boldsymbol{A}=(\boldsymbol{a}_1,\cdots,\boldsymbol{a}_m)$,$\boldsymbol{b}=(b_1,\cdots,b_m)^{\mathrm{T}}$,则可以证明:$\boldsymbol{x}^*$ 是式(4-45)的最优解的充分必要条件是存在 Lagrange 乘子 $\boldsymbol{\lambda}^*=(\lambda_1^*,\cdots,\lambda_m^*)^{\mathrm{T}}$,使$(\boldsymbol{x}^*,\boldsymbol{\lambda}^*)$是如下方程组的解:

$$\begin{cases} \boldsymbol{G}\boldsymbol{x} + \boldsymbol{c} + \sum\limits_{i \in I}\lambda_i a_i = \boldsymbol{0} \\ \boldsymbol{a}_i^{\mathrm{T}}\boldsymbol{x} - b_i = 0 \qquad (i \in I) \end{cases} \tag{4-46}$$

由此,求解式(4-45),只要求解式(4-46)。

[**例 4-8**] 求解二次规划

$$\begin{aligned} &\min Q(\boldsymbol{x}) = \frac{1}{2}(x_1^2 + x_2^2 + x_3^2) \\ &\mathrm{s.t.} \begin{cases} x_1 + 2x_2 - x_3 = 4 \\ x_1 - x_2 + x_3 = -2 \end{cases} \end{aligned}$$

解: $\boldsymbol{G}=\begin{bmatrix}1&0&0\\0&1&0\\0&0&1\end{bmatrix}$,$\boldsymbol{c}=\begin{bmatrix}0\\0\\0\end{bmatrix}$,$\boldsymbol{A}=(\boldsymbol{a}_1,\boldsymbol{a}_2)=\begin{bmatrix}1&1\\2&-1\\-1&1\end{bmatrix}$,$\boldsymbol{b}=\begin{bmatrix}4\\-2\end{bmatrix}$,$\boldsymbol{\lambda}=\begin{bmatrix}\lambda_1\\\lambda_2\end{bmatrix}$

与式(4-46)相应的方程组为:

$$\begin{bmatrix}1&0&0&1&1\\0&1&0&2&-1\\0&0&1&-1&1\\1&2&-1&0&0\\1&-1&1&0&0\end{bmatrix}\begin{bmatrix}x_1\\x_2\\x_3\\\lambda_1\\\lambda_2\end{bmatrix}=\begin{bmatrix}0\\0\\0\\4\\-2\end{bmatrix}$$

求解上面方程组,得到其唯一解 $x_1=\frac{2}{7}$,$x_2=\frac{10}{7}$,$x_3=-\frac{6}{7}$,$\lambda_1=-\frac{4}{7}$,$\lambda_2=\frac{2}{7}$,因此原问题

的最优解为 $\boldsymbol{x}^*=\left(\frac{2}{7},\frac{10}{7},-\frac{6}{7}\right)^{\mathrm{T}}$，相应的 Lagrange 乘子向量为 $\boldsymbol{\lambda}^*=\left(-\frac{4}{7},\frac{2}{7}\right)^{\mathrm{T}}$。

现在介绍求解式(4-43)的有效集算法。一般正定二次规划的有效集法的基本思想是：对一般正定式(4-43)，由其解的性质，只要能找到解 $\boldsymbol{x}^*$ 满足的有效集 J^*，就可通过求解等式约束的 QP 问题得到 $\boldsymbol{x}^*$。因此，可以先求出式(4-43)的一个可行点 $\boldsymbol{x}^{(1)}$，并求出 $\boldsymbol{x}^{(1)}$ 点处的有效集 J_1。然后按照使目标函数值减少的原则，对有效集不断进行调整，直到得到 J^* 为止，从而获得式(4-43)的最优解 $\boldsymbol{x}^*$。

下面是正定二次规划问题式(4-43)有效集解法的计算步骤。

(1)选取式(4-43)的初始可行点 $\boldsymbol{x}^{(1)}$，确定 $\boldsymbol{x}^{(1)}$ 点处的有效集 J_1，使 $\boldsymbol{a}_{\mathrm{i}}(i\in J_1)$ 线性无关，令 $k=1$。

(2)求解相应的等式约束正定二次规划

$$\begin{aligned}&\min\ Q(\boldsymbol{s})=\frac{1}{2}\boldsymbol{s}^{\mathrm{T}}\boldsymbol{G}\boldsymbol{s}+(\boldsymbol{G}\boldsymbol{x}^{(\mathrm{k})}+\boldsymbol{c})^{\mathrm{T}}\boldsymbol{s}\\&\mathrm{s.t.}\ \boldsymbol{a}_{\mathrm{i}}^{\mathrm{T}}\boldsymbol{s}=0\qquad(i\in J_{\mathrm{k}})\end{aligned}\tag{4-47}$$

得其解为 $\boldsymbol{s}^{(\mathrm{k})}$。

(3)若 $\boldsymbol{s}^{(\mathrm{k})}=0$，则计算相应的乘子 $\lambda_{\mathrm{i}}^{(\mathrm{k})}(i\in J_{\mathrm{k}})$，转入步骤(4)；否则转入步骤(5)。

(4)若 $\forall i\in J_{\mathrm{k}}\cap I$，都有 $\lambda_{\mathrm{i}}^{(\mathrm{k})}\geqslant0$，则 $\boldsymbol{x}^{(\mathrm{k})}$ 为式(4-43)的最优解，计算结束；否则求出 $\lambda_{\mathrm{q}}^{(\mathrm{k})}=\min\{\lambda_{\mathrm{i}}^{(\mathrm{k})}\mid i\in J_{\mathrm{k}}\cap I\}$，令 $\boldsymbol{x}^{(\mathrm{k}+1)}=\boldsymbol{x}^{(\mathrm{k})}$，$J_{\mathrm{k}+1}=J_{\mathrm{k}}\setminus\{q\}$，$k=k+1$，转入步骤(2)。

(5)令 $\bar{\boldsymbol{x}}^{(\mathrm{k})}=\boldsymbol{x}^{(\mathrm{k})}+\boldsymbol{s}^{(\mathrm{k})}$，如果 $\bar{\boldsymbol{x}}^{(\mathrm{k})}$ 满足 $\boldsymbol{a}_{\mathrm{i}}^{\mathrm{T}}\bar{\boldsymbol{x}}^{(\mathrm{k})}\leqslant b_{\mathrm{i}}$，$i\in I\setminus J_{\mathrm{k}}$，则令 $\boldsymbol{x}^{(\mathrm{k}+1)}=\bar{\boldsymbol{x}}^{(\mathrm{k})}$，并求出点 $\boldsymbol{x}^{(\mathrm{k}+1)}$ 处的有效集 $J_{\mathrm{k}+1}$，令 $k=k+1$，转入步骤(2)；否则转入步骤(6)。

(6)计算步长 α_{k}：

$$\alpha_{\mathrm{k}}=\min\left\{-\frac{\boldsymbol{a}_{\mathrm{i}}^{\mathrm{T}}\boldsymbol{x}^{(\mathrm{k})}-b_{\mathrm{i}}}{\boldsymbol{a}_{\mathrm{i}}^{\mathrm{T}}\boldsymbol{s}^{(\mathrm{k})}}\mid i\in I\setminus J_{\mathrm{k}},\boldsymbol{a}_{\mathrm{i}}^{\mathrm{T}}\boldsymbol{s}^{(\mathrm{k})}>0\right\}$$

令 $\boldsymbol{x}^{(\mathrm{k}+1)}=\boldsymbol{x}^{(\mathrm{k})}+\alpha_{\mathrm{k}}\boldsymbol{s}^{(\mathrm{k})}$，并求点 $\boldsymbol{x}^{(\mathrm{k}+1)}$ 处的有效集 $J_{\mathrm{k}+1}$，令 $k=k+1$，转入步骤(2)。

上面介绍的有效集法对更一般的二次规划问题也是适用的，有兴趣的读者可查看有关文献的相关内容。

第五节　非线性规划在道路交通工程中的应用

在公路桥梁设计、交通控制、交通运输工程、城市交通网络规划等领域内都存在非线性极值问题，所以非线性规划在道路交通工程中的应用极其普遍。下面仅举一个交通配流方面应用的例子，让读者有所了解。

实例　交通配流问题

在进行城市交通网络规划时，路网规划和优化的基础是交通需求量(*O-D* 流量)在现有道路网上的合理分配。静态城市交通网络配流模型有网络平衡配流模型和非平衡配流模型。平衡配流遵循用户平衡和系统最优原则，即 Wardrop 第一、第二原理。网络平衡配流模型很多，模型的数学描述有最优控制变量不等式组和最优化数学规划等，这些几乎都是非线性约束极值问题。非平衡模型比较简便实用。这些内容可以参见有关的交通网络分析方面的书。这里要介绍的交通流分配模型也属于非平衡配流模型。

随着经济的发展，城市居民生活水平的提高，对城市各区域的交通提出了各种各样的要求、限制，例如对城市重点文物保护区、风景区及居民区等区域提出了噪声污染、废气污染等限制，相应地这些城市区域的交通容量就会得到限制，为此可以具体地对这些区域的某些路段的交通流量给出适合于各种要求的相应的流量目标。在交通流分配时不能根据经典的平衡原理对这些区域的路段进行配流，而有流量目标约束，超过流量指标会使污染超标，而低于流量指标则不能充分利用这些区域的交通能力。一般来讲，希望得到的各路段的交通流量尽可能接近流量目标。下面给出在这种意义下的交通流分配模型，称为目标配流模型。

设 A 是一般交通网络的路段集合，O 是起点集，D 是终点集，$\{(i,j)\mid i\in O, j\in D\}$ 表示所有的 $O\text{-}D$ 对子集。P_{ij} 表示 $O\text{-}D$ 对 (i,j) 之间的所有可能的路径集，则 $P=\bigcup\limits_{(i,j)}P_{\text{ij}}$ 为网络中所有的可能路径集。$x_{\text{a}}(a\in A)$ 记为路段 a 上的流量，行向量 $\boldsymbol{x}=(\cdots,x_{\text{a}},\cdots)=(x_{\text{a}}:a\in A)$。$x_{\text{a}}^0(a\in A)$ 为路段 a 上规划的目标流量。假设路段上的行驶费用主要是行驶阻抗，且为整个网络路段流量分布 $\boldsymbol{x}$ 的光滑函数，$t_{\text{a}}(x_{\text{a}})$ 为路段 a 上的阻抗函数，一般是非线性的。$f_{\text{p}}(p\in P)$ 为路径 p 上的流量，向量 $\boldsymbol{f}=(f_{\text{p}}:p\in P)$。$t_{\text{p}}(x_{\text{a}})$ 为路径 p 上的阻抗，则有：

$$x_{\text{a}}=\sum_{p\in P}f_{\text{p}}\delta_{\text{ap}},\ \forall a\in A \tag{4-48}$$

$$t_{\text{p}}(x_{\text{a}})=\sum_{a\in A}t_{\text{a}}(x_{\text{a}})\delta_{\text{ap}},\ \forall p\in P \tag{4-49}$$

这里当 a 在 p 上时 $\delta_{\text{ap}}=1$，否则 $\delta_{\text{ap}}=0$。

任意 $O\text{-}D$ 对 (i,j) 之间的 $O\text{-}D$ 交通需求量已知且记为 d_{ij}，则

$$d_{\text{ij}}=\sum_{p\in P_{\text{ij}}}f_{\text{p}},\ \forall i\in O,\forall j\in D \tag{4-50}$$

首先给出一般的用户平衡分配模型。当所有的 $O\text{-}D$ 量恰当地分配到整个交通网络上后，平衡分配问题就转变为寻求满足用户平衡条件的路段流量 $\boldsymbol{x}$，通过求解下面的数学规划问题即可求出路段—流量模式。

$$\min\sum_{a\in A}\int_0^{x_{\text{a}}}t_{\text{a}}(x)\,\mathrm{d}x$$

$$\text{s. t.}\begin{cases}x_{\text{a}}=\sum\limits_{p\in P}f_{\text{p}}\delta_{\text{ap}},\ \forall a\in A\\ t_{\text{p}}(x_{\text{a}})=\sum\limits_{a\in A}t_{\text{a}}(x_{\text{a}})\delta_{\text{ap}},\ \forall p\in P\\ d_{\text{ij}}=\sum\limits_{p\in P_{\text{ij}}}f_{\text{p}},\ \forall i\in O,\forall j\in D\\ x_{\text{a}}\geqslant 0,\ \forall a\in A\end{cases} \tag{4-51}$$

而目标配流问题除了考虑了系统最优外，还考虑了路段流量的目标约束。这样的路段—流量模式可描述为如下双目标最优化问题：

$$\min\sum_{a\in A}\int_0^{x_{\text{a}}}t_{\text{a}}(x)\,\mathrm{d}x$$

$$\min\sum_{a\in A}\left|x_{\text{a}}-x_{\text{a}}^0\right| \tag{4-52}$$

$$\text{s. t.}\begin{cases}x_{\text{a}}=\sum\limits_{p\in P}f_{\text{p}}\delta_{\text{ap}},\ \forall a\in A\\ t_{\text{p}}(x_{\text{a}})=\sum\limits_{a\in A}t_{\text{a}}(x_{\text{a}})\delta_{\text{ap}},\ \forall p\in P\\ d_{\text{ij}}=\sum\limits_{p\in P_{\text{ij}}}f_{\text{p}},\ \forall i\in O,\forall j\in D\\ x_{\text{a}}\geqslant 0,\ \forall a\in A\end{cases}$$

上述两个配流模型显然都是非线性约束极值问题，前面一个是单目标非线性规划，它是在交通网络配流众多模型中最常见也是最基本的模型，其求解方法可以用本章前几节介绍的方

法来求。而后面一个是双目标非线性规划,一个目标控制整个网络系统的流量指标最优,另一个目标控制整个交通网络的行驶总时间最小,这样网络配流模型仍遵循 Wardrop 第二原理,即系统最优。这个模型是根据实际而提出的新的配流模型,它要通过转化成单目标非线性规划来求解。下面介绍一种转化的方法。

引入正、负偏差量 $\delta_a^+,\delta_a^-(\forall a\in A)$:

$$\delta_a^+=\begin{cases}x_a-x_a^0 & (x_a>x_a^0)\\ 0 & (x_a\leqslant x_a^0)\end{cases}$$

$$\delta_a^-=\begin{cases}0 & (x_a\geqslant x_a^0)\\ x_a^0-x_a & (x_a<x_a^0)\end{cases}$$

显然

$$x_a-\delta_a^++\delta_a^-=x_a^0,$$
$$\delta_a^+\cdot\delta_a^-=0,\quad \forall a\in A$$

则式(4-52)等价于如下规划:

$$\begin{aligned}&\min\sum_{a\in A}\int_0^{x_a}t_a(x)\,\mathrm{d}x\\ &\min\sum_{a\in A}(\delta_a^++\delta_a^-)\\ &\text{s.t.}\begin{cases}x_a=\sum\limits_{p\in P}f_p\delta_{ap},\ \forall a\in A\\ t_p(x_a)=\sum\limits_{a\in A}t_a(x_a)\delta_{ap},\ \forall p\in P\\ d_{ij}=\sum\limits_{p\in P_{ij}}f_p,\ \forall i\in O,\forall j\in D\\ x_a\geqslant 0,\delta_a^+\geqslant 0,\delta_a^-\geqslant 0,\ \forall a\in A\end{cases}\end{aligned}\tag{4-53}$$

求解式(4-53)的有效解现有许多方法,线性加权是一种比较好的简单方法。根据实际交通情况对两个目标进行专家咨询得到两个目标的非负权系数 w_1、w_2,则有如下非线性凸最优化问题:

$$\begin{aligned}&\min w_1\sum_{a\in A}\int_0^{x_a}t_a(x)\,\mathrm{d}x+w_2\sum_{a\in A}(\delta_a^++\delta_a^-)\\ &\text{s.t.}\ (f,\delta^+,\delta^-)\in D\end{aligned}\tag{4-54}$$

根据有关最优化理论,当 $w_1,w_2>0$ 时,式(4-54)的最优解为式(4-53)的满意解或最优解。此时式(4-54)可等价化简为:

$$\begin{aligned}&\min\sum_{a\in A}\int_0^{x_a}t_a(x)\,\mathrm{d}x+w\sum_{a\in A}(\delta_a^++\delta_a^-)\\ &\text{s.t.}\ (f,\delta^+,\delta^-)\in D\end{aligned}\tag{4-55}$$

这里 $w(>0)$ 实际意义是配流 $\boldsymbol{x}=(x_a:a\in A)$ 与 $\boldsymbol{x}^0=(x_a^0:a\in A)$ 之间的差额流单位惩罚折合阻抗。对于此非线性约束极值问题,可以使用非线性条件极值问题的一般方法来求解。

图 4-5 所示是一个仅有一个 O-D 点对(1,5)的小型交通网络。对此网络要进行目标配流。

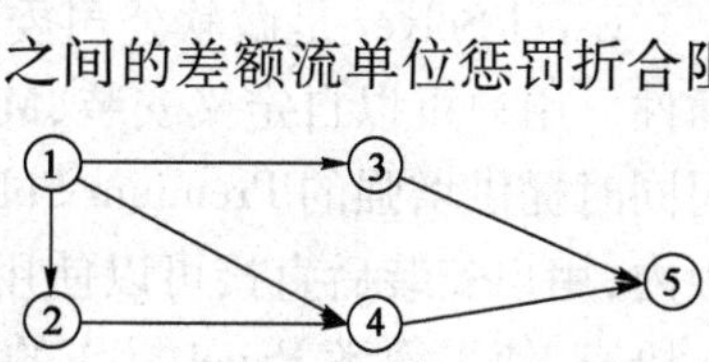

图 4-5

假设各路段的交通费用函数为:

$$t_{12}(\boldsymbol{x}) = 10x_{12} + 10,\quad t_{13}(\boldsymbol{x}) = 10x_{13},\quad t_{14}(\boldsymbol{x}) = x_{14} + 10,$$

$$t_{24}(\boldsymbol{x}) = x_{24} + 20,\quad t_{35}(\boldsymbol{x}) = 2x_{35} + 10,\quad t_{45}(\boldsymbol{x}) = 15x_{45}$$

O-D 点对(1,5)的交通需求量 $d_{15}=8$,从 O 点 1 到 D 点 5 有三条路径:

$$p_1 = (1,3,5),p_2 = (1,4,5),p_3 = (1,2,4,5)$$

用 Zoutendijk 可行方向法求解此网络相应于式(4-51)的解,得用户平衡流为:

$$f_1 = 4.571\,151, f_2 = 3.428\,849, f_3 = 0$$

此时各路段的流量分别是:

$$x_{12} = x_{24} = 0, x_{13} = x_{35} = 4.571\,151, x_{14} = x_{45} = 3.428\,849$$

各条路径的费用为:

$$t_{p_1} = t_{p_2} = 64.86, t_{p_3} = 81.43$$

假如此网络各路段设定一目标流 x_i^0(表 4-1),然后对此网络实行目标配流,令 $w=20$,用 Zoutendijk 可行方向法求解式(4-55),得到其中一个目标配流解,见表 4-1。

相关计算法 表 4-1

路段 a	目标流 x_a^0	配流解 x_a^*	正偏差 δ_a^+	负偏差 δ_a^-	路段费用 t_a
(1,2)	4	3.844 052	0.000 000	0.155 948	48.440 52
(1,3)	3	3.008 952	0.008 952	0.000 000	30.089 52
(1,4)	1	1.146 996	0.146 996	0.000 000	11.146 996
(2,4)	5	3.844 052	0.000 000	1.155 948	23.844 052
(4,5)	5	4.991 048	0.000 000	0.008 952	74.865 72
(3,5)	3	3.008 952	0.008 952	0.000 000	16.017 904

从表 4-1 可知,p_1 上得到的配流 $f_{p_1}^*=3.008\,952$,p_2 上得到的配流 $f_{p_2}^*=1.146\,996$,p_3 上得到的配流 $f_{p_3}^*=3.844\,052$,相应的路径费用分别为 $t_{p_1}(\boldsymbol{f}^*)=46.107\,424$,$t_{p_2}(\boldsymbol{f}^*)=86.012\,716$,$t_{p_3}(\boldsymbol{f}^*)=146.105\,029\,2$。

第六节 常用非线性规划软件简介

目前可以用于求解非线性极值问题的软件多为国外公司或机构开发的产品,主要有 Excel Solver、MATLAB、MATHEMATICA、SAS、What's Best!、LINGO、AIMMS、INTPT、LSGRG for AMPL and AMPL Plus、LSSOL 等;国内有七维高科有限公司开发的 1stOpt 等。上述软件在使用上各具特点,本书对其中常用的 Excel Solver、What's Best!、LINGO、MATLAB 等软件做简要介绍。

一、Excel Solver

Excel Solver 是微软公司委托 Fronline System 公司专门为 Excel 软件开发的一款规划求解插件。用户可以自定义安装,MS-Office 所使用的是标准版本规划求解工具,Fronline System 公司同时提供增强的 Premium Solver 工具。Excel Solver 的最大优势在于集成在 MS-Office 标准版内,用户安装后直接可以使用,无需另外购买;同时,以 Excel 为工作平台,无需掌握专业输入语言,使得熟悉 Excel 操作的用户能够快速应用。

Excel Solver 标准版在可使用状态下会在 Excel 的"工具"菜单中显示"规划求解"选项,其具体安装步骤如下。

(1)在 Office 自定义安装状态下,进入 Excel 安装选项——加载宏,在下拉列表中点击盘符图标可以更改“规划求解”的安装状态。

(2)完成规划求解安装后,需进一步执行加载操作才可在 Excel 中调用。加载过程是:选择 Excel 中的“工具”菜单,点击“加载宏”,弹出加载宏对话框,“规划求解”工具在默认状态下处于未选中即未加载状态,点击选择框使之处于选中状态并确定完成加载。

(3)在已安装并加载状态下,“规划求解”显示在 Excel 的“工具”菜单中,此时即可正常使用规划求解工具。如在工具菜单中未发现规划求解,可以检查加载宏列表,查看是否有名为 Solver 的加载项列于其中并执行相应的加载操作。

Excel Solver 工具可用于解决复杂的方程求值及各类线性或非线性有约束优化问题,但与专业优化软件相比,其功能上还存在一定差距;然而其易用性已得到了众多普通用户的青睐。关于 Excel 中“规划求解”工具的具体应用,有兴趣的读者可参考相关书籍或 Excel 帮助文档。

二、What's Best!

由于 Excel 的广泛应用,在 Excel 上建模然后求解成为时下最流行的运筹学问题求解方式,所以很多专业公司致力于 Excel 插件的研究和开发。除了 Excel Solver 外,比较著名的还有出品 LINDO 和 LINGO 的 LINDO SYSTEMS 公司,他们开发的 What's Best! 软件也是此类 Excel加载宏之一。

What's Best! 软件可以有效地求解大规模的复杂模型。它的线性规划、非线性规划和整数规划求解引擎是专门为大规模的商业使用设计的,并且已经得到了广泛的应用。

What's Best! 软件的最大优势在于基于 Excel 开发,界面友好,对于已经熟悉 Excel 操作的用户很快就可以开始建模;同时,该软件在完成建模后以电子表格的方式提供给使用者,极大地便利了优化模型的推广和共享。

三、LINGO

LINGO(Linear Interactive and General Optimizer,交互式线性和通用优化求解器)同样为美国 LINDO SYSTEMS 公司开发的一套专门用于求解最优化问题的软件包。LINGO 可用于求解线性规划和二次规划,还可以用于求解非线性规划,也可以用于一些线性和非线性方程组的求解以及代数方程求根等。由于是基于第四代语言开发,LINGO 软件以其易用性、稳定性,赢得了国际上许多著名公司的青睐。

LINGO 内建了强大的求解引擎,包括了线性、非线性、二次、二次限制和整数最佳化,运算执行速度突出。在求解非线性最优化问题时,应用了顺序线性规划法(SLP)、广义既约梯度法(GRG)以及多点搜索(Multistart)三种算法,而后两种算法为可选。LINGO 实际上是最优化问题的一种建模语言,包括许多常用的函数可供使用者建立优化模型时调用,并提供与其他数据文件(如文本文件、EXCEL 文件、数据库文件等)的接口,易于输入、求解和分析大规模最优化问题。由于上述特点,LINGO 软件在教学、科研和工业、商业、服务等领域得到广泛应用。

LINGO 优化模型往往由五部分组成:集合定义部分(SET-ENDSETS)、目标函数与约束部分、数据输入部分(DATA-ENDDATA)、初始值设定部分(INIT-ENDINIT)以及计算部分(CALC-ENDCALC)。作为一种建模语言,优化模型各部分的输入需要遵循一定的格式和规则。本书对此不作介绍,有兴趣的读者可查看有关文献的相关内容。

四、MATLAB

MATLAB 产品家族是美国 MathWorks 公司开发的用于概念设计、算法开发、建模仿真、实时实现的理想的集成环境。由于其完整的专业体系和先进的设计开发思路,使得 MATLAB 在多种领域都有广阔的应用空间,特别是在 MATLAB 的主要应用方向——科学计算、建模仿真以及信息工程系统的设计开发上已经成为行业内的首选设计工具,全球现有超过五十万的企业用户和上千万的个人用户,广泛地分布在航空航天、金融财务、机械化工、电信、教育等各个行业。

在 MATLAB/Simulink 基本环境之上,MathWorks 公司为用户提供了丰富的扩展资源,这就是大量的 Toolbox 和 Blockset,其中包括了专门用于求解优化问题的优化工具箱(Optimization Toolbox)。该工具箱可以用来解决线性、非线性最小化、曲线拟合、二次规划等诸多复杂计算问题。

由于 MATLAB 的功能强大,因此对用户计算机的性能要求较高,同时在循环计算解决大型非线性优化问题时与专业非线性规划软件(例如 LINGO)相比效率稍低。对于 MATLAB 中优化工具箱有兴趣的读者,可以参考相关专业书籍。

总而言之,由于非线性优化问题的复杂性,目前尚没有软件能够做到尽善尽美。既有各相关软件的官方网站多数都提供试用版,有兴趣的读者可以下载学习。

习　题

1. 思考下列问题。

(1)说明惩罚函数法和碰壁函数法的基本原理,其各自的适用条件如何?怎样将它们联合起来应用?

(2)什么是二次规划?说明求解二次规划问题的步骤。

(3)说明梯度法、牛顿法的基本原理,并对这两种方法的迭代步骤、适用范围和优缺点加以对比。

(4)说明用可行方向法求解非线性规划问题的主要思想及具体迭代步骤。

(5)为什么求解约束极值问题较之求解无约束的技术问题要困难得多?对具有约束的极值问题,为简化其优化工作,通常可采用哪些方法?

2. 用黄金分割法求解

$$f(x) = -3x^2 + 21.6x + 1$$

在区间[0,25]上的极大点,要求缩短后的区间长度不大于原区间长度的8%。

(参考答案:经6次迭代,近似最优点为3.65,近似值为39.8725。)

3. 用最速下降法求下述函数的极大点,给定初始点 $\boldsymbol{X}^0=(0,0)^{\mathrm{T}}$,要求迭代4步。

$$f(\boldsymbol{X}) = 2x_1x_2 + 2x_2 - x_1^2 - 2x_2^2$$

(参考答案:$\boldsymbol{X}^4=\left(\frac{3}{4},\frac{3}{4}\right)^{\mathrm{T}}, f(\boldsymbol{X})^4=\frac{15}{16}$)

4. 试用共轭梯度法求二次函数

$$f(\boldsymbol{X}) = \frac{1}{2}\boldsymbol{X}^{\mathrm{T}}\boldsymbol{A}\boldsymbol{X}$$

的极小点，其中

$$A = \begin{bmatrix} 1 & 1 \\ 1 & 2 \end{bmatrix}$$

（参考答案：取初始点 $X^0=(1,1)^{\mathrm{T}}$，$\lambda_0=\frac{13}{34}$，$X^{(1)}=\left(\frac{8}{34},-\frac{5}{34}\right)^{\mathrm{T}}$，$\beta_0=\frac{1}{33\times 34}$，$\lambda_1=\frac{34}{13}$，则极小点$(X)^2=(0,0)^{\mathrm{T}}$）

5. 用变换尺度法重做习题3，并将计算结果和过程同习题4进行比较。

（参考答案：取初始点 $X^0=(1,1)^{\mathrm{T}}$，$X^{(1)}=\left(\frac{8}{34},-\frac{5}{34}\right)^{\mathrm{T}}$，$\lambda_1=\frac{34}{13}$，极小点$(X)^2=(0,0)^{\mathrm{T}}$）

6. 试用牛顿法求解

$$\min f(X) = -\frac{1}{x_1^2+x_2^2+2}$$

取初始点 $X^0=(4,0)^{\mathrm{T}}$，并将采用最佳步长和采用固定步长 $\lambda=1.0$ 时的情形作比较。

（参考答案：取步长 $\lambda=1.0$ 时不收敛，取最佳步长时收敛，极小点为 $X^*=(0,0)^{\mathrm{T}}$，$f(X^*)=-0.5$）

7. 求解二次规划

$$\max f(X) = 5x_1 + x_2 - (x_1 - x_2)^2$$

$$\text{s.t.}\begin{cases} x_1 + x_2 \leqslant 2 \\ x_1 \geqslant 0, x_2 \geqslant 0 \end{cases}$$

（参考答案：$f(X)=7$）

8. 试用可行方向法求解非线性规划

$$\min f(X) = x_1^2 + x_2^2 - 4x_1 - 4x_2 + 8$$

$$\text{s.t.}\ x_1 + 2x_2 - 4 \leqslant 0$$

从初始点 $X^0=(0,0)^{\mathrm{T}}$ 出发，迭代两步。

（参考答案：第一次迭代用梯度法，第二次迭代借助于线性规划求可行下降方向。最优解为 $X^*=(1.6,1.2)^{\mathrm{T}}$，$f(X^{(2)})=0.8$）

9. 试用 SUMT 法求解非线性规划

$$\min f(X) = \log x_1 - x_2$$

$$\text{s.t.}\begin{cases} x_1 - 1 \geqslant 0 \\ x_1^2 + x_2^2 - 4 = 0 \end{cases}$$

要求对第一个约束条件使用内点法，对第二个约束条件使用外点法。

（参考答案：最优解为 $X^*=(1,\sqrt{3})^{\mathrm{T}}$，$f(X^*)=-\sqrt{3}$）

第五章　图与网络系统

在实际工程中,许多工程系统都可以用图形来描述,如公路运输系统、城市公交系统、农田灌溉系统、城市给排水系统及通信系统等。这些系统都可以用节点与连线所组成的网络来描述。有一些计划工作,也可按其相互关系绘制成网络形式,可以认为是沿时间展开的网络。因此,一个工程系统可以用图解模型或网络模型来代表并对其进行分析,即可以把一个工程课题的各种物理量之间的关系用一个抽象的图或网络来描述。利用图与网络的某些性质求解网络模型往往要比求解数学模型简单得多,因此,图与网络理论在系统分析中占有很重要的地位。

第一节　图与网络的基本概念

一、图

图论中所研究的图与人们通常熟悉的图(如数学中各种几何图形、函数图形)是完全不同的。图论中所研究的图,是指由若干个点和连接这些点中某些"点对"的连线所组成的图形。它可不按比例尺画,线段不代表真正的长度,点和线条的位置也是随意的。图中的点称之为顶点(Vertex),线条称之为边(Edge)。在图论中,用顶点表示所研究的对象,用边表示所研究对象间的某种特定关系。因此,图论中的图是一种拓扑图,代表研究对象(顶点)之间的事理关系,通常应用于规划学科、管理学科。

例如,图 5-1a)表示某地区的公路交通网,A、B、C、D、E、F 表示六个城镇,A、B、C、D、E、F 之间的连线表示两城镇间的公路。如连线 AB 表示城镇 A、B 间有公路相通这种特定关系。如果研究的问题只是着眼于"两城镇间有无公路相通"这一特定关系,而公路的长度、曲直、坡度、海拔高度、城镇的具体位置都不是主要问题,那么就可用图 5-1b)所示的网状图来代替图 5-1a)所示的公路交通网。

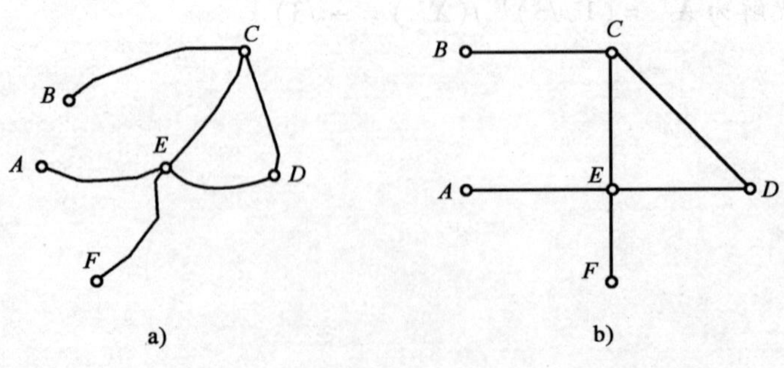

图　5-1

单纯从图 5-1b）看不出它所代表的具体含义，这种抽象的图既可以表示公路交通系统，也可以表示农田灌溉系统或通信系统等。所以在图论及网络理论中，对图的讨论是将图的具体内容抛开，研究抽象图的一般规律及典型问题的分析和求解方法。

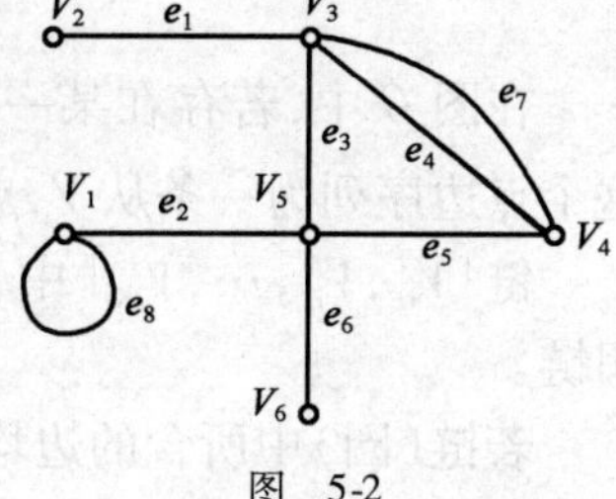

图 5-2

综上所述，可以定义："图是顶点和边的集合"。记之为 $G=(V,E)$，其中，V 代表点集合，E 代表边集合。例如图 5-2 中，

$$V=\{V_1,V_2,V_3,V_4,V_5,V_6\}$$
$$E=\{e_1,e_2,e_3,e_4,e_5,e_6,e_7,e_8\}$$

若某条边 e_k 连接点 V_i、V_j，则记之为 $e_k=[V_i,V_j]$。如图 5-2 中，$e_1=[V_2,V_3]$、$e_2=[V_1,V_5]$、$e_3=[V_3,V_5]$、$e_4=[V_3,V_4]$、$e_5=[V_5,V_4]$、$e_6=[V_5,V_6]$、$e_7=[V_3,V_4]$、$e_8=[V_1,V_1]$。

若 $e=[V_i,V_j]\in E$，则称 V_i、V_j 为边 e 的端点，称 e 为点 V_i 及 V_j 的关联边。如图 5-2 中，$e_2=[V_1,V_5]$，则 V_1、V_5 为边 e_2 的端点，而 e_2 为点 V_1 及 V_5 的关联边。

若点 V_i 和 V_j 与同一条边相关联，称点 V_i、V_j 是相邻的。若两边 e_i 和 e_j 有一个公共端点，则称 e_i、e_j 是相邻的。如点 V_4、V_5 与同一边 e_5 相关联，则 V_4、V_5 是相邻的；边 e_5、e_6 有一个公共端点 V_5，所以 e_5、e_6 是相邻的。

若一条边的两个端点重合，则称该边为环。如图 5-2 中的边 e_8。

图中若两点之间多于一边时，则称这些边为多重边，如图 5-2 中的 e_4、e_7。

若一个图中既没有环也没有多重边，这样的图称之为简单图，如图 5-1b）。以后的讨论多限于简单图。

二、子图

设有两图 G_1、G_2，$G_1=(V_1,E_1)$，$G_2=(V_2,E_2)$，如果 $V_1\subseteq V_2$，$E_1\subseteq E_2$，则称 G_1 是 G_2 的子图，并且

（1）若 $V_1=V_2$，$E_1\subset E_2$，则称 G_1 是 G_2 的一个部分图。

（2）若 $V_1\subset V_2$，$E_1\subset E_2$，即 G_1 不包含 G_2 中所有的顶点和边，则称 G_1 和 G_2 是真子图。

例如图 5-3 中，图 b）、c）、d）均为图 a）的子图，其中图 b）为图 a）的部分图，图 c）、d）为图 a）的真子图，图 d）中的点 V_6 称为孤立点。

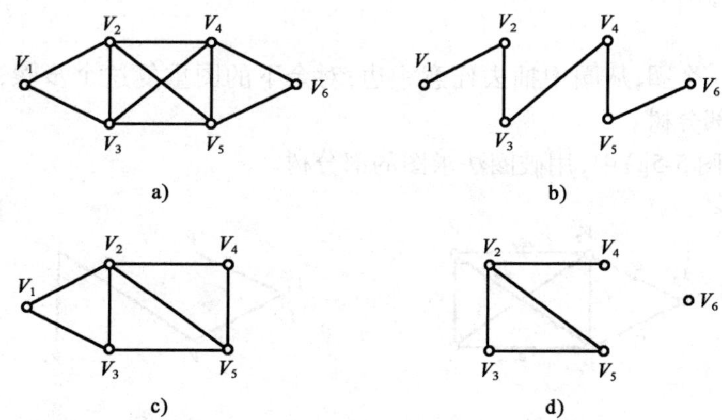

图 5-3

三、连通图

在图 G 中，若存在某一点与边的连续交替序列$\{V_{i1},e_{i1},V_{i2},e_{i2},\cdots,V_{iK-1},e_{iK-1},V_{iK}\}$，则称这个点边序列为一条从 V_{i1}点到 V_{iK}点的链，简记为$\{V_{i1},V_{i2},\cdots,V_{iK}\}$。

链$\{V_{i1},V_{i2},\cdots,V_{iK}\}$中，若 $V_{i1}=V_{iK}$，即链的起点与终点重合，则称之为圈，圈实际上是闭链。

若链（圈）中所含的边均不相同，则称之为简单链（圈）。若点也不相同，则称之为初等链（圈）。

例如在图 5-3a）中，$\mu_1=\{V_1,V_2,V_4,V_5,V_3,V_2,V_4,V_6\}$为一条从 V_1到 V_6的链，但它不是简单链，因为$[V_2,V_4]$重复两次。$\mu_2=\{V_1,V_2,V_3,V_1\}$为一初等圈，$\mu_3=\{V_1,V_2,V_5,V_3,V_2,V_4\}$为一简单链，$\mu_2=\{V_1,V_2,V_5,V_4,V_6\}$为一初等链。

在一个图中，若任何两点之间至少存在一条链，则称这个图为连通图，否则就称为不连通图。前面所列举的图中除图 5-3d）外均为连通图。在图 5-3d）中，点 V_6与点 V_4之间不存在链，故为不连通图。在以后的讨论中，除特别说明外，总是假设给定的图是连通的。

四、树

1. 树及其性质

一个连通图不含有任何圈时，则称该图为树，如图 5-4 所示。

树具有以下性质：

（1）在树中，任意两点之间必有一条且仅有一条链。

（2）在树中去掉任意一条边，则树成为不连通图。

（3）在树中任何两个顶点间添上一条边，恰好得到一个圈。

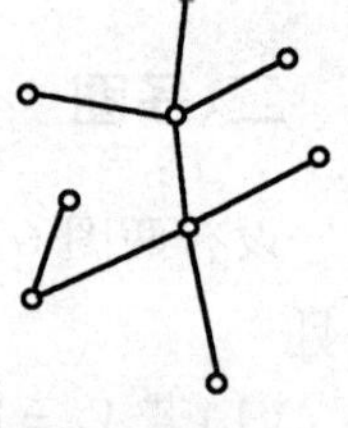

图 5-4

2. 图的部分树

如果图 $G=(V,E)$的部分图 $T(V,E')$是树，则称 T 为 G 的一个部分树。例如图 5-3b）所示的图便是图 5-3a）所示图的部分树。可见，部分树一定是部分图，但部分图不一定是部分树。

任意一个连通图 G 中一定存在部分树，已知一个连通图求部分树的方法有两种，一种是破圈法，另一种是避圈法。

（1）破圈法

破圈原则：取一个圈，从圈中抽去任意一边，对余下的图重复这个步骤，直到无圈可破为止，即可得到一棵部分树。

［例 5-1］ 在图 5-5a）中，用破圈法求图的部分树。

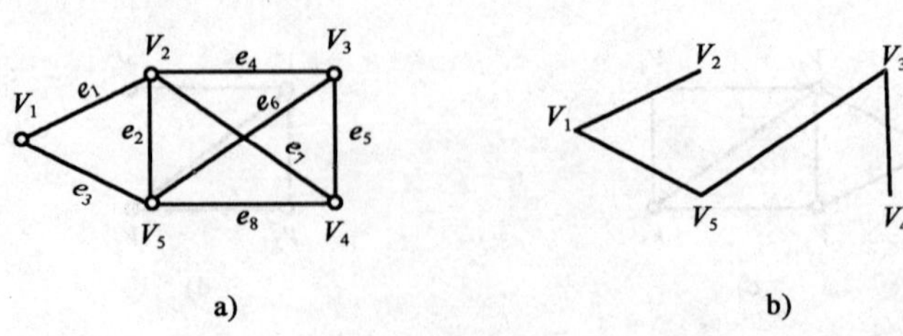

图 5-5

解:先从图中任取一圈$\{V_1,V_2,V_5,V_1\}$,从圈中去掉一边e_2,再从圈$\{V_1,V_2,V_4,V_5,V_1\}$中去掉边e_8,然后从圈$\{V_1,V_2,V_3,V_4,V_5,V_1\}$中去掉边$e_4$,最后从圈$\{V_1,V_2,V_4,V_3,V_5,V_1\}$中去掉边$e_7$,于是得到如图5-5b)所示的部分树。注意部分树不是唯一的。

(2)避圈法

避圈原则:先在图中任取一条边,然后每步选择与已选边不构成圈的边,直到不能进行时为止。

[例5-2] 用避圈法求图5-5a)的部分树。

解:任取一边e_1,因为e_4与e_1不成圈,所以取e_4;同理e_6与$\{e_1,e_4\}$不成圈,e_8与$\{e_1,e_4,e_6\}$不成圈,因此取$\{e_1,e_4,e_6,e_8\}$四条边,这时不能再增加边,否则将形成圈。所以$\{e_1,e_4,e_6,e_8\}$四边组成图5-5a)所示图的部分树(图5-6)。

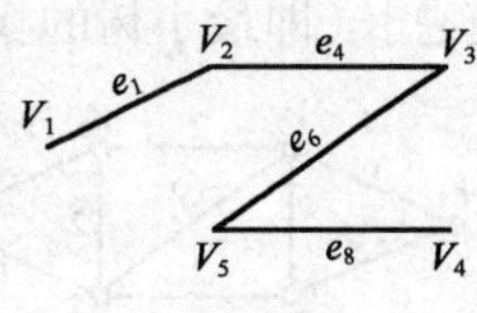

图 5-6

3. 最小部分树问题

定义5-1 设图$G=(V,E)$,对G中的每一条边$[V_i,V_j]$相应地有一个数W_{ij},称这个数为边$[V_i,V_j]$上的权。G连同边上的权称为赋权图,如图5-7所示。

这里所说的“权”,是指与边有关的数量指标,根据实际问题的需要,可以赋予不同的含义,如表示距离、时间、费用等。

赋权图在图与网络理论及应用方面有着重要的地位。赋权图的边不仅表示图中各点之间的一般关系,而且同时表示出各点之间的数量关系,它是图与网络优化的基础。所以,赋权图被广泛应用于解决工程技术及科学管理等各领域的最优化问题。最小部分树(简称最小树)问题,就是赋权图的最优化问题之一。

设有一连通图$G=(V,E)$,对于每一条边$e=[V_i,V_j]$,有一权$W_{ij}\geqslant 0$,最小树问题就是求图G的部分树T^*使得

$$W(T^*) = \sum_{(V_i,V_j)\in T^*} W_{ij}$$

取得最小值。

最小树定理:若T^*是图G的一棵树,则它是最小树,当且仅当对T^*外的每条边$[V_i,V_j]$有

$$W_{ij} \geqslant \max(W_{i,i1},W_{i1,i2},\cdots,W_{iK,j})$$

其中,$\{V_i,V_{i1},V_{i2},\cdots,V_j\}$是树$T^*$内连接点$V_i$和$V_j$的唯一的链。

由树的性质(3)可知,如果将树T^*外的任一边$[V_i,V_j]$加入T^*内,则得到唯一的一个圈,显然最小树定理中的条件就是说$[V_i,V_j]$是相应圈上的一条权最大的边。

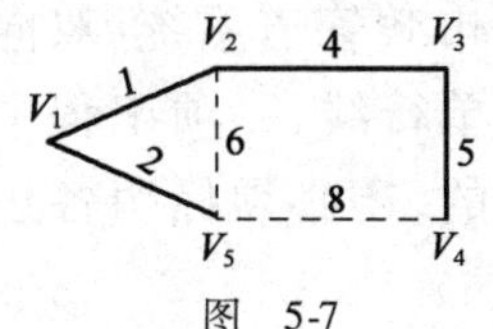

图 5-7

例如,在图5-7中,实线表示最小树T^*,虚线表示T^*外的边,在圈$\{V_1,V_2,V_5,V_1\}$中,T^*外的边$[V_2,V_5]$的权最大,而在圈$\{V_1,V_2,V_3,V_4,V_5,V_1\}$中,$T^*$外的边$[V_5,V_4]$的权最大,因此实线所表示的树是最小树。

相应于寻求部分树的两种方法(破圈法与避圈法),寻找最小部分树也有两种方法。

(1)破圈法

破圈原则:任取一圈,从圈中去掉一条权最大的边,在余下的图中,重复这个步骤,直到无圈时为止,即可求出最小部分树。

[例 5-3]　某城市有六个居民点,道路交通图如图 5-8 所示,现要沿道路铺设煤气管道,将六个居民点连成网,已知每条道路的长度,求使管道长度最短的铺设方案。

解:由于煤气管道只能沿着道路布设,并要求通到所有居民点,故表示煤气管道的图必为道路图的部分图,为了使管道总长最短,图中不应有圈,故原问题为一个求最小部分树的问题。任取一圈$\{V_1,V_2,V_6,V_1\}$,去掉权最大的边$[V_2,V_5]$,取圈$\{V_3,V_4,V_5,V_3\}$,再去掉权最大的边$[V_5,V_4]$,取圈$\{V_2,V_3,V_5,V_2\}$,然后去掉边$[V_2,V_5]$,取圈$\{V_1,V_2,V_3,V_5,V_6,V_1\}$,最后去掉边$[V_6,V_5]$,如图 5-9 所示,从而得到最小部分树。图 5-10 即为管道总长为最短的铺设方案,管道总长(即最小树的权之和)为 10 个单位。

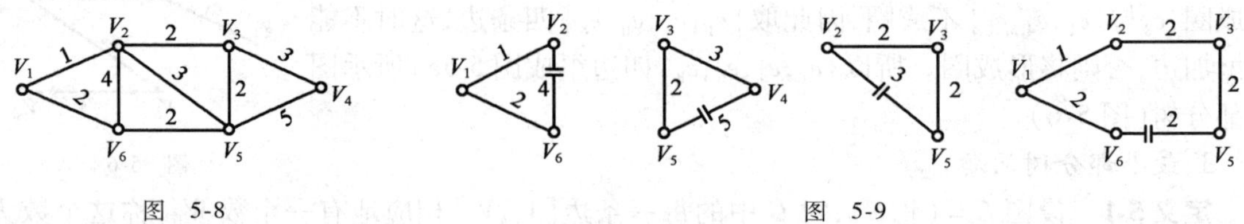

图　5-8　　　　　　图　5-9

(2)避圈法

避圈原则:先从图中选一条权最小的边,以后每步从未选的边中,选一条权最小的边,使与已选的边不构成圈,直到形成部分树。

[例 5-4]　用避圈法求图 5-8 的最小树。

解:先取权最小的边$[V_1,V_2]$,在余下的边中,最小权为 2,这样的边有 4 条,可以任取其中的一条,但应不构成圈,故取$[V_1,V_6]$,然后取$[V_2,V_3]$、$[V_6,V_5]$,这时不能再取边$[V_3,V_5]$,否则将构成圈。最后取不构成圈的边中权最小的边$[V_3,V_4]$,使得最小树,如图 5-11 所示。图 5-11与图 5-10 的最小树不一致,但权之和是相同的,都是 10 个单位,可见最小树不是唯一的,但它们的最小权是唯一的。

图　5-10　　　　　　图　5-11

五、无向图与有向图

前面所讨论的图都没有规定从一点到另一点的方向,即从 V_i 到 V_j 与从 V_j 到 V_i 都是一样的,这种图称之为无向图。如果图中每条边均标明方向,规定只能从 $V_i \to V_j$,不能从 $V_j \to V_i$,这样的图称为有向图。在实际问题中,有些问题可用无向图来描述,如市政管道系统、双向行驶的交通网络。但有些问题用无向图就无法描述,如交通网络中的单行线、一项工程中各项工序之间的先后关系等。显然,这些关系仅用边是无法完全反映的,还必须标明各边的方向。

在有向图中,点与点之间有方向的连线称为弧(Arc),记之为 $A=(V_i,V_j)$,注意(V_i,V_j)与(V_j,V_i)是不同的。有向图是由点集 V 和弧集 A 所组成的,记之为 $D=(V,A)$。

例如图 5-12 就是一个有向图,图中

$$V=\{V_1,V_2,V_3,V_4,V_5,V_6\}$$

$A=\{(V_1,V_2),(V_1,V_6),(V_2,V_6),(V_6,V_2),(V_2,V_3),(V_2,V_5),(V_6,V_5),(V_5,V_3),(V_3,V_4),(V_5,V_4)\}$

如果从一个有向图 D 中去掉箭头，得到一个无向图，这个无向图称为 D 的基础图，记之为 $G(D)$。图 5-13 是图 5-12 的基础图。

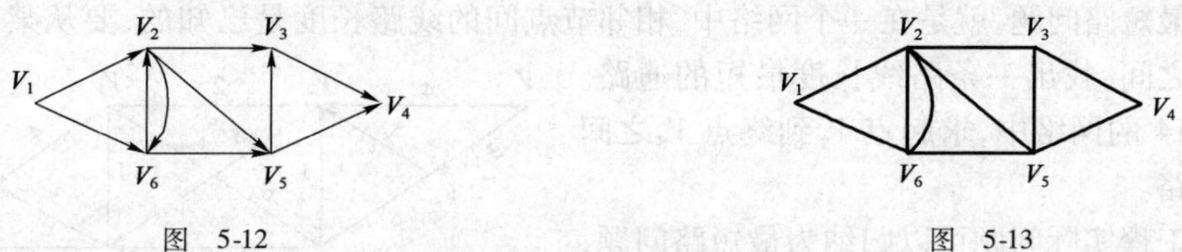

图 5-12　　　　图 5-13

在有向图图 5-12 中，从 V_1 到 V_4 沿箭头方向排列一些弧段 $\{V_1,V_2,V_5,V_3,V_4\}$，这些弧段组成一个连续弧的序列，在此序列中各弧段首尾相接而不重复，这就形成了从 V_1 到 V_4 的一条通路（或称路）。如果在弧的序列中某些弧段的方向与前进方向不一致，则从起点到终点的各弧段组成一条链。如图 5-12 中的弧序列 $\{V_1,V_2,V_3,V_5,V_4\}$，便是从 V_1 到 V_4 的一条链。路是链中的一个特例，路中所有弧的方向与前进方向一致。在有向图中，如果路的起点与终点重合，则称该路为回路，若链的起点与终点相重合，则称之为圈。

在无向图中，链与路，圈与回路，这几个概念是一致的。

六、图的矩阵表示

图和网络用图形表达虽很直观，但用矩阵表达可使计算方便，特别是便于在计算机上实现。图的最基本的矩阵是邻接矩阵，用来表示图中各顶点之间的连通状态。

邻接矩阵 $\boldsymbol{A}$ 的元素 a_{ij} 的定义如下。

用邻接矩阵 $\boldsymbol{A}_G$ 表示无向图 G 时，它的元素 a_{ij} 定义为：

$$a_{ij}=\begin{cases}1 & \text{若顶点 } V_i \text{ 与 } V_j \text{ 相邻}\\ 0 & \text{若顶点 } V_i \text{ 与 } V_j \text{ 不相邻}\end{cases}$$

用邻接矩阵 $\boldsymbol{A}_D$ 表示有向图 D 时，它的元素 a_{ij} 定义为：

$$a_{ij}=\begin{cases}1 & \text{若存在自顶点 } V_i \text{ 射向 } V_j \text{ 的弧}\\ 0 & \text{若不存在自顶点 } V_i \text{ 射向 } V_j \text{ 的弧}\end{cases}$$

据此，图 5-13 和图 5-12 的邻接矩阵 $\boldsymbol{A}_G$、$\boldsymbol{A}_D$ 分别为：

$$\boldsymbol{A}_G=\begin{bmatrix}0&1&0&0&0&1\\1&0&1&0&1&1\\0&1&0&1&1&0\\0&0&1&0&1&0\\0&1&1&1&0&1\\1&1&0&0&1&0\end{bmatrix},\quad \boldsymbol{A}_D=\begin{bmatrix}0&1&0&0&0&1\\0&0&1&0&1&1\\0&0&0&1&0&0\\0&0&0&0&0&0\\0&0&1&1&0&0\\0&1&0&0&1&0\end{bmatrix}$$

由此不难看出邻接矩阵具有以下特征：有 n 个顶点的图的邻接矩阵是个 n 阶方阵；无向图的邻接矩阵是关于主对角线对称的矩阵。

第二节　最短路问题

所谓最短路问题，就是在一个网络中，相邻节点间的线路长度是已知的，要从某一起点到某一终点之间，找出一条路线长度最短的通路。如在图5-14的网络中，求起点 V_1 到终点 V_8 之间的最短通路。

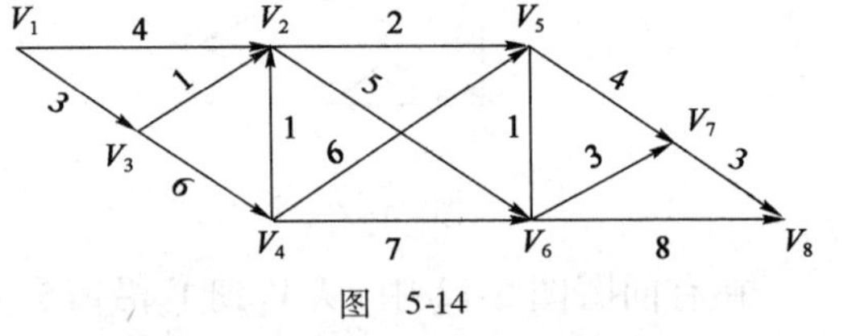

图 5-14

许多工程实际问题可以归纳为最短路问题，如交通网络规划、管道铺设等。另外，如拟订施工网络计划的关键线路法，实际上是求工序流程图的最短路线，而运输网络中寻找最小运费问题也可以化成最短路问题。这里所谓的“长度”是广义的，它可以代表时间、费用、距离等概念。因此，最短路问题的分析对于用最优化方法解决运输问题、管道铺设问题、公路及城市交通网规划问题、生产组织管理问题等都具有指导意义。

最短路问题的分析分为如下两类：

(1)从起点 V_1 到终点 V_n 的最短路问题。

(2)任意点之间的最短路问题。

一、从起点到终点的最短路问题

在这里介绍一种由 E. W. Dijkstra 提出的算法，这是一种目前公认为较好的算法，这种算法称为标号法，或称 Dijkstra 算法。它不仅能求出从起点 V_1 到终点 V_n 的最短路，而且还可以得到从起点 V_1 到任意一点的最短路。

首先从起点 V_1 开始，给每一个顶点记一个数，称之为标号，分为 T 标号与 P 标号两种。T 标号表示从起点 V_1 到这一点的最短路权的上界，称为临时标号；P 标号表示从 V_1 到该点的最短路权，称为固定标号。已得到 P 标号的点不再改变，凡是没有标上 P 标号的点，标上 T 标号。算法的每一步都会把某一点的 T 标号修改为 P 标号。经过有限步后，就可给所有的点标上 P 标号，即得到从起点到每一点的最短路权，计算步骤如下。

(1)给 V_1 标上 P 标号，$P(1)=0$，其余各点标上 T 标号。$T_0(j)=+\infty$ 表示从 V_1 到 V_1 的最短路权为0，从 V_1 到各点的最短路权的上界为 $+\infty$。标号中，括号内的数表示点号，角码0表示为初始值。

(2)设 V_i 是前一轮标号(第 $K-1$ 轮标号)刚得到 P 标号的点，则对所有没有得到 P 标号的点进行新的一轮标号(第 K 轮)。考虑所有与 V_i 相邻并没有标上 P 标号的点 V_j，修改 V_j 的 T 标号为：

$$T_K(j)=\min[T(j),P(i)+d_{ij}]$$

式中：d_{ij}——V_i 到 V_j 的距离(权)；

$T(j)$——第 K 轮标号前 V_j 点已取得的 T 标号。

在所有的 T 标号中，寻找一个最小的 T 标号 $T_K(j_0)$ 方式如下：

$$T_K(j_0)=\min[T_K(j),T(l)]$$

式中：$T(l)$——与 V_i 不相邻点 V_l 已取得的 T 标号。

给点 T_{j0} 标上 P 标号，即

$$P(j_0) = T_K(j_0)$$

(3)若 D 中已没有 T 标号点，则算法结束。否则转入步骤(2)。

下面用一个例子来说明 Dijkstra 算法。

[例 5-5] 图 5-15 所示为某地区七个城镇间的公路交通网。城镇 1 有一批货物需运往城镇 7。网络边上的数据为综合运输费用，问如何选择路线，才能使总的综合运费最小。

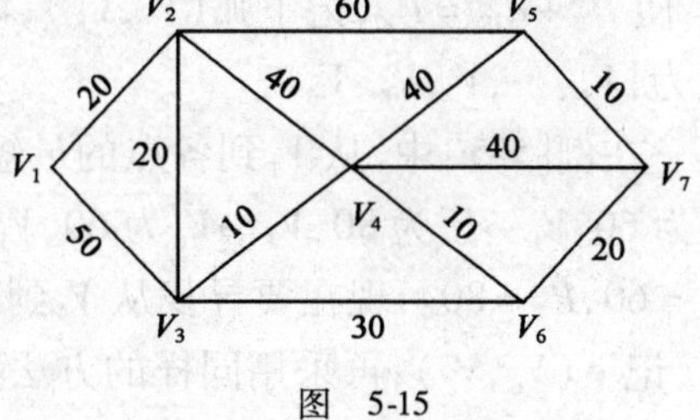

图 5-15

解：这是一个最短路问题，像这样一个较为简单的网络，可以穷举可能的路线，从中选择最短的一条。如果网络比较复杂，各种可能的路线不胜枚举，就需要通过有效的办法来找出最短路。下面用 Dijkstra 算法来求解这一问题。

(1)首先给点 V_1 标上 $P(1)=0$，其他点标上 T 标号，$T(j)=\infty\ (j=2、3、4、5、6、7)$。

(2)将与顶点 V_1 直接相连而又属于 T 标号的 V_2、V_3 点的 T 标号修改如下：

$$\begin{aligned} T(2) &= \min[T(2), P(1)+d_{12}] \\ &= \min(\infty, 0+20) \\ &= 20 \\ T(3) &= \min[T(3), P(1)+d_{13}] \\ &= \min(\infty, 0+50) \\ &= 50 \end{aligned}$$

当前所有 T 标号中，V_2 的 T 标号最小，则给 V_2 标上 P 标号，将 $T(2)=20$ 改写成 $P(2)=20$。

(3)将与顶点 V_1 直接相连而又属于 T 标号的 V_3、V_4、V_5点的 T 标号修改如下：

$$\begin{aligned} T(3) &= \min[T(3), P(2)+d_{23}] \\ &= \min(50, 20+20) \\ &= 40 \\ T(4) &= \min[T(4), P(2)+d_{24}] \\ &= \min(\infty, 20+40) \\ &= 60 \\ T(5) &= \min[T(5), P(2)+d_{25}] \\ &= \min(\infty, 20+60) \\ &= 80 \end{aligned}$$

当前所有 T 标号中，V_3 的 T 标号最小，则给 V_3 标上 P 标号，将 $T(3)=40$ 改写成 $P(3)=40$。

下面以此类推，得到 V_4、V_6、V_7的固定标号 $P(4)=50$、$P(6)=60$、$P(7)=80$。这时由于终点 V_7已经得到固定标号，则算法中止。如果想知道城镇 V_1 到每个城镇的最小费用，则继续上述过程直到每个顶点都获得固定标号为止。

可见，从城市 V_1到城市 V_7的最小综合运费为 80 个单位，到城市 V_4的最小运费为 50 个单

位，到城市 V_6 的最小运费为 60 个单位。

需要指出的是，以上求得的是从某一点到另外一点的最短路权，而实际上要求的是具体的最短路线，因此，还必须在求得各点最短路线之后，再采用“反向追踪”法求出最短路线。“反向追踪”法从线路的终点 V_n 开始反向寻找最短路线，设 P_j 为起点 V_1 到某一点 V_j 的最短路权，已由 Dijkstra 算法求得，则寻找一点 V_K，使 $P_K + d_{Kn} = P_n$，记下弧（V_K，V_n），再考察 P_K，寻找一点 V_i，使 $P_1 + d_{iK} = P_K$，记下弧（V_i，V_K），以此类推，直至到达起点 V_1 为止，于是从 V_1 到 V_n 的最短路线为 $\{V_1, \cdots, V_i, V_K, V_n\}$。

在例[5-5]中，从 V_1 到各点的最短路权依次为：$V_1 \to V_1$ 为 0，$V_1 \to V_2$ 为 20，$V_1 \to V_3$ 为 40，$V_1 \to V_4$ 为 60，$V_1 \to V_5$ 为 80，$V_1 \to V_6$ 为 60，$V_1 \to V_7$ 为 80。即 $P_1 = 0$，$P_2 = 20$，$P_3 = 40$，$P_4 = 60$，$P_5 = 80$，$P_6 = 60$，$P_7 = 80$。现在要寻找从 V_1 到 V_7 的最短路线，先考察 P_7，易见 $P_6 + d_{67} = 60 + 20 = 80 = P_4$，记下（$V_6$，$V_7$），再采用同样的方法考察 P_6，最终得到从 V_1 到 V_7 的最短路线为 $\{V_1, V_2, V_3, V_4, V_6, V_7\}$。

利用图上作业法进行标号比较直观，工程上经常采用。图上作业法求解时，每修改一次标号，画一幅图并确定一个 P 标号，直至终点标上 P 标号。

[例 5-6] 用图上作业法求图 5-16 所示网络中 V_1 到 V_7 的最短路线。

解：

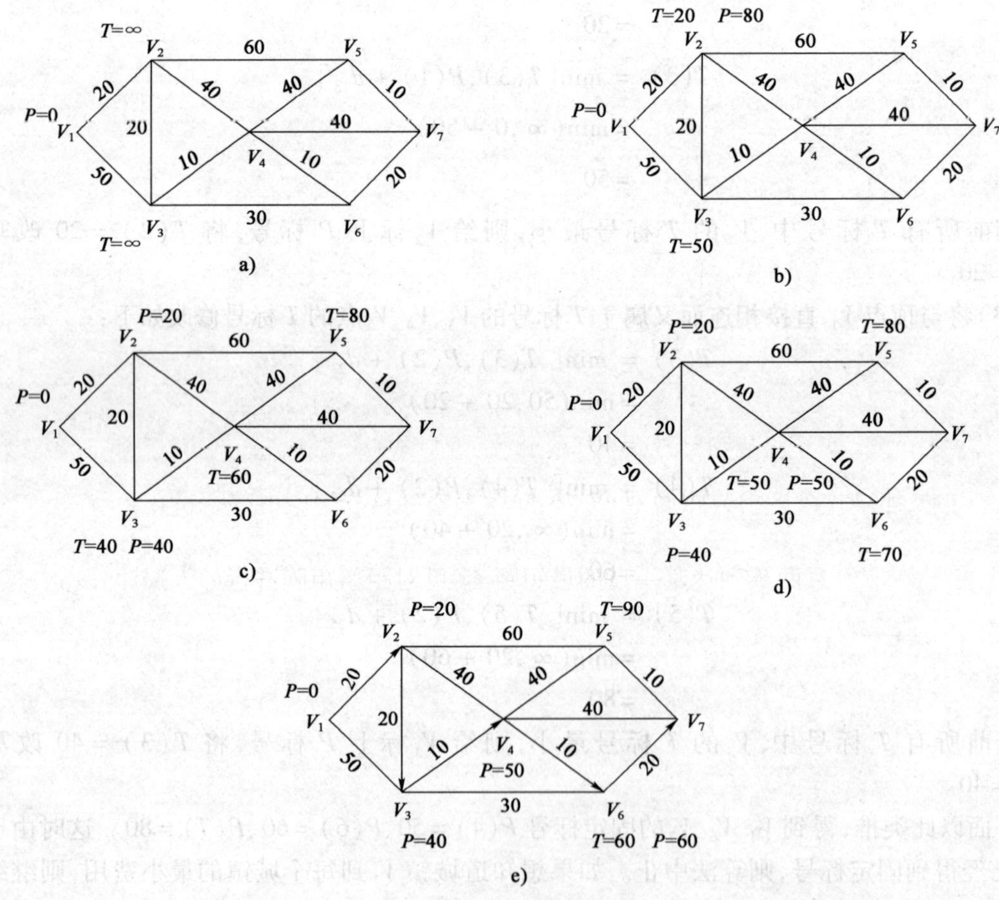

图 5-16

a）初始标号；b）第一次标号；c）第二次标号；d）第三次标号；e）第四次标号

图 5-16e）中箭头线为从 V_1 到 V_7 的最短路线。

二、任意点之间的最短路问题

在有些最短路问题中，不仅需要知道从起点到终点的最短路线，而且需要知道网络中各个点之间的最短路线。如在城市交通规划中，进行出行交通量分配时，就需要知道各个出行节点之间的最短路线。对于这种情况，可用前面介绍的 Dijkstra 算法求解，但用这种算法解任意点之间的最短路问题比较复杂，有 n 个节点就需要重复计算 n 次。这里介绍一种借助于距离矩阵求解最短路的方法。

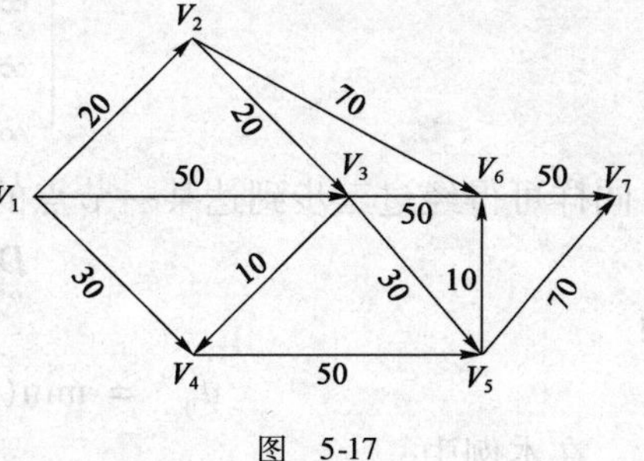

图 5-17

以图 5-17 为例来说明这种方法。图 5-17 所示为一个石油输送管道网络，弧边上的数字表示距离。

借助于距离矩阵求解各点之间的最短路，首先必须构造一个距离矩阵 $\boldsymbol{D}$：

$$\boldsymbol{D} = [d_{ij}]$$

$\boldsymbol{D}$ 中的元素 d_{ij} 定义如下：

$$d_{ij} = \begin{cases} \text{给定的权} & \text{当节点 } i \text{ 与节点 } j \text{ 之间有边连接时} \\ 0 & \text{当 } i = j \text{ 时} \\ \infty & \text{当 } i,j \text{ 之间不存在边时} \end{cases}$$

在本例中的距离矩阵为：

$$\boldsymbol{D} = [d_{ij}] = \begin{bmatrix} 0 & 20 & 50 & 30 & \infty & \infty & \infty \\ \infty & 0 & 20 & \infty & \infty & 70 & \infty \\ \infty & \infty & 0 & 10 & 30 & 50 & \infty \\ \infty & \infty & \infty & 0 & 50 & \infty & \infty \\ \infty & \infty & \infty & \infty & 0 & 10 & 70 \\ \infty & \infty & \infty & \infty & \infty & 0 & 50 \\ \infty & \infty & \infty & \infty & \infty & \infty & 0 \end{bmatrix}$$

这个矩阵给出了只经过一步（一条边）就能到达某一点的最短距离（因为只有唯一可能）。如从 V_1 到 V_2 只经过一步的最短距离为 20，从 V_1 到 V_5 只经过一步的最短距离为∞（表示一步不可能达到）。

如果想要知道经过两步到达某一点的最短距离，可对距离矩阵进行如下的计算：

$$\boldsymbol{D}^{(2)} = \boldsymbol{D} * \boldsymbol{D} = d_{ij}^{(2)}$$

式中：符号“ * ”——逻辑运算符号。

而

$$d_{ij}^{(2)} = \min(d_{ik} + d_{kj}) \qquad (k = 1,2,\cdots,n)$$

式中：n——节点数。

在本例中，

$$\begin{aligned} d_{12}^{(2)} &= \min(d_{11} + d_{12}, d_{12} + d_{22}, d_{13} + d_{32}, d_{14} + d_{42}, d_{15} + d_{52}, d_{16} + d_{62}, d_{17} + d_{72}) \\ &= \min(0 + 20, 20 + 0, 50 + \infty, 30 + \infty, \infty + \infty, \infty + \infty, \infty + \infty) \\ &= 20 \end{aligned}$$

其他元素同理可得，则

$$D^{(2)}=\begin{bmatrix} 0 & 20 & 40 & 30 & 80 & 90 & \infty \\ \infty & 0 & 20 & 30 & 50 & 70 & 120 \\ \infty & \infty & 0 & 10 & 30 & 40 & 100 \\ \infty & \infty & \infty & 0 & 50 & 60 & 120 \\ \infty & \infty & \infty & \infty & 0 & 10 & 60 \\ \infty & \infty & \infty & \infty & \infty & 0 & 50 \\ \infty & \infty & \infty & \infty & \infty & \infty & 0 \end{bmatrix}$$

同样可得经过三步到达某一节点的最短距离为：

$$D^{(3)}=D^{(2)}*D=d_{ij}^{(3)}$$

而

$$d_{ij}^{(3)}=\min(d_{ik}^{(2)}+d_{kj})\quad(k=1,2,\cdots,n)$$

在本例中，

$$D^{(3)}=\begin{bmatrix} 0 & 20 & 40 & 30 & 70 & 90 & 140 \\ \infty & 0 & 20 & 30 & 50 & 60 & 120 \\ \infty & \infty & 0 & 10 & 30 & 40 & 90 \\ \infty & \infty & \infty & 0 & 50 & 60 & 110 \\ \infty & \infty & \infty & \infty & 0 & 10 & 60 \\ \infty & \infty & \infty & \infty & \infty & 0 & 50 \\ \infty & \infty & \infty & \infty & \infty & \infty & 0 \end{bmatrix}$$

以此类推，可得到经过 m 步到达某一节点的最短距离为：

$$D^{(m)}=D^{(m-1)}*D=d_{ij}^{(m)}$$

式中：$d_{ik}^{(m-1)}$——$D^{(m-1)}$ 中的元素，$d_{ij}^{(m)}=\min[d_{ik}^{(m-1)}+d_{kj}]\ (k=1,2,\cdots,n)$；

d_{kj}——D 中的元素。

并使得

$$D^{(m)}=D^{(m-1)}$$

即 $D^{(m)}$ 中的每个元素等于 $D^{(m-1)}$ 中的每一个元素。此时得到的 $D^{(m)}$，便是任意两点之间的最短距离矩阵。

在本例中，

$$D^{(6)}=\begin{bmatrix} 0 & 20 & 40 & 30 & 70 & 80 & 130 \\ \infty & 0 & 20 & 30 & 50 & 60 & 110 \\ \infty & \infty & 0 & 10 & 30 & 40 & 90 \\ \infty & \infty & \infty & 0 & 50 & 60 & 110 \\ \infty & \infty & \infty & \infty & 6 & 10 & 60 \\ \infty & \infty & \infty & \infty & \infty & 0 & 50 \\ \infty & \infty & \infty & \infty & \infty & \infty & 0 \end{bmatrix}$$

这时，$D^{(6)}=D^{(5)}$，可见 $D^{(6)}$ 即为图 5-17 中各顶点间的最小运费矩阵。矩阵中，$d_{21}^{(6)}=\infty$，表示从 V_2 到 V_1 没有通路。

以上方法算得的最短距离矩阵 $D^{(m)}$，是任意两点之间的最短路权，而与它相应的最短路线，还需用“反向追踪”法来确定。

需要说明的是，在前面讨论的求最短路诸多方法中，均假设权为非负。如果权为负，则标号法失效。但在道路与交通、运输等问题中遇到的“权”均为非负，如距离、费用、运行时间等，一般都为正值，所以这里就不再介绍权为负的最短路求解方法，如遇到这类情况，可参考有关专著。

第三节　网络最大流问题

一、基本概念与基本定理

许多工程系统的网络包含流量的问题。例如有两个城市 A 和 B，两城市之间有许多中间站（集镇），由公路网连在一起形成一个公路交通运输网络，如图 5-18 所示。连接城镇的路段（网络中的弧）的通行能力是有限的。通行能力即为单位时间内能通过路段的最大车辆数。图中弧旁的数据为每日的通行能力，也称路段容量。那么，对整个网络来说，A、B 两城市之间的最大通行能力是多少，就是一个网络最大流问题。另外，如输电网的输电能力、供水系统的供水能力、输油管道系统的输油能力等也可归纳为网络最大流问题。

1. 网络与流

定义 5-2　给定一个有向图 $D=(V,A)$，在 V 中指定两点：V_s 与 V_t，称 V_s 为发点，V_t 为收点，其余的点为中间点。对于图中的每一弧 $(V_i,V_j)\in A$，对应有一个数 $C_{ij}\geqslant 0$，称之为弧的容量。把这样的图 D 称之为网络，记作 $D=(V,A,C)$。

则图 5-18 中，A 城为发点 V_s，B 城为收点 V_t，图中弧旁数据为容量 C_{ij}，如 $C_{32}=4\ 000$，$C_{45}=5\ 000$ 等。

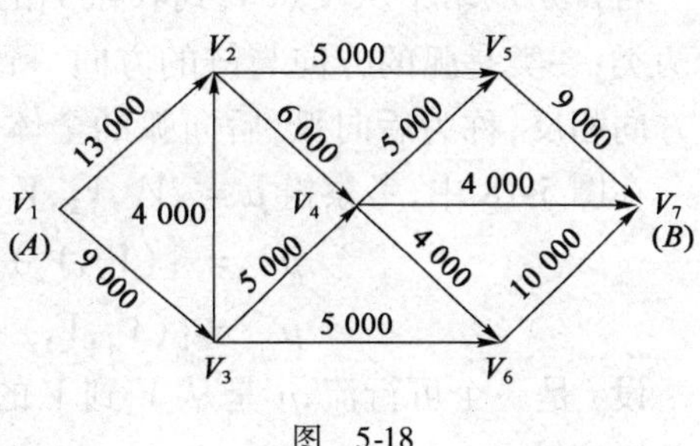

图 5-18

所谓网络的流，是指定义在弧集合 A 上的一个函数 $f=\{f_{ij}\}$，并称 f_{ij} 为弧 (V_i,V_j) 上的流量。如在图 5-18 所示的交通网络中，各路段上的交通量即为各相应弧上的流量，这些流量的集合就是该网络的流 f。f 是个函数，它随着各弧上流量的不同而改变。

2. 可行流与最大流

从图 5-18 所示的实际交通网络中，可以看出，对于流有两个明显的要求：一是每个弧上的流量不能超过它的容量（通行能力）；二是中间点的流量为 0。因为对每个中间点，流出这个点的总交通量与流进这个点的总交通量之差是这个点的净产生量，简称为这个点的流量，由于中间点只起运转作用，流进该中间点的交通量应该等于流出该中间点的交通量，即该点的流量必为零。易见，发点发出的交通量与收点收到的交通量应该相等，它就是整个交通网络的交通量。因此有如下定义。

定义 5-3

满足下述条件的流 f 称之为可行流。

(1) 容量限制条件。对每一弧 $(V_i,V_j)\in A$，有

$$0\leqslant f_{ij}\leqslant C_{ij}$$

(2) 平衡条件。对于中间点，有

流出量 = 流入量

即对每个 $i(i\neq s,t)$，有

$$\sum_{[V_i,V_j]\in A} f_{ij}-\sum_{[V_j,V_i]\in A} f_{ji}=0$$

对于发点 V_s，记

$$\sum_{[V_s,V_j]\in A} f_{sj} - \sum_{[V_j,V_s]\in A} f_{js} = V(f)$$

对于收点 V_t，记

$$\sum_{[V_t,V_j]\in A} f_{tj} - \sum_{[V_j,V_t]\in A} f_{jt} = -V(f)$$

式中：$V(f)$——可行流的流量，即发点的净输出量（或收点的净输入量）。

可行流总是存在的，例如所有弧的流量 f_{ij} 均为 0 就是一个可行流（零流）。显然，符合上述条件的可行流 f 不是唯一的。

网络最大流问题就是要找一个流 $\{f_{ij}\}$，使其流量达到最大，并满足下列约束条件。

$$0 \leqslant f_{ij} \leqslant C_{ij}, (V_i, V_j) \in A$$

$$\sum f_{ij} - \sum f_{ji} = \begin{cases} V(f) & (i \neq s) \\ 0 & (i \neq s,t) \\ -V(f) & (i = t) \end{cases}$$

可见，最大流问题也是一个线性规划问题，当然也可用线性规划的单纯形法求解，但是，利用图的特点，解决这个特殊线性规划问题的方法较之单纯形法要方便、直观得多。

3. 增广链

若给定一个可行流 $f = \{f_{ij}\}$，则将网络中使 $f_{ij} = C_{ij}$ 的弧称为饱和弧，$f_{ij} < C_{ij}$ 的弧称为非饱和弧，$f_{ij} = 0$ 的弧称为零流弧，$f_{ij} > 0$ 的弧称为非零流弧。

若 μ 是网络中从发点 V_s 到收点 V_t 的一条链，定义链的方向是从 V_s 到 V_t，则链上的弧被分为两类：一类是弧的方向与链的方向一致，叫做前向弧，前向弧的全体记为 μ^+；另一类弧与链的方向相反，称为后向弧，后向弧的全体记为 μ^-。

在图 5-18 中，考察链 $\mu = \{V_1, V_2, V_3, V_4, V_5, V_7\}$，则

$$\mu^+ = \{(V_1,V_2),(V_3,V_4),(V_4,V_5),(V_5,V_7)\}$$

$$\mu^- = \{(V_2,V_3)\}$$

设 f 是一个可行流，μ 是从 V_s 到 V_t 的一条链，若 μ 满足下列条件，则称之为关于可行流的一条增广链。

在前向弧 μ^+ 上，$0 \leqslant f_{ij} < C_{ij}$，即 μ^+ 中每一弧均是非饱和弧。

在后向弧 μ^- 上，$0 < f_{ij} \leqslant C_{ij}$，即 μ^- 中每一弧均是非零流弧。

4. 割集与割量

设某网络图如图 5-19 所示，在网络的某处横切一些弧，把网络切成两半，一半包含发点 V_s，另一半包含收点 V_t。若将被切的弧全部去掉，即将弧集 $E_1 = \{(V_2,V_4),(V_3,V_4),(V_3,V_5)\}$ 去掉，则发点 V_s 与收点 V_t 之间不存在通路。这个弧集 E_1 被称为割集。

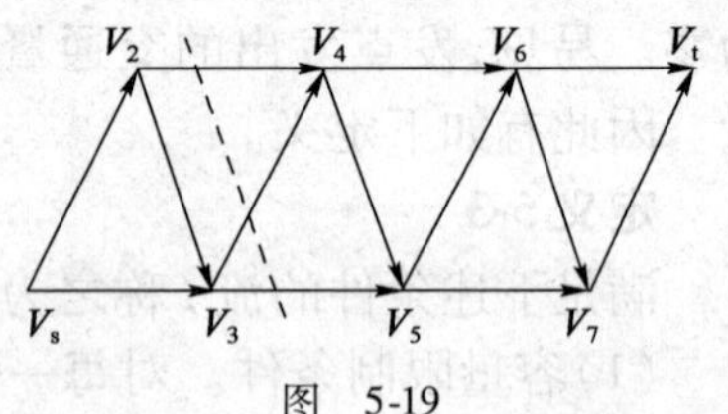

图 5-19

一般地，若网络的节点集为 V，把点集 V 分割成两个集合 S、T。S 包含发点 V_s，T 包含收点 V_t，并使得 S、$T \subset V$，$S \cup T = V$，$S \cap T = \phi$，则把由起点在 S、终点在 T 的所有弧组成的集体 (S,T) 称为割集。把割集 (S,T) 中的所有弧的容量之和称为这个割集的容量（割量），记为 $C(S,T)$。即

$$C(S,T) = \sum_{(V_i,V_j)\in(S,T)} C_{ij}$$

不难看出，割集是 V_s 到 V_t 的必经之路，任何一个可行流的流量 $V(f)$ 都不会超过任一割集的容量，即

$$V(f) \leqslant C(S,T)$$

5. 最大流量—最小割量定理

分析图5-20所示的公路交通网络，V_s 为发点，V_t 为收点，弧旁数据为通行能力。若在图中取一割集 S_1，将弧 (V_s,V_2)、(V_s,V_3) 割断，则网络被分割成为两个互不连通的子图。而 V_s、V_t 分别属于这两个子图，这样从 V_s 到 V_t 的通路被中断。割集的容量为 $C_{s2}+C_{s3}=13\,000+9\,000=22\,000$ 辆/日。显而易见，任何一个可行流 f 相应的网络流量（网络总交通量）$V(f)$ 均不可能超过这个割集的容量。如果在图中另取一个割集 S_2，其割量为 $C_{s2}+C_{32}+C_{34}+C_{36}=13\,000+4\,000+5\,000+5\,000=27\,000$ 辆/日。那么，该网络任何一个可行流 f 相应的网络流量 $V(f)$ 也不会超过这个割集的容量。由此联想到，如果把网络的所有割集全找出并计算其割量，如表5-1所示，就可得到这个网络的最小割量。本例中的最小割量为20 000辆/日，显然从发点 V_s 到收点 V_t 整个网络的流量（总交通量）$V(f)$ 最大不会超过20 000辆/日。可见网络的最大流与网络的最小割量有密切的关系。

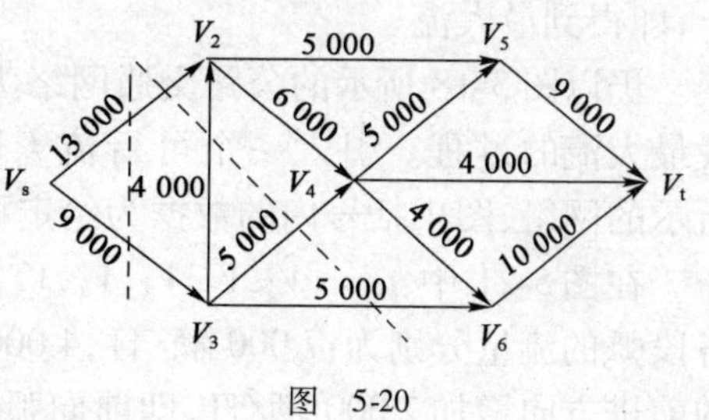

图 5-20

最大流量—最小割量定理：任一网络 D 中，从发点 V_s 到收点 V_t 的最大流的流量等于分离 V_s、V_t 的最小割集的容量。

割集与割量 表5-1

S	T	(S,T)	$C(S,T)$
s	$2,3,4,5,6,t$	$(s,2),(s,3)$	22 000
$s,2$	$3,4,5,6,t$	$(s,3),(2,5),(2,4)$	20 000
$s,3$	$2,4,5,6,t$	$(s,2),(3,4),(3,2),(3,6)$	27 000
$s,2,3$	$4,5,6,t$	$(2,5),(2,4),(3,4),(3,6)$	21 000
$s,2,3,4$	$5,6,t$	$(2,5),(4,5),(4,6),(4,t),(3,6)$	23 000
$s,2,3,4,5,6$	t	$(4,t),(5,t),(6,t)$	23 000
$s,3,6$	$2,4,5,t$	$(s,2),(3,2),(3,4),(6,t)$	32 000
$s,2,4,6$	$3,6,t$	$(s,3),(4,6),(4,t),(5,t)$	26 000
$s,3,4,6$	$2,5,t$	$(s,2),(3,2),(4,5),(4,t),(6,t)$	36 000
$s,2,5$	$3,4,6,t$	$(s,3),(2,4),(5,t)$	24 000
$s,2,3,4,5$	$6,t$	$(3,6),(4,6),(4,t),(5,t)$	22 000

这个定理说明，只要能找到网络的一个最小割量，那么就可得到网络的最大流量。图5-20所示的交通网络的最小割量为20 000辆/日，可见该网络的最大流量为20 000辆/日。

按上述定理，找到了最小割集就得到了最大流。但对于较复杂的网络，直接在网络图上找最小割集是不胜其烦的，且很容易漏掉最小割集。因此，通常采用标号法来寻找最小割集。

二、寻找最大流的标号法

寻找最大流的算法是从某个可行流 f 开始的，若网络中没有给定可行流，则可以取 $f=0$，即从零流开始。然后用标号法求关于可行流 f 的增广链。若增广链存在，则可以经过调整，得到一个新的可行流 f'，其流量 $V(f')$ 较 $V(f)$ 大，然后再寻找 f' 的增广链，再调整。反复多次直到增广链不存在为止，即得到最大流。

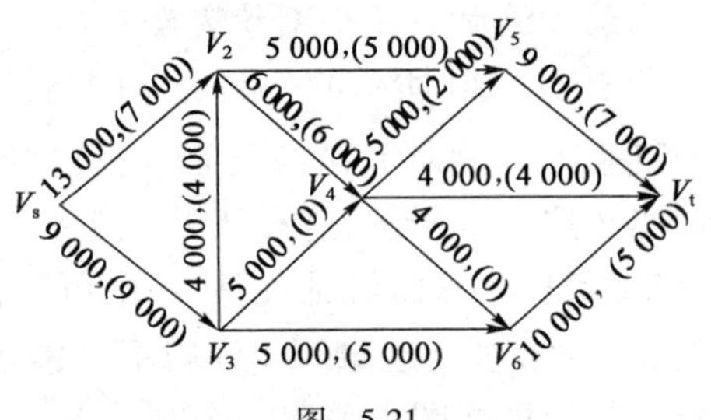

图 5-21

仍以图 5-18 所示的公路交通网络为例来说明寻找最大流的过程。引入一个可行流 f_0 后，得图 5-21 所示的网络，图中括号内的数据为给定可行流的流量 f_{ij}。

在图5-21 中，$\mu=\{V_s,V_2,V_3,V_4,V_5,V_t\}$ 满足增广链的两个条件，所以 μ 为增广链。该链上各段弧的流量分别为:7 000 辆/日，4 000 辆/日，0 辆/日，2 000 辆/日，7 000 辆/日。若沿该链的前进方向增加 2 000 辆/日，即前向弧上加 2 000，后向弧上减 2 000，则各弧段的流量变为：9 000 辆/日，2 000 辆/日，2 000 辆/日，4 000 辆/日，9 000 辆/日。显然，此时各弧段的流量仍在容量的限制范围内，且仍满足各点的平衡条件，但网络的流量增大了 2 000 辆/日。

由此可以看出，如果增广链存在，说明沿着增广链从发点到收点输送的流量还未饱和，将流量调整后，可以使网络的流量增大，而且调整后的各弧流量仍满足各点的平衡条件及容量限制条件。在调整时，尽量使前向弧的流量等于（或接近于）其容量，而使后向弧的流量等于（或接近于）0。

因此，寻找最大流的算法可分为两步：首先是寻找增广链的标号过程，其次是增广链上的流量调整过程。

1. 标号过程

在这个过程中，网络中的点或者是标号点（又分为已检查和未检查两种），或者是未标号点。每个标号点的标号包含两部分：第一部分表明它的标号是从哪一点得到的，以便找出增广链；第二部分用于确定增广链的调整量 Δ。

标号过程开始，先给 V_s 标上 $(0,\infty)$，这时 V_s 是标号而未检查的点，其余都是未标号点。一般地，取一个已标号而未检查的点 V_i，对于一切未标号点 V_j：

(1) 若在前向弧 (V_i,V_j) 上，$f_{ij}<C_{ij}$，则给 V_j 标号 $[V_i,l(V_j)]$，这里 $l(V_j)=\min[l(V_i),C_{ij}-f_{ij}]$。这时点 V_j 成为标号而未检查的点。

(2) 若在后向弧 (V_j,V_i) 上，$f_{ij}>0$，则给 V_j 标号 $[-V_i,l(V_j)]$，这里 $l(V_j)=\min[l(V_i),f_{ji}]$。这时点 V_j 成为标号而未检查的点。

于是，V_i 成为标号而已检查过的点。重复上述过程，一旦 V_t 被标上号，表明得到一条从 V_s 到 V_t 的增广链 μ，从而转入调整过程。

若所有标号都已检查过，而标号过程进行不下去时，则表明已不存在增广链，算法结束，这时的可行流就是最大流。

2. 调整过程

首先按 V_t 及其他点的第一部分标号，利用“反向追踪”的方法，找出增广链 μ。例如，设 V_t 的第一部分标号为 V_K（或 $-V_K$），则弧 (V_K,V_t) [或相应地 (V_t,V_K)] 是 μ 上的弧。接着检查 V_K 的第一部分标号，若为 V_i（或 $-V_i$），则找出 (V_i,V_K) [或相应地 (V_K,V_i)]。再检查 V_i 的第一部分标号，依次下去，直到 V_s 为止。这时找出的弧就构成了增广链 μ。

令调整量 $\Delta = l(V_t)$，即 V_t 的第二部分标号。令

$$f'_{ij} = \begin{cases} f_{ij} + \Delta & (V_i, V_j) \in \mu^+ \\ f_{ij} - \Delta & (V_i, V_j) \in \mu^- \\ f_{ij} & \text{其他} \end{cases}$$

则得到一个新的可行流 $f' = \{f'_{ij}\}$。去掉所有的标号，对新的可行流 f' 重新进入标号过程。

[例 5-7] 用标号法求图 5-21 所示公路交通网络的最大流量。

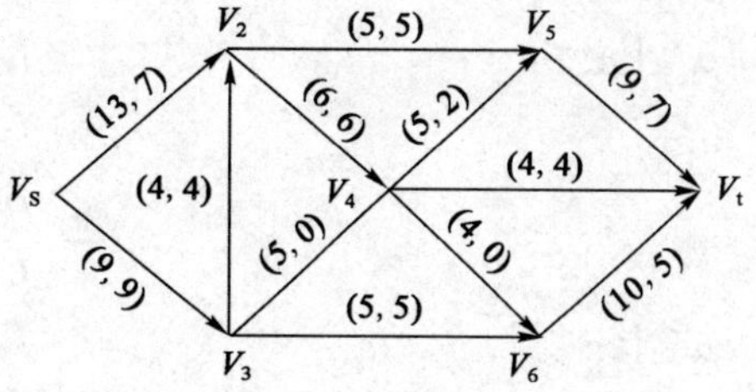

解：为计算方便，将图 5-21 中各路段的通行能力、可行流都除以 1 000，即得图 5-22 所示的网络。弧旁的数据是 (C_{ij}, f_{ij})，单位：1 000 辆/日。

图 5-22

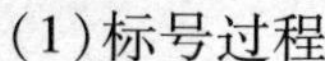

(1)标号过程

①先给 V_s 标上 $(0, \infty)$。

②检查 V_s。

在前向弧 (V_s, V_3) 上，$f_{s3} = C_{s3}$，不满足标号条件。

在前向弧 (V_s, V_2) 上，$f_{s2} = 7 < C_{s2} = 13$，满足标号条件，则 V_2 的标号为 $[V_s, l(V_2)]$，其中：

$$l(V_2) = \min[l(V_s), C_{s2} - f_{s2}] = \min(\infty, 13 - 7) = 6$$

即 V_2 的标号为 $(V_s, 6)$。

③检查 V_2。

在前向弧 (V_2, V_5)、(V_2, V_4) 上，$f_{25} = C_{25}$，$f_{24} = C_{24}$，不满足标号条件。

在后向弧 (V_3, V_2) 上，$f_{32} > 0$，满足标号条件，则给 V_3 标上 $[-V_2, l(V_3)]$，其中：

$$l(V_3) = \min[l(V_2), f_{32}] = \min(6, 4) = 4$$

即 V_3 的标号为 $(-V_2, 4)$。

④检查 V_3。

在前向弧 (V_3, V_6) 上，$f_{36} = C_{36}$，不满足标号条件。

在前向弧 (V_3, V_4) 上，$f_{34} > C_{34}$，则给 V_4 标上 $[V_3, l(V_4)]$，其中：

$$l(V_4) = \min[l(V_3), C_{34} - f_{34}] = \min(4, 5 - 0) = 4$$

即 V_4 的标号为 $(V_3, 4)$。

⑤检查 V_4。

在弧 (V_4, V_t) 上，$f_{4t} = C_{4t}$，不满足标号条件。

在弧 (V_4, V_6) 上，$f_{46} < C_{46}$，则给 V_6 标上 $[V_4, l(V_6)]$，其中：

$$l(V_6) = \min[l(V_4), C_{46} - f_{46}] = \min[4, 4 - 0] = 4$$

即 V_6 的标号为 $(V_4, 4)$。

在弧 (V_4, V_5) 上，$f_{45} < C_{45}$，则给 V_5 标上 $[V_4, l(V_5)]$，其中：

$$l(V_5) = \min[l(V_4), C_{45} - f_{45}] = \min(4, 5 - 2) = 3$$

即 V_5 的标号为 $(V_4, 3)$。

⑥在 V_5、V_6 中任意选一点检查，如 V_6 点。

在弧 (V_6, V_t) 上，$f_{6t} < C_{6t}$，则给 V_t 标上 $[V_6, l(V_t)]$，其中：

$$l(V_t) = \min[l(V_6), C_{6t} - f_{6t}] = \min(4, 10 - 5) = 4$$

即 V_t的标号为$(V_6,4)$。

(2)调整过程

按 V_t及其他点的第一部分标号找到一条增广链，如图 5-23 中的双箭头线所示。

该增广链 μ 中，

$$\mu^+ = \{(V_s,V_2),(V_3,V_4),(V_4,V_6),(V_6,V_t)\}$$

$$\mu^- = \{(V_2,V_3)\}$$

按 V_t的第二部分标号 $\Delta=4$，在 μ 上调整 f。

μ^+上：
$$f_{s2}+\Delta=7+4=1$$
$$f_{34}+\Delta=0+4=4$$
$$f_{46}+\Delta=0+4=4$$
$$f_{6t}+\Delta=5+4=9$$

μ^-上：
$$f_{32}-\Delta=4-4=0$$

其余的f_{ij}不变，于是得到一个新的可行流，如图 5-24 所示。对这个可行流重复标号过程，寻找增广链。

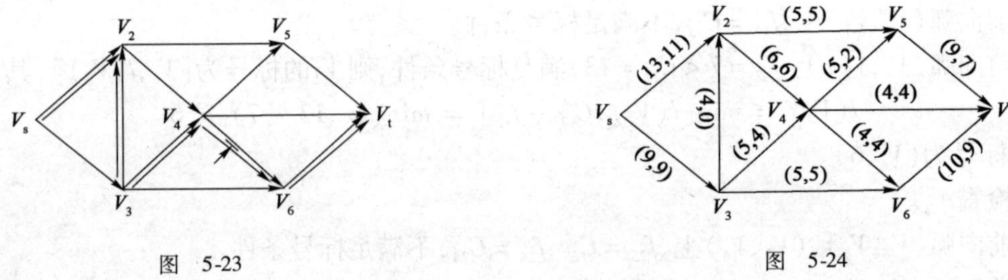

图 5-23　　　　图 5-24

先给 V_s标号$(0,\infty)$。

检查 V_s，V_3点不满足标号条件，V_2满足标号条件，给 V_2标上$(V_s,2)$。

检查 V_2，因在前向弧(V_2,V_5)、(V_2,V_4)上，$f_{25}=C_{25}$，$f_{24}=C_{24}$。在后向弧(V_3,V_2)上，$f_{32}=0$，均不满足标号条件，因此标号过程无法继续下去，即已不存在增广链，算法结束。

这时的可行流就是最大流。最大流量为：

$$V(f) = f_{s2}+f_{s3} = f_{5t}+f_{4t}+f_{6t} = 20$$

即图 5-21 所示公路网络的最大通行能力为 20×1 000 =20 000 辆/日。

与此同时，还可以找到最小割集(S,T)，如图 5-24 中虚线所示。

$$S = \{V_s,V_2\}$$

$$T = \{V_3,V_4,V_5,V_6,V_t\}$$

$$(S,T) = \{(V_2,V_5),(V_s,V_3),(V_3,V_2),(V_2,V_4)\}$$

最小割集的容量为(9+6+5)×1 000 =20 000 辆/日。

由上述可见，用标号法寻找最大流，不仅能求得从发点到收点的最大流，而且同时可找到最小割集。最小割集是影响网络流量的咽喉，在这里的弧的容量最小，因此它决定了整个网络的最大通行能力，若要提高网络的通行能力，必须从改造这个咽喉部位入手。

当网络中具有多个发点或多个收点时，可增设一个虚拟的发点 V_s和一个虚拟的收点 V_t，虚拟发点至各发点的弧的容量及各收点至虚拟收点的弧的容量为无限大。这样，把原来多发点、多收点的网络化成单发点、单收点的网络，便可用前面的标号法求最大流。如图 5-25 中，原网络为三个发点三个收点的网络系统，增设虚拟发点、虚拟收点后就转化成单发点、单收点的网络系统了。

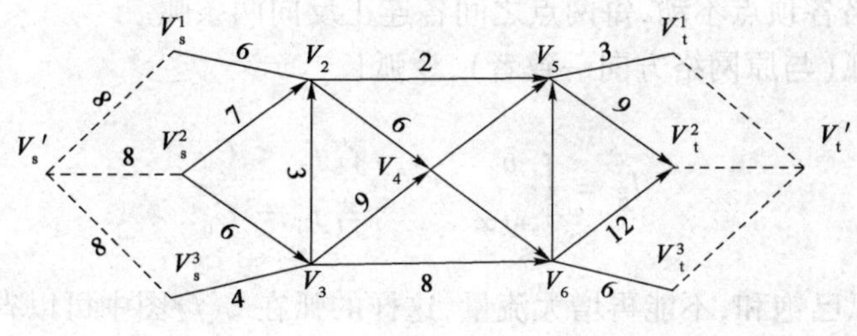

图 5-25

第四节　最小费用最大流问题

本章第三节讨论网络最大流时，只论述流量的大小问题，而未考虑网络流的费用。在实际工程中，涉及“流”的问题时，人们考虑的不只是流量，还有费用的因素。例如，在例 5-7 中找出了图 5-21 所示公路交通网络的最大流量为 20 000 辆/日后，有时需进一步讨论汽车的运行费用，因为各条道路的长度、等级、技术标准、路面状况、交通干扰等情况不同，因此各条道路的行驶费用也是不一样的。在该网络中，符合网络最大流量为 20 000 辆/日的网络流可能有多种运行方案，显然，可以在这些方案中寻找一种费用最小的最大流方案，这就是最小费用最大流问题。

在网络 $D=(V,A,C)$ 的每一弧 $(V_i,V_j)\in A$ 上，除了已给定容量 C_{ij} 外，还给定了一个单位流量的费用 $b_{ij}\geqslant 0$。所谓最小费用最大流问题就是要寻求一个最大流 f，使流的总输送费用

$$b(f) = \sum_{(V_i,V_j)\in A} b_{ij}\cdot f_{ij}$$

取极小值。

由本章第三节的讨论可知，寻找最大流的方法是从某个可行流出发，找到关于这个流的一条增广链 μ。沿着 μ 调整 f，对新的可行流试图寻求关于它的增广链，如此反复直到找到最大流。现在的问题是要寻求最小费用的最大流，首先考虑这样一个问题，当沿着一条关于可行流 f 的增广链 μ，以 $\Delta=1$ 调整 f，得到新的可行流 f'，即 $V(f')=V(f+1)$ 时，费用 $b(f')$ 比 $b(f)$ 增加了多少？不难看出

$$\begin{aligned} b(f') - b(f) &= \sum_{\mu^+} b_{ij}(f'_{ij}-f_{ij}) - \sum_{\mu^-} b_{ij}(f'_{ij}-f_{ij}) \\ &= \sum_{\mu^+} b_{ij} - \sum_{\mu^-} b_{ij} \end{aligned}$$

因此，把 $\sum_{\mu^+} b_{ij} - \sum_{\mu^-} b_{ij}$ 称为这条增广链 μ 的“费用”。

可以证明，若 f 是流量为 $V(f)$ 的所有可行流中费用最小者，而 μ 是关于 f 的所有增广链中费用最小的增广链，那么，沿 μ 去调整 f 所得到的可行流 f'，就是流量为 $V(f')$ 的所有可行流中的最小费用流。这样，当 f' 为最大流时，它也就是所要求的最小费用最大流了。

在实际问题中，费用 b_{ij} 总是非负的，所以 $f=0$ 必是流量为 0 的最小费用流。这样，总可以从可行流 $f=0$ 开始。一般地，设已知 f 是流量 $V(f)$ 的最小费用流，余下的问题就是如何去寻找关于 f 的最小费用增广链。

为了找出关于 f 的最小费用增广链，需要构造一个长度网络 $L(f)$，使得在网络 D 中寻找关于 f 的最小费用增广链等价于在长度网络 $L(f)$ 中寻找从 V_s 到 V_t 的最短路。长度网络的构造方法如下：

(1)保持原网络各顶点不动,每两点之间各连正反向两条弧。

(2)对于正向弧(与原网络方向一致者),令弧长

$$l_{ij}=\begin{cases}b_{ij} & 若 f_{ij}<C_{ij}\\ +\infty & 若 f_{ij}=C_{ij}\end{cases}$$

其中:+∞表示该弧已饱和,不能再增大流量,这样的弧在$L(f)$图中可以省略不画。

(3)对于反向弧,令弧长

$$l_{ij}=\begin{cases}-b_{ij} & 若 f_{ij}>0\\ +\infty & 若 f_{ij}=0\end{cases}$$

这里,+∞的意义是流量已减小到0,不能再小,这样的弧也可省略不画。

于是,求网络最小费用最大流的算法可归纳如下:

(1)取零流为初始可行流$f^0=0$。

(2)构造长度网络$L^{(0)}$,在$L^{(0)}$上求$V_s\to V_t$最短路。这条最短路就是对应在原网络中的关于$f^{(0)}$的最小费用增广链。

(3)在原网络中找到相应于最短路的增广链μ,沿μ对$f^{(0)}$进行调整,于是得费用最小的可行流$f^{(1)}$。

(4)调整方法。设在第$K-1$步得到的最小费用流为$f^{(K-1)}$,在原网络D中找到相应的增广链μ,在μ上对$f^{(K-1)}$进行调整,调整量为:

$$\Delta=\min[\min_{\mu^+}(C_{ij}-f_{ij}^{(K-1)}),\min_{\mu^-}(f_{ij}^{(K-1)})]$$

令

$$f_{ij}^{(K)}=\begin{cases}f_{ij}^{(K-1)}+\Delta & (V_i,V_j)\in\mu^+\\ f_{ij}^{(K-1)}-\Delta & (V_i,V_j)\in\mu^-\\ f_{ij}^{(K-1)} & 其他\end{cases}$$

于是得到一个新的可行流$f^{(K)}$。

(5)返回第(2)步,继续进行,直到L网络中不存在最短路为止,这时的可行流f就是最小费用最大流。

[例5-8] 某地区公路交通网络如图5-26所示,弧上的数字为(b_{ij},C_{ij}),b_{ij}为单位行驶费用(单位:元/辆),C_{ij}为路段通行能力(单位:千辆/h),求该网络的最小费用最大流。

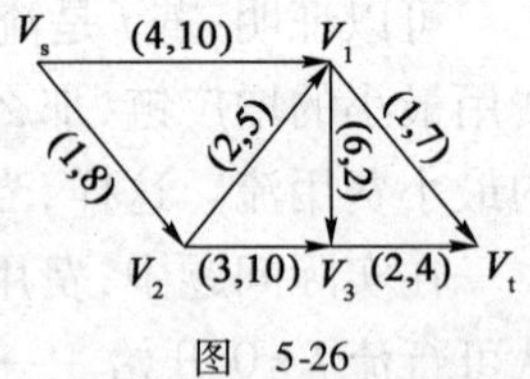

图 5-26

解:(1)取初始可行流为零流$f^{(0)}=0$,并以此构成相应的长度网络$L^{(0)}$(图5-27)。

(2)在$L^{(0)}$上,求出从V_s到V_t的最短路。其最短路线为$V_s\to V_2\to V_1\to V_t$,如图5-27中的双线所示。

(3)在原网络中找出与最短路相应的最小费用增广链μ,并在μ上进行调整,调整量为:

$$\begin{aligned}\Delta &= \min[\min_{\mu^+}(C_{ij} - f_{ij}^{(0)}), \min_{\mu^-}(f_{ij}^{(0)})] \\ &= \min[(8-0),(5-0),(7-0)] \\ &= 5\end{aligned}$$

调整后得到新的最小费用可行流 $f^{(1)}$，如图 5-28 所示。

(4)重复前面的过程。构造长度网络 $L^{(1)}$，如图 5-29 所示。并找出最短路：$V_s \to V_1 \to V_t$，如图 5-29 中的双线所示。

(5)在 D 中找出相应的增广链 μ，对 $f^{(1)}$ 进行调整。调整量为 $\Delta = \min[(10-0),(7-5)] = 2$，得新的最小费用可行流 $f^{(2)}$（图 5-30）。

重复上面的方法依次求出 $L^{(2)}$（图 5-31）、$f^{(3)}$（图 5-32）、$L^{(3)}$（图 5-33）、$f^{(4)}$（图 5-34）、$L^{(4)}$（图 5-35）。

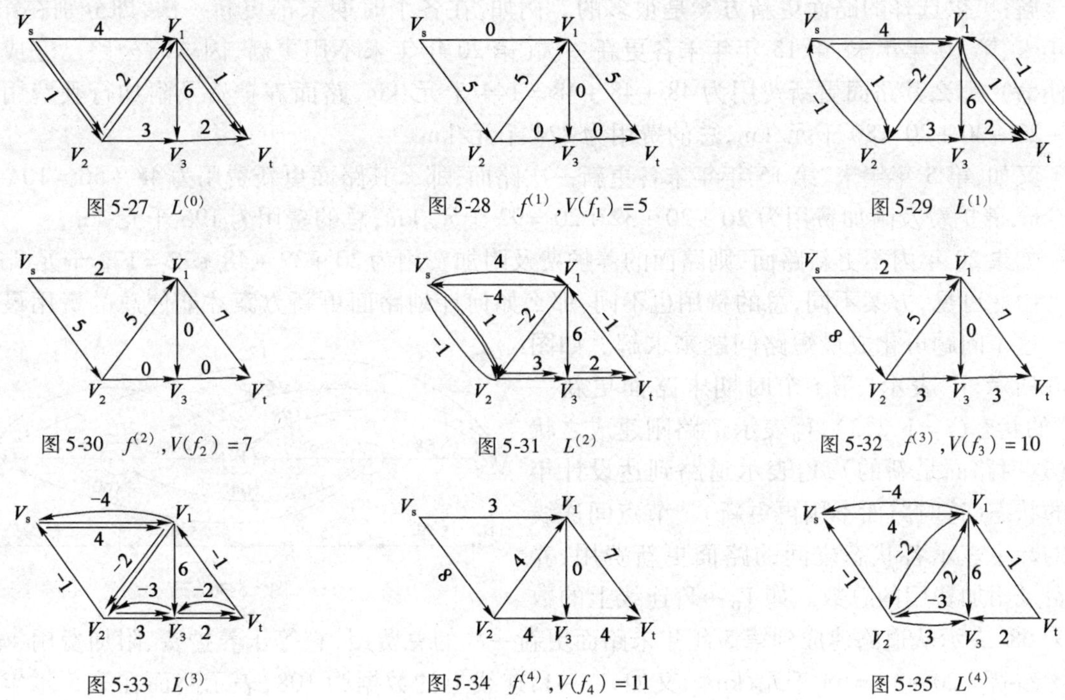

图 5-27　$L^{(0)}$

图 5-28　$f^{(1)}, V(f_1) = 5$

图 5-29　$L^{(1)}$

图 5-30　$f^{(2)}, V(f_2) = 7$

图 5-31　$L^{(2)}$

图 5-32　$f^{(3)}, V(f_3) = 10$

图 5-33　$L^{(3)}$

图 5-34　$f^{(4)}, V(f_4) = 11$

图 5-35　$L^{(4)}$

当进行到 $L^{(4)}$ 时，在 $L^{(4)}$ 中已不存在最短路，即在长度网络 $L^{(4)}$ 中，V_s 与 V_t 之间不存在通路，这时算法结束。$f^{(4)}$ 就是所要求的最小费用最大流，即图 5-26 的公路交通网的最大流量为 11 000 辆/h，最大流量时的最小费用为：

$4 \times 3\,000 + 1 \times 7\,000 + 1 \times 8\,000 + 2 \times 4\,000 + 3 \times 4\,000 + 2 \times 4\,000 = 55\,000$ 元/h。

第五节　图论与网络在道路与交通工程中的应用

实例 5-1　路面更新问题

某新建公路设计年限为 20 年，道路使用若干年后，路面需更新（重铺路面）。把设计年限（20 年）分成四个时期，每个时期为五年。假设每个时期内，各年的路面养护费及由于路面损坏而引起的附加行驶费用是不变的，如表 5-2 所示。又设路面更新是在某个时期的期末进行的，由于各个时期路面的损坏情况不同，故各个时期的路面更新费用也不一样，如表 5-3 所示。

表 5-2

路面更新的年限	第 1 个 5 年	第 2 个 5 年	第 3 个 5 年	第 4 个 5 年
每年的养护费及附加费用（千元/km）	4	6.4	9.6	14.4
五年的总费用（千元/km）	20	32	48	72

表 5-3

路面更新年限	使用 5 年后更新	使用 10 年后更新	使用 15 年后更新
路面更新费用（千元/km）	48	56	60

试确定该公路使用期限（20 年）内的路面更新计划，使总的费用为最小。

解：可供选择的路面更新方案是很多的。例如，在各个时期末都更新一次，即分别在第 5 年年末、第 10 年年末、第 15 年年末各更新一次（第 20 年年末不用更新，因这时公路已完成它的使命），那么其路面更新费用为 48 + 48 + 48 = 144 千元/km，路面养护费及附加行驶费用为 20 + 20 + 20 + 20 = 80 千元/km，总的费用为 224 千元/km。

又如，第 5 年年末、第 15 年年末各更新一次路面，那么其路面更新费用为 48 + 56 = 104 千元/km，养护费及附加费用为 20 + 20 + 32 + 20 = 92 千元/km，总的费用为 196 千元/km。

如果 20 年内不更新路面，则路面的养护费及附加费用为 20 + 32 + 48 + 72 = 172 千元/km。

由此可见，方案不同，总的费用也不同，那么如何计划路面更新方案才能使总的费用最少呢？这个问题可化成最短路问题来求解。如图 5-36 所示，V_i 表示"第 i 个时期末路面更新一次"的状态（$i = 1,2,3$），V_0 表示道路刚建成之状态（这时路面是新的），V_4 表示道路到达设计年限的状态（这时路面不用再更新）。节点间连线上的数字表示各状态之间的路面更新费用、养护费及附加费用的总数。如 $V_0 \to V_1$ 连线上的数据为 68，表示从道路建成到第 5 年年末路面更新一次的总费用，它等于养护费、附加费用 + 路面更新费 = 20 + 48 = 68 千元/km。又如，$V_1 \to V_3$ 连线上的数据为 108，表示路面在第 5 年年末更新后，从第 6 年年初到第 15 年年末路面再更新一次这段时间内的总费用，它等于养护费 + 更新费 = (20 + 32) + 56 = 108 千元/km。

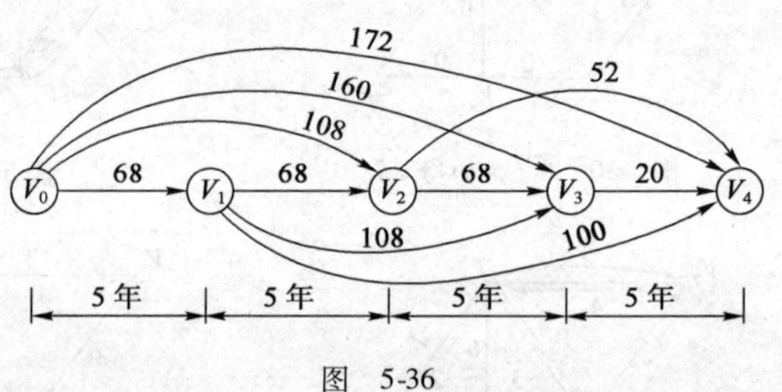

图 5-36

在图中，每一条从 V_0 到 V_4 的通路即表示一个路面更新计划。如 $V_0 \to V_2 \to V_3 \to V_4$，即表示在第 10 年年末、第 15 年年末各更新一次的方案；$V_0 \to V_2 \to V_4$ 表示只在第 10 年年末更新一次路面的方案。各条路的权的总和即表示相应方案的总费用。因此，原问题就变成求图 5-36 所示的网络的最短路问题。

图 5-36 所示网络比较简单，用枚举法即可求出最短路，其最短路为 $V_0 \to V_2 \to V_4$，即在该道路的使用期限（20 年）内，第 10 年年末更新一次路面，其总的费用为最少，总费用为 108 + 52 = 160 千元/km。

实例 5-2　出行交通的"全有全无"分配问题

表 5-4 为某城市 6 个交通区的出行交通量 OD 表。该城市的交通网中，各条道路均为双

向道路，无方向性，故该交通网可用“图”来表示，如图5-37所示。图中数字为汽车在各条道路上行驶所需时间。试将这些出行交通量分配到图5-37所示交通网的各条道路上去，并按其行驶时间最短的路线分配。

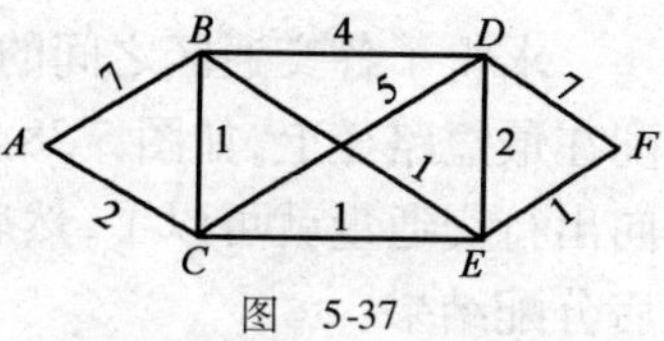

图 5-37

出行交通量调查表（千辆/日）

表5-4

O / D	A	B	C	D	E	F	$\sum O_i$
A	0	10	11	20	12	8	51
B	10	0	9	8	14	12	53
C	11	9	0	9	9	13	51
D	20	8	9	0	11	16	64
E	12	14	9	11	0	18	64
F	8	12	13	16	18	0	67
$\sum D_i$	51	53	51	64	64	67	350

解：所谓“全有全无”分配，就是假设驾驶员总是选择行驶时间最短的道路行驶，如果两个交通区之间有多条道路连接，那么出行交通量全部分配在路权最少的道路上，而其他道路上没有分配到交通量。“全有全无”分配法的关键在于求得交通网络中任意一点至另一任意点之间的最短路线，因此，这种方法也称为最短路分配法。

图5-37所示的交通网络比较简单，凭直观就能找出最短路线，如表5-5所示。对于比较复杂的交通网络，应按本章第二节中介绍的方法先算出各交通区之间的最短路权，然后按“反向追踪”法求出各节点之间的最短路。

表5-5

起 讫 点	最 短 路 径	行 驶 时 间
A→B	A→C→B	3
A→C	A→C	2
A→D	A→C→E→D	5
A→E	A→C→E	3
A→F	A→C→E→F	4
B→C	B→C	1
B→D	B→E→D	3
B→E	B→E	1
B→F	B→E→F	2
C→D	C→E→D	3
C→E	C→E	1
C→F	C→E→F	2
D→E	D→E	2
D→F	D→E→F	3
E→F	E→F	1

求得了各交通区之间的最短路之后，就可在原交通网络网中把各区之间的出行交通量分配在最短路径上，如图 5-38 所示。在本例中，由于出行交通量调查数据为对称，故只需分配单向出行交通量就可以了，然后乘以 2 就得双向的出行交通分配量。图 5-39 为出行交通量的最后分配结果。

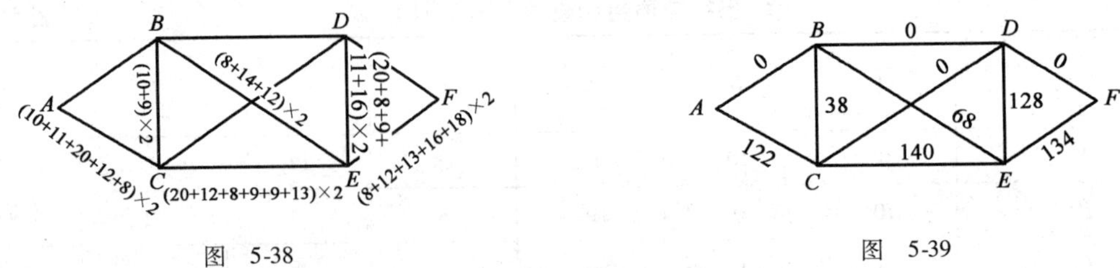

图 5-38　　图 5-39

实例 5-3　综合运输中交通运输方式的确定问题

将货物从 A 城市运送至 E 城市，必须途经 B、C、D 三个城市，而且每两个城市之间有三种运输方式可供选择：铁路、公路、航空。现假设运量为 10 个单位，其他基本数据详见表 5-6 和表 5-7。

各城市间单位运费表　　表 5-6

运输方式	$A\to B$	$B\to C$	$C\to D$	$D\to E$
铁路	4	5	4	7
公路	3	4	6	6
航空	5	2	6	4

不同运输方式之间的换装费用表　　表 5-7

运输方式	铁　路	公　路	航　空
铁路	0	3	2
公路	3	0	2
航空	3	2	0

解：根据题意，构造运输网络图 5-40。

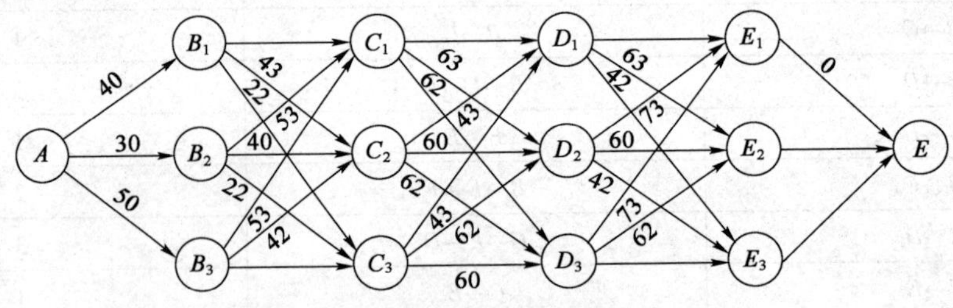

图 5-40　运输网络图

图中圈内的字母和数字代表的意义分别为：英文字母 A、B、C、D 和 E 分别代表 5 个城市，而数字 1、2 和 3 则分别代表铁路、公路和航空三种不同的交通方式。

其中每条边上的路权意义如下：如 $B_2\to C_3$ 的费用为 22，其中包括 B 城市到 C 城市采用航空运输方式的 20 个单位费用以及由公路到航空的 2 个单位的换装费用。

可求出 $A \to E$ 的最短路为：$A \to B_2 \to C_3 \to D_1 \to E_3 \to E$，即从城市 A 到城市 B 选择公路，从城市 B 到城市 C 选择航空，从城市 C 到城市 D 选择铁路，从城市 D 到城市 E 选择航空。由此可计算得到其最小总费用为 $30 + 22 + 43 + 42 = 137$。

实例 5-4 确定区域公路网络主骨架问题

所谓区域公路网络主骨架，是指区域公路网的主干线，是承担区域交通运输的骨干。对区域公路网络主骨架的确定，必须统筹规划，既要考虑到路网各节点（行政区政治、经济和文化中心）当前的自然区位及社会经济区位，也要考虑到其未来的发展趋势。既要考虑到各节点的特殊性，同时也要照顾到区域整个路网布局科学合理性，寻求既保证区域交通运输顺畅快捷，又能使投资费用最少的规划方案。根据交通运输与社会经济相互促进、相互制约的关系，交通运输相对繁忙的路段，必然连接着社会经济活跃强度相对较高的节点，加上要满足投资费用最少这一约束原则，区域公路网主骨架应当以连接区域各重要节点的最小树为基础。因此科学合理地确定区域公路网主骨架，可以运用运筹学中的图论方法，首先确定区域公路网的最小树，并以此作为确定区域公路网主骨架的基础。确定区域公路网络主骨架的方法流程图见图 5-41。

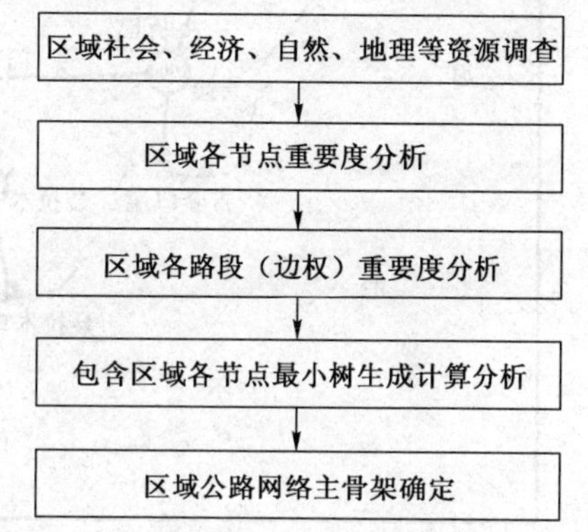

图 5-41 区域公路网络主骨架确定方法流程图

例如：西藏日喀则地区地处我国西南边陲，东邻山南地区和拉萨市，北接那曲地区，西连阿里地区，南临尼泊尔、不丹两国。边境线长达 1 354km，约占西藏边境线总长 3 842km 的 35.24%，是我国西南边疆的重要门户，战略地位十分重要。日喀则地区现辖一个县级市、17 个县和 1 个县级口岸办事处。通过对日喀则地区社会、经济、自然、地理等调查分析，得出日喀则地区 18 个县市节点重要度为：①日喀则市为 0.145 5；②南木林县为 0.111 3；③江孜县为 0.104 6；④拉孜县为 0.071 1；⑤昂仁县为 0.065 9；⑥定日县为 0.066 6；⑦白朗县为 0.065 7；⑧萨迦县 0.063 9；⑨谢通门县为 0.059 9；⑩仁布县为 0.048 7；⑪仲巴县为 0.032 6；⑫康马县为 0.030 9；⑬定结县为 0.027 3；⑭聂拉木县为 0.024 6；⑮萨嘎县为 0.022 2；⑯亚东县为 0.020 0；⑰吉隆县为 0.019 7；⑱岗巴县为 0.015 9。在节点重要度确定的基础上，类比万有引力场理论分析计算各边权值为：

$$F^{-1}(i,j) = K\frac{D(i) \times D(j)}{L^2(i,j)}$$

式中：$F^{-1}(i,j)$——节点 i 到节点 j 间的权值；

K——调节系数；

$D(i)$、$D(j)$——节点 i、j 的重要度值；

$L(i,j)$——节点 i、j 之间的距离。

确定了各节点的重要度后，连接各节点的路段重要度可以运用上述模型加以计算，经计算各路段重要度，运用最小树算法确定的日喀则地区公路网主骨架如图 5-42 所示。

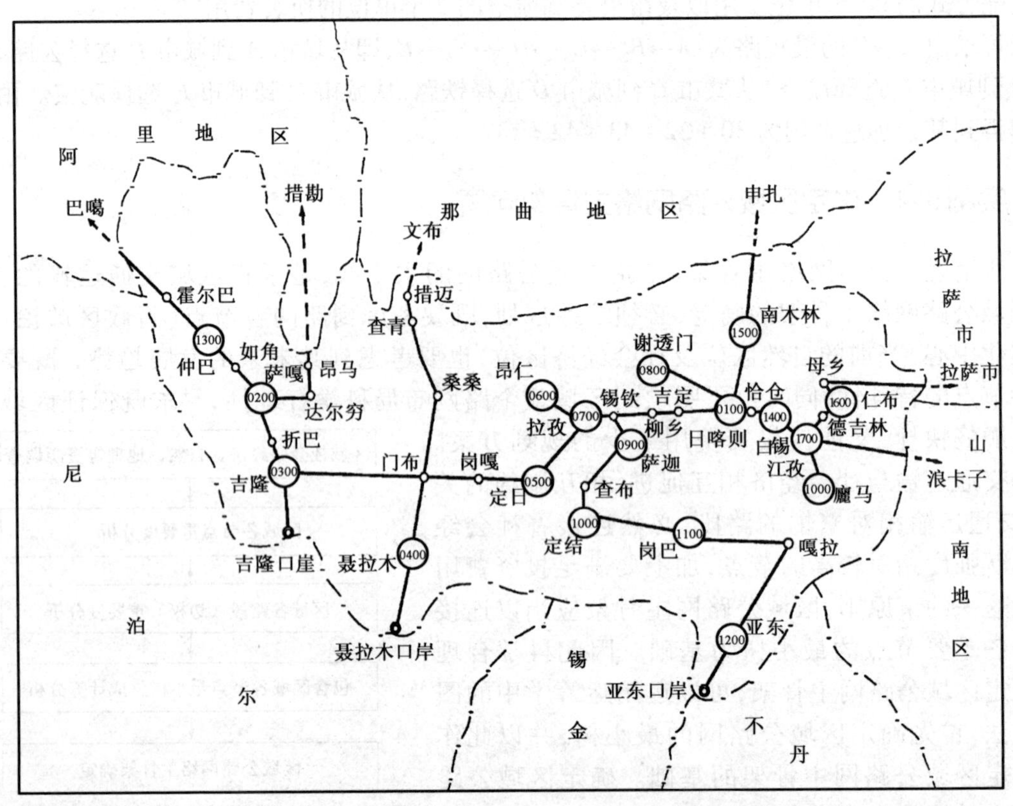

图 5-42　日喀则地区干线公路网络骨架图

实例 5-5　交通监视器安装问题

城市交通问题关系着每个市民的切身利益，在城市道路网络中合理布设交通监视器，对道路网络进行有效监视、及时消除交通拥堵、合理调度路网交通有着重要意义。如果在城市道路网络的每一个交叉口或路段都设置一个交通监视器，一定可以监视城市道路网络，但必然会造成一些资金和人力的浪费。事实上，根据城市道路网络的具体特点，只需要在一些关键地点安装交通监视器，便能完成交通监控任务，从而节约资金和人力。因此，如何选择交通监视器的安装地点问题，便是交通监视器安装问题。解决交通监视器安装问题的流程图见图 5-43。

例如：将某一个城市的道路交通网络抽象为如图 5-44 所示的交通网络图，那么该城市的交通监视器安装问题便转化为图 5-44 的最小顶点覆盖问题。

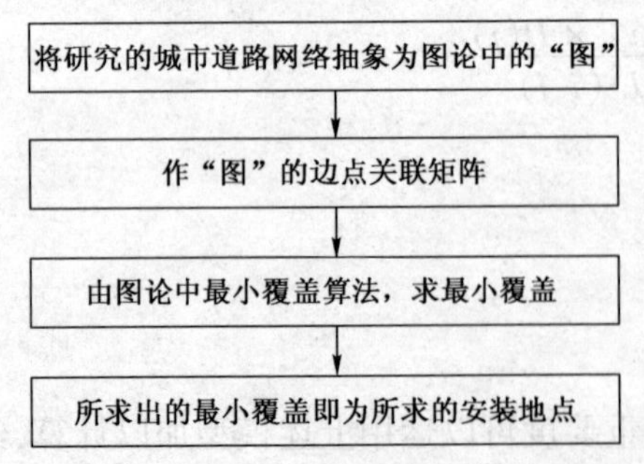

图 5-43　区域公路网络主骨架确定方法流程图

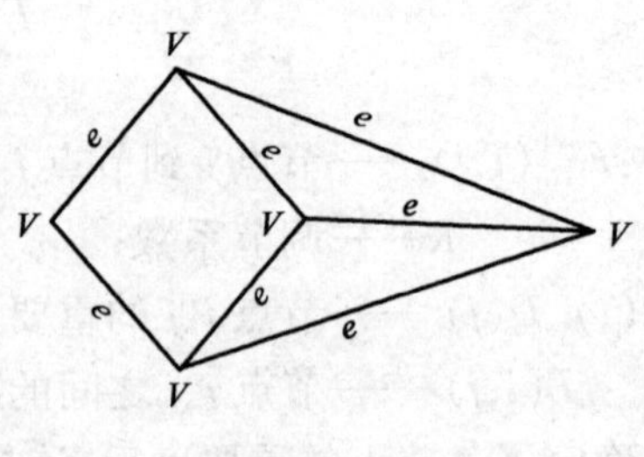

图 5-44　交通网络图

图 5-44 中，$V_i(i=1,2,3,4,5)$表示城市道路交通网络中的交叉口，$e_j(j=1,2,3,4,5,6,7)$表示城市道路交通网络的街道。

作图 5-44 的边点关联矩阵为：

$$
\boldsymbol{R}=\begin{bmatrix}1&0&0&1&0&0&0\\1&1&0&0&1&0&0\\0&1&1&0&0&1&0\\0&0&1&1&0&0&1\\0&0&0&0&1&1&1\end{bmatrix}
$$

由关联矩阵 $\boldsymbol{R}$ 可以求出图 5-44 的最小顶点覆盖为 $K=\{V_1,V_3,V_5\}$，K 中顶点所对应的交叉口即为交通监视器的安装地点。

其实，图论方法在交通运输规划与管理领域的应用很多。如道路网络规划中的最短连线问题即为图论中的“斯坦纳树”问题的应用，公交调度问题可以抽象为图论中的偶图匹配问题等。理论在具体问题中的应用研究正是应用科学的研究方向。

习　题

1. 求图 1 的最小树。

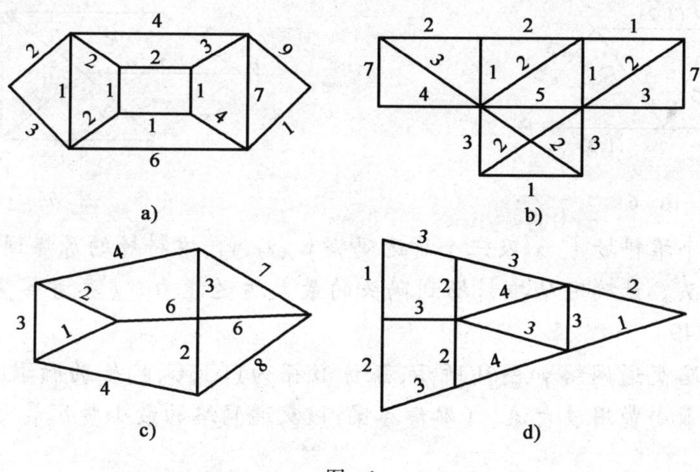

图　1

2. 某市区六个居民点的分布如图 2 所示，现需沿道路在六个居民点之间铺设煤气管线，试求使管道总长度为最佳的铺设方案。图中连线为现状道路网。

3. 某地区七个城镇间的公路交通网如图 3 所示，试用标号法计算从 A 城到 G 城的最短路线。图中弧旁数据为公路长度。（参考答案：最短路线为 $A\to C\to B\to E\to G$）

4. 在图 4 中，用标号法计算 A 点到 H 点的最短路，并指出哪些顶点对 A 点来说是不可到达点。（参考答案：最短路线为 $A\to B\to G\to H$，不可到达点为 C、D）

5. 在图 5 中，求任意一点至另一任意点之间的最短路线。

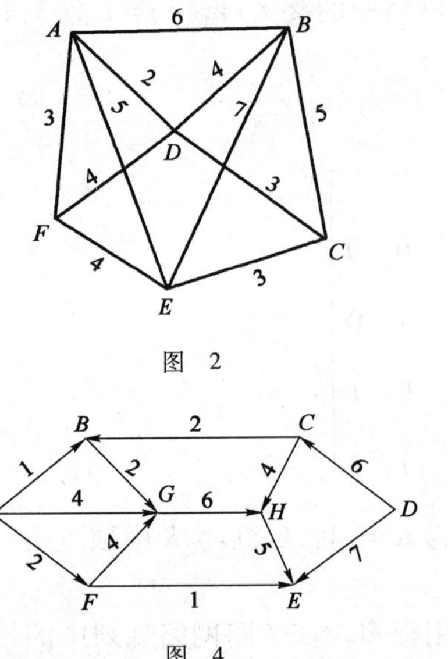

图 2

图 4

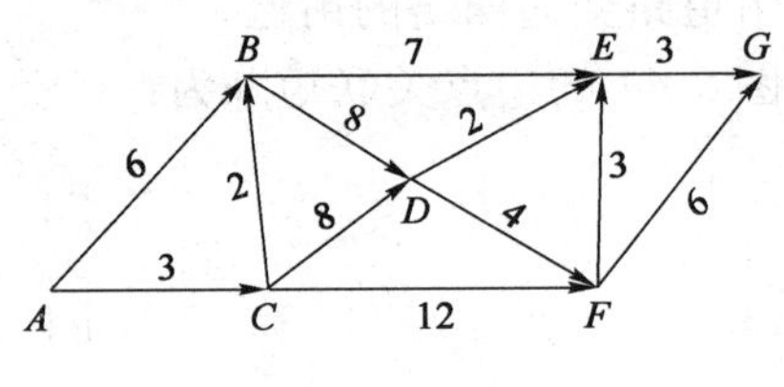

图 3

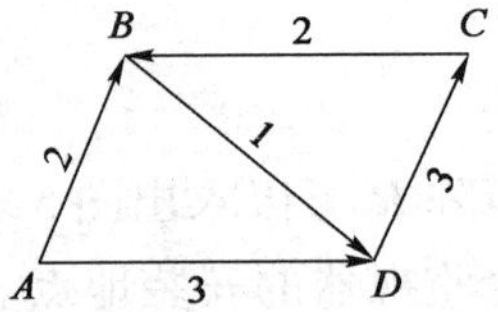

图 5

6. 在图 6 所示的网络中，弧旁的数据为(C_{ij} , f_{ij})。

(1) 确定所有的割集;

(2) 求最小割量;

(3) 求出网络最大流。

7. 某地区的公路交通网络如图 7 所示，弧旁数据为路段通行能力(容量，单位：百辆/h)，试求网络通行能力(最大流)。(参考答案：网络通行能力为 8)

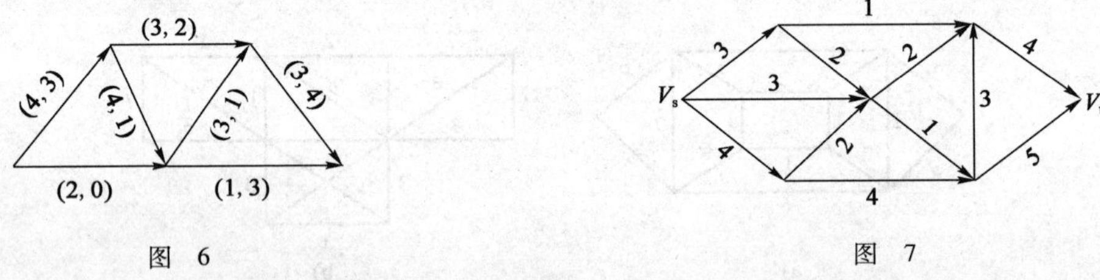

图 6

图 7

8. 某矿区有两个堆料场 x_1、x_2 及三个货运码头 y_1、y_2、y_3，堆料场的原煤通过如图 8 所示的交通网络运送到码头。试确定从堆料场到码头的最大运送能力。(参考答案：堆料场到码头的最大运送能力为 49)

9. 某地区的公路交通网络如图 9 所示，弧旁数据为(b_{ij} , C_{ij})，b_{ij} 为行驶费用，C_{ij} 为容量。试求该交通网络的最小费用最大流。(参考答案：该交通网络的最小费用最大流为 12)

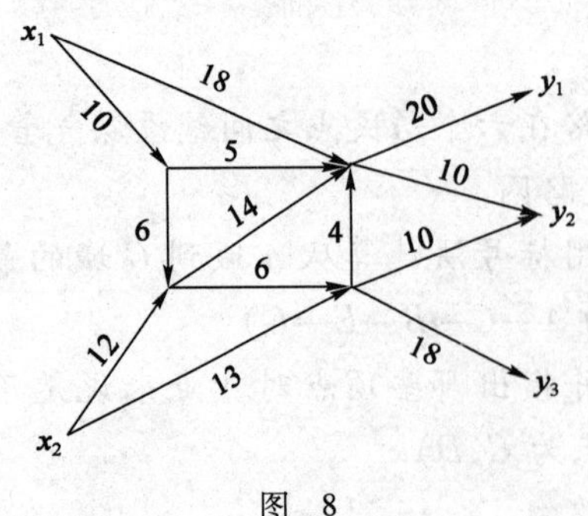

图 8

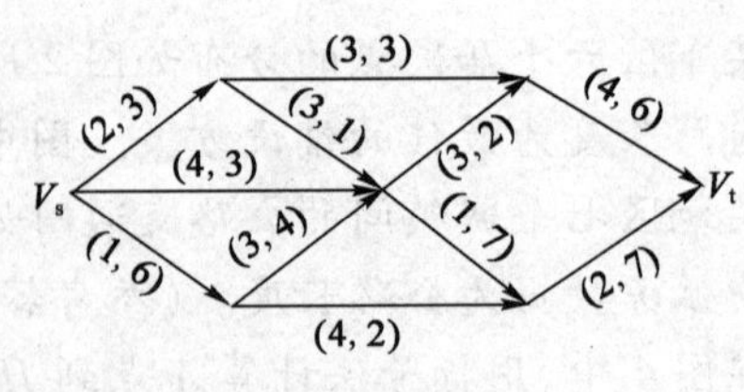

图 9

第六章　随机服务系统理论——排队论及其应用

排队是在日常生活中经常遇到的现象，如去食堂就餐、去医院看病常常需要排队。在交通运输工程中，排队现象也相当普遍。如车辆通过信号交叉口时、汽车在加油站加油时、汽车在通过道路的"瓶颈"地段时都常需排队，货轮进港、飞机着陆等也需排队，旅客在候车室排队等待上车、上下班搭乘公共汽车、汽车在修理车间排队等待修理都需要排队。可见，排队现象比比皆是。

排队论，也称随机服务系统理论，是研究上述排队现象的一门科学，是20世纪初丹麦科学家Erlang在研究电话通话的拥挤问题时提出的理论。排队首先应用于电信行业，目前已被广泛应用于交通、运输等公用事业系统及其他领域。

第一节　排队论的基本知识

一、服务过程的一般表示

从上面所列举排队的例子可以看出，服务过程（或者说排队过程）具有以下几个共同特征：

（1）有请求服务的人或物。如去食堂就餐的顾客、去医院看病的病人、要求通过交叉口的汽车、请求着陆的飞机等。在排队论中，统称它们为"顾客"。

（2）有为顾客服务的人或物。如食堂服务员、医院大夫、信号交叉口、飞机跑道等。在排队论中，统称它们为"服务员"或"服务台"。由顾客和服务员（或服务台）组成一个服务系统。

（3）顾客到达服务系统的时刻是随机的。如汽车到达交叉口、顾客到达商店等都是随机的。每位顾客需要的服务时间也是随机的，有的服务时间长，有的服务时间短，因而整个服务系统的状态也是随机的。服务系统的随机性造成某个阶段顾客排队长，而某些时候服务员又空闲无事。

图6-1是排队过程的一般模型，顾客由顾客源出发，到达服务机构（服务台、服务员）前排队等候接受服务，服务完成后就离开服务系统。排队结构是指排队队列的数目和排队方式，排队规则和服务规则是说明顾客在排队系统中按怎样的规则、次序接受服务的。这里所说的服务系统是指图6-1中虚线所包括的部分。服务系统也称为排队系统。

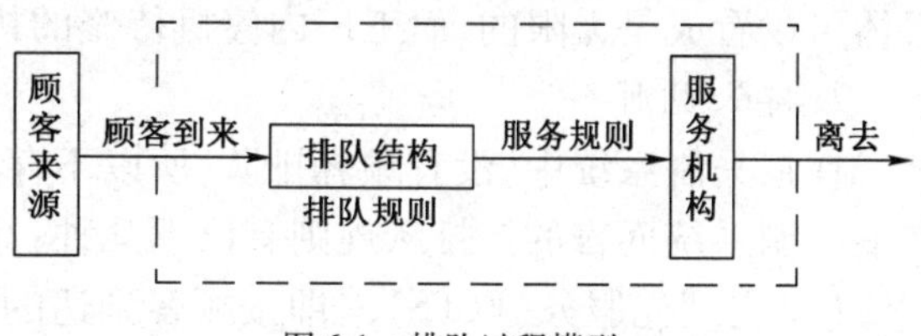

图6-1　排队过程模型

在现实世界中的排队现象是多种多样的，上面所说的"顾客"和"服务员"是广义的，它们可以是人，也可以是物，队列可以是具体的，也可以是无形的（例如向电话交换台要求通话的呼唤)。总之,对于“排队”这一概念应作广义的理解。

二、服务系统的分类

服务系统一般分为如下三类。

1. 损失制系统

当顾客到达这种服务系统时,若服务员都无空闲,则顾客立即离去,另求服务。例如,打电话遇到占线,用户搁置而去;去停车场停放汽车,当发现停车场放满时,用户立即离去,另找停车场。

2. 等待制系统

顾客到达该服务系统时,服务员都在为先到的顾客服务,后到的顾客只好参加排队,等候服务,一直等到有空闲的服务员来为其服务为止。例如,汽车在通过信号交叉口时,如果遇到红灯,则只好在停车线后排队等候,等到绿灯时通过。

3. 混合制系统

在现实生活中,很多服务系统介于损失制和等待制之间,当顾客到达时,若服务员都无空闲且排队位置未满,顾客就排队;但如果顾客到达时服务员都无空闲,且排队位置已满,顾客就立即离去,这是排队长度有限制的服务系统。例如,去理发店理发,当等待理发的位置都坐满时,后来的顾客只得离去。

在混合制中,还有另外一种形式:当顾客到达时,服务员无空闲,顾客就排队,等待服务,当顾客等了一段时间后,仍轮不到为其服务,就离开队列,另求服务,这是排队时间有限制的服务系统。例如,药品、电子元件等过期失效均属此类系统。

如果服务系统中只有一个服务员,则称为单通道服务系统;若在系统中配备多个服务员则称为多通道服务系统。

三、服务系统的组成

虽然各种服务系统的情况各异,但它们都具有下列共同的组成部分。

1. 输入过程

系统的输入过程是指顾客的到达过程。由于到达的规律不同,所以有各种不同的输入过程。一般可以从两个方面来描述输入过程。

(1)顾客相继到达的时间间隔是确定型的还是随机型的。如在火车站,列车是按列车时刻表上规定的时刻进站的,所以说列车到站的时刻是确定型的;而在城市道路信号交叉口,汽车到达交叉口的时刻是随机型的。一般说来,在各种交通服务系统中,顾客到达都是随机的。

(2)顾客的总体(顾客源)的组成是无限的还是有限的。例如,在道路交叉口,到达车辆的总体可以看成是无限的,而工厂内停机待修的机器显然是有限的。

2. 排队规则

在损失制系统中,没有顾客排队,所以不存在排队问题,这里的排队规则是相对于等待制和混合制系统而言的。排队规则有以下几种:

(1)先到先服务(FCFS)。即按顾客到达的先后次序给予服务,这是最普通的情况。

(2)后到先服务(LCFS)。如在情报系统中,最后到达的情报往往是最有价值的,应优先采用;又如堆在仓库中的钢板,使用时先用堆在上面的(后堆上去的)。

(3)优先服务(PR)。分轻重缓急给予服务,如重病号应先于轻病号医疗等。

(4)随机服务(RSS)。当一个顾客被服务完后,服务员从排队的顾客中任取一个,给予服务。

3. 服务机构

服务机构包括为每个顾客服务所需时间的概率分布、服务台的数目以及服务台的排列方式(串联、并联等)。

顾客的服务时间一般具有两种形式:一种是每个顾客的服务时间是一个确定量,另一种是每个顾客的服务时间是一个随机变量,它服从某一概率分布。

对于服务台的排列方式,分单通道与多通道两种。

(1)单通道服务系统

如果整个服务系统中只有一个服务通道,就称该系统为单通道服务系统。单通道服务系统又可分为单通道单服务台系统(图 6-2)和单通道多服务台串联系统(如装配流水线,见图 6-3)。

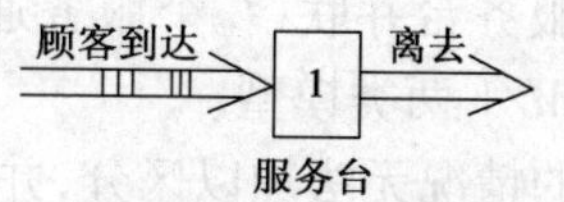

图 6-2　单通道单服务台系统

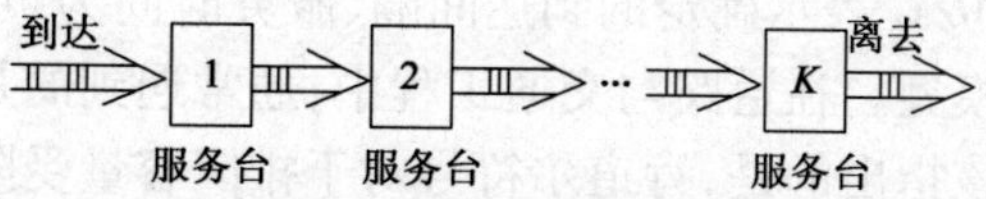

到达 1 服务台 2 服务台 … K 服务台 离去

图 6-3　单通道多服务台串联系统

(2)多通道服务系统

若服务通道不止一个,且每个通道都可以单独地对顾客进行服务,这样的服务机构为多通道服务系统。根据服务规则和顾客的排队情况,又可将多通道服务系统分为可通的多通道系统(图 6-4)与不可通的多通道系统(图 6-5)两种。前一种情况中,顾客可以在任何一个空着的服务通道中得到服务;而在后一种情况中,顾客必须在固定的一个通道中等待服务。

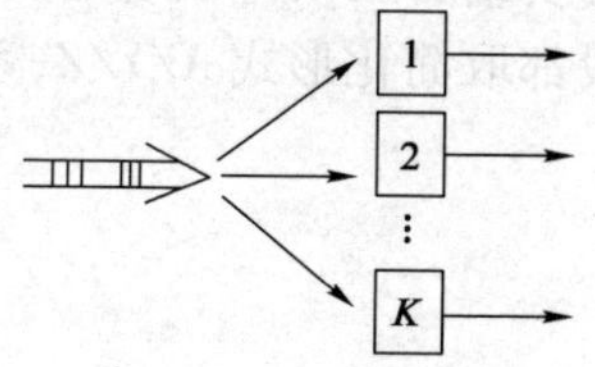

图 6-4　可通的多通道系统

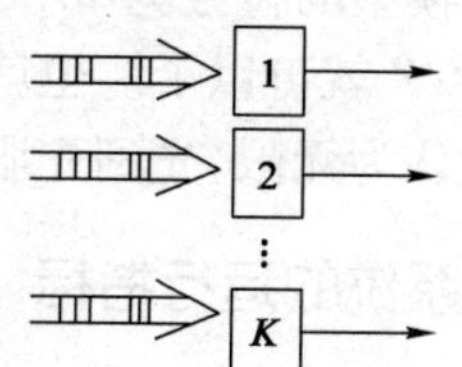

图 6-5　不可通的多通道系统

除了上述两种排列方式以外,还存在服务台串、并联混合的服务系统,如图 6-6 所示。

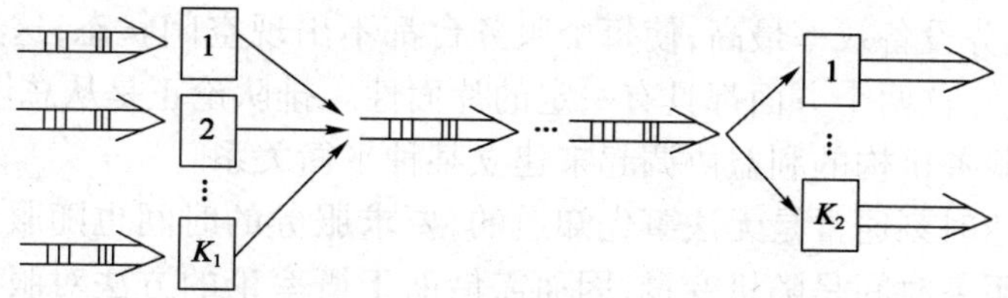

图 6-6　多通道混合系统

四、排队模型的表示方法

如前所述,一个随机服务系统是由输入过程、排队规则和服务机构三要素确定的,一个确定的输入过程和服务时间分布形式再配上确定的服务台数目和服务规则就构成了一个排队模型。输入过程形式、服务时间分布形式、服务台数目和服务规则的不同组合,就形成了不同的排队模型。为了便于通用和分类，一般采用肯道尔(D. G. Kendall)符号来表示排队模型，即约定用下列符号来描述排队形式：

$$X/Y/Z$$

其中，X 处填写相继到达间隔时间的分布；Y 处填写服务时间的分布；Z 处填写并列的服务台数目(通道数)。

表示相继到达间隔时间和服务时间的各种分布的符号如下：

M——负指数分布(Negative exponential)；

E_k——K 阶爱尔朗分布(Erlang-K)；

D——确定型分布(Deterministic or fixed)；

GI——到达时间间隔的一般分布(General distribution of interval times)；

G——服务时间的一般分布(General distribution of service times)。

例如，$M/M/1$ 表示到达间隔时间为负指数分布、服务时间为负指数分布、单通道的排队模型。$D/M/C$ 表示确定的到达间隔、服务时间为负指数分布、C 个服务台并联(C 个服务通道)的排队模型。在道路与交通工程中，通常遇到的是 $M/M/C$ 和 $M/M/1$ 两类模型。

应该指出的是，肯道尔符号对于排队容量受限制和容量无限的情况无法加以区分，并且没有考虑排队规则。为了能在排队问题的符号中包括这些附加条件，在 1971 年国际排队符号标准会议上，扩充了肯道尔符号。其形式为：

到达过程/服务过程/服务台数目/在系统中的顾客最大容量/在顾客源中的顾客数/排队规则

例如，$M/M/1/K/\infty$/FCFS 表示到达为负指数分布、服务时间为负指数分布、服务台数目为 1、系统容量为 K、顾客总体无限、排队规则为先到先服务的服务系统。

如果排队模型的符号为 $X/Y/Z/\infty/\infty$/FCFS，那么后两项或后三项可以省略，只要写 $X/Y/Z/\infty$ 或 $X/Y/Z$ 就可以了。也就是说，除非另有说明，一般都取简化形式 $X/Y/Z$，系统容量、顾客源分别默认为无限、先到先服务的排队系统。

五、服务系统的运行指标

一个服务系统包括顾客和服务机构两个方面。对顾客来说，当然不希望排队，而是希望随时都能很方便地得到服务。要满足顾客的要求，必须多配置服务台，这样势必会使服务机构过大，服务机构的使用效率降低，人力、物力的开支相应增大，造成不必要的浪费。从服务机构来讲，希望所提供的服务设备效率最高，使每个服务台都不出现空闲状态，这必然会导致顾客排队，影响顾客的利益。这两个方面都具有一定的片面性。排队论正是从总体经济利益出发，试图把顾客的需要与服务机构的利益协调起来建立某种平衡关系。

由于顾客的到达时刻通常是无法事先知道的，要求服务的时间也随服务的不同而异。一般来说，到达时刻、服务时间是随机变量，因而需借助于概率论的方法对服务系统的运行状态进行各种概率的描述。通常用下列数量指标来描述服务系统的运行状态。

(1)队长 L_s：指系统中顾客个数的期望值。

(2)排队长 L_q：指在系统中排队等待服务的顾客个数的期望值。

L_s 与 L_q 有如下的关系：

$$L_s = L_q + \text{正被服务的顾客数期望值}$$

(3)逗留时间 W_s：一个顾客在系统中的停留时间(从到达系统起到离开系统止的时间)的

期望值。

(4)排队时间 W_q:一个顾客在系统中排队等候的时间的期望值。

W_s与 W_q有如下的关系:

$$W_s = W_q + \text{服务时间期望值}$$

(5)忙期:指从顾客到达空闲服务机构起到服务机构再次空闲止的时间长度,即服务机构连续繁忙的时间长度。

此外,在损失制与混合制的情形中,顾客被拒绝的概率(损失率)以及以后常用到的服务强度等都是很重要的指标。

通过对这些指标的研究,并结合具体条件求得服务机构的最合适的规模,是排队论研究的目的之一。另一目的是在现存的服务系统中,如何改进服务,也就是说如何对影响排队模型的诸要素进行适时控制,以期取得更好的经济效果。例如,在道路交通的信号交叉口系统中,对于交通量特别大的交叉口,应多设进口车道,反之,应少设进口车道。总之,如何合理地设计与控制服务系统,使它既能满足顾客的需要,又使服务机构的花费最少,即顾客与服务机构两者利益之间达到某种平衡,这就是排队论研究的最终目的。

第二节　顾客到达分布和服务时间分布

影响排队的主要因素是单位时间内要求服务机构给予服务的顾客数和每个顾客所需的服务时间。由于这两个因素都带有随机性,因此,要想预测在某一时刻将有多少顾客要求服务系统服务,或者预测某一顾客的服务时间将要延误多久这都是不可能的,只能对单位时间内到达系统的顾客数和服务时间这两个随机变量进行概率的描述。

一般描述顾客到达和服务时间的方法是求出它的概率密度函数或概率的分布函数。具体地说,就是要求出单位时间内有 K 个顾客到达系统、要求服务的概率,以及服务时间不少于某一时间长度的概率。

在排队论中,描述到达分布和服务时间分布的分布形式有最简单流(泊松流)、负指数分布、爱尔朗分布、二项分布、正态分布等。本节仅介绍最常用的最简单流和负指数分布。

一、最简单流(泊松流)

最简单流又称为平稳的泊松流,在排队论中有着特殊地位,在交通工程中经常用于交通流的统计应用。它适用于车流密度不大,其他外界干扰因素基本上不存在,即车流是随机的情况。首先对它进行详细的讨论。

设 $N(t)$ 表示在时间区间 $(0,\Delta t)$ 内到达的顾客数 $(\Delta t>0)$,令 $P_n(t_1,t_2)$ 表示在时间区间 $(t_1,t_2)(t_2>t_1)$ 内有 n 个顾客到达的概率,即

$$P_n(t_1,t_2) = P\{N(t_2) - N(t_1) = n\} \qquad (t_2 > t_1, n \geqslant 0)$$

当 $P_n(t_{1,},t_2)$ 符合下列三个条件时,就说顾客的到达形成最简单流(或泊松流)。这三个条件如下。

(1)流的平稳性

对于任意的 $t\geqslant0$ 及 $\Delta t\geqslant0$,在时间区间 $(t,t+\Delta t)$ 内有 n 个顾客到达的概率只与 Δt 有关,与时间区间的起点 t 无关。

当 Δt 充分小时,在 $(t,t+\Delta t)$ 内有一个顾客到达的概率约与 Δt 成正比,即

$$P_1(t,t+\Delta t) = \lambda\Delta t + o(\Delta t) \tag{6-1}$$

式中：$o(\Delta t)$——当 $\Delta t \to 0$ 时，关于 Δt 的高阶无穷小；

λ——单位时间内的顾客到达平均数（$\lambda > 0$）。

（2）流的无后效性

在时间轴上，互不相交的时间区段 $[t_1,t_2]$ 和 $[t_3,t_4]$（$t_1 < t_2 < t_3 < t_4$）内，顾客的到达数是相互独立的，即前一顾客的到达不影响后一顾客的到达。

（3）流的普遍性

在同一时刻，有两个及两个以上顾客到达的概率与有一个顾客到达的概率相比小到可以忽略的程度，即当 Δt 充分小时，在时间区间 $(t,t+\Delta t)$ 内有两个及两个以上顾客到达的概率是关于 Δt 的高阶无穷小。

$$\sum_{n=2}^{\infty} P_n(t,t+\Delta t) = o(\Delta t) \tag{6-2}$$

由条件（1），我们总可以取时间由 0 算起，即

$$P_n = (t,t+\Delta t) = P_n(0,\Delta t)$$

并简记为：

$$P_n = (0,\Delta t) = P_n(\Delta t)$$

由条件（1）、（3），容易推得在 $(t,t+\Delta t)$ 区间内没有顾客到达的概率为：

$$P_0(t,t+\Delta t) = 1 - \lambda\Delta t + o(\Delta t) \tag{6-3}$$

或

$$P_0(\Delta t) = 1 - \lambda\Delta t + o(\Delta t)$$

下面来研究最简单流的概率分布，即在长为 Δt 的时间区间内，到达 n 个顾客的概率 $P_n(\Delta t)$。

设把长为 Δt 的时间区间分成 m 等分，每段长度为 $\mathrm{d}t = \frac{\Delta t}{m}$。若在 $\mathrm{d}t$ 内，有一个顾客到达，则称 $\mathrm{d}t$ 被“占着”，如果在 $\mathrm{d}t$ 内，没有顾客到达，则称 $\mathrm{d}t$ 为“空着”。$\mathrm{d}t$ 被“占着”的概率近似为 $\lambda\mathrm{d}t = \frac{\lambda\Delta t}{m}$，见式（6-1），$\mathrm{d}t$ 被“空着”的概率近似为 $1-\lambda\mathrm{d}t = 1-\frac{\lambda\Delta t}{m}$，见式（6-3）。由于流的无后效性，故在 m 个 $\mathrm{d}t$ 中，有顾客到达与没有顾客到达可以看成是 m 次独立的试验。现在的问题是求在 m 个 $\mathrm{d}t$ 中，有 n 个 $\mathrm{d}t$ 被“占着”的概率，即在长为 $m\mathrm{d}t = \Delta t$ 的区间内，有 n 个顾客到达的概率。根据二项定律得：

$$P_n(\Delta t) = P_m(n) = C_m^n\left(\frac{\lambda\Delta t}{m}\right)^n \times \left(1-\frac{\lambda\Delta t}{m}\right)^{m-n}$$

$\mathrm{d}t \to 0$ 时，$m \to \infty$，则

$$\begin{aligned}
P_n(\Delta t) &= \lim_{m\to\infty} C_m^n\left(\frac{\lambda\Delta t}{m}\right)^n \times \left(1-\frac{\lambda\Delta t}{m}\right)^{m-n} \\
&= \lim_{m\to\infty}\frac{m(m-1)(m-2)\cdots(m-n+1)}{n!} \times \left(\frac{\lambda\Delta t}{m}\right)^n\left(1-\frac{\lambda\Delta t}{m}\right)^{m-n} \\
&= \frac{(\lambda\Delta t)^n}{n!}\lim_{m\to\infty}\left(\frac{m}{m}\times\frac{m-1}{m}\times\cdots\times\frac{m-n+1}{m}\right)\times\left(1-\frac{\lambda\Delta t}{m}\right)^{m-n} \\
&= \frac{(\lambda\Delta t)^n}{n!}\lim_{m\to\infty}\left(1-\frac{\lambda\Delta t}{m}\right)^m = \frac{(\lambda\Delta t)^n}{n!}e^{-\lambda\Delta t}
\end{aligned}$$

即

$$P_n(\Delta t) = \frac{(\lambda\Delta t)^n}{n!}e^{-\lambda\Delta t} \quad (n = 0,1,2,\cdots) \tag{6-4}$$

由此可知,对于最简单流,在长度为 Δt 的时间区间内,顾客到达数 $N(\Delta t)$ 服从参数为 $\lambda\Delta t$ 的泊松分布。它的数学期望和方差分别为:

$$\begin{aligned} E[N(\Delta t)] &= \lambda\Delta t \\ Var[N(\Delta t)] &= \lambda\Delta t \end{aligned} \tag{6-5}$$

[例 6-1] 在某铁路与公路相交的平面交叉口,当火车通过交叉口时,用横木护栏阻断汽车通行。每次火车通过时,平均封锁公路 3min,公路上平均每分钟有 4 辆汽车到达交叉口。求火车通过交叉口时,汽车排队长度超过 12 辆的概率。

解:

$$P_n(\Delta t) = \frac{(\lambda\Delta t)^n}{(n!)}e^{-\lambda\Delta t}$$

由题意可知:

$$\Delta t = 3\text{min}$$

$$\lambda = 4 \text{ 辆/min}$$

排队汽车不超过 12 辆的概率为:

$$\begin{aligned} P_{\leqslant 12(\Delta t)} &= P_0(\Delta t) + P_1(\Delta t) + \cdots + P_{12}(\Delta t) \\ &= \sum_{n=0}^{12} P_n(\Delta t) = \sum_{n=0}^{12} \frac{(\lambda\Delta t)^n}{n!}e^{-\lambda\Delta t} \\ &= \sum_{n=0}^{12} \frac{(3\times 4)^n}{n!} \times e^{-3\times 4} = 0.576 \end{aligned}$$

排队汽车超过 12 辆的概率为:

$$\begin{aligned} P_{>12(\Delta t)} &= 1 - P_{\leqslant 12(\Delta t)} \\ &= 1 - 0.576 \\ &= 0.424 \end{aligned}$$

即汽车排队长度超过 12 辆的概率为 42.4%。

二、负指数分布

根据同样的原理,如果顾客接受服务完毕,从服务机构离去的流也是完全随机的,并服从最简单流的三个条件,那么在时段 Δt 内,有 n 个顾客从服务机构离去的概率可由式(6-4)计算,即

$$P_n(\Delta t) = \frac{(u\Delta t)^n}{n!}e^{-u\Delta t} (n = 0,1,2,\cdots)$$

式中:$P_n(\Delta t)$——服从参数为 $u\Delta t$ 的泊松分布,其中 u 为单位时间内顾客服务完毕而离去的平均数,即平均服务率;$\frac{1}{u}$ 为每个顾客的平均服务时间。

当 $n=0$ 时,

$$P_0(\Delta t) = e^{-u\Delta t}$$

即表示在长度为 Δt 的时段内没有顾客离去的概率为 $e^{-u\Delta t}$。

$$\begin{aligned} e^{-u\Delta t} &= P(\text{在时段 } \Delta t \text{ 内没有顾客离去}) \\ &= P(\text{每一顾客的服务时间} > \Delta t) \\ &= 1 - P(\text{每一顾客的服务时间} \leqslant \Delta t) \\ &= 1 - F_T(\Delta t) \end{aligned}$$

故

$$P_0(\Delta t) = 1 - F_T(\Delta t)$$

$$F_T(\Delta t) = 1 - P_0(\Delta t) = 1 - e^{-u\Delta t}$$

$F_T(\Delta t)$即为服务时间的分布函数,服务时间的概率密度为:

$$f_T(\Delta t) = [F_T(\Delta t)]' = ue^{-u\Delta t}(\Delta t > 0) \tag{6-6}$$

一般地,称这种情况为服务时间服从参数 u 的负指数分布。服务时间 T 的数学期望及方差分别为:

$$E(T) = \frac{1}{u}$$

$$Var(T) = \frac{1}{u^2}$$

从上面的讨论可以看出,如果顾客的到达过程服从最简单流,则顾客的到达时间间隔 T' 服从参数为 λ 的负指数分布。如果顾客的服务过程(即离开服务台的过程)服从最简单流,则顾客的服务时间 T 服从参数为 u 的负指数分布。

第三节　生 灭 过 程

一、生灭过程的定义

在分析随机服务系统时,经常遇到下面这类随机过程:

有一堆细菌,其中每一个细菌在时间 Δt 内分裂成两个的概率为 $\lambda\Delta t + o(\Delta t)$,而在 Δt 内死亡的概率为 $u\Delta t + o(\Delta t)$,各个细菌在任何时段内的分裂和死亡都是相互独立的。如果把细菌的分裂和死亡各看成是发生一个事件的话,那么不难看出,在 Δt 内发生两个或两个以上事件的概率为 $o(\Delta t)$。假定已知初始时刻的细菌个数,试问经过时间 t 后,细菌变成了多少个?

这就是生灭过程的实例,经过抽象化,生灭过程可以定义如下。

定义 6-1　设有某个系统,具有 0,1,2,…状态,令 $N(t)$ 表示系统在时刻 t 所处的状态(即顾客个数)。在任一时刻 t,若系统处于状态 i,则在 $(t, t+\Delta t)$ 内系统由状态 i 转移到状态 $i+1$ $(i \geqslant 0)$ 的概率为 $\lambda_i\Delta t + o(\Delta t)$,而由状态 i 转移到状态 $i-1$ $(i \geqslant 1)$ 的概率为 $u_i\Delta t + o(\Delta t)$,其中 $\lambda_i(>0)$、$u_i(>0)$ 为固定常数,并且在 $(t, t+\Delta t)$ 内发生两次以上转移的概率为 $o(\Delta t)$,这样的一个系统状态随时间变化的过程 $N(t)$ 就称为一个生灭过程。

从生灭过程的定义可知,对于一个排队系统,只要输入过程和服务过程符合最简单流,即 $M/M/C$ 类排队系统,那么排队过程肯定是符合生灭过程的。

二、生灭过程的哥尔莫可尔夫方程

在本节中,以系统容量为 K 的排队系统为例,来说明哥尔莫可尔夫方程的建立过程,当系统容量无限时,令 $K = +\infty$ 即可。

在容量为 K 的排队系统中，在时刻 t 不外乎出现这样几种状态：在排队系统中没有顾客排队，有一个顾客排队，有二个顾客排队，……，有 K 个顾客排队，分别以 $S_0, S_1, S_2, \cdots, S_K$ 表示上列状态，以 $P_0(t), P_1(t), P_2(t), \cdots, P_K(t)$ 表示出现上列状态的概率。

系统在时刻 $t+\Delta t$ 处在状态 i（即排队系统在时刻 $t+\Delta t$ 有 i 个顾客），这一事件可以在下列几种情况之一中发生（这几种情况都是互斥的）。

（1）系统在时刻 t 处于状态 $i-1$，而在时间间隔 $(t, t+\Delta t)$ 内由状态 $i-1$ 转移到状态 i。系统在时刻 t 处在状态 $i-1$ 的概率为 $P_{i-1}(t)$，由生灭过程的定义可知，在 Δt 时间内，由状态 $i-1$ 转移到状态 i 的概率为 $\lambda_{i-1}\Delta t + o(\Delta t)$。根据条件概率定理，出现这种情况的概率为：

$$P_{i-1}(t) \times \lambda_{i-1}\Delta t + o(\Delta t)$$

（2）系统在时刻 t 处在状态 $i+1$，而在时间间隔 $(t, t+\Delta t)$ 内由状态 $i+1$ 转移到状态 i。出现这种情况的概率为：

$$P_{i+1}(t) \times u_{i+1}\Delta t + o(\Delta t)$$

（3）系统在时刻 t 处在状态 i，而在 $(t, t+\Delta t)$ 内没有发生转移。出现这种情况的概率为：

$$P_i(t)(1-\lambda_i\Delta t - u_i\Delta t) + o(\Delta t)$$

（4）系统在 $(t, t+\Delta t)$ 内发生两次或两次以上的转移。出现这种情况的概率为：

$$o(\Delta t)$$

由全概率定理可得，系统在时刻 $(t, t+\Delta t)$ 处于状态 i 的概率为：

$$P_i(t+\Delta t) = P_i(t)(1-\lambda_i\Delta t - u_i\Delta t) + P_{i-1}(t)\lambda_{i-1}\Delta t + P_{i+1}(t)u_{i+1}\Delta t + o(\Delta t)\quad(0<i<K)$$

移项后两端同除以 Δt，得：

$$\frac{P_i(t+\Delta t)-P_i(t)}{\Delta t} = \lambda_{i-1}P_{i-1}(t) - (\lambda_i + u_i)P_i(t) + u_{i+1}P_{i+1}(t) + \frac{o(\Delta t)}{\Delta t}\qquad(0<i<K)$$

令 $\Delta t \to 0$，即得：

$$\frac{dP_i(t)}{dt} = \lambda_{i-1}P_{i-1}(t) - (\lambda_i + u_i)P_i(t) + u_{i+1}P_{i+1}(t)\qquad(0<i<K)\tag{6-7}$$

同理，对 $i=0$ 可推得：

$$\frac{dP_0(t)}{dt} = -\lambda_0 P_0(t) + u_1 P_1(t)\tag{6-8}$$

对 $i=K$ 可推得：

$$\frac{dP_K(t)}{dt} = \lambda_{K-1}P_{K-1}(t) - u_k P_K(t)\tag{6-9}$$

若排队系统的容量为无限，则在式(6-7)中，令 $K=\infty$ 并去掉式(6-9)即可。

式(6-7)～式(6-9)称为生灭过程的哥尔莫可尔夫方程，也称为生灭过程的微分方程组。

三、在统计平衡条件下哥尔莫可尔夫方程的解

通过上面的讨论，得到了系统处于各种状态的哥尔莫可尔夫方程，这组方程组的解与系统所处的时刻有关。一般来说，当系统处于运行的最初阶段，它与系统的初始条件有关，但我们感兴趣的是系统处于长期工作的情况。可以证明，当 $t\to\infty$ 时，$P_i(t)$ 趋于一个常数 $P_i(i=0,1,2,\cdots,K)$，即系统达到了统计平衡状态，或者说系统达到了稳定状态。

在这种情况下，

$$\lim_{t\to\infty} P_i(t) = P_i \quad (i = 0,1,2,\cdots,K)$$

$$\lim_{t\to\infty} \frac{dP_i(t)}{dt} = 0$$

这时,式(6-7)~式(6-9)变成

$$\lambda_{i-1}P_{i-1} - (\lambda_i + u_i)P_i + u_{i+1}P_{i+1} = 0 \quad (1 \leqslant i < K) \tag{6-10}$$

$$-\lambda_0 P_0 + u_1 P_1 = 0 \tag{6-11}$$

$$\lambda_{K-1}P_{K-1} - u_K P_K = 0 \tag{6-12}$$

式(6-10)~式(6-12)称生灭过程的代数方程组,其中 $P_j(j=0,1,2,\cdots,K)$ 称为排队系统的状态概率。

在实际工作中,不必列出哥尔莫可尔夫方程,而可以根据状态转移图直接写出代数方程组。

生灭过程的状态转移情况如图 6-7 所示。图 6-7 中方框表示系统的状态,如 S_0 表示系统中无顾客(系统空闲)的状态,S_i 表示系统中有 i 个顾客的状态。箭头表示从一个状态向另一状态的转移,箭头上的标记表示状态平均转移率,也称转移流的强度。如在排队系统中,由状态 $i-1$ 转移到状态 i 的平均转移率应该是顾客的到达率 λ_{i-1},因为在状态 $i-1$ 中,到达一个顾客,系统便转移到状态 i。而由状态 $i+1$ 转移到状态 i 的转移率应该是顾客的服务率 u_{i+1},因为在状态$i+1$中,有一个顾客接受服务后离去,系统便转移到状态 i。在系统的稳态条件下,对每个状态来说,转入率期望值应该等于转出率期望值,以达到状态平衡。

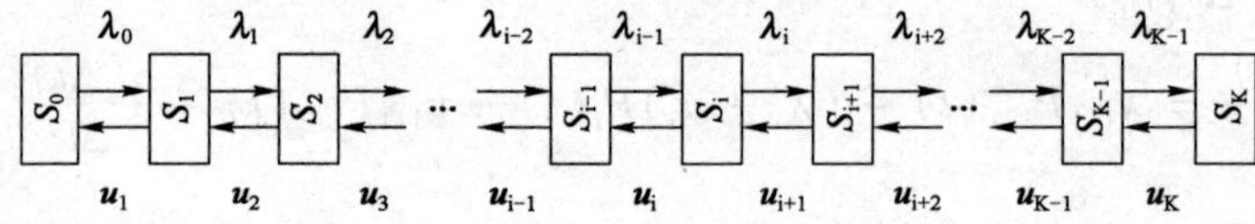

图 6-7 状态转移图

对于状态 i 来说,转出率期望值为:

$$u_i P_i + \lambda_i P_i = (\lambda_i + u_i)P_i$$

转入率期望值为:

$$\lambda_{i-1}P_{i-1} + u_{i+1}P_{i+1}$$

因此必须有以下的平衡:

$$\lambda_{i-1}P_{i-1} + u_{i+1}P_{i+1} = (\lambda_i + u_i)P_i \quad (1 \leqslant i < K) \tag{6-13}$$

对于状态 S_0 来说,

$$u_1 P_1 = \lambda_0 P_0 \tag{6-14}$$

对于状态 S_K 来说,

$$\lambda_{K-1}P_{K-1} = u_K P_K \tag{6-15}$$

可以看出,式(6-13)~式(6-15)与式(6-10)~式(6-12)是一致的。因此,生灭过程的代数方程也称为平衡方程。

由平衡方程,还可以得出各状态概率之间的关系式。从式(6-14)可得:

$$P_1 = \frac{\lambda_0}{u_1} P_0 \tag{6-16}$$

在式(6-13)中,令 $i=1$,可得:

$$\lambda_0 P_0 + u_2 P_2 = (\lambda_1 + u_1) P_1$$

$$u_2 P_2 = (\lambda_1 + u_1) P_1 - \lambda_0 P_0$$

$$= (\lambda_1 + u_1) P_1 - u_1 P_1$$

$$= \lambda_1 P_1$$

$$P_2 = \frac{\lambda_1}{u_2} P_1$$

或

$$P_2 = \frac{\lambda_1 \lambda_0}{u_1 u_2} P_0$$

同理,以此类推,可得:

$$P_{\mathrm{i}} = \frac{\lambda_{\mathrm{i}-1}}{u_{\mathrm{i}}} P_{\mathrm{i}-1} \tag{6-17}$$

或

$$P_{\mathrm{i}} = \frac{\lambda_{\mathrm{i}-1}\lambda_{\mathrm{i}-2}\lambda_{\mathrm{i}-3}\cdots\lambda_0}{u_{\mathrm{i}}u_{\mathrm{i}-1}u_{\mathrm{i}-2}\cdots u_1} P_0 \quad (1 \leqslant i \leqslant K) \tag{6-18}$$

而 P_0,可以根据正则条件得到:

$$\sum_{i=0}^{K} P_{\mathrm{i}} = 1$$

以上获得的状态概率 P_{i},是当 $t \to \infty$,系统达到稳定状态时的结果。在实际应用中,不可能等到 $t \to \infty$,但对于绝大多数实际问题,系统会很快地趋于统计平衡状态。

[**例 6-2**] 某排队模型为 $M/M/1/3/\infty/\mathrm{FCFS}$,$\lambda = 2$,$u = 3$,试求该系统的状态概率 P_{i}。

解:该系统的到达过程、服务过程均为泊松流,故其内部状态符合生灭过程。系统具有 4 个状态:S_0、S_1、S_2、S_3,其状态转移图如图 6-8 所示。

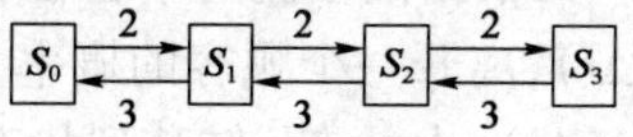

图 6-8

根据每个状态的平衡条件建立状态方程组。

由 S_0 状态得:

$$2P_0 = 3P_1, \text{即 } P_1 = \frac{2}{3} P_0$$

由 S_1 状态得:

$$2P_0 + 3P_2 = 2P_1 + 3P_1, \text{即 } P_2 = \frac{2}{3} P_1 = \frac{4}{9} P_0$$

由 S_2 状态得:

$$2P_1 + 3P_3 = 2P_2 + 3P_2, \text{即 } P_3 = \frac{2}{3} P_2 = \frac{8}{27} P_0$$

由正则条件 $\sum_{t=0}^{3} P_{\mathrm{i}} = 1$ 可得:

$$P_0 + \frac{2}{3} P_0 + \frac{4}{9} P_0 + \frac{8}{27} P_0 = 1$$

因此,$P_0 = 0.415$,$P_1 = 0.277$,$P_2 = 0.185$,$P_3 = 0.123$。

第四节　M/M/1 排队系统分析

所谓 $M/M/1$ 排队系统是指这样的随机服务系统：

(1)输入过程是服从参数为 λ(单位时间内到达顾客数为 λ)的泊松分布。

(2)顾客的服务时间是服从参数 u(顾客的平均服务率 u)的负指数分布。

(3)单个服务台(即单通道)，顾客按到达的先后次序接受服务。

对于 $M/M/1$ 排队系统，根据顾客源及系统容量的情况，又可分为：①$M/M/1/\infty/\infty$ 系统；②$M/M/1/m/\infty$ 系统；③$M/M/1/\infty/K$ 系统；④$M/M/1/m/K$ 系统。在本节中，只讨论在道路交通工程中常遇到的①、②两类系统，③、④两类系统的分析方法与①、②类似。

一、M/M/1/∞/∞ 系统

$M/M/1/\infty/\infty$ 系统是指系统容量和顾客源均为无限的 $M/M/1$ 系统，在排队论中它有着特殊的地位，通常称之为标准的 $M/M/1$ 系统。

设 $N(t)$ 表示该系统在时刻 t 的顾客数(正在服务的与排队等候的顾客数之和)，它的取值为 0,1,2,…又设顾客的服务时间为 T，由于它服从负指数分布，因此，一个顾客在时刻 t 还未结束服务的条件下，而在 $[t,t+\Delta t]$ 内结束服务的概率为：

$$P\{T\leqslant t+\Delta t \mid T>t\} = \frac{P\{T\leqslant t+\Delta t, T>t\}}{P\{T>t\}} = \frac{P\{t<T\leqslant t+\Delta t\}}{P\{T>t\}}$$

$$= \frac{P(t+\Delta t)-P(t)}{P\{T>t\}} = \frac{[1-e^{-u(t+\Delta t)}]-(1-e^{-ut})}{e^{-ut}}$$

$$= \frac{e^{-ut}-e^{-u(t+\Delta t)}}{e^{-ut}} = 1-e^{-u\Delta t} = u\Delta t + o(\Delta t)$$

又根据泊松流的平稳性，对任何 $t(\geqslant 0)$，在 $[t,t+\Delta t]$ 内到达一个顾客的概率为 $\lambda\Delta t + o(\Delta t)$，离开一个顾客的概率为 $u\Delta t+o(\Delta t)$。即系统由状态 i 转移到状态 $i-1$ 的概率为 $u\Delta t+o(\Delta t)$，由状态 i 转移到状态 $i+1$ 的转移率为 $\lambda\Delta t+o(\Delta t)$。

因此，由生灭过程的定义可知，该系统的排队过程 $\{N(t),t>0\}$ 为一生灭过程，且

$$K=\infty$$

$$\lambda_n=\lambda, u_n=u \quad (n=0,1,2,\cdots) \tag{6-19}$$

该系统的状态转移图如图 6-9 所示。

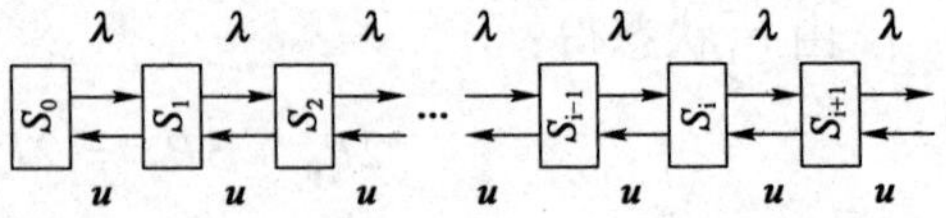

λ λ λ λ λ λ λ

S_0 S_1 S_2 … S_{i-1} S_i S_{i+1}

u u u u u u u

图 6-9　$M/M/1/\infty/\infty$ 系统的状态转移图

由式(6-16)、式(6-19)可得：

$$P_1 = \frac{\lambda_0}{u_1}P_0 = \frac{\lambda}{u}P_0 = \rho P_0$$

由式(6-17)、式(6-18)可得：

$$P_n = \frac{\lambda_{n-1}}{u_n}P_{n-1} = \frac{\lambda}{u}P_{n-1} = \rho P_{n-1} \tag{6-20}$$

$$P_n = \frac{\lambda_{n-1}\lambda_{n-2}\cdots\lambda_0}{u_n u_{n-1}\cdots u_1}P_0 = \frac{\lambda^n}{u^n}P_0 = \rho^n P_0 \qquad (n=0,1,2,\cdots) \tag{6-21}$$

在排队论分析中,ρ 有着重要的意义,通常称之为服务强度。它是相同时间间隔内顾客的平均到达数与能被服务的平均数之比;或是对于相同的顾客数,服务时间之和的期望值与到达间隔时间之和的期望值之比。ρ 是反映服务效率和服务机构利用程度的重要指标。

在 $M/M/1/\infty/\infty$ 排队系统中,必须有 $\rho<1$,即服务率大于到达率。如果 $\rho>1$,即单位时间内到达服务系统的顾客数大于离开服务系统的顾客数,那么当 $t\to\infty$ 时,排队长度将无限增加,使系统达不到稳定状态。当 $\rho=1$ 时,系统的负荷水平达到 100%,即单位时间内到达的顾客数等于离开的顾客数,但这时也无法达到稳定状态。虽然此时平均到达率等于平均服务率,但由于到达是随机的,可能有些时候服务台是空闲的,因而失去了一些可用于服务的时间,这种时间损失越多,排队积累越快,渐渐地队越排越长,而达不到统计平衡。

由正则条件可得:

$$\sum_{i=0}^{\infty} P = P_0 + P_1 + P_2 + \cdots = 1$$

则

$$\begin{aligned} P_0 + \rho P_0 + \rho^2 P_0 + \cdots + \rho^{n} P_0 + \cdots &= P_0(1+\rho+\rho^2+\cdots+\rho^{n}+\cdots) \\ &= P_0 \times \frac{1}{1-\rho} = 1 \end{aligned}$$

所以

$$\begin{cases} P_0 = 1-\rho & (\rho<1) \\ P_{n} = (1-\rho)\rho^{n} & (1\leqslant n<\infty) \end{cases} \tag{6-22}$$

其中,P_0、P_{n}称为系统的状态概率,P_0表示系统中没有顾客(即服务台空闲)的概率,P_{n}表示系统中有 n 个顾客(其中有 $n-1$ 个顾客排队)的概率。以 P_0、P_{n}为基础,可以导出系统的一系列运行指标。

(1)系统中的平均顾客数(队长期望值)L_{s}

设系统中的顾客数(包括排队的和正在被服务的)为 N,则 N 是个随机变量。令 L_{s}为 N 的期望值,则

$$\begin{aligned} L_{s} &= E(N) = \sum_{n=0}^{\infty} nP_{n} \\ &= \sum_{n=0}^{\infty} n(1-\rho)\rho^{n} = \sum_{n=1}^{\infty} n\rho^{n} - \sum_{n=1}^{\infty} n\rho^{n+1} \\ &= (\rho+2\rho^2+3\rho^3+\cdots) - (\rho^2+2\rho^3+3\rho^4+\cdots) \\ &= \rho+\rho^2+\rho^3+\cdots \\ &= \frac{\rho}{1-\rho} \qquad (0<\rho<1) \end{aligned}$$

或

$$L_{s} = \frac{\lambda}{u-\lambda}$$

(2)系统中排队等候的平均顾客数(排队长期望值)L_{q}

设系统处于统计平衡状态时排队等候的顾客数为 N_{q},$N_{q}=N-1$,它的期望值为 L_{q},则

$$
\begin{aligned}
L_q &= E(N_q) = E(N-1) \\
&= \sum_{n=1}^{\infty}(n-1)P_n = \sum_{n=1}^{\infty}nP_n - \sum_{n=1}^{\infty}P_n \\
&= L_s - (1-P_0) = \frac{\rho}{1-\rho} - \rho \\
&= \frac{\rho^2}{1-\rho} = \frac{\rho\lambda}{u-\lambda}
\end{aligned}
$$

(3)顾客在系统中的平均逗留时间 W_s

顾客在服务系统中停留的时间与系统中的顾客数有关,这在直观上是容易理解的。设顾客消耗在系统中的时间期望值为 W_s,即顾客从步入系统到离开系统的平均时间为 W_s。由于系统中只有一个服务台,当某顾客到达系统后,在 W_s时间内,在该顾客后面到达的顾客必须排队。而顾客的平均到达率为 λ,即每隔$\frac{1}{\lambda}$时间到达一个顾客,在 W_s时间内到达的顾客数(即排队的顾客个数)为:

$$L_s = \frac{W_s}{\frac{1}{\lambda}} = \lambda W_s$$

那么,顾客在系统中停留时间的期望值为:

$$W_s = \frac{L_s}{\lambda} \tag{6-23}$$

这就是著名的李太勒(Little)公式:对于任何排队系统,在任何顾客到达流和任何服务时间的情况下,顾客在系统内的平均停留时间等于系统内顾客的平均数除以顾客的平均到达率。因此,式(6-23)具有通用性,它适用于任何排队系统。

所以,顾客在系统中的平均逗留时间为:

$$W_s = \frac{L_s}{\lambda} = \frac{1}{u-\lambda}$$

(4)顾客在系统中的平均排队时间 W_q

用相同的方法可以导出李太勒第二个公式,顾客平均排队时间与排队顾客数之间的关系:

$$W_q = \frac{L_q}{\lambda} = \frac{\rho}{u-\lambda}$$

现将系统运行指标的计算公式归纳如下:

$$
①L_s = \frac{\lambda}{u-\lambda} \qquad ②L_q = \frac{\rho\lambda}{u-\lambda}
$$

$$
③W_s = \frac{1}{u-\lambda} \qquad ④W_q = \frac{\rho}{u-\lambda} \tag{6-24}
$$

它们之间的相互关系为:

$$
①L_s = \lambda W_s \qquad ②L_q = \lambda W_q
$$

$$
③W_s = W_q + \frac{1}{u} \qquad ④L_s = L_q + \frac{\lambda}{u} \tag{6-25}
$$

[例 6-3] 某收费公路入口处设有一收费亭,汽车进入公路必须向收费亭交费。收费亭的收费时间服从负指数分布,平均每辆汽车的交费时间为 7.2s,汽车的到达率为 400 辆/h,并服从泊松分布。试求:

（1）收费亭空闲的概率；

（2）收费亭前没有车辆排队的概率；

（3）收费亭前排队长度超过100m（即排队车辆超过12辆）的概率；

（4）平均排队长度；

（5）车辆通过收费亭所花费时间的平均值；

（6）车辆的平均排队时间。

解：这是一个 $M/M/1/\infty/\infty$ 排队系统，收费亭是服务台，汽车是顾客，汽车向收费亭交费便是接受服务。

由题意可知：

$$\lambda = 400 \text{ 辆/h}$$

$$u = \frac{3\,600}{7.2} = 500 \text{ 辆/h}$$

$$\rho = \frac{\lambda}{u} = \frac{400}{500} = 0.8$$

（1）收费亭空闲的概率

收费亭空闲的概率即为系统中没有车辆到达的概率 P_0。

$$P_0 = 1 - \rho = 1 - 0.8 = 0.2$$

（2）没有车辆排队的概率

当系统中没有车辆或只有一辆车（这辆车正在被服务）时，便没有车辆排队。所以，没有车辆排队的概率为：

$$P(\leqslant 1) = P_0 + P_1 = P_0 + \rho P_0 = (1+\rho)P_0$$

$$= (1+0.8)\times 0.2 = 0.36$$

（3）排队长度超过100m的概率

排队长度超过100m的概率即为排队车辆超过12辆的概率，也就是系统中排队车辆数大于13的概率。

$$P(>13) = 1 - \sum_{n=0}^{13} P_n = 1 - \sum_{n=0}^{13}(1-\rho)\rho^n = 1 - (1-\rho)\sum_{n=0}^{13}\rho^n$$

$$= 1 - (1-\rho)\frac{1-\rho^{13+1}}{1-\rho} = 1 - (1-\rho^{14}) = \rho^{14} = 0.8^{14} = 0.044$$

（4）平均排队长度

$$L_q = \frac{\rho\lambda}{(u-\lambda)}$$

$$= 0.8 \times \frac{400}{500-400} = 3.2 \text{ 辆}$$

（5）车辆通过收费亭所花的平均时间

$$W_s = \frac{1}{u-\lambda} = \frac{1}{500-400} = 0.01\text{h} = 36\text{s}$$

（6）车辆的平均排队时间

$$W_q = \frac{\rho}{u-\lambda} = \frac{0.8}{500-400} = 0.008\text{h} = 28.8\text{s}$$

二、M/M/1/m/∞ 排队系统

所谓 M/M/1/m/∞ 排队系统，是指系统容量受限制、顾客源为无限、先到先服务的 M/M/1 系统。设系统容量为 m，即排队容量为 $m-1$。当顾客到达时，若服务台不空，则顾客参加排队等候服务。因为系统内只有 $m-1$ 个排队位置，当客满时，后来的顾客立即离去，另求服务。因此，该系统只可能具有 $m+1$ 个状态：$S_0, S_1, S_2, \cdots, S_m$，其状态转移图如图 6-10 所示。

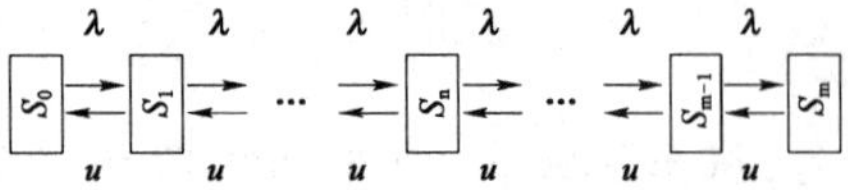

$$S_0 \underset{u}{\overset{\lambda}{\rightleftarrows}} S_1 \underset{u}{\overset{\lambda}{\rightleftarrows}} \cdots \underset{u}{\overset{\lambda}{\rightleftarrows}} S_n \underset{u}{\overset{\lambda}{\rightleftarrows}} \cdots \underset{u}{\overset{\lambda}{\rightleftarrows}} S_{m-1} \underset{u}{\overset{\lambda}{\rightleftarrows}} S_m$$

图 6-10 M/M/1/m/∞ 系统状态转移图

由式(6-17)、式(6-18)可得：

$$P_n = \frac{\lambda_{n-1}}{u_n}P_{n-1} = \frac{\lambda}{u}P_{n-1} = \rho P_{n-1} \qquad (1 \leqslant n \leqslant m) \tag{6-26}$$

$$P_n = \frac{\lambda_{n-1}\lambda_{n-2}\cdots\lambda_0}{u_n u_{n-1}\cdots u_1}P_0 = \frac{\lambda^n}{u^n}P_0 = \rho^n P_0 \qquad (1 \leqslant n \leqslant m) \tag{6-27}$$

由正则条件可得：

$$P_0 + P_1 + P_2 + \cdots + P_m = 1$$

则

$$P_0 + \rho P_0 + \rho^2 P_0 + \cdots + \rho^m P_0 = P_0(1 + \rho + \rho^2 + \cdots + \rho^m) = 1$$

即

$$P_0 = (1 + \rho + \rho^2 + \cdots + \rho^m)^{-1} = \left(\sum_{i=0}^{m}\rho^i\right)^{-1}$$

所以

$$\begin{cases} P_0 = \dfrac{1-\rho}{1-\rho^{m+1}} & (\rho \neq 1) \\ P_n = \dfrac{1-\rho}{1-\rho^{m+1}}\rho^n & (1 \leqslant n \leqslant m) \end{cases} \tag{6-28}$$

当 $\rho = 1$ 时，由正则条件得：

$$\begin{aligned} P_0 + \rho P_0 + \rho^2 P_0 + \cdots + \rho^m P_0 &= P_0(1 + \rho + \rho^2 + \cdots + \rho^m) \\ &= P_0 \times (1 + 1 + \cdots + 1) \\ &= (m+1)P_0 = 1 \end{aligned}$$

因此

$$\begin{cases} P_0 = \dfrac{1}{m+1} & (\rho = 1) \\ P_n = \dfrac{1}{m+1} & (0 \leqslant n \leqslant m) \end{cases} \tag{6-29}$$

在容量无限制的 M/M/1 系统中，$\rho < 1$ 是系统能达到稳态的必要条件。在容量有限的情况下，这个条件就没有必要了。但当 $\rho > 1$ 时，表示损失率的 P_m（或表示被拒绝排队的顾客平均数 λP_m）将是很大的。

根据式(6-28)，可以导出系统的各种运行指标。

(1)系统中的平均顾客数(队长期望值)L_s

当 $\rho \neq 1$ 时，

$$L_s = E(N) = \sum_{n=0}^{m} nP_n = \sum_{n=0}^{m} nP_0\rho^n = P_0\rho\sum_{n=1}^{m} n\rho^{n-1}$$
$$= \rho P_0\sum_{n=1}^{m}\frac{d}{d\rho}(\rho^n) = \rho P_0\frac{d}{d\rho}(\sum_{n=1}^{m}\rho^n) = \rho P_0\frac{d}{d\rho}\left(\frac{\rho-\rho^{m+1}}{1-\rho}\right)$$
$$= \rho P_0\frac{1-(m+1)\rho^m + m\rho^{m+1}}{(1-\rho)^2}$$

代入式(6-28)得：

$$L_s = \frac{\rho[1-(m+1)\rho^m + m\rho^{m+1}]}{(1-\rho^{m+1})(1-\rho)} \quad (\rho \neq 1) \tag{6-30}$$

或

$$L_s = \frac{\rho}{(1-\rho)} - \frac{(m+1)\rho^{m+1}}{1-\rho^{m+1}} \tag{6-31}$$

当$\rho = 1$时，

$$L_s = E(N) = \sum_{n=0}^{m} nP_n = \frac{1}{m+1}\sum_{n=0}^{m} n = \frac{m}{2} \tag{6-32}$$

(2)系统中排队等候的平均顾客数(排队长期望值)L_q

$$L_q = \sum_{n=1}^{m}(n-1)P_n = \sum_{n=1}^{m} nP_n - \sum_{n=1}^{m} P_n = L_s - (1-P_0) \tag{6-33}$$

(3)顾客在系统中的平均逗留时间 W_s

在系统中,当排队长度未达到排队容量时,平均到达率为 λ,而一旦排满,到达率为0,即

$$\lambda_i = \begin{cases}\lambda & (i = 0,1,2,\cdots,m-1)\\ 0 & (i \geq m)\end{cases}$$

因此,有必要寻求整个过程的有效到达率 λ_e,取有效到达率为到达率的期望值。

$$\lambda_e = \sum_{i=0}^{\infty}\lambda_i P_i = \lambda\sum_{i=0}^{m-1}P_i = \lambda(1-P_m) = \lambda\left[1-\frac{(1-\rho)\rho^m}{1-\rho^{m+1}}\right]$$
$$= \lambda\frac{1-\rho^m}{1-\rho^{m+1}} = u\frac{\rho-\rho^{m+1}}{1-\rho^{m+1}} = u\left(1-\frac{1-\rho}{1-\rho^{m+1}}\right)$$

即

$$\lambda_e = u(1-P_0) \tag{6-34}$$

所以,由李太勒公式得：

$$W_s = \frac{L_s}{\lambda_e} = \frac{L_q + (1-P_0)}{u(1-P_0)} = \frac{L_q}{u(1-P_0)} + \frac{1}{u} \tag{6-35}$$

(4)顾客在系统中的平均排队时间 W_q

$$W_q = \frac{L_q}{\lambda_e} = \frac{L_q}{u(1-P_0)} = W_s - \frac{1}{u} \tag{6-36}$$

[例6-4] 某市区有一加油站为汽车加油,服务台平均36s处理一辆汽车,加油时间服从负指数分布,汽车到加油站加油的到达率为80辆/h,并服从泊松分布。当等候加油的汽车超过10辆(即排队长度超过80m,不包括正在加油的汽车)时,将影响加油站附近街道的正常交通,因而规定排队汽车不得超过10辆。试求：

(1)加油站空闲的概率；

(2)汽车来加油但因排队已满而被拒绝的概率；

(3)在系统中的平均顾客数；

(4)平均排队长度；

(5)汽车在整个加油过程中所花的时间；

(6)汽车排队等候时间。

解:该系统为 $M/M/1/m/\infty$ 系统,并且

$$m = 11$$

$$\lambda = 80 \text{ 辆/h}$$

$$u = \frac{3\ 600}{36} = 100 \text{ 辆/h}$$

$$\rho = \frac{\lambda}{u} = 0.8$$

(1)加油站空闲的概率

$$P_0 = \frac{1-\rho}{1-\rho^{m+1}} = \frac{1-0.8}{1-0.8^{12}} = 0.215$$

(2)汽车被拒绝加油的概率

汽车被拒绝的概率,就是系统饱和时的状态概率 P_m。

$$P_m = \frac{1-\rho}{1-\rho^{m+1}}\rho^m = \frac{1-0.8}{1-0.8^{12}} \times 0.8^{11} = 0.018$$

即有约 2% 的汽车因队满而被拒绝加油。

(3)系统中的平均汽车数

$$L_s = \frac{\rho}{1-\rho} - \frac{(m+1)\rho^{m+1}}{1-\rho^{m+1}} = \frac{0.8}{1-0.8} - \frac{12 \times 0.8^{12}}{1-0.8^{12}} = 3.11 \text{ 辆}$$

(4)平均排长度

$$L_q = L_s - (1-P_0) = 3.11 - (1-0.215) = 2.33 \text{ 辆}$$

(5)汽车在整个加油过程中花费的时间

$$\lambda_e = u(1-P_0) = 78.5 \text{ 辆/h}$$

$$W_s = \frac{L_s}{\lambda_e} = \frac{3.11}{78.5} = 0.04\text{h} = 144\text{s}$$

(6)汽车排队等候时间

$$W_q = \frac{L_q}{\lambda_e} = \frac{2.33}{78.5} = 0.03\text{ h} = 108\text{s}$$

[例 6-5] 求 $M/M/1/4/\infty$ 排队系统的状态指标及运行指标($\lambda = 2, u = 3$,单位:辆/h)。

解:对于系统状态数较少的排队系统,直接从定义出发求状态指标及运行指标是相当方便的,如本例中有五个状态,其状态转移图如图 6-11 所示。

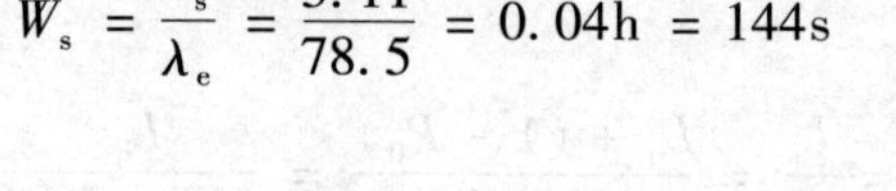

图 6-11

平衡条件状态方程组如下：

$$\begin{cases}2P_0 = 3P_1 \\ 2P_0 + 3P_2 = 2P_1 + 3P_1 \\ 2P_1 + 3P_3 = 2P_2 + 3P_2 \\ 2P_3 = 3P_4\end{cases}$$

由正则条件 $\sum_{i=0}^{4} P_i = 1$ 可得：

$$P_0 = 0.384, P_1 = 0.256, P_2 = 0.171, P_3 = 0.114, P_4 = 0.076$$

诸运行指标为：

$$L_s = \sum_{i=0}^{4} iP_i = 0P_0 + 1P_1 + 2P_2 + 3P_3 + 4P_4 = 1.244 \text{ 辆}$$

$$L_q = \sum_{i=1}^{4} (i-1)P_i = P_2 + 2P_3 + 3P_4 = 0.627 \text{ 辆}$$

$$\lambda_e = u(1 - P_0) = 3 \times (1 - 0.384) = 1.848 \text{ 辆/h}$$

$$W_s = \frac{L_s}{\lambda_e} = 0.673 \text{ h}$$

$$W_q = \frac{L_q}{\lambda_e} = 0.339 \text{ h}$$

第五节　M/M/S 排队系统分析

在本章第四节中，讨论的是单个服务台（即单通道）的情况。对于到达强度较低而服务效率较高的服务系统来说，一般是能满足顾客要求的，但对到达强度较高而单个服务台的效率低，难以满足顾客要求的服务系统来说（如 $\rho > 1, \lambda > u$ 的情况），就需要通过增加服务台的办法来减少顾客的排队等候时间。因此，有必要讨论多个服务台（多通道）的随机服务系统。

所谓 $M/M/S$ 排队系统是指这样的一种服务系统：

（1）顾客的到达是服从参数为 λ 的泊松分布。

（2）顾客的服务时间是服从参数为 u 的负指数分布。

（3）有 S 个服务台，顾客按到达的先后次序接受服务。

当顾客到达时，若有空闲的服务台就立即接受服务，若所有的服务台都无空闲，则顾客排成一个队列等待服务。服务机构如图 6-12 所示。

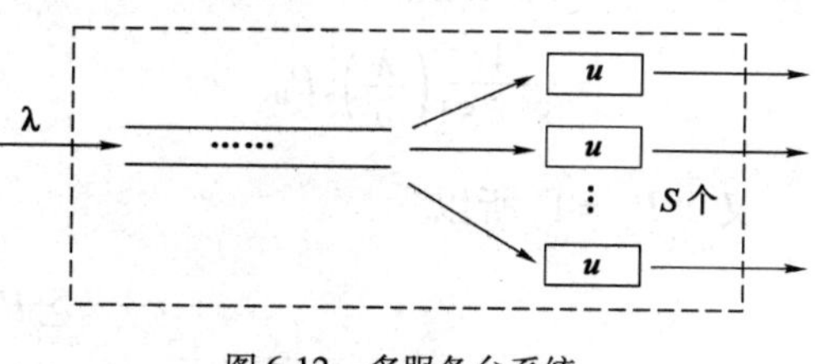

图 6-12　多服务台系统

与 $M/M/1$ 排队系统类似，根据顾客源及系统容量的情况，$M/M/S$ 系统又可分为：①$M/M/S/\infty/\infty$ 系统；②$M/M/S/m/\infty$ 系统；③$M/M/S/\infty/K$ 系统；④$M/M/S/m/K$ 系统。在本节中，只讨论常用的①、②两类系统。

一、M/M/S/∞/∞ 排队系统

$M/M/S/\infty/\infty$ 排队系统是指顾客源和系统容量均为无限的 $M/M/S$ 系统，通常称之为标准的 $M/M/S$ 系统。

由于系统中 S 个服务台的服务率均为 u，于是整个服务机构的最大服务率为 Su。与 $M/M/1/\infty/\infty$ 系统类似，只有当$\frac{\lambda}{Su}<1$ 时，才能使服务系统达到稳态而不出现排成无限的队列。

令

$$\rho = \frac{\lambda}{Su} \tag{6-37}$$

称它为这个系统的服务强度。

当系统中只有一个顾客时，则有 $S-1$ 个服务台空闲着，仅一个服务台在服务，这时的服务率为 u；当系统有 2 个顾客时，就有 2 个服务台工作，其服务率为 $2u$；……；当系统中有 S 个顾客时，则服务率达到最大值 Su。当系统中的顾客数超过 S 时，由于 S 个服务台都无空闲，其余顾客必须排队，这时的服务率仍为 Su。即

$$\begin{cases} \lambda_n = \lambda & (n = 0,1,2,\cdots) \\ u_n = \begin{cases} nu & (n = 1,2,\cdots,S) \\ Su & (n = S+1, S+2,\cdots) \end{cases} \end{cases} \tag{6-38}$$

$M/M/S/\infty/\infty$ 系统的状态转移图如图 6-13 所示。

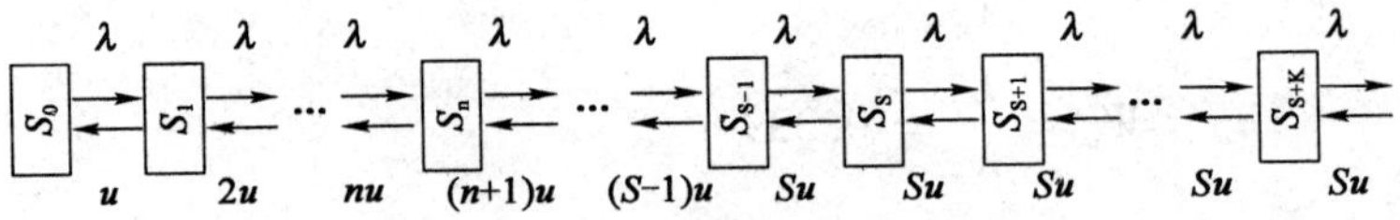

图 6-13 系统的状态转移图

由式(6-18)可得：

当 $n \leqslant S$ 时，

$$P_n = \frac{\lambda_{n-1}\lambda_{n-2}\cdots\lambda_0}{u_n u_{n-1}\cdots u_1}P_0 = \frac{\lambda^n}{nu\times(n-1)u\times\cdots\times u}P_0$$

$$= \frac{\lambda^n}{n!u^n}P_0 = \frac{1}{n!}\left(\frac{\lambda}{u}\right)^n P_0 \tag{6-39}$$

当 $n > S$ 时，

$$P_n = \frac{\lambda^n}{Su\times Su\times\cdots\times Su\times(S-1)u\times(S-2)u\times\cdots\times u}P_0 = \frac{\lambda^n}{S^{n-S}S!u^n}P_0$$

$$= \frac{1}{S^{n-S}S!}\left(\frac{\lambda}{u}\right)^n P_0 \tag{6-40}$$

又$\sum_{n=0}^{\infty}P_n=1$，所以

$$\sum_{n=0}^{S-1}P_n + \sum_{n=S}^{\infty}P_n = 1$$

然而

$$\sum_{n=S}^{\infty}P_n = \sum_{n=S}^{\infty}\frac{1}{S^{n-S}S!}\left(\frac{\lambda}{u}\right)^n P_0 = \frac{P_0}{S!}\sum_{n=S}^{\infty}\frac{1}{S^{n-S}}\left(\frac{\lambda}{u}\right)^n$$

$$= \frac{P_0}{S!}\left(\frac{\lambda}{u}\right)^S\sum_{n=S}^{\infty}\frac{1}{S^{n-S}}\left(\frac{\lambda}{u}\right)^{n-S} = \frac{P_0}{S!}\left(\frac{\lambda}{u}\right)^S\sum_{n=S}^{\infty}\left(\frac{\lambda}{Su}\right)^{n-S}$$

$$= \frac{P_0}{S!}\left(\frac{\lambda}{u}\right)^S\sum_{n=0}^{\infty}\rho^n = \frac{P_0}{S!}\left(\frac{\lambda}{u}\right)^S\times\frac{1}{1-\rho}$$

所以

$$\sum_{n=0}^{S-1} P_n + \sum_{n=S}^{\infty} P_n = P_0 \sum_{n=0}^{S-1} \frac{1}{n!}\left(\frac{\lambda}{u}\right)^n + \frac{P_0}{S!}\left(\frac{\lambda}{u}\right)^S \times \frac{1}{1-\rho} = 1$$

即

$$P_0 = \left[\sum_{n=0}^{S-1} \frac{1}{n!}\left(\frac{\lambda}{u}\right)^n + \frac{1}{S!\ (1-\rho)}\left(\frac{\lambda}{u}\right)^S\right]^{-1} \tag{6-41}$$

下面根据上述的状态概率公式来导出系统的各项运行指标。

(1)系统中等候的平均顾客数 L_q

$$\begin{aligned}
L_q &= \sum_{n=S}^{\infty} (n-S) P_n = \sum_{n=S}^{\infty} \frac{n-S}{S^{n-S} S!}\left(\frac{\lambda}{u}\right)^n P_0 \\
&= \frac{P_0}{S!} \sum_{n=S}^{\infty} (n-S)\left(\frac{\lambda}{Su}\right)^{n-S}\left(\frac{\lambda}{u}\right)^S = \frac{P_0}{S!}\left(\frac{\lambda}{u}\right)^S \sum_{n=0}^{\infty} n\left(\frac{\lambda}{Su}\right)^n \\
&= \frac{P_0}{S!}\left(\frac{\lambda}{u}\right)^S\left(\frac{\lambda}{Su}\right) \sum_{n=1}^{\infty} n\left(\frac{\lambda}{Su}\right)^{n-1} = \frac{P_0}{S!}\left(\frac{\lambda}{u}\right)^S \rho \sum_{n=1}^{\infty} n\rho^{n-1} \\
&= \frac{P_0}{S!}\left(\frac{\lambda}{u}\right)^S \rho \sum_{n=1}^{\infty} \frac{d\rho^n}{d\rho} = \frac{\rho P_0}{S!}\left(\frac{\lambda}{u}\right)^S \times \left(\frac{1}{1-\rho}\right)' \\
&= \frac{\rho P_0 S^S \rho^S}{S!} \frac{1}{(1-\rho)^2} = \frac{(S\rho)^S \rho P_0}{S!(1-\rho)^2}
\end{aligned} \tag{6-42}$$

(2)顾客在系统中的平均排队时间 W_q

由李太勒公式得:

$$W_q = \frac{L_q}{\lambda} = \frac{(S\rho)^S \rho P_0}{S!(1-\rho)^2 \lambda} \tag{6-43}$$

(3)顾客在系统中的平均逗留时间 W_s

$$W_s = W_q + \frac{1}{u} = \frac{1}{u} + \frac{(S\rho)^S \rho P_0}{S!(1-\rho)^2 \lambda} \tag{6-44}$$

(4)系统中的平均顾客数 L_s

由李太勒公式得:

$$L_s = W_s \lambda = \frac{\lambda}{u} + \frac{(S\rho)^S \rho P_0}{S!(1-\rho)^2} \tag{6-45}$$

[例 6-6] 某汽车修理服务站,前来修理的车辆是随机到达的,到达率为 4 辆/h,每辆汽车在站上修理的持续时间平均为 0.5h,并服从负指数分布。该站有 5 个修理服务台可供修理,试求该服务站的运行指标。

解:该服务站的服务系统为 $M/M/S/\infty/\infty$ 系统,并且

$$S = 5$$

$$\lambda = 4 \text{ 辆/h}$$

$$u = \frac{1}{0.5} = 2 \text{ 辆/h}$$

$$\frac{\lambda}{u} = 2$$

$$\rho = \frac{\lambda}{Su} = \frac{4}{5 \times 2} = 0.4$$

(1)无来车修理的概率

$$P_0 = \left[\sum_{n=0}^{S-1} \frac{1}{n!} \left(\frac{\lambda}{u} \right)^n + \frac{1}{S!\ (1-\rho)} \left(\frac{\lambda}{u} \right)^S \right]^{-1}$$

$$= \left[1 + \frac{2^1}{1!} + \frac{2^2}{2!} + \frac{2^3}{3!} + \frac{2^4}{4!} + \frac{2^5}{5!(1-0.4)} \right]^{-1}$$

$$= 0.134$$

(2)修理站前不出现汽车排队的概率

当在修理站修理的汽车不超过5辆时,就不会出现排队现象。

由于

$$P_n = n! \left(\frac{\lambda}{u} \right)^n P_0 (n \leqslant 5)$$

$$= \frac{1}{n} \times \frac{\lambda}{u} \times \frac{1}{(n-1)!} \left(\frac{\lambda}{u} \right)^{n-1} P_0$$

$$= \frac{\lambda}{nu} P_{n-1} = \frac{2}{n} P_{n-1}$$

$$P_1 = \frac{2}{1} P_0 = 2 \times 0.134 = 0.268$$

$$P_2 = \frac{2}{2} P_1 = 1 \times 0.268 = 0.268$$

$$P_3 = \frac{2}{3} P_2 = \frac{2}{3} \times 0.268 = 0.179$$

$$P_4 = \frac{2}{4} P_3 = \frac{1}{2} \times 0.179 = 0.089$$

$$P_5 = \frac{2}{5} P_4 = \frac{2}{5} \times 0.089 = 0.036$$

所以,不出现排队现象的概率为:

$$P(n \leqslant 5) = \sum_{n=0}^{5} P_i = 0.973$$

即在97.3%的情况下,不会出现排队现象。

(3)出现排队的概率

$$P(n > 5) = 1 - P(n \leqslant 5) = 1 - 0.973 = 0.027$$

(4)修理站前的平均排队长度

$$L_q = \frac{(S\rho)^S \rho P_0}{S!(1-\rho)^2} = \frac{(5 \times 0.4)^5 \times 0.4 \times 0.134}{5! \times (1-0.4)^2} = 0.04\ \text{辆}$$

(5)整个系统中的车辆平均数

$$L_s = L_q + \frac{\lambda}{u} = 0.04 + 2 = 2.04\ \text{辆}$$

(6)汽车排队等候修理所花费的时间

$$W_q = \frac{L_q}{\lambda} = \frac{0.04}{4} = 0.01\text{h} = 36\text{s}$$

(7)汽车在整个修理过程中所花的时间

$$W_s = \frac{L_s}{\lambda} = \frac{2.04}{4} = 0.51\text{h}$$

二、M/M/S/m/∞ 排队系统

所谓 $M/M/S/m/\infty$ 排队系统是指系统容量受限制、顾客源无限、先到先服务的 $M/M/S$ 系统。该系统共有 $m - S$ 个位置可供顾客排队。当顾客到达时，若系统饱和，即服务台都无空闲，排队位置已排满，则后到的顾客立即离去，另求服务。因此，该系统中只可能有 $m + 1$ 个状态，其状态转移图如图 6-14 所示。

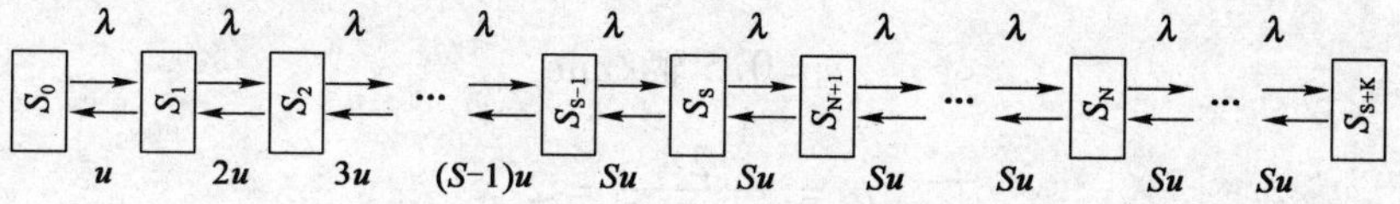

图 6-14 $M/M/S/m/\infty$ 系统的状态转移图

与 $M/M/S/\infty/\infty$ 系统的推导类似，可得 $M/M/S/m/\infty$ 系统的状态指标及运行指标如下。

$$\begin{cases} P_0 = \left[\sum_{K=0}^{S} \frac{(S\rho)^K}{K!} + \frac{S^S}{S!} \times \frac{\rho(\rho^S - \rho^m)}{1-\rho}\right]^{-1} \\ P_n = \begin{cases} \frac{(S\rho)^n}{n!} P_0 & (0 \leqslant n \leqslant S) \\ \frac{S^S}{S!} \rho^n P_0 & (S \leqslant n \leqslant m) \end{cases} \end{cases} \tag{6-46}$$

其中，$\rho = \frac{\lambda}{Su}$ 并且 $\rho \neq 1$

$$\begin{cases} L_q = \frac{(S\rho)^S \rho P_0}{S!(1-\rho)^2}[1 - \rho^{m-S} - (m-S)\rho^{m-S}(1-\rho)] \\ L_s = L_q + S\rho(1 - P_m) \\ W_q = \frac{L_q}{\lambda(1 - P_m)} \\ W_s = W_q + \frac{1}{u} \end{cases} \tag{6-47}$$

特别当 $m = S$ 时，称这种情况为多通道损失制排队系统，即当 S 个服务台均不空时，顾客来到服务系统不予服务，顾客立即离去，另求服务，这种情况也是常见的。例如，在闹市的停车场，就不允许汽车排队等待空位。这时，

$$\begin{cases} P_0 = \left[\sum_{K=0}^{S} \frac{(S\rho)^K}{K!}\right]^{-1} \\ P_n = \frac{(S\rho)^n}{n!} P_0 \quad (0 \leqslant n \leqslant S) \end{cases} \tag{6-48}$$

$$\begin{cases} L_q = 0 \\ L_s = S\rho(1 - P_S) \\ W_q = 0 \\ W_s = \frac{1}{u} \end{cases} \tag{6-49}$$

[例 6-7] 汽车自动加油站上设有两根加油管,汽车按最简单流到达,每 2 分钟到达 2 辆,汽车加油时间服从负指数分布,平均加油时间为 2min/辆。自动加油站上最多只能停 3 辆汽车等候加油。如果汽车到来时,系统已饱和,则汽车另求服务。试求该系统的运行指标。

解:该加油站服务系统符合 $M/M/S/m/\infty$ 排队模型。并且

$$S=2$$

$$m=2+3=5$$

$$\lambda=2 \text{ 辆/min}$$

$$u=0.5 \text{ 辆/min}$$

$$\rho=\frac{2}{2\times 0.5}=2$$

(1)加油站空闲的概率

$$P_0=\left[1+2\times 2+\frac{1}{2}\times(2\times 2)^2+\frac{2^2}{2}\times\frac{2(2^2-2^5)}{1-2}\right]^{-1}=0.008$$

(2)系统损失率

系统损失率即汽车因系统饱和而被拒绝的概率,它等于 P_m。

$$P_m=\frac{2^2}{2}\times 2^5\times 0.008=0.512$$

(3)排队汽车的平均数

$$L_q=\frac{0.008\times 2\times(2\times 2)^2}{2!(1-2)^2}\times\left[1-2^{5-2}-(5-2)\times 2^{5-2}\times(1-2)\right]=2.176 \text{ 辆}$$

(4)整个加油站的平均车辆数

$$L_s=2.176+2\times 2\times(1-0.512)=4.128 \text{ 辆}$$

(5)汽车平均排队时间

$$W_q=\frac{L_q}{\lambda(1-P_m)}=\frac{2.176}{2\times(1-0.512)}=2.23\text{min}$$

(6)汽车在整个加油过程中花费的时间

$$W_s=W_q+\frac{1}{u}=2.23+\frac{1}{0.5}=4.23\text{min}$$

第六节 其他类型的排队系统

在前面分析的排队系统中,都假设顾客到达流为最简单流,服务时间符合负指数分布。但在实际情况中,顾客到达分布和服务时间分布是多种多样的,有随机型的,也有确定型的。顾客到达形式、服务时间分布形式、服务台数、顾客源有限无限、排队容量有限无限等的不同组合,形成了不同的排队模型,因而排队模型是不尽相同的,有的排队系统的运行指标可用数学解析式表达,有的不存在解析式、只能用图来表达,有的模型根本无法求解。所以,对所有模型求解是困难的,也没有必要。本节中,将常见的一些排队模型的状态指标和运行指标整理成表(表 6-1),以供查用。

表 6-1

序号	排队模型	服务强度 ρ	系统空闲概率 P_0	系统状态概率 P_n	平均排队顾客数 L_q	系统中的平均顾客数 L_s	平均排队时间 W_q	系统中的平均逗留时间 W_s
1	$M/M/1/\infty/\infty$	$\frac{\lambda}{u}$	$1-\rho$	$(1-\rho)\rho^n$	$\frac{\rho\lambda}{u-\lambda}$	$\frac{\lambda}{u-\lambda}$	$\frac{\rho}{u-\lambda}$	$\frac{1}{u-\lambda}$
2	$M/M/1/m/\infty$	$\frac{\lambda}{u}$	$\frac{1-\rho}{1-\rho^{m+1}}$	$\frac{1-\rho}{1-\rho^{m+1}}\rho^n$	$L_s-(1-P_0)$	$\frac{\rho}{(1-\rho)}-\frac{(m+1)\rho^{m+1}}{1-\rho^{m+1}}$	$W_s-\frac{1}{u}$	$\frac{L_q}{u(1-P_0)}+\frac{1}{u}$
3	$M/M/1/\infty/K$	$\frac{\lambda}{u}$	$\left[\sum_{i=0}^{K}\frac{K!}{(K-i)!}\left(\frac{\lambda}{u}\right)^i\right]^{-1}$	$\frac{K!}{(K-n)!}\left(\frac{\lambda}{u}\right)^n P_0$	$L_s-(1-P_0)$	$K-\frac{u}{\lambda}(1-P_0)$	$W_s-\frac{1}{u}$	$\frac{L_q}{u(1-P_0)}-\frac{1}{\lambda}$
4	$M/M/S/\infty/\infty$	$\frac{\lambda}{Su}$	$\left[\sum_{n=0}^{S-1}\frac{1}{n!}\left(\frac{\lambda}{u}\right)^n+\frac{1}{S!\ (1-\rho)}\left(\frac{\lambda}{u}\right)^S\right]^{-1}$	$n!\left(\frac{\lambda}{u}\right)^n P_0(n\leqslant S)$ $\frac{1}{S^{n-S}S!}\left(\frac{\lambda}{u}\right)^n P_0(n>S)$	$\frac{(S\rho)^S\rho P_0}{S!(1-\rho)^2}$	$\frac{\lambda}{u}+\frac{(S\rho)^S\rho P_0}{S!(1-\rho)^2}$	$\frac{(S\rho)^S\rho P_0}{S!(1-\rho)^2\lambda}$	$W_q+\frac{1}{u}$
5	$M/M/S/m/\infty$	$\frac{\lambda}{Su}$	$\left[\sum_{K=0}^{S}\frac{(S\rho)^K}{K!}+\frac{S^S}{S!}\times\frac{\rho(\rho^S-\rho^m)}{1-\rho}\right]^{-1}$	$\frac{(S\rho)^n}{n!}P_0(0\leqslant n\leqslant S)$ $\frac{S^S}{S!}\rho^n P_0(S\leqslant n\leqslant m)$	$\frac{(S\rho)^S\rho P_0}{S!(1-\rho)^2}[1-\rho^{m-S}-(m-S)\rho^{m-S}(1-\rho)]$	$L_q+S\rho(1-P_m)$	$\frac{L_q}{\lambda(1-P_m)}$	$W_q+\frac{1}{u}$
6	$M/M/S/\infty/K$	$\frac{\lambda}{Su}$	$\frac{1}{m!}\left[\sum_{i=0}^{S}\frac{1}{i!\ (K-i)!}S^i+\frac{S^S}{S!}\sum_{i=S+1}^{K}\frac{1}{(K-i)!}\rho^i\right]^{-1}$	$\frac{K!}{(K-n)!n!}\left(\frac{\lambda}{u}\right)^n P_0$ $(n\leqslant S)$ $\frac{K!}{(K-n)!S!S^{n-S}}\left(\frac{\lambda}{u}\right)^n P_0$ $(S\leqslant n<K)$	$\sum_{n=S+1}^{k}(n-S)P_n$	$\sum_{n=1}^{K}nP_n$	$\frac{L_q}{\lambda(K-L_s)}$	$\frac{L_s}{\lambda(K-L_s)}$
7	$M/G/1/\infty/\infty$	$\frac{\lambda}{u}$	$1-\rho$	—	$\frac{\rho^2+\lambda^2 Var[T]}{2(1-\rho)}$	$L_q+\rho$	$\frac{L_q}{\lambda}$	$\frac{L_s}{\lambda}$
8	$M/D/1/\infty/\infty$	$\frac{\lambda}{u}$	$1-\rho$	—	$\frac{\rho^2}{2(1-\rho)}$	$L_q+\rho$	$\frac{L_q}{\lambda}$	$\frac{L_s}{\lambda}$
9	$M/E_k/1/\infty/\infty$	$\frac{\lambda}{u}$	$1-\rho$	—	$\frac{(K+1)\rho^2}{2K(1-\rho)}$	$L_q+\rho$	$\frac{L_q}{\lambda}$	$\frac{L_s}{\lambda}$

第七节　排队服务系统的最优化问题

排队系统的最优化问题分为两类,系统设计的最优化问题和系统控制的最优化问题。这里,只讨论前者。系统设计最优化的目标在于使系统设施达到最大使用效率,或者说,在一定的质量指标下要求服务机构最为经济。

排队系统包括顾客和服务机构两个方面,因而存在着两方面的利益。对于顾客来说,总是要求提高服务水平(如增设服务台数、加快服务时间)以减少等候费用,若要完全满足顾客的要求,则会导致服务机构过大,使用效率降低,造成浪费。从服务机构来说,总是希望服务机构能达到最高的使用效率,每个服务台都不出现空闲状态,这必然导致顾客等候费用的增加,影响顾客的利益。排队系统最优化的目的就是要综合考虑两者的利益,使两者费用之和最小,确定达到这个目标的最优服务水平(图 6-15)。另一常用的目标函数是使系统的纯收入(服务收入与服务成本之差)最大。

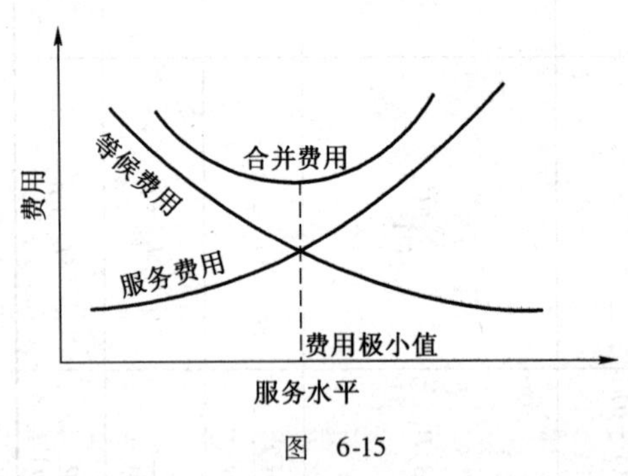

图　6-15

在服务系统中,服务费用(即成本)是可以确切计算或估算的。至于顾客的等候费用,有一些是可以计算的,而有一些是不能确切计算的,只能凭经验估计。如排队容量有限的加油站,由于系统饱和而拒绝汽车加油所造成的营业损失,只能靠经验估计。

排队系统的服务水平主要由平均服务率 u 表示,u 代表服务机构(服务员)的服务能力和服务经验等;其次是由服务设备表示,如服务台的个数及服务系统的容量。服务水平还可以用服务强度来描述。

一、$M/M/1$ 系统中的最优服务率

本节中,讨论 $M/M/1$ 排队系统的最优服务率 u^* 的确定方法。

1. $M/M/1/\infty/\infty$ 系统

取单位时间内顾客的等候费用与服务成本之和最小为目标函数。即

$$\min S = C_W L_S + C_S u \tag{6-50}$$

式中:C_W——每个顾客在系统中等候单位时间所造成的损失费用;

C_S——每个服务台单位时间的费用。

将 $L_S = \dfrac{\lambda}{u-\lambda}$ 代入式(6-50)得:

$$\min S = C_W \frac{\lambda}{u-\lambda} + C_S u$$

这是一个普通的求极值问题。令 $\dfrac{dS}{du} = 0$,则

$$C_S - \frac{C_W \lambda}{(u-\lambda)^2} = 0$$

解得最优服务率为:

$$u^* = \lambda + \sqrt{\frac{C_W}{C_S}\lambda} \tag{6-51}$$

2. $M/M/1/m/\infty$ 系统

在系统容量有限制的情况下，当系统中已有 m 个顾客时，则后来的顾客被拒绝。被拒绝的概率为 P_m，那么能接受服务的概率为 $1-P_m$，而单位时间内实际上能进入服务机构的顾客平均数为 $\lambda(1-P_m)$，在系统稳定的情况下，它等于单位时间内实际完成服务的顾客平均数，即

$$\lambda(1-P_m) = u(1-P_0)$$

设每服务一位顾客能收入 G 元，那么单位时间的平均收入为 $\lambda(1-P_m)G$ 元，纯利润为：

$$Z = \lambda(1-P_m)G - C_S u$$

将式(6-28)代入得：

$$\begin{aligned} Z &= \lambda\left(1 - \frac{1-\rho}{1-\rho^{m+1}}\rho^m\right)G - C_S u \\ &= \frac{\lambda(1-\rho^m)}{1-\rho^{m+1}}G - C_S u \\ &= \lambda u G\,\frac{u^m - \lambda^m}{u^{m+1} - \lambda^{m+1}} - C_S u \end{aligned}$$

现在的目标是使上式达到最大值。令 $\frac{dZ}{du} = 0$，得：

$$\rho^{m+1}\frac{m-(m+1)\rho+\rho^{m+1}}{(1-\rho^{m+1})^2} = \frac{C_S}{G} \tag{6-52}$$

式中：$\rho = \frac{\lambda}{u}$。

最优服务率 u^* 由式(6-52)给出，其中 C_S、G、λ、m 都是给定的，只有 u 未知，但该式的解析式求解比较困难，一般需要迭代法或图解法求解最优服务率 u^*。

二、M/M/S 系统中的最优服务台数

这里仅讨论标准的 $M/M/S$ 系统，在稳定情况下，单位时间全部费用(服务费用与等候费用之和)的期望值为：

$$Z = C'_S \times S + C_W L \tag{6-53}$$

式中：S——服务台数；

C'_S——每个服务台单位时间的费用；

C_W——每个顾客在系统中停留单位时间所造成的损失费用；

L——系统中的顾客平均数 L_S，或排队的顾客数 L_q，它们仅与 S 有关。

在式(6-53)中，唯一可以变动的是服务台数 S，所以，Z 只是 S 的函数 $Z(S)$，现在的目标是：求最优解 S^*，使 $Z(S^*)$ 为最小。

因为 S 只能取整数值，$Z(S)$ 不是连续函数，所以不能用微分法，采用边际分析法来求解 S^*。

根据 $Z(S^*)$ 的最小值的特点，有：

$$\begin{cases} Z(S^*) \leqslant Z(S^*+1) \\ Z(S^*) \leqslant Z(S^*-1) \end{cases}$$

将式(6-53)代入得：

$$\begin{cases} C'_S S^* + C_W L(S^*) \leqslant C'_S(S^* - 1) + C_W L(S^* - 1) \\ C'_S S^* + C_W L(S^*) \leqslant C'_S(S^* + 1) + C_W L(S^* + 1) \end{cases}$$

上式化简后得:

$$L(S^*) - L(S^* + 1) \leqslant \frac{C'_S}{C_W} \leqslant L(S^* - 1) - L(S^*) \tag{6-54}$$

令

$$L(+1) = L(S^*) - L(S^* + 1)$$
$$L(-1) = L(S^* - 1) - L(S^*)$$

则有:

$$L(+1) \leqslant \frac{C'_S}{C_W} \leqslant L(-1) \tag{6-55}$$

对于每一个 S 值,都可得到一个不等式区间$[L(+1), L(-1)]$,因$\frac{C'_S}{C_W}$是一个已知数,只要依次求出 $S=1,2,3,\cdots$时的不等式区间,根据$\frac{C'_S}{C_W}$所在的区间,就可以定出 S^*。

[例 6-8] 某汽车自动加油站,设有多台加油机,汽车平均到达率为 40 辆/h,每台加油机的服务率为 25 辆/h,其他条件符合 $M/M/S/\infty/\infty$ 排队系统。设每辆汽车由于排队而造成的经济损失为 10 元/h,每台加油机的服务成本(设备损耗)为 6 元/h,问应设几台加油机才能使总的费用最少?

解:由题意得

$$C'_S = 6 \text{ 元/h/台}$$
$$C_W = 10 \text{ 元/h/辆}$$
$$\frac{C'_S}{C_W} = 0.6$$
$$\lambda = 48 \text{ 辆/h}$$
$$u = 25 \text{ 辆/h}$$
$$\rho = 1.92$$

设加油机的台数为 S,则

$$P_0 = \left[\sum_{n=0}^{S-1}\frac{(1.92)^n}{n!} + \frac{1}{(S-1)!S-1.92}\times 1.92^S\right]^{-1}$$

$$L_q = \frac{(1.92)^{S+1}}{(S-1)!(S-1.92)^2}P_0$$

$$Z(S) = 6S + 10L_q$$

令 $S=1,2,3,4,5$,依次代入上面各式,得表 6-2。

计 算 表 　　表 6-2

S	$L_q(S)$	$[L(+1), L(1)]$	$Z(S)$
1	∞	—	∞
2	22.57	[21.845, ∞)	237.7
3	0.725	[0.582, 21.845]	25.25
4	0.143	[0.111, 0.582]	25.43
5	0.032	—	30.32

因为 $\frac{C'_S}{C_W}=0.6$,落在区间[0.582,21.845]内,所以 $C^*=3$。这时的总费用为25.25元/h。从表6-2中可见,它是所有费用中的最小值。

第八节　排队论在道路交通工程中的应用

实例6-1　交叉口规划问题

在某主要道路与次要道路相交的无控制交叉口,主要道路有优先通行权,即主路上的汽车通行不受次路上的汽车影响,次路上的汽车只能利用主路车流中较大的车头时距横穿通过。两条道路上的车流到达过程符合泊松分布。把车辆通过交叉口看成是车辆接受了服务,那么次要道路上排队车流中的第一辆汽车为正在接受服务的顾客,第一辆汽车从到达停车线到通过交叉口的时间就是服务时间,它与主路车流的车头时距分布有关,当主路车流符合泊松流时,次路车辆的服务时间总是服从负指数分布的。在次路车流中,从第二辆起的汽车即为排队等候服务的顾客。因此,该交叉口系统就是一个标准的 $M/M/1$ 系统。设次路车流的交通量为350辆/h,次路车辆从到达停车线到通过交叉口的平均服务时间为10s,试求该系统的运行指标(图6-16)。

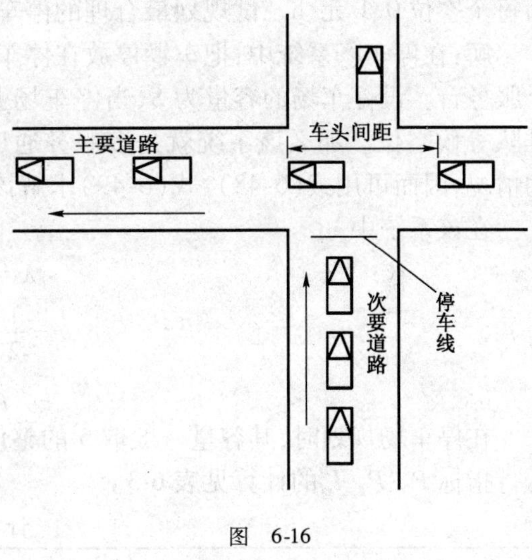

图　6-16

解:该系统中,

$$\lambda=350\text{ 辆/h}$$

$$u=\frac{3\,600}{10}=360\text{ 辆/h}$$

$$\rho=\frac{\lambda}{u}=\frac{350}{360}=0.972$$

(1)交叉口没有车辆的概率

$$P_0=1-\rho=0.028$$

(2)交叉口前排队车辆(包括正待通过的第一辆车)超过50辆的概率

$$P(>50)=1-\sum_{n=0}^{50}P_n=1-(1-\rho)\sum_{n=0}^{50}\rho^n$$

$$=1-\frac{(1-\rho)\rho^{50+1}}{1-\rho}=\rho^{51}=0.238$$

(3)交叉口前的平均排队车辆数(包括第一辆)

$$L_s=\frac{\lambda}{u-\lambda}=\frac{350}{360-350}=35\text{ 辆}$$

(4)车辆从到达停车线到通过交叉口所需的平均时间

$$W_s = \frac{1}{u-\lambda} = \frac{1}{360-350} = 0.1\text{h} = 6\text{min}$$

从上面的这些指标可以看出,该交叉口是相当拥挤的。交叉口前约有97%的时间出现排队现象,平均排队长度达35辆,约有24%的时间排队长度超过50辆,车辆在交叉口前平均需要排队6min,阻塞相当严重,应采取措施予以改善。如拓宽进口,设置两条平行的进口车道,或设置交通信号灯等。

实例6-2 停车场规划问题

某闹市区拟新建一小型停车场,根据预测,前来停放的车辆到达为泊松流,到达率为10辆/h,停放时间服从负指数分布,平均为2h,停车场的收费标准为0.5元/辆/h,建造养护费为每个空位0.1元/h。试规划最合理的停车场容量。

解:在停车场系统中,把车辆停放在停车场看做是车辆在接受服务,每个停车位置就是一个服务台。设停车场的容量为S,当停车场上停满汽车时,后来的车辆就另求停车场,不允许排队等候空位。那么该系统就是多服务通道损失制排队系统,即$M/M/S/m/\infty$系统中$m=S$的情况,因而可用式(6-48)、式(6-49)求解该系统的运行指标。

在该系统中,

$$\lambda = 10\text{ 辆/h}$$

$$u = \frac{1}{2} = 0.5\text{ 辆/h}$$

$$\rho = 20$$

在停车场规划时,其容量一般取5的整倍数,故设$S=5,10,15,\cdots,40$,不同容量下的系统运行指标P_0、P_s、L_s的计算见表6-3。

计 算 表

表6-3

S	P_0	P_s	λ_s(辆)	λP_s(辆)	$S-L_s$	Z
5	2.86×10^{-5}	0.763	4.74	7.63	0.26	3.841
10	1.91×10^{-7}	0.539	9.22	5.39	0.78	2.773
15	1.32×10^{-8}	0.331	13.38	3.31	1.62	1.817
20	3.69×10^{-9}	0.159	16.82	1.59	3.18	1.113
25	2.32×10^{-9}	0.050	19.00	0.50	6.00	0.850
30	2.09×10^{-9}	0.008	19.84	0.08	10.16	1.056
35	2.06×10^{-9}	0.000 7	19.99	0.007	15.01	1.505
40	2.06×10^{-9}	0.000 03	20.00	0.000 3	20.00	2.000

在该停车场系统中,若停车场容量过小,则被拒绝的车辆就多,每拒绝一辆汽车,就造成0.5元/h的营业损失。相反,若停车场的容量规划得过大,则停车场内出现空位的概率就大,每出现一个空位就浪费0.1元/h的建造养护费。所谓最合理的停车场容量是指使得营业损失费及空位损失费之和最少的容量。

单位时间内被拒绝的车辆数为λP_s,单位时间内出现的空位数为$(S-L_s)$,则总的损失费用为:

$$Z = 0.5\lambda P_s + 0.1(S-L_s)$$

现在的目标是使$Z\to\min Z$。不同停车场容量时的费用Z计算值见表6-3。

从表6-3中可见,在该停车场系统中,最合理的停车容量为25辆,这时汽车被拒绝停放的概率仅为 5%,停车场平均有 19 辆汽车停放。

实例 6-3　收费亭问题

在某收费公路入口处,并排设有 3 个收费亭,车辆进入收费公路需在收费亭缴费,因而在收费亭前常出现排队现象。收费亭前的排队引道可考虑采用如图 6-17 所示的两种方案。

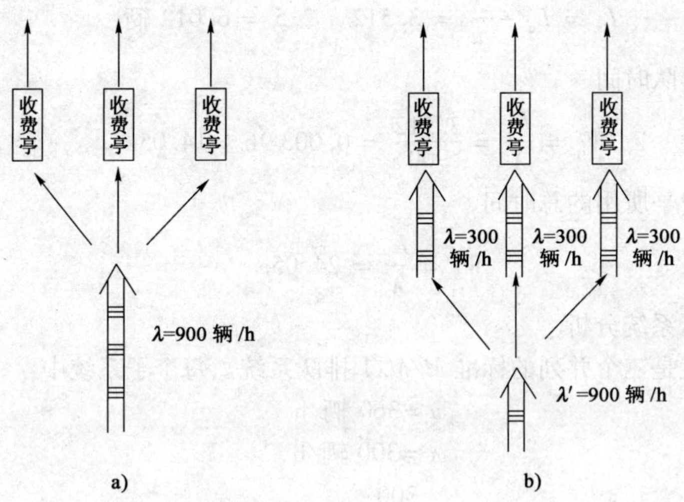

图　6-17

方案 a)为车辆到达后排成一队,依次向任一空闲的收费亭缴费进入公路;方案 b)为车辆到达后在 3 个收费亭前排成三队,三队中间设有分隔带,每队中的车辆只能从相应的收费亭进入公路。设 3 个收费亭的服务率是相同的,平均 10s 处理一辆汽车,车辆的到达率为 900 辆/h。试比较两种排队系统的运行指标。

解:(1)方案 a)排队系统分析

该系统为标准的 $M/M/S$ 排队系统,并且

$$S=3$$

$$\lambda=900\text{ 辆/h}$$

$$u=\frac{3\,600}{10}=360\text{ 辆/h}$$

$$\rho=\frac{\lambda}{Su}=\frac{900}{360\times3}=0.833$$

①收费亭空闲的概率

$$P_0=\left[1+\frac{\lambda}{u}+\frac{1}{2}\left(\frac{\lambda}{u}\right)^2+\frac{1}{3!(1-\rho)}\left(\frac{\lambda}{u}\right)^3\right]^{-1}=0.045$$

②车辆必须排队的概率

$$P_1=\frac{\lambda}{u}P_0=0.112$$

$$P_2=\frac{1}{2}\left(\frac{\lambda}{u}\right)^2P_0=0.140$$

$$P_3=\frac{1}{3!}\left(\frac{\lambda}{u}\right)^3P_0=0.117$$

$$P(>3)=1-P_0-P_1-P_2-P_3=0.586$$

③排队的平均车辆数

$$L_q=\frac{(S\rho)^S\rho P_0}{S!(1-\rho)^2}=3.512\text{ 辆}$$

④整个系统中的平均车辆数

$$L_s=L_q+\frac{\lambda}{u}=3.512+2.5=6.012\text{ 辆}$$

⑤汽车的平均排队时间

$$W_q=\frac{L_q}{\lambda}=\frac{3.512}{900}=0.0039\text{h}=14.05\text{s}$$

⑥汽车通过收费亭所用的总时间

$$W_s=\frac{L_s}{\lambda}=24.05\text{s}$$

(2)方案b)排队系统分析

该系统实际上就是三个并列的标准 $M/M/1$ 排队系统。每个子系统中:

$$u=360\text{ 辆/h}$$

$$\lambda=300\text{ 辆/h}$$

$$\rho=\frac{300}{360}=0.833$$

①收费亭空闲的概率

$$P_0=1-\rho=0.167$$

②车辆必须排队的概率

$$P_1=\rho P_0=0.139$$

$$P(>1)=1-P_0-P_1=0.694$$

③排队的平均车辆数

$$L_q=\frac{\rho^2}{1-\rho}=4.167\text{ 辆}$$

④整个系统中的平均车辆数

$$L_s=\frac{\rho}{1-\rho}=5.00\text{ 辆}$$

⑤汽车的平均排队时间

$$W_q=\frac{\rho}{u-\lambda}=0.139\text{h}=50\text{s}$$

⑥汽车通过收费亭所用的总时间

$$W_s=\frac{1}{u-\lambda}=0.017\text{h}=60\text{s}$$

(3)两种方案的主要运行指标比较

将上面计算的两个系统的主要运行指标列于表6-4。由表6-4可见,在相同的到达率及相同的服务率下,$M/M/S$ 排队系统明显优于多个 $M/M/1$ 并联的排队系统。这个结论,骤然看起来似乎出人意料,但仔细分析后也不难理解,原因在于在多个 $M/M/1$ 并联系统中,表面上看起来车流被分散到三个服务台,但实际上却受着排队车道与服务台一一对应的束缚。当某一服务台空闲时，其他服务台前的排队车辆不能改道来利用这个服务台，造成有些服务台空闲而有些服务台前还有车辆排队的现象。在 *M/M/S* 排队系统中，排在第一位的车辆可以到任一空闲的服务台接受服务，比较机动。因此，就整个系统而言，*M/M/S* 系统疏散排队车流的速度反而比多个 *M/M/*1 并联系统的疏散速度要快得多。

两方案主要运行指标　　表 6-4

指标＼模型	*M/M/S* 型	*M/M/*1 型
服务台空闲的概率 P_0	0.045	0.167（每个子系统）
汽车必须排队的概率	0.586	0.694
排队车辆的平均数 L_q	3.512 辆	4.167 辆（每个子系统）
系统中的平均车辆数 L_s	6.012 辆	5.000 辆（每个子系统）
汽车的平均排队时间 W_q	14.05s	50s
汽车在系统中花费的总时间 W_s	24.05s	60s

实例 6-4　车站售票口设置问题

某大城市车站并排设有 6 个售票口，各个售票口之间有护栏相隔，旅客到达后在 6 个售票口前排成 6 队，每队中的旅客只能从相应的售票口买票。这 6 个售票口的服务率相同，平均 15s 可以为一名旅客提供服务，人流的到达率一般时期是 504 人/h，节假日是 1 320 人/h。试分别评价该系统在一般时期和节假日的运行指标。

解：该系统实际上是六个并列的 *M/M/*1 系统。

（1）一般时期

$$S=6$$

$$\lambda=\frac{504}{6}=84\text{ 人/h}$$

$$u=\frac{3\,600}{15}=240\text{ 人/h}$$

$$\rho=\frac{\lambda}{u}=\frac{84}{240}=0.35$$

①没有旅客排队的概率

$$P_0=1-\rho=0.65$$

②旅客必须排队的概率

$$P_1=\rho P_0=0.35\times0.65=0.227\,5$$

$$P(>1)=1-P_0-P_1=0.122\,5$$

③排队的平均旅客数

$$L_q=\frac{\rho^2}{1-\rho}=0.188\text{ 人}$$

④整个系统中的平均旅客数

$$L_s=\frac{\rho}{1-\rho}=0.538\text{ 人}$$

⑤旅客的平均排队时间

$$W_q=\frac{\rho}{u-\lambda}=\frac{0.35}{240-84}=0.002\,2\text{h}=8\text{s}$$

⑥旅客买票所用的总时间

$$W_s = \frac{1}{u-\lambda} = \frac{1}{240-84} = 0.006\,4\text{h} = 23\text{s}$$

(2)节假日

$$S=6$$

$$\lambda = \frac{1\,320}{6} = 220\ \text{人/h}$$

$$u = \frac{3\,600}{15} = 240\ \text{人/h}$$

$$\rho = \frac{\lambda}{u} = \frac{220}{240} = 0.917$$

①没有旅客排队的概率

$$P_0 = 1-\rho = 0.083$$

②旅客必须排队的概率

$$P_1 = \rho P_0 = 0.917 \times 0.083 = 0.076$$

$$P(>1) = 1 - P_0 - P_1 = 0.841$$

③排队的平均旅客数

$$L_q = \frac{\rho^2}{1-\rho} = 10.131\ \text{人}$$

④整个系统中的平均旅客数

$$L_s = \frac{\rho}{1-\rho} = 11.048\ \text{人}$$

⑤旅客的平均排队时间

$$W_q = \frac{\rho}{u-\lambda} = \frac{0.917}{240-220} = 0.045\,9\text{h} = 165\text{s}$$

⑥旅客买票所用的总时间

$$W_s = \frac{1}{u-\lambda} = \frac{1}{240-220} = 0.05\text{h} = 180\text{s}$$

实例6-5　公路收费站通行能力问题

目前在公路收费站的排队研究中,多沿用美国运输科学研究所的《交通流理论》和日本道路公团的《日本高速公路设计要领》中所推导的两套公式。在这两套公式中,采用的都是 $M/M/K$ 模型,其中假设车辆到达和服务时间服从负指数分布。但为了适应更一般的情况(例如排队在统计上不符合任何给定的模型),在公路收费站通行能力研究中,采用 $M/G/K$ 模型。由于车辆进入排队系统后,不能转换车道,故又可将 $M/G/K$ 模型简化为 $M/G/1$ 模型考虑。此时,

平均队长为:

$$L_s = \rho + \frac{\rho^2 + \lambda^2 D[V]}{2(1-\rho)} = \lambda E[V] + \frac{\lambda^2\{(E[V])^2 + D[V]\}}{2(1-\lambda E[V])}$$

平均逗留时间为:

$$W = E[V] + \frac{\lambda^2\{(E[V])^2 + D[V]\}}{2(1-\lambda E[V])}$$

平均排队长为:

$$L_q = \frac{\lambda^2\{(E[V])^2 + D[V]\}}{2(1-\lambda E[V])}$$

平均等候时间为：

$$W_q = \frac{\lambda^2\{(E[V])^2 + D[V]\}}{2(1-\lambda E[V])}$$

式中：ρ——收费道利用率，$\rho = \lambda E[V]$；

λ——车辆平均到达率，辆/s；

$E[V]$——服务时间的数学期望值，s；

$D[V]$——服务时间的方差，s^2。

收费车道的基本通行能力是指道路与交通处于理想情况下，每一条收费车道在单位时间内能够通过的最大交通量。按下式计算。

$$C_b = \frac{3\,600}{W}$$

式中：C_b——收费车道的基本通行能力；

W——标准车平均逗留时间。

根据 $M/G/1$ 排队论模型，利用收费站服务时间和离开时间的期望和方差，可以计算出各种收费站单一收费车道的通行能力。

例如：以小型车为标准车，利用小型车的平均到达率、收费车道利用率、服务时间平均值和方差可以计算出车辆在不同类型收费站的平均逗留时间，进而计算出收费车道的基本通行能力。如根据某收费站的具体数据计算出收费车辆在收费站的平均逗留时间为 7.55、9.47、16.22，则其对应收费站收费车道的通行能力如表 6-5 所示。

收费站收费车道的通行能力 表 6-5

W(s)	C_b（辆小汽车）	W(s)	C_b（辆小汽车）
7.55	477	16.22	222
9.47	380		

实例 6-6　加油站出入道个数设置问题

某一加油站，到达车辆为 60 辆/h，服从泊松分布。加油站的服务能力为 100 辆/h，服从负指数分布，其单一的出入道可存 6 辆车。试问出入道的存车数量是否合适？

解：已知 $\lambda = 60$ 辆/h，$u = 100$/h。由于 $\rho = \frac{\lambda}{u} = \frac{60}{100} = 0.6$，所以系统稳定。

因出入道可存车辆为 6 辆，如果超过 6 辆的概率很小（通常取小于 5%），则认为合适，反之则不合适。

$$P(0) = 1 - \rho = 1 - 0.6 = 0.4$$

$$P(1) = \rho(1-\rho) = 0.6 \times 0.4 = 0.24$$

……

$$P(6) = 0.6^6 \times 0.4 = 0.03$$

$$P(>6) = 1 - \sum_{n=0}^{6} P(n) = 0.03$$

计算结果表明，排队长度超过 6 辆的可能性很小，故可认为该出入道的存车数量是合适的。

习　题

1. 列举两个日常生活中能遇到的排队实例，并建立排队模型。

2. 某信号交叉口的车辆到达符合泊松分布，平均到达率为300辆/h，信号交叉口的红灯时间为30s，车辆遇到红灯时必须排队。试计算每个周期红灯期末车辆排队长度超过10辆的概率及没有车辆排队的概率。（参考答案：排队长度超过10辆的概率约为2.2×10^{-5}，没有车辆排队的概率为0.287 3）

3. 在某公路收费所处，车辆以泊松分布到达，平均到达率为30辆/h，收费所的收费时间服从负指数分布，平均服务时间为1.5min，试求：

（1）在收费所前没有车辆等待的概率；（参考答案：0.437 5）

（2）排队车辆的期望值；（参考答案：2.25辆）

（3）收费所排队系统中的车辆数；（参考答案：3.25辆）

（4）车辆在系统中花费的平均时间；（参考答案：0.1h）

（5）系统中车辆超过3辆的概率；（参考答案：0.421 9）

（6）当车辆在系统中花费的平均时间超过7.5min时，需再增设一个收费所，问车辆平均到达率增大到多少时才需增设第二个收费所？（参考答案：32辆/h）

4. 在某货场，运输车辆的到达服从泊松流，平均到达率为30辆/d。车辆的装卸服务时间服从负指数分布，平均装卸一辆车需36min。试计算：

（1）货场内等候装卸的平均车辆数；（参考答案：2辆）

（2）等候装卸的车辆超过10辆的概率；（参考答案：0.031 7）

5. 某汽车修理站只有一名修理工，修理站内最多只能停三辆汽车，若需要修理的汽车已有三辆，则后来的汽车应另找修理站修理。设汽车的到达率$\lambda=1$辆/h，并服从泊松流，修理时间服从负指数分布，平均修理时间为1.25h。试求系统的运行指标。（参考答案：$L_s=1.775\,3$辆，$L_q=0.948\,7$辆，$\lambda_e=0.661\,3$辆/h，$W_s=2.684\,6\text{h}$，$W_q=1.434\,6\text{h}$）

6. 某修理店，每小时有12个顾客到达，到达符合泊松流，每次服务时间6min，并服从负指数分布，店内有两个修理工。试求：

（1）店内无顾客的概率；（参考答案：0.25）

（2）店内有两个以上顾客的概率；（参考答案：0.27）

（3）平均排队长度；（参考答案：0.675辆）

（4）平均等待时间；（参考答案：0.056 25h）

（5）平均停留时间；（参考答案：0.156 25h）

（6）店内平均顾客数。（参考答案：1.875个）

7. 某汽车加油站有两根加油管，汽车到达加油站的平均到达率为0.8辆/min，平均每次加油时间为2min。在本地区没有别的加油站，试求加油站的状态指标、运行指标。（参考答案：$P=P_0=0.111$，不出现汽车排队的概率为$P(n\leqslant2)=0.431$，出现排队的概率$P(n>2)=0.569$，$L_q=0.177\,6$辆，$L_s=0.177\,76$辆，$W_q=0.003\,7\text{h}$，$W_s=0.037\text{h}$）

8. 某自动加油站设有两根加油管，汽车到达加油站的平均到达率$\lambda=2$辆/min，每次加油的平均时间为2min。加油站最多只能停3辆汽车，超过3辆不予加油。试求系统运行指标。

(参考答案：$P=P_0=0.034$，$P_m=0.544$，$L_q=0.544$ 辆，$L_s=2.368$ 辆，$W_q=0.60\text{min}$，$W_s=2.60\text{min}$)

9. 某服务机构只有一个服务员，平均每小时有 3 个顾客到来，接待一个顾客可得 16 元，服务机构单位时间的成本为 $4u$ 元。若顾客到达间隔时间和服务时间都服从负指数分布，试问服务能力 u 多大时，收入最多？（服务机构内不能排队）(参考答案：$u=3$)

10. 一年有 302 只货船到达某港，平均卸船时间为 58.3h，因卸货用的码头数量不足造成货轮停港待卸，货轮停港一天的费用为 $C_1=1\,000$ 元；但有时因没有船到造成码头闲置，码头闲置一天的费用为 $C_2=863$ 元。试求码头的合理数目。(参考答案：5 个)

11. 在某仓库，运输汽车到达符合泊松流，平均到达率为 10 辆/h，仓库用桥式吊车卸车，卸车时间服从负指数分布。已知汽车的等待费用为 $C_{卸}=0.75$ 元/h，桥吊的闲置费用为 $C_{吊}=2$ 元/h。求合理的桥吊能力 u^*。(参考答案：$u^*=16.6$ 辆/h)

第七章　预测方法

预测是通过对客观事实的历史和现状进行科学的调查和分析，由过去和现在去推测未来，由已知去推测未知，从而揭示客观事实未来发展的趋势和规律。预测在工农业生产及交通运输等方面都有着重要的应用。目前，它是现代管理科学的重要基础和手段之一。本章主要介绍预测的基本概念、常用的预测方法及其求解方法。

第一节　概　　述

一、预测的概念和作用

1. 预测的概念

预测是对未来所发生的事情进行的合理估计。它根据历史和现状资料，推测在一定条件下将会出现何种现象或产生何种结果，即在研究事物发生、发展所呈现的规律性以及分析现状条件、环境因素制约和影响的基础上，推测事物未来演变的状态和发展的趋势。

例 7-1 就是交通工程中典型的交通事故预测问题。

[例 7-1]　表 7-1 是某市历年道路交通事故四项指标统计表。根据过去 7 年的统计资料，试运用预测方法对特征年(2010 年、2015 年)的交通事故次数及伤亡人数进行预测。

某市历年道路交通事故四项指标统计表　　表 7-1

年　份	事故严重程度			总事故次数
	死亡人数	受伤人数	直接经济损失(万元)	
2001	173	730	201.842	1 466
2002	193	780	206.008	1 104
2003	170	597	207.990	841
2004	114	367	124.039	466
2005	94	414	105.465	464
2006	101	427	82.278	475
2007	98	395	49.352	431

由于道路交通事故是一个很难控制的随机过程，它不可能绝对不发生，预测数据也只能说明一个大致趋势，最精确的计算方法也无法保证其预测结果的准确性。但是预测结果能提高相关部门以及每个交通参与者对于交通安全的重视，从而运用相应的政策、法规，采取相应的措施，达到减少交通事故量、降低事故伤害程度和经济损失、保障人民生命和国家财产安全的目的。

2. 预测的基本原理

预测是根据历史规律判断未来,科学预测的认识基础可以表述为以下几条原理。

(1)可知性原理

人们不但可以认识预测对象的过去和现在,而且还认为事物都有一个延续发展的原则,可以通过其历史和现状以及这种延续性推测其未来。关键是要掌握事物发展的客观规律,注意事物发展全过程的统一,即过去、现在和将来的有机的统一。

(2)可能性原理

预测对象的发展有各种各样的可能,而不是只存在单一的可能性。对预测对象所作的预测,实际上是对它的发展的各种可能性进行预测。

(3)相似性原理

将预测对象与类似的已知事物的发展状况相类比,从而推测预测对象的未来。

(4)关联性原理

事物之间都有其相互依存的关系,同一事物在不同的发展阶段也有一定的因果关系,称为事物的关联性。在预测过程中,常常通过对这些关系的研究,对预测对象作出某种判断。

(5)系统性原理

预测过程中要强调预测对象内在与外在的系统性,要突出系统的功能和系统的完整性。缺乏系统观点的预测,将导致顾此失彼的决策。

3. 预测的特性

预测的途径主要是因果分析、类比分析以及统计分析等,其中所采用的手段和技术通常是较先进的,因此预测结果具有一定的科学性和先进性。

无论采用何种预测方法,预测过程都不同程度地依赖于信息,而所采用的信息主要从历史资料中获取,历史资料的准确性与完整性都将影响预测的准确程度。同时,预测时需要对实际问题进行抽象、简化,其中包含了一定程度的近似,因而使预测结果具有近似性。

预测结果所面临的对象往往受外部因素的影响,而外部因素的发展常常受到人为因素的干扰,使预测对象的发展变化具有多样性和不确定性,因而预测结果具有不确定性。

由于预测结果具有近似性和不确定性,从而使预测结果具有局限性,决策者不能完全按照预测结果去决策。同时,要求预测者要从决策者的角度出发,尽量考虑全面,尽可能得到实用可行的预测结果。预测者不仅要依靠历史数据和公式计算完成预测,还需要拥有深刻敏锐的洞察力和富有远见的判断力。

合理的预测结果往往给出了未来的发展方向和如何改进现有系统的有用信息,具有良好的导向性。它们有助于提出未来的努力目标,从而促使人力、物力和财力都向这种目标调整。

4. 预测的意义

预测本身和预测结果并不是目的。它的作用体现在被决策者直接或间接地运用于决策。预测的结果及预测分析过程中得到的各种有关未来的信息可作为决策时的输入数据。

预测的作用不完全在于得到精确的结果。由于未来变化的不确定性,使得预测结果不易准确,但这并不能把预测视为浪费时间的无用工作。在预测分析过程中,随着预测者和决策者交流的深入,两者对预测对象有了更深刻、更全面的了解和认识,可得到许多对未来可能发生事情的有价值的看法以及有预见性地解决问题的启示和方法。对大众而言,预测过程本身具有宣传和鼓动作用,往往能帮助决策者调动群众的积极性,预测结果即使不精确,也因其具有良好的导向性而能够帮助决策者实现其战略目标。

具体在交通系统中,预测是系统投资、规划的需要,也是系统评价的需要。一个国家、一个地区或部门,对运输系统进行投资,主要是由于现有运输能力并不能满足交通量,尤其是未来交通量的需求。从宏观的角度看,要对交通系统的投资作出合理的规划,就必须对全局范围内的交通需求状况和总体趋势作出科学的预测;从微观角度来看,一个具体的项目是否值得投资、什么时候投资、投资规模如何,也需要对未来交通量的发展变化情况进行预测。预测也是交通系统评价的基础。交通系统的评价包括技术评价、经济评价、社会评价和环境评价等。如果没有科学合理的交通量预测结果,就无法正确衡量决策结果,导致决策的失误。

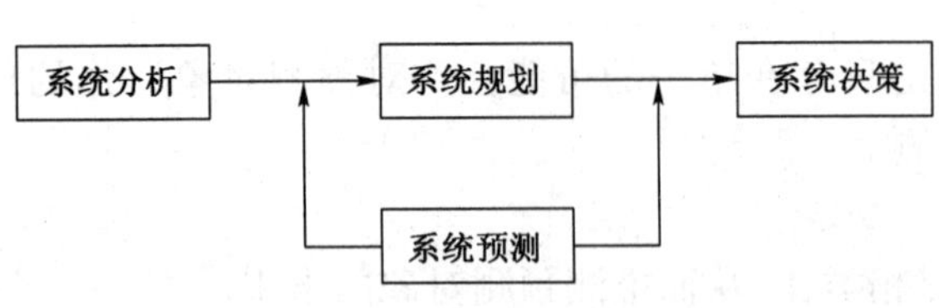

图 7-1 交通系统预测与规划、决策关系

图 7-1 所示为交通系统预测与交通系统规划、决策之间的关系。

二、预测的要素和程序

1. 预测的基本要素

预测过程包括以下基本要素。

(1)时间:不同的预测方法适用于不同的预测期限。一般来说,定性预测较多地用于长期预测,而定量预测适宜于各个预测期。

(2)数据:不同的预测方法,适用于不同的数据类型。有的数据按一定周期变化,有的是随机波动的。因此,在选择预测方法时,应注意提供的数据形式。

(3)模型:大多数预测方法都要求运用某种模型。每种模型的应用前提是不同的,在不同的问题中应用这些模型,其功效也是不同的。

(4)费用:预测是一个研究过程,预测费用的多少将影响对预测方法的选择。

(5)精度:定量预测的精度或准确度对决策者是重要的。不同情况下对预测结果的精度要求可能是不同的。

(6)实用性:预测是为决策服务的,只有理解容易、使用方便、结果可信的预测方法才能被广泛使用。

2. 预测程序

一般而言,预测过程可按如下程序进行。

(1)确定所要研究的系统范围,明确预测的目的,根据需要和可能,说明通过预测解决的问题。

(2)鉴别、选择和确定预测元素,从大量影响因素中,挑选出与预测目的有关的主要影响因素。

(3)确定逻辑关系,选择预测方法。

(4)建立模型。以较低的费用建立效益较高的模型,以达到较好反映客观实际的目的。但是模型越细,所要求的信息越多,计算工作量越大,因此对模型的要求应适度。

(5)检验模型。通常采用历史数据检验模型的合理性和客观性,将预测结果和实际情况相比较,找出模型的不足点,并加以修正。

(6)假定因素和条件。通过模型对某些假设进行运算,确定某些情况发生变化时预测结果的变化情况。

三、预测方法的选择

在选择预测方法时，应以考虑预测对象和预测技术本身的特点作为出发点，并权衡预测对象及预测结果的应用价值。在面临具体预测对象时，还要考虑以下几个方面的问题。

(1)预测对象是处于历史的延续，还是处于基本情况发生变化的转折点。

(2)预测精度与所需费用直接相关，在达到要求精度的前提下，尽可能选择简单方便、费用较少的预测方法。

(3)要考虑所需资料的多少以及收集资料所花费的时间和费用，通常是从所需资料不多的方法入手。

通常情况下，用不同预测方法计算得到的预测结果是不同的。因此，实际工作中应在条件允许的情况下，采用多种方法进行预测，并对不同预测方法得到的结果进行分析，从中确定采用的结果。

预测过程中常涉及大量的数据和计算，一般宜使用计算机以及专用的软件完成。

第二节　时间序列法

将预测对象按照时间顺序排列起来，构成一个所谓的时间序列，从所构成的这一组时间序列过去的变化规律，推断今后变化的可能性及其变化趋势，就是时间序列预测法。具体可以细分为趋势外推法、移动平均法、指数平滑法等多种模型。

时间序列预测法基于这样的原理：一方面承认事物发展的延续性，因为任何事物的发展总是同它的过去有着密切的联系，因此，运用过去时间序列的数据进行统计分析就能够推测事物的发展趋势；另一方面，又充分考虑到由偶然因素影响而产生的随机性，为了消除随机波动的影响，利用历史数据进行统计分析，并对数据进行适当的处理，进行趋势预测。

时间序列预测一般可以反映以下三种实际变化规律。①趋势变化：如客运量、货运量的增长趋势；②周期性变化：如客运量的季节性变化；③随机性变化：如各种偶然性因素引起的变化。

时间序列预测法简单易行、便于掌握，但不能反映事物的内在关系，也不能分析两个以上因素的相关关系，只适用于短期预测。

一、趋势外推法

趋势外推法认为，事物发展有跳跃过程，但主要还是渐进发展的。如果掌握了事物过去的发展规律，就可以根据这种规律预测未来。这种方法基于两条基本假设：决定事物过去发展的因素也将决定未来的发展，影响发展趋势的条件在预测期内是不变的或变化不大；事物发展过程是渐进变化的，而不是跳跃式变化。

趋势外推法预测时一般包括六个阶段：选择预测趋势线的函数类型；收集数据；拟合曲线；趋势外推；预测结果分析和说明；研究预测结果在决策和规划中的应用。

趋势外推的实质是利用某种函数分析描述预测对象某参数的发展趋势。常用的函数形式有直线、多项式、指数曲线、生长曲线等。这里介绍生长曲线模型。

生长曲线模型起初用于长期的技术发展预测。预测学家发现技术的发展过程如生物生长过程一样，经历发生、发展、成熟三个阶段，而每个阶段的发展速度是不同的，开始较慢，中间较快，后期越来越慢，具有这种变化特征的曲线叫生长曲线。因整个曲线呈S形，故也称S曲线。

令$\frac{dy_t}{dt}$为y_t的增长速度，则y_t的时均增长率可用如下微分方程描述：

$$\frac{dy_t}{dt}y_t = k(L - y_t) \tag{7-1}$$

当y_t很小时，可视$L-y_t \approx L$，则增长速度$\frac{dy_t}{dt} \approx kLy_t$，$k$、$L$均为正常数，增长速度随$y_t$的增大而增大。但$y_t$逐渐增大时，$L-y_t$逐渐变小，故$y_t$的增长速度又由大逐渐变小。当$y_t \to L$时，$\frac{dy_t}{dt} \to 0$，即$L$为$y_t$的饱和值。

符合式(7-1)所示特征的函数形式有很多种，常用的函数有皮尔(R. Pearl)模型、龚珀兹(B. Gompertz)模型。

1. 皮尔模型

$$y_t = \frac{L}{1 + a \cdot e^{-bt}} \tag{7-2}$$

式中：a、b——常数；

t——时间变量；

L——预测变量y_t的极限值，$y_t \leq L(L>0)$。

式(7-2)是式(7-1)的变形。式(7-1)中，当$t=0$时，$y_t = y_0$。解式(7-1)，并令$a=\frac{k-y_0}{y_0}$，$b=kL$，即可得到式(7-2)所示的函数形式。

皮尔曲线具有以下特点：

(1)当$t \to -\infty$时，$y_t \to 0$。

(2)当$t \to \infty$时，$y_t \to L$。

(3)曲线拐点在$t=\ln\frac{a}{b}$处，这时$y_t = 0.5L$。

(4)曲线相对于拐点对称，上半部分是下半部分的反映，如图7-2所示($L=a=b=1.0$)。曲线对称意味着参数a在时间轴(横轴)上决定曲线的位置，参数b决定曲线的斜率。

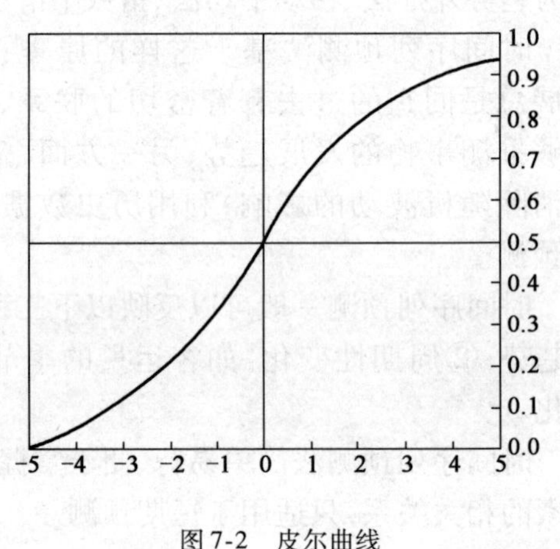

图7-2 皮尔曲线

[例7-2] 某地区每万人的汽车拥有量符合皮尔曲线规律，对历史数据拟合得到如下方程：

$$y_t = \frac{796}{1 + 558.92 \cdot e^{-0.0841(t-1930)}}$$

该地区2010年将达到120万人，试预测该地区2010年的汽车拥有量。

解：将$t=2\,010$代入上式得到：

$$y_t = \frac{796}{1 + 558.92 \cdot e^{-0.0841(2010-1930)}} = 477\text{ 辆/万人}$$

因此,2010 年该地区的汽车拥有量将达到 $120 \times 477 = 57\ 240$ 辆。

2. 龚珀兹曲线

龚珀兹曲线是双层指数,又称双指数曲线。

$$y_t = L \cdot e^{-be^{-kt}} \tag{7-3}$$

龚珀兹曲线具有以下特点:

(1)当 $t \to -\infty$ 时,$y_t \to 0$。

(2)当 $t \to \infty$ 时,$y_t \to L$。

(3)曲线拐点在 $t = \ln \dfrac{b}{k}$ 处,这时 $y_t = \dfrac{L}{e}$。

(4)曲线相对于拐点不对称,见图 7-3。

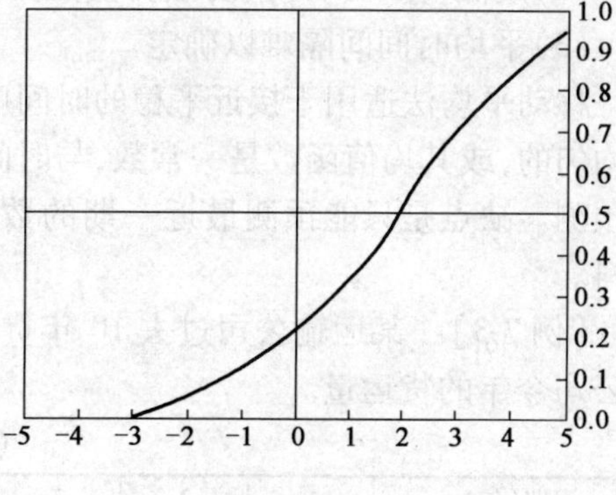

图 7-3 龚珀兹曲线

二、移动平均法

移动平均法是将原来时间序列的时间跨度扩大,采用逐项推移的方法计算时间序列平均数,形成一个新的时间序列,以消除短期的、偶然的因素引起的变动(即不规则变动),从而使事物的发展趋势更加明显地表现出来。这里介绍一次 N 元移动平均法。

一次 N 元移动平均法的数学模型为:

$$S_{t+1} = \frac{X_t + X_{t-1} + \cdots + X_{t-N+1}}{N} \tag{7-4}$$

式中:S_t——t 时间上的预测值;

X_t——t 时间上的实际观测值;

N——取平均的数据个数(即观测点数)。

从式(7-4)中可以看出,移动平均法对序列中最近 N 项观测值的每一项给予相等的权重(重要性),而对 $t-N$ 时期以前的观测值则完全不给予权重。

t 时间的移动平均数还可以用式(7-5)表示。

$$S_{t+1} = \frac{X_t}{N} - \frac{X_{t-N}}{N} + S_t \tag{7-5}$$

由式(7-5)可以看出,根据移动平均数计算的每个新的预测值,是对以前的移动平均预测值的调整。随着 N 的增大,预测值间的调整越小,平滑的效果越明显。

移动平均法对模型变化的反应取决于观测点数 N。一方面,随着 N 的减小,预测系统对模型变化的反应速度加快,但是抗干扰能力下降,估计值的预测精度降低。预测精度和预测系统对预测模型变化的反应速度是相互矛盾的,两者不能兼得。对于 N 值一般应根据具体情况,采用折中的办法确定。根据预测对象的实际发展趋势,N 值大体有以下四种选择方法。

(1)水平式:趋势保持不变,移动平均值是无偏差的,S 值与 N 值无关。

(2)脉冲式:趋势仅在一段时间内突然增加或减少,随后又保持不变,N 值取得越大,S 的误差就越小,因此 N 值应取大些。

(3)阶梯式:趋势仅在开始一段时间保持不变,然后增加或减少到一个水平后又保持不变,N 值越小,S 值的预测误差就越小,因此 N 值应取小些。

(4)斜坡式:趋势周期递增或递减,S 总是比实际趋向落后,因此 N 的取值应越小越好。

移动平均法的缺点主要表现在以下三个方面:

(1)为了计算移动平均数,需要储存最近 N 项观测值,需占用较大存储空间。

(2)观测值少时,得到的预测值往往不真实。

(3)平均时间间隔难以确定。

移动平均法适用于接近平稳的时间序列预测。所谓平稳的时间序列,是指关于时间参数 t 是均匀的,或其均值函数是一常数,与时间无关。移动平均法的优点是计算简单,一般用于短期预测。缺点是只能预测最近一期的数值,逐期移动、逐期预测,因此要求保存大量的历史资料。

[例 7-3] 某运输公司过去 10 年货运量的统计资料如表 7-2 所示,试用移动平均法预测该公司今年的货运量。

历史货运量数据 表 7-2

周期(年)	1	2	3	4	5	6	7	8	9	10
货运量(万 t)	245	250	256	280	274	255	262	270	273	284

解:根据式(7-4),分别取 $N=3$ 和 $N=4$ 计算。计算结果见表 7-3。

移动平均法预测货运量 表 7-3

实际值 X_t(万 t)	预 测 值 S_t		绝对误差值 $\vert X_t - S_t \vert$	
	$N=3$	$N=4$	$N=3$	$N=4$
245	—	—	—	—
250	—	—	—	—
256	—	—	—	—
280	250.33	—	29.67	—
274	262.00	257.75	12.00	16.25
255	270.00	265.00	15.00	10.00
262	269.67	266.25	7.67	4.25
270	263.67	267.75	6.33	2.25
273	262.33	265.25	10.67	7.75
284	268.33	265.00	15.67	19.00
—	275.67	272.25	—	—
平均绝对误差			13.86	9.92

从表 7-2 中可见,$N=4$ 时的平均绝对误差比 $N=3$ 时的平均绝对误差小,因此取 $N=4$ 时的预测模型计算结果较好。预测今年的货运量为 272.25 万 t。

三、加权移动平均法

移动平均法认为各个时期的历史数据对将要发生的数据的影响是相同的,而实际上,这种影响往往是不同的。为了改进移动平均法存在的缺点,提出了加权移动平均法。加权移动平均法通过对各个时期的历史数据赋以不同的权值,来反映不同时期数据对预测对象的影响。一般来说,距预测期较近的数据,对预测值的影响较大,因此其权值较大;距预测期较远的数据,对预测值的影响较小,因此其权值也较小。

加权移动平均法的数学模型为:

$$S_i = \frac{\sum_{i=t-1}^{t-n} W_i X_i}{\sum_{i=1}^{n} W_i} \tag{7-6}$$

式中:W_i——与 X_i 相对应的权值。

［例 7-4］ 用加权移动平均法求解例 7-3。取 $n=3, W_t=3, W_{t-1}=2, W_{t-2}=1$。

解:计算结果如表 7-4 所示。

加权移动平均法预测货运量 表 7-4

实际值 X_t(万 t)	预测值 S_t	绝对误差值
	$n=3, S_{t+1}=\frac{1}{6}(3X_t+2X_{t-1}+X_{t-2})$	$\|X_t-S_t\|$
245	—	—
250	—	—
256	—	—
280	252.17	27.83
274	267.00	7.00
255	273.00	18.00
262	265.50	3.50
270	261.67	8.33
273	264.83	8.17
284	270.17	13.83
—	278.00	—
平均绝对误差		12.38

从表 7-4 的计算可知,当 $n=3$,权重系数分别为 3、2、1 时,预测今年的货运量为 278 万 t。加权移动平均法与移动平均法一样,只能预测最近一期的数据。

四、指数平滑法

指数平滑法与移动平均法和加权移动平均法的基本原理相同,都是通过对历史数据进行平滑来消除随机因素的影响。指数平滑法更加灵活,这种方法只需要本期的实际值和本期的预测值便可预测下一期的数据,因此不需要保存大量的历史数据。

一次指数平滑法的数学模型为:

$$S_{t+1}=\alpha X_t+(1-\alpha)S_t=S_t+\alpha(X_t-S_t) \tag{7-7}$$

式中:α——系数($0<\alpha<1$);

X_t-S_t——前期预测值的误差。

α 的大小对预测值的影响与移动平均法中计算平均数的观测值个数 N 对预测效果的影响相同。当 α 值趋近于 1 时,新预测值中将包含一个相当大的调整,即用前次预测中所产生的误差进行调整。相反,当 α 值趋近于 0 时,新预测值就没有用前次预测的误差作较大的调整。

式(7-7)可以写成:

$$S_{t+1}=\frac{1}{N}X_t+\left(1-\frac{1}{N}\right)S_t \tag{7-8}$$

从形式上看,式(7-7)只是将式(7-8)中的$\frac{1}{N}$换成了 α,但它解决了移动平均法中的一些问题。它在计算新的预测值时,不需要储存所有的历史数据,只需要 α 值及最近的观测值和预测值即可。式(7-7)还可以扩展为:

$$\begin{aligned}S_{t+1}&=\alpha X_t+(1-\alpha)[\alpha X_{t-1}+(1-\alpha)S_{t-1}]\\&=\alpha X_t+(1-\alpha)X_{t-1}+\alpha(1-\alpha)^2X_{t-2}+\alpha(1-\alpha)^3X_{t-3}+\cdots\end{aligned} \tag{7-9}$$

由式(7-9)可以看出,指数平滑法还克服了移动平均法的另一个局限性,即对距离较远的观测值减少了它的权数。这样的权数在实际中更合理些。

当时间序列的数据呈水平式时,简单的平滑法能得到有效的结果,而且费用低廉。但这种方法也存在缺点,主要表现在以下两个方面:

(1)当预测变量的数据模式有较大变化时,指数平滑法的预测效果不能令人满意,在处理长期趋势或非水平模式时没有效果。

(2)没有一个好办法来确定适当的权数 α 值。

[例 7-5] 对例 7-4 中的数据运用一次指数平滑法进行预测。

解: 分别取 $\alpha=0.1$ 和 $\alpha=0.9$ 进行预测。计算结果见表 7-5。

指数平滑法预测货运量 表 7-5

实际值(万 t)	预测值 S_t		绝对误差值 $\|X_t-S_t\|$	
	$\alpha=0.1$	$\alpha=0.9$	$\alpha=0.1$	$\alpha=0.9$
245	—	—	—	—
250	245.00	245.00	5	5.00
256	245.50	249.50	10.5	6.50
280	246.55	255.35	33.45	24.65
274	249.90	277.54	24.1	3.54
255	252.31	274.35	2.69	19.35
262	252.58	256.94	9.42	5.06
270	253.52	261.49	16.48	8.51
273	255.17	269.15	17.83	3.85
284	256.95	272.62	27.05	11.38
—	259.66	282.86	—	—
平均绝对误差			16.28	9.76

由于 $\alpha=0.9$ 时的平均绝对误差小于 $\alpha=0.1$ 时的绝对误差,因此取 $\alpha=0.9$ 时的预测结果较好。

五、使用要点

1. 模型中参数的选择

时间序列预测模型中涉及了三个参数:N、W_i 和 α。在具体使用时,要经过几个不同参数值的试算后才能确定,以便尽可能地使预测值接近实际值。通常将预测值与实际值进行比较,或者计算预测值与实际值的绝对误差,以选择接近实际值的预测模型。

例如:对移动平均预测法,可选 $N=3$、5、6;对加权移动平均预测法,可选 $W_i=3$、2、1 或 5、3、1;对指数平滑预测法,可选 $\alpha=0.1$、0.3、0.5、0.9。具体哪个参数对应的预测值更接近实际值,就选择哪个参数对应的预测模型。

对于时间序列预测法,N 值的选择很重要。如果时间序列有周期性的变化,且为分月资料时,应取 12 项移动平均;对分季度资料,应取 4 项移动平均。这样,才能消除时间变化因素的影响,显示出长期趋势。

对于指数平滑法,若时间序列比较稳定,则 α 的取值比较小;若时间序列波动较大,则 α

的取值也就越大,使预测值能敏感地跟踪实际值的变化。

2. 预测模型初值的确定

应用指数模型预测时,有一个确定初值的问题:

当 $t=1$ 时,

$$S_2 = \alpha X_1 + (1-\alpha) S_1$$

只有确定了 S_1,才能求出 S_2。而

$$S_1 = \alpha X_0 + (1-\alpha) X_0$$

若无 S_0,则无法求出 S_1。故一般令 $X_0 = S_0 = S_1$。

3. 预测模型的检验

时间序列预测模型简单易行,但准确程度较差,为保证一定的预测精度,使用前应对其预测精度进行检验。最常用的预测精度检验方法是后验拟合法,即比较预测对象的历史数据与预测模型计算值,两者之间的差值应小于事先确定的预测精度,即

$$|\bar{x}_i - x_i| \leqslant \alpha \tag{7-10}$$

式中:$\bar{x}_i$——i 时期的实际值;

x_i——模型预测值;

α——事先确定的预测精度。

第三节　回归分析法

回归分析法是指从被预测变量和与它有关的解释变量之间的因果关系出发,通过建立回归分析模型,预测对象未来发展的一种定量方法。通常,处在一个系统中的各种变量,可以有两类关系,一类称为函数关系,一类称为相关关系。当事物之间具有确定关系时,则变量之间表现为某种函数关系。而有些事物,虽然它们之间有着密切的联系,但并不能准确地用某一函数式确定其间的关系,我们称这类事物间具有相关关系。具有相关关系的变量,虽然不能用准确的函数式表达其联系,却可以通过大量试验数据(或调查数据)的统计分析,找出各相关因素的内在规律,从而近似地确定出变量间的函数关系。这便是回归分析的基本思想与方法。

与时间序列法相比,回归分析的优点在于,可以根据相应于一系列不同变量的数值进行一系列预测;其缺点是,除了被预测的单个变量以外,还需要几个相关变量的数据,并需要确定因变量与自变量之间的函数形式。

回归分析方法按照回归模型中自变量多少可划分为一元回归与多元回归。

反映相关关系的函数式,称为回归方程。在回归方程中,因变量与自变量间若为线形关系,称为线形回归,其他关系则称为非线形回归。具体选用什么形式的回归方程式,需要根据事物内部的特性具体分析。有时也可以根据散点图观察曲线变化的大致形式和趋势。

回归分析预测法包括三个步骤:建立回归方程;数学模型与相关性检验;利用回归方程进行预测。

一、一元线性回归

1. 建立回归方程

一元线性回归自变量可以是时间,也可以是其他变量,通常用 X 表示,用 Y 表示待预测的因变量。一元线性回归方程如下:

$$Y_t = a + bX_t \tag{7-11}$$

式中：Y_t——因变量；

X_t——自变量；

a、b——参数。

建立回归方程就是根据变量的历史数据$\{X_t, Y_t | t = 1, 2, \cdots, N\}$确定方程中的参数 a 和 b。

根据式(7-11)，对于每一个 x_i，都有一个对应的估计值，估计值与实际值 $y_i(i = 1, 2, 3, \cdots, n)$ 之间存在着离差。设两者之间的离差为 e_i，则有：

$$e_i = y_i - a - bx_i \tag{7-12}$$

那么，离差的平方和为：

$$\sum_{i=1}^{n} e_i^2 = \sum_{i=1}^{n} (y_i - a - bx_i)^2 \tag{7-13}$$

离差平方和反映了 n 个统计数据 $y_i(i = 1, 2, 3, \cdots, n)$ 与回归方程的总偏差程度。根据最小二乘法原理，离差平方和最小的回归方程为最优方程，即满足

$$\min \sum_{i=1}^{n} e_i^2 = \min \sum_{i=1}^{n} (y_i - a - bx_i)^2 \tag{7-14}$$

的 a 和 b，就是要求的式(7-11)中的参数 a 和 b。

参数 a 和 b 可用式(7-15)、式(7-16)计算：

$$b = \frac{L_{XY}}{L_{XX}} \tag{7-15}$$

$$a = \bar{y} - b\bar{x} \tag{7-16}$$

式中：

$$\bar{x} = \frac{1}{n}\sum_{i=1}^{n} x_i$$

$$\bar{y} = \frac{1}{n}\sum_{i=1}^{n} y_i$$

$$L_{XX} = \sum_{i=1}^{n} (x_i - \bar{x})^2 = \sum_{i=1}^{n} x_i^2 - \frac{1}{n}\left(\sum_{i=1}^{n} x_i\right)^2 \tag{7-17}$$

$$L_{XY} = \sum_{i=1}^{n} (x_i - \bar{x})(y_i - \bar{y}) = \sum_{i=1}^{n} x_i y_i - \frac{1}{n}\left(\sum_{i=1}^{n} x_i\right)\left(\sum_{i=1}^{n} y_i\right)$$

另外，引入

$$L_{YY} = \sum_{i=1}^{n} (y_i - \bar{y})^2 = \sum_{i=1}^{n} y_i^2 - \frac{1}{n}\left(\sum_{i=1}^{n} y_i\right)^2 \tag{7-18}$$

2. 相关性检验

一般可采用相关系数进行相关性检验。相关系数是反映两变量间是否存在相关关系，以及这种相关关系密切程度的统计量。相关系数用 r 表示，计算公式为：

$$r = \frac{L_{XY}}{\sqrt{L_{XX} L_{YY}}} \tag{7-19}$$

相关系数的符号很重要，正号代表 X_t 与 Y_t 正相关，X_t 增加，Y_t 也增加，r 在 0 ~ 1 之间；负号代表 X_t 与 Y_t 负相关，r 在 −1 ~ 0 之间。

(1)当 $|r| = 1$ 时，表示变量 X_t 与 Y_t 完全线性相关。

(2)当 $|r| = 0$ 时，表示变量 X_t 与 Y_t 之间不存在线性相关关系。

(3)当 $0 < |r| < 1$ 时，表示变量 X_t 与 Y_t 之间存在不同程度的线性相关关系，通常认为：

①当 $0<|r|\leqslant 0.3$ 时,为微弱相关;

②当 $0.3<|r|\leqslant 0.5$ 时,为低度相关;

③当 $0.5<|r|\leqslant 0.8$ 时,为显著相关;

④当 $0.8<|r|\leqslant 1$ 时,为高度相关。

相关系数反映了变量 X_t 与 Y_t 之间线性相关的密切程度,$|r|$ 越接近于 1,就说明 X_t 与 Y_t 之间的线性相关程度越密切。r 值大,直观地表现为观测点紧密地散布在回归曲线周围,即对回归线的离差小。

3. 预测与置信区间估计

有了回归方程,就可以根据自变量的值 X_0 确定因变量的值 $\hat{Y}_0$,即确定预测值。然而,由于过去的观测值没有完全落在回归线上,因此很难期望未来的数值点全部落在回归线的延长线上。一般是在某种置信度水平 $100(1-\alpha)\%$ 上,如 95%(即 $\alpha=0.05$)、97.5%(即 $\alpha=0.025$),求预测值所在的区间。

在置信度水平 $100(1-\alpha)\%$ 上,$\hat{Y}_0$ 的置信区间为:

$$Y_p = \hat{Y}_0 \pm t_{\alpha/2}S \tag{7-20}$$

式中:Y_p——$\hat{Y}_0$ 的置信区间;

$t_{\alpha/2}$——统计量。

$$S = \sqrt{\frac{L_{XX}L_{YY}-(L_{XY}{}^2)}{(n-2)L_{XX}}} \tag{7-21}$$

[**例 7-6**] 某市社会总产值与货运量之间有线性相关关系,见表 7-6。试建立数学模型,并预测当该市社会总产值达 60 亿元时,该市的货运量是多少。

某市社会总产值与货运量之间关系 表 7-6

社会总产值(亿元)	38.4	42.9	41.0	43.1	49.2	55.1
货运量(千万 t)	15.0	25.8	30.0	36.6	44.4	50.4

解:(1)建立一元线性回归方程。其数学模型为:

$$Y = a + bX$$

回归方程中的待定系数 a 和 b 由下式计算:

$$a = \overline{Y} - b\overline{X}$$

$$b = \frac{L_{XY}}{L_{XX}}$$

计算回归模型中的系数,如表 7-7 所示。

回 归 模 型 系 数 表 7-7

序 号	总产值 X_i	货运量 Y_i	X_iY_i	$X_i{}^2$	$Y_i{}^2$
1	38.4	15.0	576	1 474.56	225
2	42.9	25.8	1 106.82	1 840.41	665.64
3	41.0	30.0	1 230	1 681	900
4	43.1	36.6	1 577.46	1 857.61	1 339.56
5	49.2	44.4	2 184.48	2 420.64	1 971.36
6	55.1	50.4	2 777.04	3 036.01	2 540.16
合计	269.7	202.2	9 451.8	12 310.23	7 641.72

$$\overline{X}=\frac{269.7}{6}=44.95$$

$$\overline{Y}=\frac{202.2}{6}=33.7$$

$$L_{XX}=\sum_{i=1}^{6}X_i^2-\frac{1}{6}(\sum_{i=1}^{6}X_i)^2=12\ 310.23-12\ 123.015=187.215$$

$$L_{YY}=\sum_{i=1}^{6}Y_i^2-\frac{1}{6}(\sum_{i=1}^{6}Y_i)^2=7\ 641.72-6\ 814.14=827.58$$

$$L_{XY}=\sum_{i=1}^{6}X_iY_i-\frac{1}{6}(\sum_{i=1}^{6}X_i)(\sum_{i=1}^{6}Y_i)=9\ 451.8-9\ 088.89=362.91$$

$$a=\overline{Y}-b\overline{X}=33.7-1.938\times 44.95=-53.413$$

$$b=\frac{L_{XY}}{L_{XX}}=\frac{362.91}{187.215}=1.938$$

则所求的回归方程为：

$$Y=-53.413+1.938X$$

(2)检验相关性。

$$r=\frac{L_{XY}}{\sqrt{L_{XX}L_{YY}}}=\frac{362.91}{\sqrt{187.215\times 827.58}}=0.92$$

$r=0.92$ 属于高度相关，说明社会总产值与货运量之间的相关程度很高。

(3)计算预测结果及置信区间。

当社会总产值 X_0 为 60 亿元时，预测货运量 $\hat{Y}_0$ 为 62.87 千万 t。

当 $\alpha=0.05$ 时，查正态分布的双侧分位数表得：$t_{\alpha/2}=1.96$。

$$S=\sqrt{\frac{L_{XX}L_{YY}-(L_{XY}{}^2)}{(n-2)L_{XX}}}=\sqrt{\frac{187.215\times 827.58-(362.91)^2}{(6-2)\times 187.215}}=5.57$$

则 95% 置信度的 $\hat{Y}_0$ 的置信区间为：

$$62.87\pm 1.96\times 5.57=62.87\pm 10.92$$

即货运量在[51.95,73.79]之间。

二、多元线性回归

1. 多元线性回归模型

当预测对象 $\boldsymbol{Y}$ 受多个因素 $X_1,X_2,\cdots,X_m$ 影响时，如果 $X_j(j=1,2,\cdots,m)$ 与 $\boldsymbol{Y}$ 之间具有线性相关关系，则可以建立多元线性回归模型进行分析和预测。多元线性回归分析的方法与一元线性回归分析基本相同，只是变量增多，计算更为复杂。和一元线性回归预测模型一样，多元线性回归模型建立时也采用最小二乘法估计模型参数。当自变量数量大于 3 时，手工计算已很困难，一般使用计算机及专用的软件计算。

如果在对变量 $\boldsymbol{Y}$ 与 $\boldsymbol{X}_j$ 的 n 次观测中，获得了如下数据：

$$\boldsymbol{X}=\begin{bmatrix} x_{11} & x_{12} & \cdots & x_{1n} \\ x_{21} & x_{22} & \cdots & x_{2n} \\ \vdots & \vdots & \ddots & \vdots \\ x_{m1} & x_{m2} & \cdots & x_{mn} \end{bmatrix} \qquad \boldsymbol{Y}=\begin{bmatrix} y_1 \\ y_2 \\ \vdots \\ y_n \end{bmatrix}$$

则，多元线性回归模型的一般形式为：

$$Y = a + b_1X_1 + b_2X_2 + \cdots + b_mX_m \tag{7-22}$$

式中：Y——多元线性回归因变量；

a——参数；

b_i——Y 对 X_i 的回归系数。

多元线性回归方程中，因变量 Y 对某一自变量的回归系数 $b_i(i=1,2,\cdots,m)$ 表示当其他自变量都固定时，该自变量变化对因变量 Y 影响的大小，又称为偏回归系数。参数 a、$b_i(i=1,2,\cdots,m)$ 的确定，与一元线性回归方程参数的确定方法相同，仍采用最小二乘法。根据最小二乘法，应使

$$\sum_{j=1}^{n}(Y_j - a - b_1X_{1j} - b_2X_{2j} - b_3X_{3j} - \cdots - b_mX_{mj})^2$$

为最小。对上式中的 a、$b_i(i=1,2,\cdots,m)$ 分别求偏导，并令其等于零，得到：

$$\begin{cases} L_{11}b_1 + L_{21}b_2 + \cdots + L_{m1}b_m = L_{Y1} \\ L_{12}b_1 + L_{22}b_2 + \cdots + L_{m2}b_m = L_{Y2} \\ \cdots\cdots \\ L_{1m}b_1 + L_{2m}b_2 + \cdots + L_{mm}b_m = L_{YM} \end{cases} \tag{7-23}$$

$$a = \overline{Y} - \sum_{i=1}^{m} b_i\overline{X_i} \tag{7-24}$$

上两式中：

$$\overline{Y} = \frac{1}{n}\sum_{k=1}^{n}Y_k$$

$$\overline{X}_i = \frac{1}{n}\sum_{k=1}^{n}X_{ik} \qquad (i=1,2,3,\cdots,m)$$

$$L_{ij} = \sum_{k=1}^{n}(X_{ik} - \overline{X}_i)(X_{jk} - \overline{X}_j)$$

$$= \sum_{k=1}^{n}X_{ik}X_{jk} - \frac{1}{n}(\sum_{k=1}^{n}X_{ik})(\sum_{k=1}^{n}X_{jk}) \qquad (i,j=1,2,3,\cdots,m)$$

$$L_{Yj} = \sum_{k=1}^{n}(Y_k - \overline{Y})(X_{jk} - \overline{X}_j)$$

$$= \sum_{k=1}^{n}X_{jk}Y_k - \frac{1}{n}(\sum_{k=1}^{n}X_{jk})(\sum_{k=1}^{n}Y_k) \qquad (j=1,2,3,\cdots,m)$$

$$L_{YY} = \sum_{k=1}^{n}(Y_k - \overline{Y})^2$$

式(7-23)称为多元线性回归方程的正则方程，利用它及式(7-24)可确定 a、$b_i(i=1,2,\cdots,m)$，从而得到多元线性回归方程。

2. 相关性检验与预测值置信度检验

同一元线性回归分析一样，对已经确定的多元线性回归分析模型能否较好地反映事物之间的内在规律，要进行线性相关的检验。

全相关系数是反映因变量受许多自变量共同影响而变化的相关程度的指标，计算公式为：

$$R = \sqrt{\frac{\sum b_iL_{Yi}}{L_{YY}}} \tag{7-25}$$

[例 7-7] 某地区客运周转量的增长与该地区总人口的增长及人均月收入有关。已知近 10 年的有关资料，见表 7-8。如果预测 5 年后该地区的总人口为 430 万人，人均月收入为 725

美元,试预测该地区5年后的客运周转量。

相关数据及计算 表7-8

序号	客运周转量 Y（千万人公里）	总人口 X_1（万人）	人均月收入 X_2（10美元）	$X_{1i}Y$	$X_{2i}Y$	$X_{1i}X_{2i}$	${X_{1i}}^2$	${X_{2i}}^2$	Y^2
1	70	200	45.0	14 000	3 150	9 000	40 000	2 025	4 900
2	74	215	42.5	15 910	3 145	9 137.5	46 225	1 806.25	5 476
3	80	235	47.5	18 800	3 800	11 162.5	55 225	2 256.25	6 400
4	84	250	52.5	21 000	4 410	13 125	62 500	2 756.25	7 056
5	88	275	55.0	24 200	4 840	15 125	75 625	3 025	7 744
6	92	285	57.5	26 220	5 290	16 387.5	81 225	3 306.25	8 464
7	100	300	60.0	30 000	6 000	18 000	90 000	3 600	10 000
8	110	330	57.5	36 300	6 325	18 975	108 900	3 306.25	12 100
9	112	350	62.5	39 200	7 000	21 875	122 500	3 906.25	12 544
10	116	360	65.0	41 760	7 540	23 400	129 600	4 225	13 456
合计	926	2 800	545	267 390	51 500	156 187.5	811 800	30 212.5	88 140

解:(1)建立二元线性回归方程。设 X_1 为总人口,X_2 为人均收入,则有:

$$Y = a + b_1X_1 + b_2X_2$$

由式(7-23)有:

$$\begin{cases} L_{11}b_1 + L_{21}b_2 = L_{Y1} \\ L_{12}b_1 + L_{22}b_2 = L_{Y2} \end{cases}$$

为计算回归方程中的系数,列表求相关数据,见表7-8。

$$\overline{Y} = \frac{1}{10}\sum_{i=1}^{10} Y_i = 92.6$$

$$\overline{X}_1 = \frac{1}{10}\sum_{i=1}^{10} X_{1i} = 280$$

$$\overline{X}_2 = \frac{1}{10}\sum_{i=1}^{10} X_{2i} = 54.5$$

$$L_{11} = \sum_{i=1}^{10}(X_{1i} - \overline{X}_1)^2 = \sum_{i=1}^{10} X_{1i}^2 - \frac{1}{10}(\sum_{i=1}^{10} X_{1i})^2 = 27\,800$$

$$L_{22} = \sum_{i=1}^{10}(X_{2i} - \overline{X}_2)^2 = \sum_{i=1}^{10} X_{2i}^2 - \frac{1}{10}(\sum_{i=1}^{10} X_{2i})^2 = 510$$

$$L_{12} = L_{21} = \sum_{i=1}^{10}(X_{1i} - \overline{X}_1)(X_{2i} - \overline{X}_2) = \sum_{i=1}^{10} X_{1i}X_{2i} - \frac{1}{10}(\sum_{i=1}^{10} X_{1i})(\sum_{i=1}^{10} X_{2i}) = 3\,587.5$$

$$L_{Y1} = \sum_{i=1}^{10}(X_{1i} - \overline{X}_1)(Y_i - \overline{Y}) = \sum_{i=1}^{10} X_{1i}Y_i - \frac{1}{10}(\sum_{i=1}^{10} X_{1i})(\sum_{i=1}^{10} Y_i) = 8\,110$$

$$L_{Y2} = \sum_{i=1}^{10}(X_{2i} - \overline{X}_2)(Y_i - \overline{Y}) = \sum_{i=1}^{10} X_{2i}Y_i - \frac{1}{10}(\sum_{i=1}^{10} X_{2i})(\sum_{i=1}^{10} Y_i) = 1\,033$$

$$L_{YY} = \sum_{i=1}^{10}(Y_i - \overline{Y})^2 = \sum_{i=1}^{10} Y_i^2 - \frac{1}{10}(\sum_{i=1}^{10} Y_i)^2 = 2\,386.4$$

得到方程组:

$$\begin{cases} 27\,800b_1 + 3\,587.5b_2 = 8\,110 \\ 3\,587.5b_1 + 510b_2 = 1\,033 \end{cases}$$

求解该方程组得:

$$b_1 = 0.3289, b_2 = -0.2884$$

则

$$a = \overline{Y} - b_1 \overline{X}_1 - b_2 \overline{X}_2 = 16.2258$$

因此，所求的回归方程为：

$$Y = 16.2258 + 0.3289X_1 - 0.2884X_2$$

(2)对得到的回归方程进行相关性检验。

$$R = \sqrt{\frac{b_1 L_{Y1} + b_2 L_{Y2}}{L_{YY}}} = \sqrt{\frac{0.3289 \times 8110 - 0.2884 \times 1033}{2386.4}} = 0.9964$$

可见，变量 X_i 与 Y 之间的线性相关关系高度显著，得到的回归方程能够很好地反映客运量 Y 与总人口 X_1 和人均收入 X_2 之间的关系。

将预测年份的总人口 $X_1 = 430$，人均收入 $X_2 = 72.5$ 代入回归方程，得到预测年份的客运周转量为：

$$Y = 16.2258 + 0.3289 \times 430 - 0.2884 \times 72.5 = 136.74 \text{ 千万人公里}$$

三、非线性回归

实际问题中，有时因变量和自变量之间的依存关系并非都是线性的，也存在非线性关系。通常的做法是，采用变量代换法将非线性回归问题转化成线性回归问题，利用线性回归方法进行求解。常见的非线性回归模型的处理方法见表 7-9。

现在的回归分析预测中，往往需要借助计算机及专用的计算软件来提高速度和准确性。

常见非线性回归模型的线性化处理 表 7-9

非线性回归类型	数学模型	变换手段	变量代换	线性回归模型
指数回归	$y = ab^x$	等式两边取对数 $\ln y = \ln a + x\ln b$	$Y = \ln y$ $A = \ln a$ $B = \ln b$	$Y = A + Bx$
幂回归	$y = ax^b$	等式两边取对数 $\ln y = \ln a + b\ln x$	$Y = \ln y$ $X = \ln x$ $A = \ln a$	$Y = A + bX$
对数回归	$y = a + b\ln x$		$X = \ln x$	$y = a + bX$
逆元回归	$\frac{1}{y} = a + b\frac{1}{x}$		$Y = \frac{1}{y}, X = \frac{1}{x}$	$Y = a + bX$
抛物线回归	$y = a_0 + a_1 x + a_2 x^2$		$x_1 = x, x_2 = x^2$	$y = a_0 + a_1 x_1 + a_2 x_2$

第四节　灰色模型法

一、灰色预测的概念

在控制理论中常用黑色(黑盒)表示仅已知系统的输入、输出信息，而对系统的内部结构、特征、参数全部未知。黑色的对立面白色则表示与其相反的系统。自然界和实际的社会生活中大量存在的是部分信息已知、部分信息未知的介于“白色”和“黑色”之间的系统。如道路交通系统中的车流和客流信息，由于影响它们的随机因素很多，很难全部判断该系统的信息。20 世纪 80 年代，我国学者邓聚龙教授将这类部分信息已知、部分信息未知的系统称为灰色系统，建立了灰色系统理论，并将灰色系统理论应用于预测分析，取得了很好的效果。灰色预测方法在交通运输中已经有了广泛的应用。

灰色预测的基本思路是，将已知的数据序列按照某种规则构成动态或非动态的白色模块，再按照某种变化、解法来求解未知的灰色模型。

灰色系统理论中常用的是由微分方程所描述的动态方程，最简单的是基于灰色系统理论模型 GM(1,1)以及 GM(1,N)的预测。GM(1,1)表示一阶的、单个变量的微分方程，GM(1,N)表示一阶的、N 个变量的微分方程。在实际应用中，这类微分方程并不是连续的微分方程，而是数据序列处理过的离散微分方程。离散微分方程便于应用矩阵方法进行计算和处理。

GM(1,N)模型有许多用途，但变量 x_1 的值除了依赖自身各时刻的值之外，还要依赖其余 $N-1$ 个变量在各个时期的值。因此，在预测过程中为了预测 x_1 的值，首先必须预测其余 $N-1$ 个变量的值，这在预测中是不可取的。作为灰色系统理论在预测中的应用，GM(1,N)模型并不适合。而 GM(1,1)模型的计算过程中只涉及变量 x_1 各时刻的值，因而适合预测工作。本节将主要介绍 GM(1,1)模型的预测方法与过程。

灰色预测的另一个重要特点是，模型使用的不是原始数据序列，而是生成的数据序列。也就是说，灰色预测的数据，不是直接从生成的模型中得到的，而是经过还原后的数据，或者说通过生成数据的 GM 模型得到的预测值，必须进行逆生成处理。

二、GM(1,1)模型

GM(1,1)表示一阶的、单个变量的微分方程模型。GM(1,1)模型的具体形式如式(7-26)所示。

$$\frac{dx}{dt} + ax = u \tag{7-26}$$

设数列 $x^{(0)}$ 共有 n 个观测值 $x^{(0)}(1), x^{(0)}(2), \cdots, x^{(0)}(n)$，对 $x^{(0)}$ 做一阶累加，生成新的数列 $x^{(1)}$，其元素的表达式为：

$$x^{(1)}(i) = \sum_{m=1}^{i} x^{(0)}(m) \qquad (i = 1,2,\cdots,n) \tag{7-27}$$

即

$$\begin{aligned}
&x^{(1)}(1) = x^{(0)}(1)\\
&x^{(1)}(2) = x^{(0)}(1) + x^{(0)}(2) = x^{(1)}(1) + x^{(0)}(2)\\
&x^{(1)}(3) = x^{(0)}(1) + x^{(0)}(2) + x^{(0)}(3) = x^{(1)}(2) + x^{(0)}(3)\\
&\qquad\qquad\cdots\cdots\\
&x^{(1)}(n) = x^{(1)}(n-1) + x^{(0)}(n)
\end{aligned}$$

对一阶生成数列 $x^{(1)}$，建立预测模型的 GM 形式方程如下：

$$\frac{dx^{(1)}}{dt} + ax^{(1)} = u \tag{7-28}$$

式中：a，u——待估参数。

将式(7-28)中的导数以离散形式展开，得到：

$$x^{(0)}(t+1) = -\frac{1}{2}\left[x^{(1)}(t) + x^{(1)}(t+1)\right]a + u \tag{7-29}$$

分别令 $t = 1,2,\cdots,n-1$，得到：

$$x^{(0)}(2) = a\left\{-\frac{1}{2}\left[x^{(1)}(1) + x^{(1)}(2)\right]\right\} + u$$

$$x^{(0)}(3)=a\{-\frac{1}{2}[x^{(1)}(2)+x^{(1)}(3)]\}+u$$

$$\cdots\cdots$$

$$x^{(0)}(n)=a\{-\frac{1}{2}[x^{(1)}(n-1)+x^{(1)}(n)]\}+u$$

对上述展开的离散方程组,用最小二乘法求解,可得:

$$\hat{\boldsymbol{a}}=(\boldsymbol{B}^{\mathrm{T}}\boldsymbol{B})^{-1}\boldsymbol{B}^{\mathrm{T}}y_{\mathrm{n}} \tag{7-30}$$

式中:

$$\hat{\boldsymbol{a}}=\begin{bmatrix}a\\u\end{bmatrix}$$

$$\boldsymbol{y}_{\mathrm{n}}=[x^{(0)}(2),x^{(0)}(3),\cdots,x^{(0)}(n)]^{T}$$

$$\boldsymbol{B}=\begin{bmatrix}-\frac{1}{2}[x^{(1)}(1)+x^{(1)}(2)] & 1\\ -\frac{1}{2}[x^{(1)}(2)+x^{(1)}(3)] & 1\\ \cdots & \cdots\\ -\frac{1}{2}[x^{(1)}(n-1)+x^{(1)}(n)] & 1\end{bmatrix}$$

将式(7-30)求得的 $\hat{\boldsymbol{a}}$ 代入式(7-28),并解微分方程,得到GM(1,1)模型为:

$$\hat{x}^{(1)}(i+1)=[x^{(0)}(1)-\frac{u}{a}]\mathrm{e}^{-at}+\frac{u}{a} \tag{7-31}$$

[例7-8] 现已知某城市1992~1999年的历年人口数(表7-10),采用GM(1,1)模型预测该市2000年人口数量。

解:作 $x^{(0)}$ 的一阶累加,得新数列 $x^{(1)}$(表7-10)。

相关数据及计算 表7-10

年份 t	1992	1993	1994	1995	1996	1997	1998	1999
年份序号 k	1	2	3	4	5	6	7	8
人口(千人)$x^{(0)}$	929.8	951.1	977.5	998.7	1 023.9	1 047.4	1 063.5	1 089.7
$x^{(1)}$	929.8	1 880.9	2 858.4	3 857.1	4 881.0	5 928.4	6 991.9	8 081.9

确定向量 $\boldsymbol{y}_{\mathrm{n}}$ 和矩阵 $\boldsymbol{B}$:

$$\boldsymbol{y}_{\mathrm{n}}=[x^{(0)}(2),x^{(0)}(3),\cdots,x^{(0)}(8)]^{\mathrm{T}}=[951.1,977.5,998.7,1\,023.9,1\,047.4,1\,063.5,1\,089.7]^{\mathrm{T}}$$

$$\boldsymbol{B}=\begin{bmatrix}-\frac{1}{2}[x^{(1)}(1)+x^{(1)}(2)] & 1\\ -\frac{1}{2}[x^{(1)}(2)+x^{(1)}(3)] & 1\\ \cdots & \cdots\\ -\frac{1}{2}[x^{(1)}(7)+x^{(1)}(8)] & 1\end{bmatrix}=\begin{bmatrix}-1\,405.35 & 1\\ -2\,369.65 & 1\\ -3\,357.75 & 1\\ -4\,369.05 & 1\\ -5\,404.70 & 1\\ -6\,460.15 & 1\\ -7\,536.90 & 1\end{bmatrix}$$

所以

$$\hat{\boldsymbol{a}}=(\boldsymbol{B}^{\mathrm{T}}\boldsymbol{B})^{-1}\boldsymbol{B}^{\mathrm{T}}y_{\mathrm{n}}=(-0.0\,222\quad 923.499\,7)^{\mathrm{T}}$$

即

$$a = -0.022\,2, u = 923.499\,7$$

根据式(7-30),该城市人口预测的GM(1,1)模型为:

$$\hat{x}^{(1)}(i+1) = [x^{(0)}(1) - \frac{u}{a}]e^{-at} + \frac{u}{a} = 42\,528.886e^{0.022\,2t} - 41\,599.086$$

根据得到的模型对该城市2000年的人口总量进行预测。由式(7-27)可知:

$$\hat{x}^{(1)}(i+1) = \hat{x}^{(1)}(i) + \hat{x}^{(0)}(i+1)$$

所以

$$\hat{x}^{(0)}(i+1) = \hat{x}^{(1)}(i+1) - \hat{x}^{(1)}(i)$$

即

$$\begin{aligned}\hat{x}^{(0)}(9) &= \hat{x}^{(1)}(9) - \hat{x}^{(1)}(8)\\ &= 42\,528.886(e^{0.022\,2\times 8} - e^{0.022\,2\times 7})\\ &= 42\,528.886 \times 0.026\\ &= 1\,115.1\end{aligned}$$

因此,预测该城市2000年人口总量为1 115.1千人。

第五节　马尔可夫链法

马尔可夫(Markov)过程是研究事物状态及其转移的理论。它通过对不同状态的初始概率以及状态间转移概率的研究,来确定状态的变化趋势,从而达到预测未来的目的。

马尔可夫过程的特点是每次状态的转移都只与互相连接的前一个状态有关,与过去的状态无关,即当过程在时刻t_0所处的状态为已知的情况下,过程在时刻$t(t>t_0)$所处的状态与过程在时刻t_0之前的状态无关,这种特性称为无后效性。

如果随机变量X_t在$t=k+1$时取值的规律只与X_t在$t=k$时的取值有关,而与$t=k$以前的取值无关,则这时的X_t称为一次马尔可夫链。同样,如果随机变量X_t在$t=k+1$时取值的规律只与X_t在$t=k$及$t=k-1$时的取值有关,而与$t=k-1$以前的取值无关,则这时的X_t称为二次马尔可夫链。以此类推,可得到三次、四次马尔可夫链。本节主要讨论一次马尔可夫链预测。

一、基本概念

1.状态转移概率矩阵

假设预测对象可能处在$S_1, S_2, \cdots, S_n$ n个状态中,而且每次只能处在一个状态中。若目前它处于状态S_i,则下一时刻可能由S_i转向$S_1, S_2, \cdots, S_n$ n种状态之一。可能的转移方式有n种(其中$S_i \to S_i$表示停留在状态S_i),相应的转移概率为P_{ij}。如果将P_{ij}作为矩阵中的第i行、第j列,则n个状态共有n行,即

$$\boldsymbol{R} = \begin{bmatrix} P_{11} & P_{12} & P_{13} & \cdots & P_{1j} & \cdots & P_{1n} \\ P_{21} & P_{22} & P_{23} & \cdots & P_{2j} & \cdots & P_{2n} \\ \vdots & \vdots & \vdots & \ddots & \vdots & \ddots & \vdots \\ P_{n1} & P_{n2} & P_{n3} & \cdots & P_{nj} & \cdots & P_{nn} \end{bmatrix}$$

将矩阵$\boldsymbol{R}$称为状态转移概率矩阵,其中P_{ij}表示从状态i转向状态j的概率,矩阵满足$P_{ij} \geqslant$

0 且$\sum_{j=1}^{n}P_{ij}=1$。

2. 状态概率和稳定状态概率

状态概率是指系统在某一时期处在某一状态的概率。一般系统总是有多种状态的，在某一时期只处于其中的一种状态。系统在某一时期各种状态的发生概率可用一向量表示，称为状态概率向量。

系统在一定的一次转移概率条件下，经过多次转移，处于某种状态的概率趋向一个常数，这种逐渐稳定下来的概率，称为稳定状态概率。系统存在稳定状态概率的条件是一次转移概率不变，即系统在多次转移过程中，任何相邻两个时期的转移概率不变。

二、一次马尔科夫链预测

1. 预测对象所处的状态划分

对于状态划分问题，不同的事物、不同的预测目的，有着不同的状态划分。有的是预测对象本身已具有明显的状态界限，如气象预报中的晴、阴、风、雨；有的则需要根据实际情况人为地作出划分，如可以把道路路面状况的好坏按综合指标划分成若干个状态。

2. 计算初始概率

所谓初始概率 P_i，在实际问题中就是指通过分析历史资料得到的某一状态出现的频率。假设某事件有 S_i 个状态$(i=1,2,\cdots,n)$，在已知历史资料中，状态 S_i 出现的次数 M_i 等于资料的总个数 N，即 $N=\sum_{i=1}^{n}M_i$，这时 S_i 出现的概率为 $F_i=\frac{M_i}{N}$。当样本足够大时，用频率 F_i 代替概率 P_i 的误差就会足够小。

3. 计算状态的一次转移概率

同状态的初始概率一样，转移概率的理论分布是未知的，当掌握的数据资料足够多时，可以用状态转移的频率描述状态转移概率。

从转移概率的定义可知：

$$P_{ij}=P(S_i\to S_j)=P(S_j\mid S_i)\approx F(S_j\mid S_i)\quad(i=1,2,\cdots,n;j=1,2,\cdots,n)$$

式中：$F(S_j|S_i)$——样本中由 S_i 状态转向 S_j 状态的概率。

处于 S_i 状态的样本个数为 M_i，假设由 S_i 转向 S_j 状态的个数为 M_{ij}，则

$$F(S_j\mid S_i)=\frac{M_{ij}}{M_i}$$

假设目前事件处于 S_i 状态，那么它的转移概率分布为：

$$P_{i1}\approx F(S_1\mid S_i)=\frac{M_{i1}}{M_i}$$

$$P_{i2}\approx F(S_2\mid S_i)=\frac{M_{i2}}{M_i}$$

……

$$P_{in}\approx F(S_n\mid S_i)=\frac{M_{in}}{M_i}$$

根据条件概率性质，对任意 $i(i=1,2,\cdots,n)$ 均有：

$$\sum_{j=1}^{n}P_{ij}=\frac{M_{i1}}{M_i}+\frac{M_{i2}}{M_i}+\cdots+\frac{M_{in}}{M_i}=\frac{M_{i1}+M_{i2}+\cdots+M_{in}}{M_i}=\frac{\sum_{j=1}^{n}M_{ij}}{M_i}$$

因为$\sum_{j=1}^{n} M_{ij} = M_i$，所以$\sum_{j=1}^{n} P_{ij} = 1$，写成矩阵形式，即

$$\boldsymbol{R} = \begin{bmatrix} P_{11} & P_{12} & P_{13} & \cdots & P_{1j} & \cdots & P_{1n} \\ P_{21} & P_{22} & P_{23} & \cdots & P_{2j} & \cdots & P_{2n} \\ \vdots & \vdots & \vdots & \ddots & \vdots & \ddots & \vdots \\ P_{n1} & P_{n2} & P_{n3} & \cdots & P_{nj} & \cdots & P_{nn} \end{bmatrix}$$

矩阵 $\boldsymbol{R}$ 称为一步转移概率矩阵，它完整地描述了 n 个状态相互转移的概率分布。矩阵主对角线上元素 $P_{11}, P_{22}, \cdots, P_{nn}$表示状态经过 Δt 时间后，仍然处在原状态的概率。

在实际工作中，往往需要预测今后第 k 个时刻系统的状态，这时需要先求出系统的 k 步状态转移概率矩阵。根据无后效性和条件概率，数学上已经给出了严格的证明。这里仅介绍有关的计算公式。

$$\boldsymbol{R}^{[k]} = \boldsymbol{R}^{[k-1]} \cdot \boldsymbol{R} \tag{7-32}$$

式中：$\boldsymbol{R}$——一步转移概率矩阵；

$\boldsymbol{R}^{[k]}$——k 步转移概率矩阵。

式(7-32)说明，系统的 k 步转移概率矩阵可以由 $k-1$ 步转移概率矩阵乘以一步转移概率矩阵得到。

4. 根据转移概率矩阵进行预测

转移概率矩阵全面地描述了各状态之间相互转移的概率分布，可以根据它对未来所处的状态进行预测。

[例 7-9]　公路养护部门为了合理安排公路维修资金，需要预测路面状况的变化情况。路面一般分为四种状态：S_1—优，S_2—良，S_3—中，S_4—差。第一年处于优、良、中、差的道路长度分别为200km、400km、300km、100km。根据以往经验，得到日常养护情况下的路面状态转移概率表（表7-11）。试预测日常养护下第二年、第三年的路面状况。

路面状态转移概率　　表 7-11

路面状态	S_1	S_2	S_3	S_4
S_1	0.65	0.20	0.10	0.05
S_2	0.00	0.70	0.20	0.10
S_3	0.00	0.00	0.80	0.20
S_4	0.00	0.00	0.00	1.00

解：在路面管理系统中常利用马尔可夫链预测路面使用性质。马尔可夫链用于描述路面状态时假定：路面的当前状态仅依赖于路面的先期状态，而路面的未来状态只依赖于目前的状态。第一年处于 S_1、S_2、S_3、S_4状态的道路里程向量为(200,400,300,100)，则在日常养护条件下，第二年的路面状态为：

$$(S_1, S_2, S_3, S_4) = (200,400,300,100)\begin{bmatrix} 0.65 & 0.20 & 0.10 & 0.05 \\ 0.00 & 0.70 & 0.20 & 0.10 \\ 0.00 & 0.00 & 0.8 & 0.20 \\ 0.00 & 0.00 & 0.00 & 1.00 \end{bmatrix} = (130,320,340,210)$$

即第二年处于优、良、中、差状态的道路长度分别为 130km、320km、340km、210km。

如果第三年仍然采用日常养护，则第三年的路面状态为：

$$(S_1,S_2,S_3,S_4)=(130,320,340,210)\begin{bmatrix}0.65 & 0.20 & 0.10 & 0.05\\0.00 & 0.70 & 0.20 & 0.10\\0.00 & 0.00 & 0.80 & 0.20\\0.00 & 0.00 & 0.00 & 1.00\end{bmatrix}=(84.5,250,349,316.5)$$

即第三年处于优、良、中、差状态的道路长度分别为84.5km、250km、349km、316.5km。

第六节　蒙特卡罗法

蒙特卡罗法也称统计模拟方法或随机抽样方法。它是由美国数学家冯·诺伊曼和乌拉姆在20世纪40年代为研制核武器而首先提出的。

蒙特卡罗法早期用于计算问题。例如有些数学家用其计算π的值，准确度很高。计算过程是：对图7-4中的正方形及所含的$\frac{1}{4}$圆投掷一个质点，设总投掷次数为N，质点落入圆内的次数为n，由于投掷次数是均匀随机的，因此有

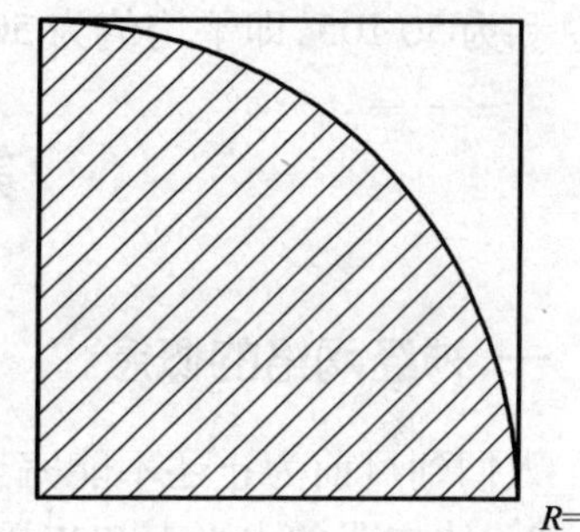

图7-4　蒙特卡罗法计算π值

$$\text{扇形面积与正方形面积之比}=\frac{n}{N}$$

即

$$\frac{\frac{\pi}{4}}{1^2}=\frac{n}{N}\Rightarrow\pi=4\frac{n}{N}$$

试验结果表明，N越大，π值越接近准确值。

目前，蒙特卡罗法已经渗透到多个领域，在预测过程中也有其应用。

用蒙特卡罗法预测需首先建立一个与预测对象相关的随机模型。该模型可以是离散型随机变量分布或连续型随机变量分布。然后根据概率分布进行大量独立随机试验，取得随机变量的模拟值即样本值的集合。用数理统计方法求出样本的数量特征值即各种统计量的估计量，该估计量的值就是预测对象的近似解。

蒙特卡罗法既可以用于近期预测，也可以用于中远期预测。在预测过程中一般要假设某一频率分布为概率分布，而这与现实有一定差距，因此常在预测对象内部关系难以把握时应用。蒙特卡罗法预测过程中的模拟次数视问题性质而定。

［例7-10］　根据某运输公司过去15年的统计，其中有3年的业务量为45万t，有9年的业务量为50万t，有3年的业务量为55万t。试预测下一年的业务量。

解：根据已有资料，整理得表7-12。

已有资料　　表7-12

业务量(万t)	45	50	55
频率(%)	20	60	20

表7-12中的频率表示，将15年的业务量视为15次随机试验，试验结果为45万t的次数占全部试验次数的比重即频率为20%，试验结果为50万t的频率为60%，试验结果为55万t的频率为20%。

将频率看做概率，并用随机变量 ξ 表示业务量，则有如下的概率分布，见表 7-13。

概 率 分 布 表 7-13

$\xi(\xi=x_i)$	45	50	55
$P\{\xi=x_k\}$	20%	60%	20%

假设用 A_i 表示事件 $\{\xi=x_i\}$，则有 $A_i \cap A_j=\phi(j\neq i)$ 以及 $P(\bigcup_{i=1}^{3}A_i)=1$，即 A_i 满足事件完备性假定。因此，表 7-12 所述的分布是合理的。

至此，已经建立了预测对象的概率分布模型，并且预测对象即为随机变量本身，随机变量的取值就是预测对象的量值。通过随机试验，得到随机变量的试验值，将试验平均值作为预测对象值。

从均匀随机数表中抽取数值进行抽样模拟。在本例中，经过 1 000 次模拟，得到各次模拟值总和为 50 105，即平均值为 50. 105。因此，预测该公司下一年的业务量为 50. 105 万 t。

第七节　神经网络法

一、神经网络的概念

人们到目前为止还不能完全解释人类大脑思维、意识和判断等精神活动，但已经从神经结构、细胞体构成的水平上初步探明了大脑的组织特征，并已经可以通过生理试验证明许多人脑的认识机理。大量的试验与研究表明，大脑中存在着由巨量神经细胞（或脑细胞）结合而成的神经网络，网络有 100 亿 ~150 亿个神经细胞。大脑的神经网络系统，构成了大脑信息处理的主体，神经网络的活动决定了大脑的功能。

神经网络信息的主要基本特征如下：

（1）大量的分布存储与高度的容错性。

（2）大规模的并行处理能力。

（3）信息处理与储存、寻找同时进行。

（4）可塑性与自学习、自组织特性。

（5）清晰的层次性和复杂的系统性。

早在世界上第一台电子计算机诞生前，人类对脑细胞、神经网络以及脑神经元模型的研究就已经开始。人们利用人工神经网络进行模拟、仿真的研究和探索，并且取得了丰硕的成绩。目前，神经网络的应用已经渗透到模式识别、图像处理、语言处理、机器人、专家系统、预测分析等多个领域，取得了令人瞩目的成果。

1. 人脑神经元基本模型

人的大脑由 100 亿 ~150 亿个生物神经元（脑细胞单元）构成，而其中的每一个神经元又与约 1 万 ~10 万个其他神经元相连接，如此构成了一个庞大的三维空间神经网络。神经元不仅是组成大脑的基本单元，而且也是大脑进行信息处理的基础元件。人们经过长期的研究总结出了神经元的以下几个重要特性。

（1）神经元是一个多输入、单输出的元件。

（2）神经元是一个具有非线性输入、输出特性的元件，表现在只有当来自各个神经元的活动电脉冲达到一定强度后，该神经元才能被激活，并发出本身的电脉冲。

(3)神经元具有可塑性,表现在其活动电脉冲的传递强度具有可调节性。

(4)神经元的输出是各个输入综合作用的结果。

根据这些特性,人们建立了生物神经元模型,如图7-5所示。其中,f为非线性函数;$x_1, x_2, \cdots, x_n$为与神经元相关的n个输入信息;y为输出结果;$\omega_1, \omega_2, \cdots, \omega_n$为$x_1, x_2, \cdots, x_n$相应的权重系数;$\theta$为输出阈值。神经元的数学模型为:

$$y = f(X)$$

$$X = \sum_{i=1}^{n} \omega_i x_i - \theta$$

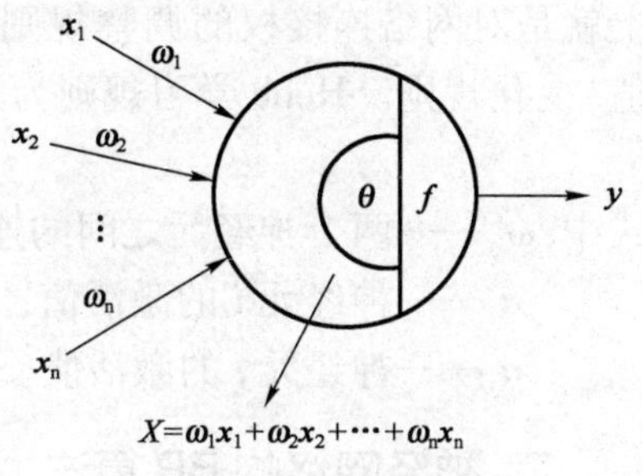

$X=\omega_1 x_1+\omega_2 x_2+\cdots+\omega_n x_n$

图7-5 神经元模型示意图

2.人工神经网络的基本结构与学习规则

根据神经元的模型,许多专家学者提出了人工神经网络的结构模式,如图7-6所示。图7-6中,每个○代表一个神经元单位(人工神经元)。图7-6a)所示为最简单的多输入单输出人工神经网络结构;图7-6b)所示为完全连接型结构;图7-6c)所示为阶层型多输入多输出结构;图7-6d)所示为阶层型多输入单输出结构。其中,$\omega_1, \omega_2, \cdots, \omega_n$为连接权值。

单个神经元无法完成对输入信息的处理,只有当大量的神经元组成庞大的网络,通过网络中各神经元之间的相互作用,才能实现对信息的处理与存储。根据这个道理,只有将人工神经元按照一定规则连成网络,并让网络中各神经元的连接数值按照一定的规则变化,才能实现对输入模式的学习与识别。

图7-6中的基本网络结构组成了两种形式的连接网:阶层型和完全连接型。阶层型神经网络的层数,以及各层的神经元的个数可以根据要求变化;完全连接型神经网络中的神经元个数也可以根据要求变化。两种形式的神经网络都有一个共同的特点,即网络的学习和运行取决于各种神经元连接权的动态演化过程。因此,决定网络性质的主要因素有两点:网络的拓扑结构和网络的学习、工作规则。

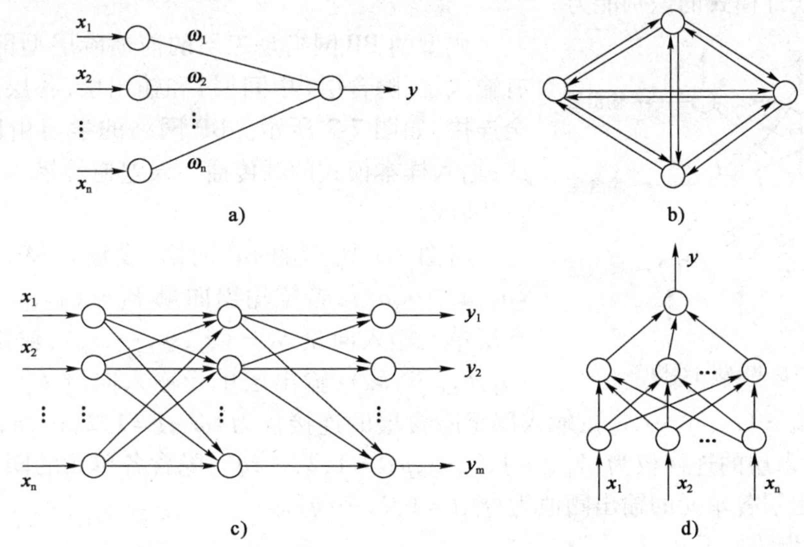

图7-6 人工神经网络的基本结构

对于大脑神经网络来说,完成不同功能的网络区域都具有各自的学习规则,这些完整和巧妙的学习规则是大脑在进化过程中通过不断学习而获得的。人工神经网络的学习规则,实质上就是对网络连接权的调整规则。最著名的是 Hebb 学习规则,即神经元之间连接强度(权值)变化规则。Hebb 学习规则为人工神经网络的广泛应用奠定了基础,它的数学表达式为:

$$\Delta\omega_{ij} = a_i a_j \tag{7-33}$$

式中:ω_{ij}——两个神经元之间的连接权;

a_i——神经元 i 的激活值;

a_j——神经元 j 的激活值。

二、神经网络的 BP 算法

人工神经网络的主要特征由其拓扑结构和学习规则决定,网络的拓扑有两种基本类型,而学习规则的区别可以产生各种各样的人工神经网络。在预测中应用的正是人工神经网络的这种学习规则,通过对预测对象历史数据的学习、识别,掌握预测对象历史数据的关系规律从而对其未来趋势进行预测。

自 Hebb 学习规则提出后,相继出现了许多的学习规则及其人工神经网络。这些学习规律也称为人工神经网络的算法。在许多的人工神经网络算法中,比较著名、应用较广的有 BP(Error Back Propagation)算法、Hopfield 算法、SA(Simulated Annealing)算法、CP(Counter Propagation)算法。其中,BP 算法在道路交通中应用较多。

BP 算法的全称是多层神经网络的误差逆传播学习算法。相应的 BP 人工神经网络是一种具有三层或三层以上的阶层型神经网络,其上下层之间各神经元实现完全连接,即下层的每一个单元与上层的每一个单元都实现全连接,而每层各神经元之间无连接。当将一个样本学习模式对提供给网络后,神经元的激活值从输入层经中间层向输出层传播,在输出层的各神经元获得网络的输入响应。在此之后,按减小希望输出与实际输出误差的方向,从输出层经各中间层逐层修正各连接权,最后到达输入层。随着这种误差逆传播修正的不断进行,网络对输入模式响应的正确率也在不断上升。由于 BP 算法增加了中间隐含层并有相应学习规律可循,使其具有对非线性模式的识别能力。

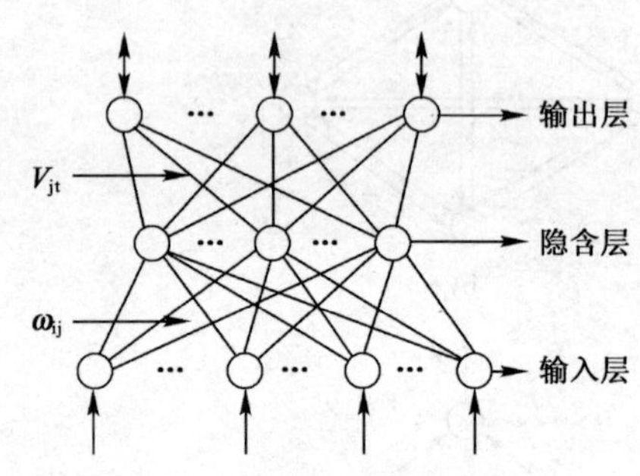

图 7-7 三层 BP 网络结构图

典型的 BP 网络是三层的前馈阶层型网络,网络含有输入层、隐含层(中间层)和输出层,各层之间实现完全连接,如图 7-7 所示。BP 网络的学习由四个过程组成:输入样本模式的顺传播→误差逆传播→记忆训练→算法收敛。

对图 7-7 所示的 BP 网络,设输入模式向量 $\boldsymbol{A}_k = (a_1, a_2, \cdots, a_n)$,希望输出向量 $\boldsymbol{Y}_k = (y_1, y_2, \cdots, y_n)$;隐含层单元输入向量 $\boldsymbol{S}_k = (s_1, s_2, \cdots, s_p)$,输出向量 $\boldsymbol{B}_k = (b_1, b_2, \cdots, b_p)$;输出层单元输入向量 $\boldsymbol{L}_k = (l_1, l_2, \cdots, l_q)$,输出向量 $\boldsymbol{C}_k = (c_1, c_2, \cdots, c_q)$;输入层至隐含层的连接权为 $\{\omega_{ij}, i = 1,2,\cdots,n; j = 1,2,\cdots,p\}$;隐含层至输出层的连接权为 $\{V_{jt}, j = 1,2,\cdots,p; t = 1,2,\cdots,q\}$;隐含各单元的阈值为 $\{\theta_j, j = 1,2,\cdots,p\}$;输出层各单元的输出阈值为 $\{r_t, t = 1,2,\cdots,q\}$。

BP 算法的步骤如下。

(1)初始化。给各连接权 $\{\omega_{ij}\}$、$\{V_{jt}\}$ 及阈值 $\{\theta_j\}$、$\{r_t\}$ 赋予 $(-1, +1)$ 区间任意值。

(2)选取一个样本模式对 $\boldsymbol{A}_k = (a_1^k, a_2^k \cdots, a_n^k)$,$\boldsymbol{Y}_k = (y_1^k, y_2^k \cdots, y_q^k)$,提供给网络。

(3)用 $\boldsymbol{A}_k = (a_1^k, a_2^k, \cdots, a_n^k)$、$\{\omega_{ij}\}$、$\{\theta_j\}$ 计算隐含层各单元的输入 S_j,然后用 S_j 通过 S 函

数计算隐含层各单元的输出$\{b_j\}$。

$$S_j=\sum_{i=1}^{n}\omega_{ij}\cdot a_i-\theta_j \qquad (j=1,2,\cdots,p)$$

$$b_j=f(S_j) \qquad (j=1,2,\cdots,q)$$

(4)用$\{b_j\}$、$\{V_{jt}\}$及$\{r_t\}$计算$\{L_t\}$,然后用$\{L_t\}$通过 S 函数计算输出层各单元响应$\{C_t\}$。

$$L_t=\sum_{j=1}^{p}V_{jt}\cdot b_j-r_t \qquad (t=1,2,\cdots,q)$$

$$C_t=f(L_t) \qquad (t=1,2,\cdots,q)$$

(5)用 $Y_k=(y_1^k,y_2^k\cdots,y_q^k)$、$\{C_t\}$计算输出层各单元的一般化误差$\{d_t^k\}$。

$$d_t^k=(y_t^k-C_t)\cdot C_t(1-C_t)$$

(6)用$\{V_{jt}\}$、$\{d_t^k\}$、$\{b_j\}$计算隐含层各单元的一般化误差$\{e_j^k\}$。

$$e_j^k=(\sum_{t=1}^{q}d_t^k\cdot V_{jt})b_j(1-b_j)$$

(7)修正各连接权及其阈值。

$$V_{it}(N+1)=V_{jt}(N)+\alpha\cdot d_t^k\cdot b_j$$

$$(j=1,2,\cdots,p;t=1,2,\cdots,q;0<\alpha<1)$$

$$r_t(N+1)=r_t(N)+\alpha\cdot d_t^k$$

$$\omega_{ij}(N+1)=\omega_{ij}(N)+\beta\cdot e_j^k\cdot a_i^k$$

$$\theta_j(N+1)=\theta_j(N)+\beta\cdot e_j^k$$

$$(j=1,2,\cdots,p;i=1,2,\cdots,n;0<\beta<1)$$

(8)随机选取下一个样本模式对,将其提供给 BP 网络,返回步骤(3),直至全部 m 个样本对训练完毕。

(9)重新从 m 个样本对中任选一对,返回步骤(3)直至网络全局误差函数 E 小于预先设定的值 ε(精确值);如果迭代次数 N 大于某个给定的值,即使没有收敛也停止计算。

(10)输出各记忆的连接权值$\{\omega_{ij}\}$、$\{V_{jt}\}$,计算结束。

在 BP 算法中,步骤(3)~(6)为顺传播过程,步骤(7)为逆传播过程,步骤(8)~(9)为完成训练和算法收敛过程。

BP 算法在应用中,最突出的优点是具有很强的非线性映射能力,网络的隐含层数、各层的处理单元数及网络学习系数可根据具体情况任意设定。在一般的预测分析中,BP 算法基本上都能发挥作用。

第八节 其他预测方法

一、经验法

经验法直观、简单、操作方便,是应用时间较长的一类预测方法。这种方法运用预测者或专家的专业知识及经验,直观地针对预测对象过去和现在发生的情况进行综合分析,从中找出规律,对发展远景作出预测。

1. 德尔斐法

德尔斐法是20世纪60年代由美国著名的咨询机构——兰德公司提出的预测方法,这种方法的名称是以古希腊预言神殿所在的历史名城德尔斐所命名的,又称为专家调查法或专家意见法。

德尔斐法采用函询调查,向与预测问题有关领域的专家分别提出问题,对他们的回答意见进行综合和统计整理后,反馈给各个专家再次征求意见,而后对新一轮的意见重新加以综合和整理,再次反馈。如此反复,直至得出比较一致的意见,对未来进行预测。

德尔斐法的具体做法如下。

(1)制订调查表,准备必要的背景材料

根据预测目的,制订具体、明确、便于答复的调查表。此外,应准备一些与预测项目有关的背景资料,供专家回答问题时参考。这些资料只提供客观事实,不作任何评论,以免影响专家独立思考。资料应有一定的代表性,尽可能反映全面情况,而不应有偏好。

(2)选择专家

专家是指本专业中有较高理论水平或有丰富实践经验的人。专家人数不能太少,否则将起不到集思广益的作用,但也不能太多,否则意见很难集中。一般以10~50人为宜。这些专家在回答问题时互相之间应无联系。

(3)反馈调查

将调查表和资料发给每一位专家,请专家按照调查表内容发表自己的意见,并请他们提出可以作为补充的资料,按期寄回。然后汇集专家意见并加以分析和综合,但不写明专家姓名,连同补充的参考资料,一并再发给各专家,要求他们再发表意见。如此反复多次,直至专家意见趋于一致,取得满意的结果为止。

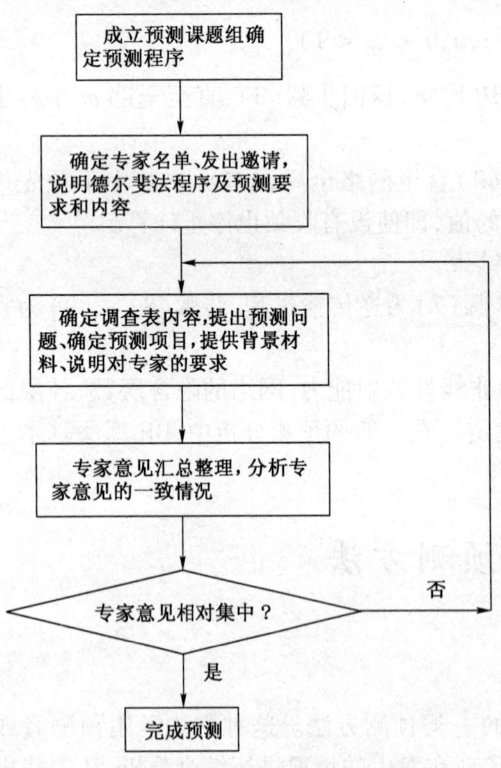

图7-8 德尔斐法工作程序框图

图7-8所示为德尔斐法工作程序。

德尔斐法的优点是简单易行,可靠性较好,能够充分发挥人的智慧和经验,适用于没有足够信息资料的中、长期预测。对于难以用精确的数学模型处理,需要征求意见的人数较多、成员较分散、经费有限、难以多次开会或因某种原因不宜当面交换意见的问题,用该方法预测效果较好。

德尔斐法的主要缺点是:受人为的主观因素影响较大(如受权威人士的影响,受心理状态、个人兴趣、主观偏见的影响等);预测需要的时间较长;由于不同的专家总体,其主观评估意见和一致性不可能完全一样,因此预测结果具有一定的不稳定性。

根据德尔斐法的特点,在使用该方法时应注意以下事项:

(1)专家之间的横向保密性是保证德尔斐法预测成功的关键。

(2)选择专家时应注意专家的广泛性和权威

性，并使专家有足够的时间填写调查表。

(3)预测工作的组织者在制订调查表时，要对专家介绍该方法，重点介绍其特点、实质、反馈作用，以及对横向保密的要求。

下面通过某市2020年公路网规划方案设计的例子说明德尔斐法的分析过程。

第一轮，规划小组选择有关专家构成专家咨询小组，专家人数30人，分别来自公路管理部门、有关设计院及高等院校。将同样格式的调查表分别函寄给各位专家。因为所选择的专家对该地区的公路情况比较熟悉，因此第一轮调查表可以不提供背景信息，而让专家们自由地发表自己的意见。调查表中的问题分为定性回答和定量回答两类。定性回答问题要留够空行供专家们提出观点并进行论述，如公路网的建设原则、重点是什么？定量回答问题要求专家对问题作定量回答，如到2020年规划区城内共新、改建多少里程公路(单位:km)？各等级的新、改建公路分别为多少里程(单位:km)？分布在何处？要求专家们在两周内寄回调查表。

第二轮，规划小组在收回调查表(一般要求回收75%以上)后，对专家们的意见进行汇总、分类、整理，得到几种代表性的方案。规划小组将预测的交通分布量分别分配到这几种方案上，得到各方案的路网交通量、拥挤度等分析结果并提供给专家。

在反馈的调查表中，专家们对某个问题的回答意见很分散，故用四分位法对它们进行筛选。四分位法是先将中位数求出，然后保留中位数附近各25%的意见供下一轮征询，舍去两边外侧各25%的意见。这样就可以使专家的意见在下一轮中逐步集中。

例如30位专家对某段新建公路等级的征询意见为:8人同意建一级公路，14人同意建二级汽车专用公路，13人同意建普通二级公路，5人认为建普通三级公路。可保留二级汽专车用公路及普通二级公路两个方案，并将相应的交通量、拥挤度等分析信息一起提供给专家们，继续征求其意见。

如果第二轮的征询意见还比较分散的话，需重复第二轮的工作，进行第三轮甚至第四轮征询，直至专家们对问题的意见相对集中为止。值得注意的是，最后收回的调查表数量不应少于专家总数的三分之二，应使结果具有代表性。

2. 类比法

类比法是根据类似事物的经验和规律，结合预测对象的具体条件，对预测对象的未来进行分析和预测的方法。类比法预测的基本思想是:利用不同事物所具有的共性，由此事物的性质对彼事物进行推断。即利用相似点进行类比分析，分析事物的关键特点。其具体分析步骤如下:

(1)弄清关键特点，考察不同事物之间的关键特点是否相似;

(2)考察类比环境，在所要解决问题的场合下，类比是否有效。

若不相似，不能采用类比预测的方法。为了保证有效类比，需要逐项比较类比模型与类比物(预测对象)的环境条件，包括技术、经济、政治、文化等。

[例7-11] 某城市某地区将新建居民住宅。预计居民中低收入、无汽车、每户3人的有100户;中等收入、有一辆汽车、每户4人的有400户;高收入、有两辆汽车、每户4人的有50户。根据该城市其他地区测定的各种家庭收入情况下每天的交通发生率(表7-14)，试求该地区总的交通发生量。

某城市不同家庭交通发生率(人次/户)　　表 7-14

家庭汽车拥有量(辆/户)	低收入家庭户均人口		中等收入家庭户均人口		高收入家庭户均人口	
	1~3 人	≥4 人	1~3 人	≥4 人	1~3 人	≥4 人
0	2.0	4.7	2.5	5.2	2.7	5.5
1	2.5	6.0	3.0	6.0	3.7	7.0
2	3.0	7.5	3.5	8.0	3.9	8.5

解:由于在同一城市中,居民交通发生量统计规律基本相同。根据其他地区现状测定的不同家庭收入的交通发生率,预测该地区将产生的交通发生量为:

$$100 \times 2.0 + 400 \times 6.0 + 50 \times 8.5 = 3\,025 \text{ 人次/日}$$

即该地区将产生每天 3 025 人次的交通发生量。

二、弹性系数法

弹性系数法是通过变量之间变化率的关系来预测未来的变化。交通运输与经济发展的关系是密切的,根据其相互促进、制约和反馈的关系进行分析,往往有很好的结果。目前,弹性系数预测方法在制定规划、研究策略等方面有着重要用途。

1. 弹性系数及其特点

在一个系统中若有两个变量 x_1、x_2,其各自的变化率之比就称为弹性系数,其表达式为:

$$e = \frac{\dfrac{\Delta x_2}{x_2}}{\dfrac{\Delta x_1}{x_1}} \tag{7-34}$$

式中:Δx_1、Δx_2——变量 x_1、x_2 在单位时间内的变化量。

弹性系数具有以下特点:

(1)当 $e>0$ 时,表示 x_2 的变化率随 x_1 同向变化。

(2)当 $e=0$ 时,表示 x_2 的变化率不随 x_1 变化。

(3)当 $e<0$ 时,表示 x_2 的变化率随 x_1 反向变化。

(4)当 $|e|=1$ 时,表示 x_2 的变化率与 x_1 变化率相同。

(5)当 $|e|>1$ 时,表示 x_2 的变化率大于 x_1 的变化率。

(6)当 $|e|<1$ 时,表示 x_2 的变化率小于 x_1 的变化率。

2. 弹性系数预测

以公路货运量弹性预测为例。公路货运量与国民经济的发展有着密切的关系,一般情况下,国民经济发展速度越快,公路货运量增长速度也越快。这两种增长率之间的比例关系,可用公路货运量弹性系数 e 表示。

$$e = \frac{I_R}{I_E} \tag{7-35}$$

式中:e——公路货运量弹性系数;

I_R——公路货运量增长率;

I_E——国民经济增长率。

只要确定了未来的国民经济增长速度和公路货运量弹性系数,就可以得到未来预测期的公路货运量增长率,进而在预测基年的基础上计算得到未来预测年份的公路货运量。

第九节　常用的预测分析软件

一、常用预测软件简介

1. Excel

Excel 是办公软件 Microsoft Office 的组件之一,可以进行各种数据的处理、统计分析和辅助决策操作,广泛地应用于管理、统计财经、金融等众多领域。

在 Excel 中,可以综合运用各种 Excel 公式、函数解决复杂的管理问题,还可以预测分析不同来源、不同类型的各种数据。

Excel 具有自动计算、自动重算、制图便捷等特点。

2. MATLAB

MATLAB 是矩阵实验室(Matrix Laboratory)的简称,是一款商业数学软件,用于算法开发、数据可视化、数据分析以及数值计算的高级技术计算语言和交互式环境。

MATLAB 的主要功能包括一般数值分析、矩阵运算、数字信号处理、建模、系统控制及优化等,并将其和图形集于一个便于使用的集成环境中。在此环境下解问题的 MATLAB 语言表述形式与数学、工程中常用的形式十分相似,故用 MATLAB 来解算问题要比用 C、FORTRAN 等语言简捷得多。

MATLAB 具有友好的工作平台和编程环境、简单易用的程序语言、强大的科学计算机数据处理能力、出色的图形处理功能、应用广泛的模块集合工具箱、实用的程序接口和发布平台。

3. SPSS

SPSS,全称 Statistical Product and Service Solutions,是"统计产品与服务解决方案"软件。

SPSS 通过简单的菜单式操作,就可以方便地规范和融合搜集到的原始数据,并能实施从简单的描述性统计分析到复杂的时序分析等多种方法,对数据进行建模,返回有意义的分析结果。其基本统计分析功能有:频数分析、描述统计量分析、相关分析、回归分析、因子分析、聚类分析、判别分析等。

SPSS 具有操作简单、无需编程、数据接口便利、功能模块组合灵活等特点。

二、常用预测方法的计算实现

1. 相关分析

相关分析(Correlation Analysis)研究现象之间是否存在某种依存关系,并对具体有依存关系的现象探讨其相关方向及相关程度,是研究随机变量之间相关关系的一种统计方法。

例如社会经济发展指标与交通运输的相关分析,就是求解社会经济发展指标与交通运输指标间的相关系数,探讨两者之间的相关方向和相关程度。

以 SPSS17.0 求解变量的相关系数为例,具体步骤如下:

(1)建立数据文件。

(2)依次选择 Analyze→Correlate→Bivariate→选择变量,输出相关系数矩阵。相关系数下面的 Sig. 是显著性检验结果的 P 值,P 越接近 0 则表示相关性越显著。同时,表格下会显示显著性检验的判断结果。

2. 灰色关联分析

灰色关联分析是指对原始数据进行处理,然后计算关联系数,由此计算出关联度,排出关联序,并建立关联树,分析相关因素的关联性。

使用 MATLAB 实现灰色关联度计算的过程如下:

(1)确定影响因素,并将非量化因素进行量化。

(2)列出参考数列与比较数列。

(3)将数列作初值化处理,即用每一个数列的第一个数除以本身及其他数,使数列无量纲。

(4)求关联系数中的两级差。

(5)计算两极最小差与最大差。

(6)计算关联系数及关联度(关联度是指参考数列对被比较数列关联系数的均值)。

3. 回归分析

回归分析法是基于事物之间的相关关系的一种数理统计方法,是预测中常用的方法。回归预测技术的种类有很多,按不同的方法分类,有一元回归、多元回归、线性回归、非线性回归等。模型的可靠性采用相关系数 R 检验。

以 SPSS17.0 进行一元线性回归分析为例,具体过程如下:

(1)建立数据文件。

(2)作散点图(依次选择 Graphs→Scatter→Simple),以便进行简单观测。

(3)若散点图的趋势大致呈线性关系,可以建立线性方程,否则可建立其他方程模型,并比较 R^2(→1)来确定最佳方程式(曲线估计)。

(4)建立线性回归模型,依次选择 Analyze→Regression→Linear。

(5)进行拟合程度检验,R^2 越接近 1 则表示拟合程度越好,然后进行回归方程的显著性检验。

4. 弹性系数分析

弹性系数一般用受影响对象和影响因素的发展速度比值来计算。弹性分析主要研究受影响对象与影响因素的历史弹性系数,总结发展规律。弹性系数计算模型如下:

$$e = \frac{\Delta Y}{\Delta X}$$

式中:e——弹性系数;

ΔY——因变量的变化率;

ΔX——自变量的变化率。

以 Excel 计算弹性系数为例,具体步骤如下:

(1)用 Excel 求出因变量和自变量的变化率。

(2)得出弹性系数。

(3)预测规划年自变量的增长率。

(4)求出规划年因变量的增长率。

上述的计算过程可以在 Excel 中直接输入公式得到。

5. 灰色模型预测

GM(1,1)模型是用微分方程描述的动态模型。其基本形式为 GM(m,n),表示 n 个变量的 m 阶微分方程。预测中常采用以时间为变量的一阶微分方程 GM(1,1)模型。

GM(1,1)模型采用后验差比值 C 及小误差概率 p 检验。若 C 越小、p 越大,则模型的精度越高。一般当 $C<0.35$,$p>0.95$ 时,认为预测精度为好。

以 MATLAB 实现 GM(1,1)模型为例,具体过程如下:

(1)一次 AGO(1-AGO)生成序列,以弱化原始序列的随机性和波动性。

(2)构造矩阵 $\boldsymbol{B}$ 和数据向量 $\boldsymbol{Y}_n$:

$x^{(0)}$ 与 $x^{(1)}$ 满足关系 $\boldsymbol{Y}_n=\boldsymbol{B}\hat{a}$,其中:

$$\boldsymbol{Y}_n=\begin{bmatrix} x^{(0)}(2) \\ x^{(0)}(3) \\ \vdots \\ x^{(0)}(n) \end{bmatrix}$$

$$\boldsymbol{B}=\begin{bmatrix} -\frac{1}{2}[x^{(1)}(1)+x^{(1)}(2)] & 1 \\ -\frac{1}{2}[x^{(1)}(2)+x^{(1)}(3)] & 1 \\ \vdots & \vdots \\ -\frac{1}{2}[x^{(1)}(n-1)+x^{(1)}(n)] & 1 \end{bmatrix}$$

$$\hat{a}=\begin{bmatrix} a \\ \mu \end{bmatrix}=(\boldsymbol{B}^{\mathrm{T}}\boldsymbol{B})^{-1}\boldsymbol{B}^{\mathrm{T}}\boldsymbol{Y}_n$$

(3)计算系数 a 和 u。

(4)累加模型预测结果。

(5)计算还原后的预测结果(作 IAGO)。

(6)检验和判断 GM(1,1)模型的精度。灰色理论一般采用残差大小检验、关联度检验和后验差检验三种方法检验和判断 GM(1,1)模型的精度。

6. 时间序列法

时间序列法是根据某指标的历史统计资料,以时间为自变量建立模型,对指标的未来变化进行预测。其预测技术的基本出发点是利用预测对象过去发展变化的特征来描述和预测未来的变化特征。

以 Excel 进行时间序列分析为例,具体步骤如下:

(1)绘制指标的时间序列图描述其形态。

(2)添加趋势线,利用移动平均法、指数平滑法、线性回归分析等方法得到指标随时间变化的关系式。

7. 增长率法

增长率法是根据预测对象的预计增长速度进行预测的方法。首先,分析历史年度预测对象增长率的变化规律,然后,根据对相关因素发展变化的分析,确定预测期增长率,最后进行未来值的预测。其一般式为:

$$Q_t = Q_0(1+\alpha)^t$$

式中:Q_t——预测值;

Q_0——基年值;

α——确定的增长率;

t——预测年限。

以 Excel 实现增长率法为例，具体过程如下：

(1)得出历史年度预测对象的增长率。

(2)求出历史年度预测对象的平均增长率。

(3)进行规划年的预测。

上述的计算过程可以在 Excel 中直接输入公式得到。

8. 组合预测

回归分析、弹性系数、灰色模型等预测方法各有其优点和不足之处，所预测的结果也存在差异，为了将每种预测方法所包含的有用信息都反映在预测结果中，可采用组合预测方法。组合预测模型如下：

$$\hat{y}_t = \omega_1 f_{1t} + \omega_2 f_{2t} + \omega_3 f_{3t} \tag{7-36}$$

式中：f_{1t}——回归分析法 t 时刻的预测值；

f_{2t}——弹性系数法 t 时刻的预测值；

f_{3t}——灰色模型 t 时刻的预测值；

ω_i——组合预测模型非负权重系数。

要使组合模型的预测结果尽可能地符合实际的发展趋势，则该组合预测模型非负权重向量 $\boldsymbol{W}^* = (\alpha_1, \alpha_2, \alpha_3)^{\mathrm{T}}$ 应满足以下模型：

$$\min S = \sum_{t=1}^{n} a_t \left| \omega_1 e_{1t} + \omega_2 e_{2t} + \omega_3 e_{3t} \right|$$

$$\begin{cases} \omega_1 + \omega_2 + \omega_3 = 1, \\ \omega_i \geqslant 0 \qquad (i = 1, 2, 3) \end{cases}$$

式中：e_{1t}——回归分析法 t 时刻预测值的误差；

e_{2t}——弹性系数法 t 时刻预测值的误差；

e_{3t}——灰色模型 t 时刻预测值的误差；

a_t——$a_t = a^{3-t}$，a 为最优准则折扣系数，一般取 0.8。

以 MATLAB 实现组合预测为例，具体过程如下：

(1)计算出回归分析法预测结果。

(2)计算出弹性系数法预测结果。

(3)计算出灰色模型法预测结果。

(4)求出三种方法的权重系数。

(5)得出组合预测方法的预测值。

第十节　预测技术在道路交通工程中的应用

实例 7-1　货运站运量预测

用德尔斐法预测某货运站未来的运量情况。聘请 4 位经济学家、4 位科技专家、4 位企业家，发放意见征询表，要求每人对该服务区域未来(以第 4 年为例)的运输量进行预测，分为最高运输量、最可能运输量和最低运输量 3 种情况。经过三轮的意见反馈，得到运输量预测统计，见表7-15。根据统计（表7-15），求出需要预测的运输量。

德尔斐法预测运输量（万t·km）　　表7-15

专家组		第1轮			第2轮			第3轮		
		最低	最可能	最高	最低	最可能	最高	最低	最可能	最高
经济学家	A	1 000	1 500	2 000	1 100	1 500	2 100	1 200	1 600	2 200
	B	1 200	1 300	2 100	1 000	1 600	2 300	1 700	1 900	2 500
	C	900	1 400	1 900	1 000	1 300	1 800	1 200	1 500	2 200
	D	1 320	1 550	2 530	1 350	1 400	2 600	1 200	1 800	2 800
科技专家	A	890	1 230	1 980	900	1 530	2 310	1 200	1 650	2 150
	B	1 250	1 560	1 980	1 000	1 560	2 530	1 100	1 800	3 000
	C	780	1 300	1 800	500	1 350	1 900	750	900	1 700
	D	980	1 560	2 000	1 000	1 200	1 900	1 100	1 500	2 000
企业家	A	1 240	1 860	2 480	1 364	1 860	2 640	1 488	1 984	2 728
	B	979	1 353	2 178	990	1 683	2 541	1 320	1 815	2 365
	C	992	1 488	1 984	1 091	1 488	2 083	1 190	1 587	2 182
	D	1 350	2 100	2 850	1 500	1 950	2 700	1 800	2 250	3 300
合计		12 881	18 210	25 782	12 795	18 421	27 368	15 248	20 286	29 125

解：取第3轮的预测数，用平均数求解如下：

$$最低运输量平均值=\frac{15\,248}{12}=1\,271\ 万\ t\cdot km$$

$$最可能运输量平均值=\frac{20\,286}{12}=1\,691\ 万\ t\cdot km$$

$$最高运输量平均值=\frac{29\,125}{12}=2\,427\ 万\ t\cdot km$$

$$第4年交通量预测值=\frac{1\,271+1\,691+2\,427}{3}=1\,796\ 万\ t\cdot km$$

实例7-2　运输量预测分析

某地区公路网规划中需预测2010年的综合客运量，现调查收集到该地区1981～2000年综合客运量数据如表7-16所示，根据上述条件预测该地区2010年综合客运量。

某地区历年综合客运量（万人次/年）　　表7-16

年份	综合客运量	年份	综合客运量	年份	综合客运量	年份	综合客运量
1981	6 140	1986	6 851	1991	8 082	1996	12 104
1982	6 663	1987	9 287	1992	13 927	1997	16 473
1983	7 101	1988	8 807	1993	11 810	1998	14 291
1984	7 517	1989	8 125	1994	10 586	1999	16 845
1985	7 324	1990	7 519	1995	19 863	2000	18 559

解：根据已知数据的特点，分别采用时间序列法、回归分析法和弹性系数法进行预测。

（1）时间序列预测

通过对该地区历年综合客运量的分析发现，综合客运量的发展随时间的推移呈现总体增加的趋势。因此，根据区域的历史统计资料，以时间为自变量建立时间序列模型，对未来年综合客运量进行预测。

对历年综合客运量进行分析，采用综合客运量随时间变化的指数时间序列模型。

$$y = 5\,545.2e^{0.057\,6x}$$

式中：y——综合客运量；

x——时间序列（以1981年作为时间序列起点）。

该模型相应的综合客运量与时间序列的相关系数 $R=0.90$，说明该地区的综合客运量与时间序列有密切的关系，所得到的模型可以反映地区综合客运量的发展变化趋势。

将2010年所对应的时间序列（30）代入该预测模型，计算得到2010年该地区的全社会综合客运量为：

$$y = 5\,545.2e^{0.057\,6\times30} = 31\,216 \text{ 万人次}$$

（2）回归分析预测

一般认为，地区综合客运量的变化与该地区的人口总量、经济水平、人均乘车次数等因素相关。现选取人均国内生产总值（人均 GDP）、年人均乘车次数两个指标作为相关因素分别进行人均 GDP—综合客运量一元回归分析和人均 GDP—年人均乘车次数—综合客运量二元回归分析。

为实现回归分析预测，除了收集该地区历年的综合客运量之外，还需了解该地区相应的历年人均 GDP 和年人均乘车次数数据，见表7-17。

地区人均 GDP 和年人均乘车次数 表7-17

年　份	人均 GDP（元）	年人均乘车次数	年　份	人均 GDP（元）	年人均乘车次数
1981	834	11.7	1991	4 166	14.3
1982	898	12.6	1992	6 345	24.6
1983	988	13.4	1993	9 239	20.7
1984	1 279	14.1	1994	12 616	18.5
1985	1 718	13.7	1995	15 764	34.7
1986	1 926	12.7	1996	17 456	21.1
1987	2 326	17.0	1997	19 697	28.6
1988	2 995	16.0	1998	21 726	24.8
1989	3 167	14.6	1999	23 574	28.9
1990	3 603	13.4	2000	26 648	32.1

①对历年人均 GDP 与综合客运量之间的关系进行分析，得到以下一元回归模型：

$$y = 875.66x^{0.288\,6}$$

式中：y——综合客运量，万人次；

x——人均 GDP，元。

相应的人均 GDP 与综合客运量的相关系数 $R=0.92$，说明该地区的综合客运量与人均 GDP 有密切的关系。

根据该地区的经济预测，2010年人均 GDP 将达到8.5万元，由此计算得到2010年该地区的综合客运量为：

$$y = 875.66\times85\,000^{0.288\,6} = 23\,172 \text{ 万人次}$$

②对历年人均 GDP、年人均乘车次数与综合客运量之间关系进行分析，得到以下二元线性回归模型：

$$y = 574.2548 \times A + 0.02758 \times B - 476.542$$

式中:y——综合客运量,万人;

A——年人均乘车次数;

B——人均 GDP,元。

对历史数据的分析表明,人均 GDP、年人均乘车次数与综合客运量有着很高的相关性,相应的相关系数为 $R=0.99$,可以利用该模型对未来的综合客运量进行预测。

根据该地区的经济预测,2010 年人均 GDP 将达到 8.5 万元,年人均乘车次数达到 48 次。因此,综合考虑该地区人均 GDP 和年人均乘车次数对综合客运量的影响,该地区 2010 年的综合客运量将达到:

$$y = 574.2548 \times 48 + 0.02758 \times 85000 - 476.542 = 29431 \text{ 万人次}$$

(3)弹性系数预测

将综合客运量变化率和 GDP 变化率之比作为综合客运量对经济指标的弹性系数。

$$e = \frac{I_R}{I_E}$$

式中:e——弹性系数;

I_R——综合客运量增长率;

I_E——GDP 增长率。

现根据该地区的国民经济发展计划,未来 10 年内 GDP 的平均增长率为 12%;根据该地区经济和交通运输发展阶段分析,认为未来 10 年内平均弹性系数为 0.35。因此,该地区未来 10 年间综合客运量的平均增长率为 $0.35 \times 12\% = 4.2\%$。

预测基年 2000 年该地区的综合客运量为 18 559 万人次,因此采用弹性系数法预测 2010 年综合客运量为:

$$18559 \times (1 + 4.2\%)^{10} = 28005 \text{ 万人次}$$

从这个典型问题可以看出,工程中针对于同一个预测对象,采用不同的预测方法将得到不同的结果。由于不同的预测方法有着不同的特点,因此在预测过程中为了提高预测结果的可靠性,一般应采用多种预测方法,并对预测结果进行分析,从多个预测结果中选择并最终确定采用的预测结果。如本例中,分别采用时间序列预测、人均 GDP—综合客运量一元回归分析、人均 GDP—人均乘车次数—综合客运量二元回归分析以及弹性预测法预测 2010 年的综合客运量,预测结果分别为 31 216 万人次、23 172 万人次、29 431 万人次、28 005 万人次。根据该地区社会经济发展特点,最终认为 2010 年该地区综合客运量将达到 29 000 万人次。

实例 7-3　城市道路交叉口高峰小时流量预测

某城市道路交叉口 1996 ~ 2000 年观测的高峰小时交通量如表 7-18 所示。根据已观测到的高峰小时交通量,预测 2001 年的交叉口高峰小时交通量。

交叉口 1996 ~ 2000 年高峰小时交通量(辆/h)　　表 7-18

年份	1996	1997	1998	1999	2000
高峰小时交通量	714	719	726	731	735

解:交叉口高峰小时交通量的大小,受到多种因素的影响。各种因素之间的关系无法确切描述,但高峰小时交通量是这些因素相互作用的结果。因此,高峰小时交通量可以视为灰色

量，采用灰色模型法对交叉口高峰小时交通量进行预测。

已知原始交通量数列

$$x^{(0)} = \{714,719,726,731,735\}$$

则一阶累加新数列

$$x^{(1)} = \{714,1433,2159,2890,3625\}$$

对一阶生成数列 $x^{(1)}$，建立预测模型 GM 的方程

$$\frac{\mathrm{d}x^{(1)}}{\mathrm{d}t} + ax^{(1)} = u$$

式中：a、u——待估参数。

由式(7-29)得：

$$\boldsymbol{y}_{\mathrm{n}} = [x^{(0)}(2),x^{(0)}(3),x^{(0)}(4),x^{(0)}(5)]^{\mathrm{T}} = [719,726,731,735]^{\mathrm{T}}$$

$$\boldsymbol{B} = \begin{bmatrix} -\frac{1}{2}[x^{(1)}(1) + x^{(1)}(2)] & 1 \\ -\frac{1}{2}[x^{(1)}(2) + x^{(1)}(3)] & 1 \\ -\frac{1}{2}[x^{(1)}(3) + x^{(1)}(4)] & 1 \\ -\frac{1}{2}[x^{(1)}(4) + x^{(1)}(5)] & 1 \end{bmatrix} = \begin{bmatrix} -1\,073.5 & 1 \\ -1\,796 & 1 \\ -2\,524.5 & 1 \\ -3\,257.5 & 1 \end{bmatrix}$$

由式(7-30)，解得：

$$a = -0.005\,3, u = 712.013\,2$$

根据式(7-31)，相应的预测模型为：

$$\hat{x}^{(1)}(i+1) = 135\,056.113\,2\mathrm{e}^{0.005\,3t} - 134\,342.113\,2$$

应用得到的预测模型对 2001 年交叉口高峰小时交通量进行预测。2001 年的交叉口预测高峰小时交通量为：

$$N_{2001} = \hat{x}^{(1)}(6) - \hat{x}^{(1)}(5) = 135\,056.113\,2(\mathrm{e}^{0.005\,3\times5} - \mathrm{e}^{0.005\,3\times4}) = 733 \text{ 辆}/h$$

利用交叉口高峰小时交通量观测数据，应用灰色理论进行预测，避免了确定高峰小时交通量增长率的困难，是一种简单可行的方法。

实例 7-4　运输市场占有率预测

某地区有 3 家规模与服务质量相近的货运公司 A、B、C。目前 A 公司的货运市场占有率为 40%，B、C 公司分别为 30%、30%。经市场调研后发现：去年选择 A 公司的客户，今年有 40% 仍然选择 A 公司，而各有 30% 转而选择 B、C 公司；去年选择 B 公司的客户，今年有 30% 仍然选择 B 公司，而有 60% 转向 A 公司、10% 转向 C 公司；去年选择 C 公司的客户，今年有 30% 仍然选择 C 公司，而有 60% 转向 A 公司、10% 转向 B 公司。根据以上资料，预测近几年的货运市场占有率。

解：马尔可夫过程是研究对象状态及其转移的理论，现实生活中常用其预测未来市场占有率。

根据目前的运输市场占有率可知，运输市场占有率的初始状态向量 $\boldsymbol{S}_0$ 为：

$$\boldsymbol{S}_0 = (S_1,S_2,S_3) = (0.4,0.3,0.3)$$

市场调研得到的客户流动状况就是状态的转移。根据客户流动情况调查结果，得到一步状态转移概率矩阵 $\boldsymbol{P}$。

$$\boldsymbol{P} = \begin{bmatrix} P_{11} & P_{12} & P_{13} \\ P_{21} & P_{22} & P_{23} \\ P_{31} & P_{32} & P_{33} \end{bmatrix} = \begin{bmatrix} 0.4 & 0.3 & 0.3 \\ 0.6 & 0.3 & 0.1 \\ 0.6 & 0.1 & 0.3 \end{bmatrix}$$

一步状态转移概率矩阵中的元素 P_{ij} 表示系统从状态 i 经过一步转移到状态 j 的概率。

在当前的市场调研结果下,预测明年运输市场占有率状态向量 $\boldsymbol{S}_1$ 为:

$$\boldsymbol{S}_1 = \boldsymbol{S}_0 \cdot \boldsymbol{P} = [0.4 \quad 0.3 \quad 0.3]\begin{bmatrix} P_{11} & P_{12} & P_{13} \\ P_{21} & P_{22} & P_{23} \\ P_{31} & P_{32} & P_{33} \end{bmatrix} = [0.52 \quad 0.24 \quad 0.24]$$

即预测得到明年 A、B、C 三家公司的市场占有率分别为 52%、24%、24%。

预测后年运输市场占有率状态向量 $\boldsymbol{S}_2$ 为:

$$\boldsymbol{S}_2 = \boldsymbol{S}_0 \cdot \boldsymbol{P}^2 = [0.4 \quad 0.3 \quad 0.3]\begin{bmatrix} P_{11} & P_{12} & P_{13} \\ P_{21} & P_{22} & P_{23} \\ P_{31} & P_{32} & P_{33} \end{bmatrix}^2 = [0.496 \quad 0.252 \quad 0.252]$$

即预测得到后年 A、B、C 三家公司的市场占有率分别为 49.6%、25.2%、25.2%。

实例 7-5　汽车保有量预测

某城市 1999 ~ 2008 年历年的汽车保有量资料见表 7-17。经过分析,认为城市汽车保有量与人口、国内生产总值(GDP)、人均国内生产总值(人均 GDP)、工业总产值、财政收入、居民年均生活费收入与支出 7 个因素相关,各相关因素历年统计指标见表 7-19。根据以上数据预测该城市 2015 年汽车保有量。

城市汽车保有量及相关因素　　表 7-19

年　份	人口(万人)	GDP(万元)	人均GDP(元)	工业总产值(万元)	财政收入(万元)	居民年均生活费收入(元)	居民年均生活费支出(元)	汽车保有量(辆)
1999	87.9	306 867	1 652	409 349	45 494	1 149	1 023	58 041
2000	89.5	358 603	1 917	446 049	49 499	1 281	1 202	59 621
2001	90.2	437 264	2 321	539 506	56 619	1 544	1 413	62 713
2002	91.2	627 291	3 296	711 990	71 964	1 981	1 782	67 725
2003	92.8	851 636	4 419	903 052	85 157	2 735	2 372	68 930
2004	93.9	962 001	4 946	931 036	95 395	3 008	2 785	69 802
2005	96.3	1 137 364	5 762	1 060 061	133 880	3 934	3 171	71 311
2006	98.6	1 280 130	6 388	1 211 278	154 249	4 335	3 398	73 521
2007	101.8	1 430 164	6 997	1 403 100	173 219	4 739	3 674	76 308
2008	104.9	1 564 299	7 528	1 425 275	189 805	5 167	4 173	79 532

解:神经网络具有并行分布处理,自组织、自适应、自学习,联想记忆,较强容错性等特点,因而被广泛应用于多因素、不确定性、非线性问题的预测领域。城市汽车保有量受多种相关因素的影响,是多种相关因素的非线性函数,适宜采用神经网络法预测城市未来汽车保有量。

采用 BP 算法进行求解,建立三层网络结构,即 1 个输入层,1 个隐含层和 1 个输出层。选取人口、GDP、人均 GDP、工业总产值、财政收入、居民年均生活费收入以及居民年均生活费支出7个影响指标作为输入层,输入层单元节点数为7。在兼顾网络学习能力和学习速度的基础上,隐含层节点数采用4。输出层为预测目标——汽车保有量。

首先,对已知年汽车保有量及相关影响因素指标用BP网络建立非线性映射关系,经过学习检验至平均误差收敛或总误差最小,得到稳定的网络结构和连接权值。选择1999~2006年的8个年份样本数据作为学习样本,输入至专用的计算机软件进行运行。以2007~2008年样本数据作为检验样本,并比较汽车保有量输出值与实际值的差异。输出值与实际值的误差在要求的5%以内,说明模型建立的网络结构和连接权值用于汽车保有量预测已经具有较高的可行性。

其次,将影响汽车保有量的各因素2015年的指标作为稳定网络结构的输入,即可得到相应预测年份的城市汽车保有量值。经过计算,该城市2015年汽车保有量将达到127 410辆。

采用神经网络方法进行预测,计算过程相对较复杂,需要借助计算机软件,其计算结果精度较高。

习　题

1. 某地区历年综合货运量的调查结果见表1,试采用时间序列法预测该地区2011年综合货运量。

表1

年　份	综合货运量（万t/年）	年　份	综合货运量（万t/年）	年　份	综合货运量（万t/年）
1999	3 988	2003	6 352	2007	9 395
2000	4 327	2004	7 023	2007	10 201
2001	4 822	2005	7 745	2009	10 870
2002	5 818	2006	8 455	2010	11 816

(参考答案:移动平均法,$N=3$,2011年综合货运量10 962万t/年)

2. 某城市道路交通调查结果见表2,其中x代表机动车车头间距,y为平均车速。请根据该调查资料建立平均车速与车头间距的一元线性回归方程,并预测当机动车车头间距为50m时的平均车速。

表2

编号	1	2	3	4	5
x(m)	30.60	34.31	38.00	42.72	44.90
y(km/h)	33.40	37.85	42.17	47.83	51.50

(参考答案:58.25km/h)

3. 某机非混行的城市道路,经调查后得到一组机动车平均车速y与机动车交通量x_1、非机动车交通量x_2数据,见表3。试建立机动车平均车速与机动车交通量、非机动车交通量的二元线性回归方程,并预测机动车交通量、非机动车交通量分别达到100辆/h、3 000辆/h时的机动车平均车速。

表3

编号	1	2	3	4	5	6	7	8	9	10
y(km/h)	17.3	16.6	15.4	12.6	18.27	17.44	16.06	17.6	16.6	15.02
x_1辆/h	80	77	101	115	77	79	91	66	99	123
x_2辆/h	3 445	3 250	3 116	3 685	2 899	3 372	3 498	3 336	3 151	3 324

（参考答案：$y = 31.821 - 0.064x_1 - 0.003x_2$，预测机动车平均车速16.42km/h）

4. 某城市1997~2002年间历年交通事故起数见表4。试采用GM(1,1)模型预测该市2003年的交通事故起数。

表4

年份	1997	1998	1999	2000	2001	2002
事故起数	2 874	3 278	3 337	3 390	3 679	3 850

（参考答案：3 980起）

5. 公交车辆的车况随使用时间而变化。现将公交车辆的车况分为四个等级：S_1—车况良好、S_2—需要小修、S_3—需要大修、S_4—需要报废。根据经验，得到正常使用下车况转移概率表（表5）。某公交公司第一年处于S_1、S_2、S_3、S_4四种状态的公交车辆数分别为100辆、150辆、50辆、20辆，试分别预测正常使用下第二年、第三年年末该公司需要报废的公交车辆数。

表5

车况等级	S_1	S_2	S_3	S_4
S_1	0.85	0.13	0.02	0.00
S_2	0.00	0.75	0.20	0.05
S_3	0.00	0.00	0.80	0.20
S_4	0.00	0.00	0.00	1.00

（参考答案：38辆，59辆）

第八章　决 策 方 法

在道路与交通工程的规划、设计、施工中，普遍存在选择方案的问题，即决策问题。决策问题就是为了实现系统的预期目标，从多个备选方案中，选择一个最优的或最满意的方案付诸实施。决策是系统工程的一个逻辑步骤，对决策技术的研究是系统分析中的一项重要课题。

第一节　概　　述

一、决策的定义

“决策”就是作出决定，即为了达到一定的目标，按照一定的价值准则，对应该采取的行动方案作出最好的选择。为说明问题，先举一个实例。

[例 8-1]　某工程队承接了一项道路工程，施工管理人员要根据天气情况决定是否开工。已知下列条件：

(1)如果开工后天气好，能按期完工，可以获得 10 万元的利润。

(2)如果开工后天气坏，将造成 4 万元的损失。

(3)如果不开工，无论天气好坏，都要付出窝工损失 1 万元。

将已知条件列成表 8-1。

已 知 条 件　　表 8-1

方　案	益损值(万元)	
	天气好	天气坏
开工	10	−4
不开工	−1	−1

在上述条件下，决定是否开工，就是一个决策问题。

决策实际上包含了这样一个过程：从明确要解决的问题出发，经过积极的思考、认真的调查研究，分析客观情况和主观目标要求，制订多个可行方案，选定最佳或最满意的行动方案，并加以贯彻实施。决策的本质是一个优化过程，是一个反复分析、比较并作出选择的过程，不是一次认识、一次分析、一次判断就可以完成的，实际中的决策往往是一个多次循环的过程。

实际生活和生产中，凡是对于同一问题面临几种情况，而又有多种方案可供选择时，就形成了一个决策。面临的情况，称为自然状态或状态，如例 8-1 中，天气好和天气坏是两个自然状态。这些自然状态是不以人们的意志为转移的，但是这些自然状态中必然出现一种状态，而且只能出现一种。如例 8-1 中，或天气好，或天气坏，两者必有其一，两种状态不会同时发生。

在决策中，参加比较的方案称为策略，也称为行动方案。如例 8-1 中，一个行动方案是开工，另一个行动方案是不开工。

表8-1中的数据称为益损值。通常，益损值为收益时取正值，益损值为损失时取负值。

二、决策问题的构成与分类

1. 决策问题的构成

决策问题一般由以下因素构成：

(1)决策主体或决策者

决策主体或决策者可以是个人，也可以是一个集体，如董事会、委员会等。决策的正确与否受决策者所处的社会、政治、经济环境及决策者个人素质的影响。

(2)决策目标

决策目标是决策者希望达到的成果。

(3)方案

方案即决策者根据决策要求可能采取的一系列活动或措施。一个决策问题中方案数应多于一个。

(4)结果

结果是方案实施后产生的效果。在确定的情况下，一个方案只有一个结果；在不确定的情况下，一个方案有多个可能的结果。

(5)决策准则

决策准则是评价与选择方案的价值依据。决策准则不仅由决策目标决定，而且受决策者的价值观影响。

2. 决策问题的分类

决策问题可以从不同的角度、按照不同的标准进行分类。

(1)按照决策的重要性分类

按照决策重要性的不同，可将决策分为战略决策、策略决策和执行决策。

①战略决策是涉及系统全局和长远问题的决策。如某大城市是否采用地铁系统作为其客运交通的骨架，就是该城市交通发展的战略决策。

②策略决策是为了完成战略决策所规定的目标而进行的决策。如某大城市决定采用地铁系统后，各线路、车站的选择确定即为策略决策。

③执行决策是根据策略决策的要求，对行动方案选择的决策。如对地铁系统各线路、车站设计方案的确定属于执行决策。

(2)按照决策的结构分类

按照决策的结构，可将决策分为程序化决策和非程序化决策。

①程序化决策是指目标明确，具备可供选择的方案，用一般程序化的方法就可以找到最优方案的决策。这类决策可以建立固定的模式，有一套通用的决策方法，一般是可重复的，是有章可循的决策。如材料的订购、常规生产作业计划的制订等方面的决策。

②非程序化决策是指复杂的、用一般程序化方法无法解决的决策问题。这种决策是一种非例行决策，受许多因素的影响，没有规律可循，不可能建立一套通用的决策模式。这类决策一般是一次性的，只能依靠决策者的知识、经验和判断力，如新技术开发等方面的决策。

(3)按照决策的可靠度分类

按照决策的可靠度，决策可分为确定型决策、风险型决策和不确定型决策三种。

①确定型决策具备以下条件：

a. 存在决策者希望达到的一个明确目标；

b. 存在一种确定的自然状态；

c. 存在供决策者选择的两个以上的方案；

d. 不同方案在确定状态下的益损值可以计算。

②风险型决策具备以下条件：

a. 存在决策者希望达到的一个明确的目标；

b. 存在两种或两种以上的自然状态；

c. 存在供决策者选择的两个以上的方案；

d. 不同方案在确定状态下的益损值可以计算；

e. 在 n 种（$n=1,2,3,\cdots$）自然状态中，究竟出现哪一种状态，决策者无法确定，但是各种自然状态出现的概率（可能性）事先可以估计或者计算出来。

③不确定型决策不同于以上两种决策。确定型决策实际上是知道有某种自然状态，而且这种自然状态一定会发生，即该自然状态出现的概率为 1。风险型决策决策是知道有 n 种可能的自然状态，虽然不知道哪一种自然状态将会出现，但是知道每种自然状态发生的概率。而不确定型决策所面临的情况是：知道有 n 种可能的自然状态，但既不知道 n 种状态中会发生哪一种情况，也不知道每种状态发生的概率有多大。不确定型决策问题满足风险型决策的前 4 个条件。

(4) 按照决策目标的数量分类

按照决策目标的数量，决策可以分为单目标决策和多目标决策。

①单目标决策问题仅有一个决策目标，如决策目标是提高经济效益。

②多目标决策问题存在多个决策目标，如决策目标是既要提高经济效益，又要降低成本。

本章中，主要讨论确定型决策、不确定型决策和风险型决策问题。

三、决策过程

决策过程一般包括准备、计划、选择和实施控制四个阶段，见图 8-1。

准备阶段主要包括明确决策问题、收集和处理相关信息，即明确决策问题的性质、背景、特征、条件，收集与决策问题相关的政治、经济、社会、技术等方面的信息资料，并按照一定的要求将收集到的信息进行分析、加工和处理。

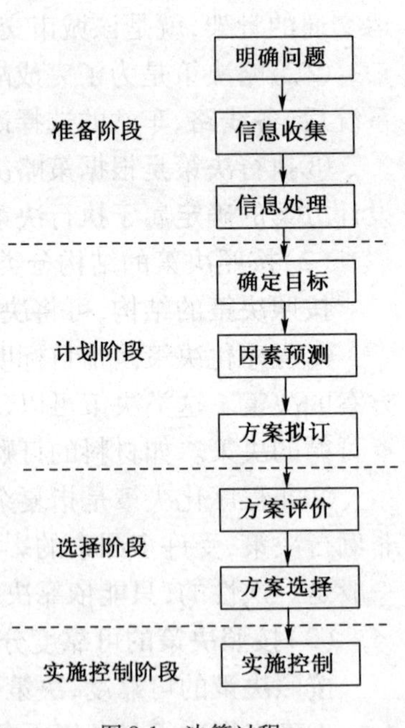

图 8-1　决策过程

计划阶段在对所掌握的信息进行分析研究的基础上，确定预测目标，并对影响预测结果的重要因素进行预测。在此基础上提出可行方案，并对方案进行研究和论证。

选择阶段计算出不同方案在不同自然状态下的益损值，即对各种可行方案进行分析评价。在此基础上，按照一定的价值准则选择满意的方案。

当前的决策是基于对事物过去、现在的认识和对将来的预测的，但在决策方案实施过程中，常会出现偏差或出现未预料的新情况。因此，决策方案不是一成不变的，需要在实施过程中根据实际情况对其进行不断调整和补充。

上述的决策过程是一个有机的整体，既相对独立，又互相联系、互相交叉、互相渗透。如在拟订可行方案时，可能发现原定目标不恰当而要加以修改;在选择阶段,可能发现某些方案需要进行一些改动,甚至可能发现新方案;而在方案的实施过程中,更要求将实施结果与预测结果加以对比,观察实施结果与预测结果是否有差异以及差异的程度,从而对决策方案进行修正。决策方法研究的重点在选择阶段,即对已经拟订的可行方案进行分析、比较、评价和选择。

第二节　确定型问题的决策分析

在确定型决策问题中,有两个以上供决策者选择的可行方案,同时自然状态是确定的,不含有随机的因素。由于每一个方案都有一个确定的结果,因此只要直接比较各方案的益损值就可以判别方案的优劣,从而完成决策。

[例 8-2]　在例 8-1 中,如果自然状态是确定的,在计划开工时期内天气坏。这时可选择的方案有两个:开工与不开工。在"天气坏"这个确定的自然状态下,选择"开工"方案的益损值为损失 4 万,选择"不开工"方案的益损值为损失 1 万。因此,选择"不开工"方案优于"开工"方案。

[例 8-3]　某施工单位有过剩的生产工具需处理,现有两种处理方案。方案 A:卖掉过剩生产工具,得现金 1 万元;方案 B:把过剩工具租给其他工程单位,租金每年 1 500 元,工具使用期为 10 年,10 年后报废,不考虑残值。假定年利率为 10%,问哪个方案比较合理。

解:本例中不涉及具体的自然状态,但每个行动方案的结果都是确定的。所以,本例属于确定型决策问题。用现值法比较方案如下。

方案 A 的现值为:$P_A = 10\,000$ 元

方案 B 的现值为:

$$P_B = A\frac{(1+i)^n - 1}{i(1+i)^n} = 1\,500 \times \frac{(1+0.10)^{10} - 1}{0.10 \times (1+0.10)^{10}} = 9\,217 \text{ 元}$$

即方案 A 的益损值为 $P_A = 10\,000$ 元,方案 B 的益损值为 $P_B = 9\,217$ 元。$P_A > P_B$,所以方案 A 优于方案 B。

第三节　不确定型问题的决策分析

在不确定型决策问题中,有两个或两个以上供决策者选择的行动方案,并且存在两个或两个以上的自然状态。所谓不确定,是指决策者不知道未来究竟出现何种自然状态,也不知道各状态发生的概率。这时决策者主要根据自己的主观倾向进行决策,常用的决策方法有悲观准则、乐观准则、折中准则、等可能性准则和遗憾准则。

一、悲观准则

悲观准则也称为最大最小(max min)准则。这种方法的思想是对客观情况总是抱以悲观态度,总是把事情的结果估计得很不利,因而也叫保守方法。悲观准则的求解方法是先找出每种方案在最不利情况下的最小收益,即找出

$$\min_j [C_{ij}] \qquad (i = 1, 2, \cdots)$$

式中:C_{ij}——方案 i 在 j 自然状态下的益损值。当益损值为收益时,C_{ij} 为正值;益损值为损失时,C_{ij} 为负值。

然后再在各方案的最小收益中找出相应的最大值，即

$$\max[\min_j(C_{ij})]$$

则该值所对应的方案就是用该方法确定的最优方案。

[例 8-4] 某工程队正在施工，可供选择的施工方案有四种：P_1、P_2、P_3、P_4，不同的施工方案在不同天气状况下的收益是不同的。施工期间可能遇到的天气状态有四种：W_1（施工期间下雨天数 $D<10$）、W_2（$10\leqslant D<20$）、W_3（$20\leqslant D<30$）、W_4（$D\geqslant 30$）。不同施工方案在不同天气状况下的收益见表 8-2。试选择一个合适的施工方案，使工程队的收益最大。

用悲观准则决策（千元） 表 8-2

施工方案	天气状况				$\min[C_{ij}]$
	W_1	W_2	W_3	W_4	
P_1	40	70	30	35	30
P_2	95	75	65	40	40
P_3	80	45	90	35	35
P_4	60	50	65	45	45
$\max(\min[C_{ij}])=45$					

解：先计算每个方案在各种天气状况下的最小收益 $\min[C_{ij}]$，见表 8-2 的最后一列。再计算各方案最小收益中的最大值 $\max(\min[C_{ij}])$，见表 8-2 中最后一行。$\max(\min[C_{ij}])=45$，相应的施工方案为 P_4，即方案 P_4 为采用悲观准则得到的最优施工方案。

二、乐观准则

乐观准则也称为最大最大（max max）准则，与悲观准则相反，该方法的思想是对客观情况总是抱以乐观态度，考虑的是最有利的情况。

乐观准则的求解方法是先找出每种方案在最有利情况下的最大收益，即找出

$$\max_j[C_{ij}] \qquad (i=1,2,\cdots)$$

然后再在各方案的最大收益中找出相应的最大值，即

$$\max[\max_j(C_{ij})]$$

则该值所对应的方案就是用该方法确定的最优方案。

对于例 8-4，先计算每个方案在各种天气状况下的最大收益 $\max[C_{ij}]$，见表 8-3 的最后一列。再计算各方案最大收益中的最大值 $\max(\max[C_{ij}])$，见表 8-3 中最后一行。$\max(\max[C_{ij}])=95$，相应的施工方案为 P_2，即方案 P_2 为采用乐观准则得到的最优施工方案。

用乐观准则决策（千元） 表 8-3

施工方案	天气状况				$\max[C_{ij}]$
	W_1	W_2	W_3	W_4	
P_1	40	70	30	35	70
P_2	95	75	65	40	95
P_3	80	45	90	35	90
P_4	60	50	65	45	65
$\max(\max[C_{ij}])=95$					

三、折中准则

悲观准则和乐观准则的倾向性较大,而往往决策人员对客观条件的估计既不那么悲观,也不那么乐观,主张从中平衡,用一个系数表示乐观程度,称为乐观系数,记为 α。因此,折中准则又称乐观系数准则。

这种方法首先选定 $\alpha(0 \leqslant \alpha \leqslant 1)$,然后根据每一方案的最大收益 A_i 和最小收益 B_i 计算相应的折中值:

$$H_i = \alpha A_i + (1-\alpha) B_i \quad (i = 1, 2, \cdots)$$

比较各方案的折中值,折中值最大的方案就是最优方案。

在例 8-4 中,

$$A_1 = 70, B_1 = 30$$

$$A_2 = 95, B_2 = 40$$

$$A_3 = 90, B_3 = 35$$

$$A_4 = 65, B_4 = 45$$

取 $\alpha = 0.5$,则 $H_1 = 50, H_2 = 67.5, H_3 = 62.5, H_4 = 55$ 。因此,方案 P_2 为最优施工方案。

乐观系数 α 的取值根据问题的性质而定,α 越大越乐观,α 越小越悲观。α 取 1 时为乐观准则,α 取 0 时为悲观准则。

四、等可能准则

等可能准则也称平均值准则。当决策者在决策过程中,不能肯定哪种状态容易出现,哪种状态不容易出现时,即认为这些状态出现的可能性(概率)是相同的。将每个方案在各种可能情况下的收益加以平均,收益值最大的方案就是最优方案。

在例 8-4 中,各方案的收益平均值为:

$$M_1 = \frac{1}{4}(40 + 70 + 30 + 35) = 43.75$$

$$M_2 = \frac{1}{4}(95 + 75 + 65 + 40) = 68.75$$

$$M_3 = \frac{1}{4}(80 + 45 + 90 + 35) = 62.5$$

$$M_4 = \frac{1}{4}(60 + 50 + 65 + 45) = 55$$

由于 M_2 最大,故相应的 P_2 为最优方案。

五、遗憾准则

遗憾准则也称“后悔值”准则。决策者制定决策后,若情况未能符合理想,必将后悔或者引以为憾。该方法的思路是,每一种自然状况下总有一个方案可以达到最好的情况或取得最优值,如果选择其他方案其结果将达不到最优值,相应的差值称为后悔值。一般将一个方案中各自然状态下的最大后悔值作为该方案的后悔值,然后从各方案中,将具有最小后悔值的方案选做最优方案。

遗憾准则的求解方法是首先确定各自然状态发生时的最优方案,即找出

$$\max_{i}[C_{ij}] \qquad (j = 1,2,\cdots)$$

这时每个方案的后悔值为:

$$R(P_i) = \max_{j}[\max_{i}(C_{ij}) - C_{ij}]$$

比较各方案的后悔值,最小后悔值所对应的方案即是最优方案。

对于例 8-4,先计算每个方案在各状态下的后悔值,见表 8-4。再计算各方案的后悔值,见表 8-4 中的最后一列。最后计算各方案后悔值中的最小值,见表 8-4 中最后一行。$\min[R(P_i)] = 25$,相应的施工方案为 P_2,即方案 P_2 为采用遗憾准则得到的最优施工方案。

用遗憾准则决策(千元)

表 8-4

施 工 方 案	天 气 状 况				$R(P_i)$
	W_1	W_2	W_3	W_4	
P_1	55	5	60	10	60
P_2	0	0	25	5	25
P_3	15	30	0	10	30
P_4	35	25	25	0	35
$\min[R(P_i)] = 25$					

采用不同的决策方法,对例 8-4 进行决策,结果汇总如下(表 8-5)。

用各种准则决策方案对比

表 8-5

决 策 方 法	最 优 方 案	期望取得的收益(千元)
悲观准则	P_4	45
乐观准则	P_2	95
折中准则	P_2	67.5
等可能性准则	P_2	68.75
遗憾准则	P_2	—

对于不确定型决策问题,采用不同决策准得到的结果可能是不一样的。由于不同决策准则之间没有一个统一的评判标准,同时各种决策准则都缺乏作为依据的客观标准,而仅仅是依靠决策者的主观态度来决定采用与否,因此很难评判哪种方法比较合理,在实际情况中决策者只能根据具体情况选用。如在应对灾害性(地震、洪水)事件时,应估计到最不利的情况,采用悲观准则或遗憾准则使损失最小。一般的决策问题,可多采用几种方法进行决策,然后比较决策结果,诸方法的决策结果中,相同最多的便可以选为最优决策。如例 8-4,先后采用 5 种决策准则进行分析,有 4 种决策准则的分析结果相同,都是方案 P_2 为最优方案,因此选择施工方案 P_2 是合适的。

第四节　风险型问题的决策分析

风险型决策问题也称随机决策问题,或统计型决策问题,是介于确定型与不确定型之间的一种决策问题。在确定型决策中,自然状态是确定的,每一个可行方案所得到的结果也是确定

的。在不确定决策中，自然状态是不确定的，每一个可行方案所得到的结果也是不确定的。在风险型决策中，决策者不能确切知道未来将出现何种自然状态，不知道每一可行方案将取得的结果，但决策者通过调查、经验或主观估计等途径可以知道未来各种自然状态出现的概率，也就可以知道每一可行方案取得某一结果的概率。

风险型决策问题常用的决策方法有最大可能准则、期望值准则和决策树法。

一、最大可能准则

最大可能准则的基本思想是将风险型决策问题转化为确定型决策问题。风险型决策问题中，每种自然状态的发生都有一个概率值，某种状态的发生概率越大，说明该状态发生的可能性越大。基于这种想法，在风险型决策中，若某种状态出现的概率远比其他状态大得多的时候，就可以忽略其他状态，而只考虑概率特别大的这一种状态。这样，风险型决策问题就转变成确定型决策问题。

[例 8-5] 在例 8-4 中，假设根据以往气象统计数据，在施工期间出现四种天气状况的概率分别为：出现 W_1 的概率 $P(1)=0.2$，出现 W_2 的概率 $P(2)=0.5$，出现 W_3 的概率 $P(3)=0.2$，出现 W_4 的概率 $P(4)=0.1$。决策表如表 8-6 所示。

用最大可能准则决策（千元） 表 8-6

施工方案	W_1	W_2	W_3	W_4
	$P(1)=0.2$	$P(2)=0.5$	$P(3)=0.2$	$P(4)=0.1$
P_1	40	70	30	35
P_2	95	75	65	40
P_3	80	45	90	35
P_4	60	50	65	45

出现第二种天气状况 W_2 的概率最大，认为在施工期间肯定出现天气状态 W_2，其他天气状态不会出现。原来的风险型决策问题转化为确定型决策问题。在确定的天气状态 W_2 下，在四个方案中进行决策，方案 P_2 的收益最大，故方案 P_2 为最优方案。

用最大可能准则对风险型问题进行决策比较方便，但该方法的使用范围是有限制的。一般来说，在一组自然状态中，当其中某一个自然状态出现的概率比其他状态出现的概率大得多，而它们相应的益损值相差不是很大时，用这种方法进行决策能得到较好的效果。相反，如果一组自然状态出现的概率都很小，并且互相接近，采用这种方法进行决策效果不会好，有时甚至会引起严重错误。

二、期望值准则

在风险型决策问题中，未来出现哪种状态是不确定的，是一个随机事件，每一可行方案能获得的收益也是一个随机事件，但获得某个收益的概率是知道的。因此，每一可行方案所能获得收益的数学期望值为：

$$E(A_{\mathrm{i}}) = \sum_{j=1}^{n} P(j) C_{\mathrm{ij}} \tag{8-1}$$

式中：$E(A_{\mathrm{i}})$——第 i 个可行方案的收益期望值；

A_{i}——第 i 个可行方案；

$P(j)$——出现自然状态 j 的概率；

C_{ij}——可行方案 i 在自然状态 j 下的益损值。

在所有方案中,收益期望值最大的就是最优方案。

在例 8-5 中,各方案的收益期望值为:

$$E(P_1)=\sum_{j=1}^{4}P(j)\times C_{1j}=0.2\times 40+0.5\times 70+0.2\times 30+0.1\times 35=52.5$$

$$E(P_2)=\sum_{j=1}^{4}P(j)\times C_{2j}=0.2\times 95+0.5\times 75+0.2\times 65+0.1\times 40=73.5$$

$$E(P_3)=\sum_{j=1}^{4}P(j)\times C_{3j}=0.2\times 80+0.5\times 45+0.2\times 90+0.1\times 35=60$$

$$E(P_4)=\sum_{j=1}^{4}P(j)\times C_{4j}=0.2\times 60+0.5\times 50+0.2\times 65+0.1\times 45=54.5$$

由以上计算可知,方案 P_2的收益期望值最大,故方案 P_2为最优方案。

最大的收益期望值是平均意义下的最大收益,因此期望值准则适用于一次决策多次重复进行的情况。

将期望值准则与不确定型决策中的等可能原则进行比较。在等可能原则中,假设各种自然状态出现的概率相同,即

$$P_1=P_2=\cdots=P_n$$

因为

$$P_1+P_2+P_3+\cdots+P_n=1$$

所以

$$P_1=P_2=P_3=\cdots=P_n=\frac{1}{n}$$

则每个可行方案益损值的期望值为:

$$\begin{aligned}E(i)&=P_1C_{i1}+P_2C_{i2}+\cdots+P_nC_{in}\\&=\frac{1}{n}(C_{i1}+C_{i2}+\cdots+C_{in})\\&=M(i)\end{aligned}$$

可见,期望值 $E(i)$就是平均值 $M(i)$。也就是说,等可能原则是期望值准则的特例,它假设了各个自然状态出现的概率相等。

决策者制定决策后,若情况未能符合理想,将有后悔的感觉。每一种自然状况下总有一个方案可以达到最好的情况或取得最优值,如果选择其他方案其结果将达不到最优值,每种状态下的最大收益值与该状态下各方案收益值之差称为该状态下各方案的悔值。在应用期望值准则时,除计算可行方案的收益期望值外,也可以根据各方案的悔值计算悔值期望值。从悔值期望值中选取最小值,相应的方案即为最优方案。

对于例 8-5,先计算各方案在不同状态下的悔值,见表 8-7。再计算各方案悔值的期望值。

不同状态下的悔值 表 8-7

施工方案	W_1	W_2	W_3	W_4
	$P(1)=0.2$	$P(2)=0.5$	$P(3)=0.2$	$P(4)=0.1$
P_1	55	5	60	10
P_2	0	0	25	5
P_3	15	30	0	10
P_4	35	25	25	0

各方案的悔值期望值为：

$$E(P_1)=0.2\times55+0.5\times5+0.2\times60+0.1\times10=26.5$$

$$E(P_2)=0.2\times0+0.5\times0+0.2\times25+0.1\times5=5.5$$

$$E(P_3)=0.2\times15+0.5\times30+0.2\times0+0.1\times10=19$$

$$E(P_4)=0.2\times35+0.5\times25+0.2\times25+0.1\times0=24.5$$

由以上计算可知，方案 P_2 的悔值期望值最小，故方案 P_2 为最优方案。

对于同一个决策问题，采用期望值准则分析收益期望值和悔值期望值得到的结果是相同的。

三、决策树法

决策树法实际上仍是期望值准则，只不过在该方法中将期望值准则的决策过程用树状图加以表示，便于决策者在决策过程中瞻前顾后。

1.决策树的结构

决策树法是利用树形结构图辅助进行决策的一种方法。这种方法是把各种备选方案、可能出现的状态以及决策产生的结果，按照逻辑关系画成一个树形图，在树形图上完成对各种方案的计算、分析和选择。决策树由四个部分组成，结构如图 8-2 所示。

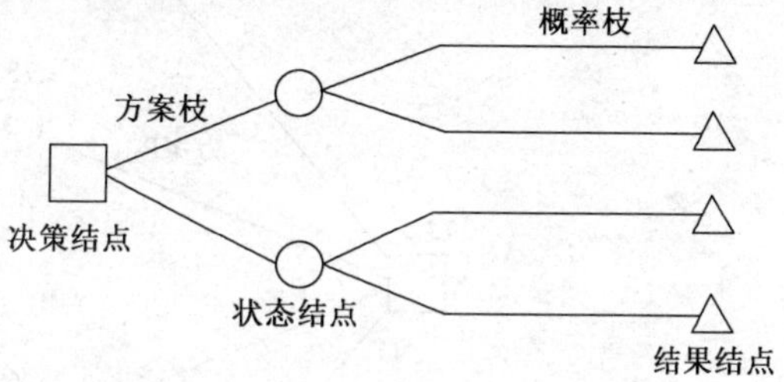

概率枝
方案枝
决策结点
状态结点
结果结点

图 8-2　决策树结构

(1)决策结点

在决策树中用“□”代表决策结点，表示决策者要在此处进行决策。从它引出的每一个分枝都代表决策者可能选取的一个方案。

(2)状态结点

在决策树中用“○”代表状态结点。从它引出的分枝代表其后续状态，分枝上的数字表示该状态发生的概率。

(3)结果结点

在决策树中用“△”代表结果结点，表示决策问题在某种可能情况下的结果，旁边的数字是这种情况下的益损值。

(4)分枝

在决策树中用连接两个节点的线段表示分枝。根据分枝所处的位置不同，又可以分成方案枝和概率枝。连接决策结点和状态结点的分枝称为方案枝；连接状态结点和结果结点的分枝称为概率枝。

2.决策树法的过程

(1)画决策树

画决策树的过程就是建立决策问题模型的过程。这种模型不是用数学公式来描述的，而是用一个树形图来反映的。

首先，提出各种可行方案，画出方案枝。其次，预计可能发生的自然状态及其发生的概率，画出相应的概率枝，并把状态概率标在概率枝上。最后计算各种方案在各自然状态下的益损值，并标在相应的结果结点上。

(2)计算期望益损值

在决策树中,由结果结点开始,按照自右向左的方向,逐列计算每个状态结点和决策结点的期望益损值,并标在相应的结点上。

(3)比较、剪枝、决策

在决策树中,比较状态结点的期望益损值,进行方案的选择。若决策问题的目标是效益、利润、产值等,应取最大期望收益值对应的方案为最优方案。若决策问题的目标是费用、成本、损失等,应取最小期望损失值对应的方案为最优方案。将收益最大(或损失最小)的期望值标在相应的决策结点上,表示该方案即为决策选择的方案。其他的方案删除,称为剪枝。

[例 8-6] 将例 8-5 中的问题用决策树方法进行决策。

解:决策树如图 8-3 所示。

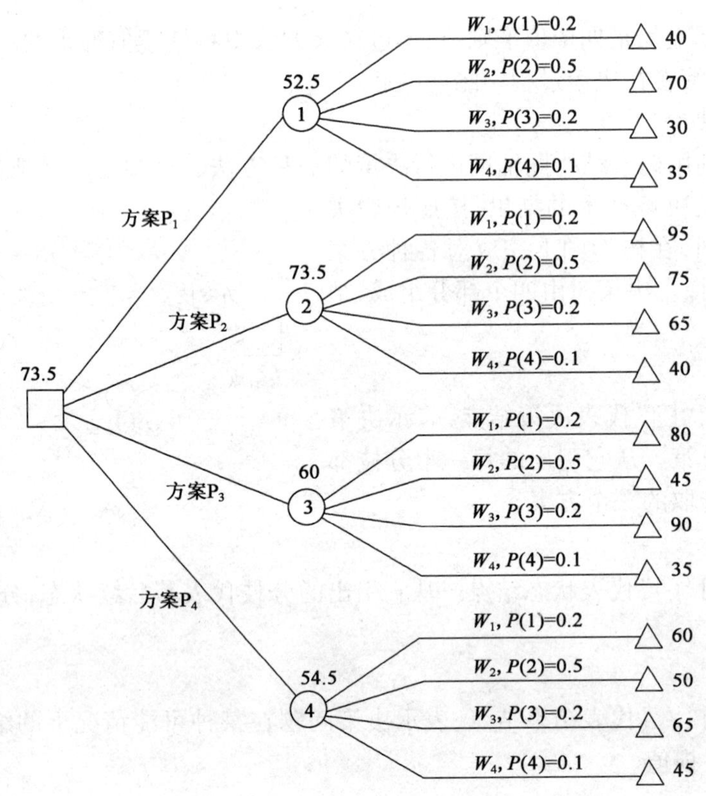

图 8-3 例 8-6 决策树

比较各方案的收益期望值,可知方案 P_2 为最优方案。

例 8-6 在整个决策过程中只需作一次方案选择,称作单阶段决策问题。有些决策问题在决策过程中需要两次或两次以上的方案选择,称为多阶段决策问题。处理多阶段决策问题是决策树法的重要特点。

[例 8-7] 某工程队承包施工项目,计划从 8 月 1 日开始,8 月底完成。由天气预报得知在 8 月 15 日以后将出现中雨或暴雨。8 月 15 日以后天气变化的概率及对施工任务的影响如下:

无雨 W_1 的概率为 $P(W_1)=0.3$,施工任务按计划完成;中雨 W_2 的概率为 $P(W_2)=0.5$,施工任务延期 5 天;暴雨 W_3 的概率为 $P(W_3)=0.2$,施工任务延期 10 天。如果在 15 日以前加班突击完成任务，则每天需增加 1 000 元加班费；如果延期 5 天，每天的经济损失为 5 000 元；如果延期 10 天，前 5 天中每天的经济损失为 5 000 元，后 5 天中每天的经济损失为 7 000 元。在延期期间加班，每天需增加 2 500 元加班费。

在延误期间，通过加班直至完成施工任务所能节省的天数、相应的可能性以及总的经济损失(总经济损失 = 延期经济损失 + 加班费)如表 8-8 所示。

已 知 条 件 表 8-8

天　　气	紧急加班	概　　率	总经济损失(元)
中雨	节省 1 天	0.5	$4\times5\ 000+4\times2\ 500=30\ 000$
	节省 2 天	0.3	$3\times5\ 000+3\times2\ 500=22\ 500$
	节省 3 天	0.2	$2\times5\ 000+2\times2\ 500=15\ 000$
暴雨	节省 2 天	0.7	$(5\times5\ 000+3\times7\ 000)+8\times2\ 500=66\ 000$
	节省 3 天	0.2	$(5\times5\ 000+2\times7\ 000)+7\times2\ 500=56\ 500$
	节省 4 天	0.1	$(5\times5\ 000+1\times7\ 000)+6\times2\ 500=47\ 000$

解：用决策树方法求解此风险型决策问题。决策树见图 8-4。

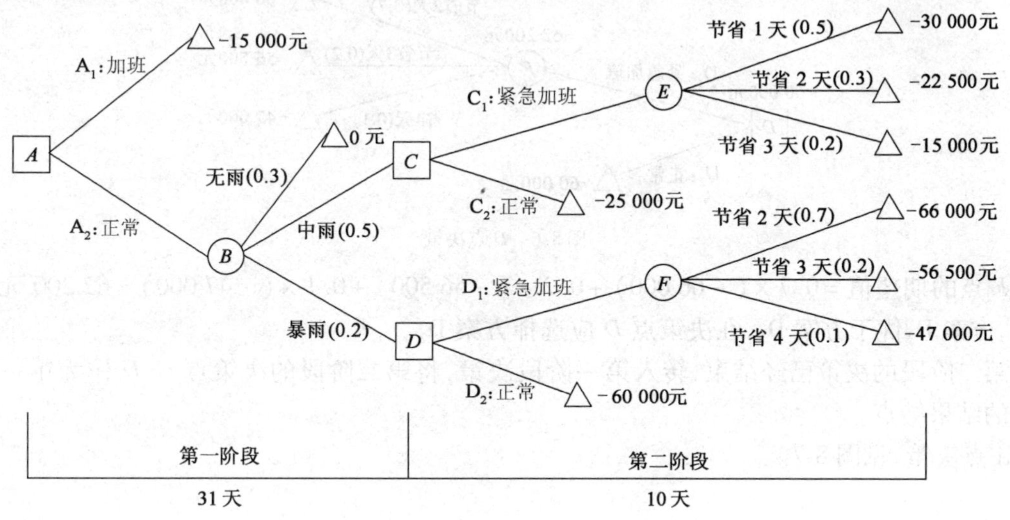

图 8-4　例 8-7 决策树

这是一个两阶段决策问题，前 31 天为一个阶段，下雨延误期为一个阶段。

在第一阶段有两个方案：A_1 为前 15 天加班，突击完成任务，相应的经济损失为增加的加班费 −15 000 元；A_2 为正常施工。在状态 B 点可能出现三种天气情况，如果天气好则施工任务按时完成，无经济损失；如果出现中雨，则延误 5 天；如果出现暴雨，则延误 10 天。

第二阶段有两个决策结点：C 和 D。在 C 点的决策问题是：遇中雨后延误 5 天，此时是否采取紧急加班措施。相应有两个方案：C_2 为正常施工，造成的经济损失为 $5\times5\ 000=25\ 000$ 元；C_1 为紧急加班，得到的结果有三种情况——节省 1 天、节省 2 天、节省 3 天，相应的经济损失分别为 30 000 元、22 500 元、15 000 元。在 D 点的决策问题是：遇暴雨后延误 10 天，此时是否采取紧急加班措施。相应有两个方案：D_2 为正常施工，造成的经济损失为 $5\times5\ 000+5\times$

7 000 = 60 000 元；D_1为紧急加班，得到的结果有三种情况——节省 2 天、节省 3 天、节省 4 天，相应的经济损失分别为 66 000 元、56 500 元、47 000 元。

本问题进行决策时，先对第二阶段的问题（决策点 *C*、*D*）进行决策，然后再对第一阶段的问题进行决策。对于 *C*、*D* 两决策点，可以视为单阶段决策问题。

C 点决策，见图 8-5。

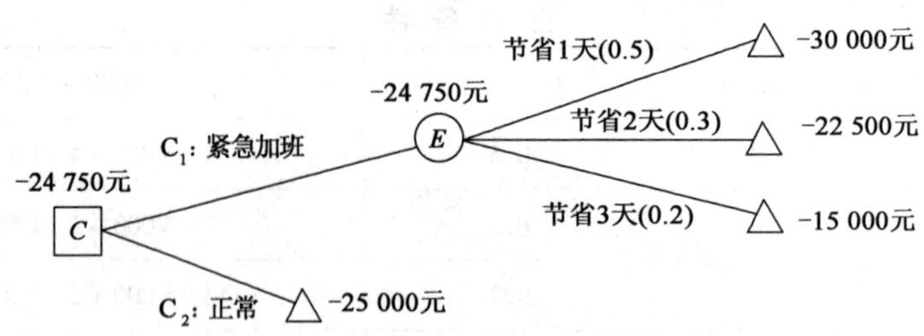

图 8-5　*C* 点决策

E 点的期望值 $= 0.5 \times (-30\,000) + 0.3 \times (-22\,500) + 0.2 \times (-15\,000) = -24\,750$ 元

可见，方案 C_1优于方案 C_2，在决策点 *C* 应选择方案 C_1。

D 点决策，见图 8-6。

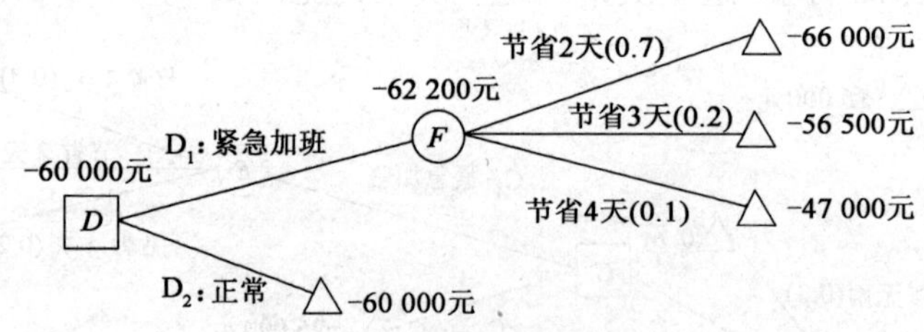

图 8-6　*D* 点决策

F 点的期望值 $= 0.7 \times (-66\,000) + 0.2 \times (-56\,500) + 0.1 \times (-47\,000) = 62\,200$ 元

可见，方案 D_2优于方案 D_1，在决策点 *D* 应选择方案 D_2。

第二阶段的决策已经结束，转入第一阶段决策，将第二阶段的决策点 *C*、*D* 作为第一阶段决策的结果结点。

A 点决策，见图 8-7。

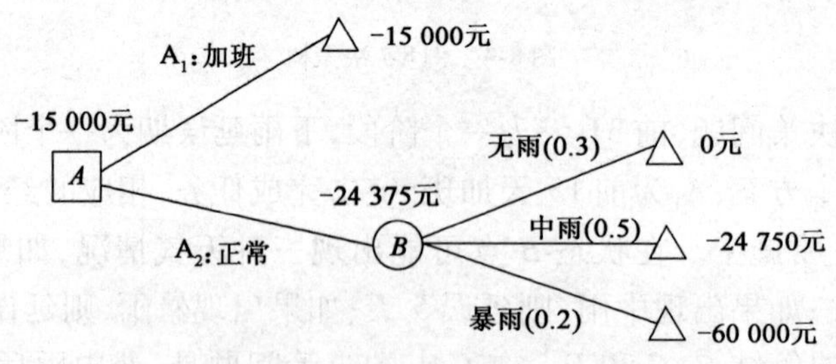

图 8-7　*A* 点决策

B 点的期望值 $= 0.3 \times 0 + 0.5 \times (-24\,750) + 0.2 \times (-60\,000) = -24\,375$ 元

可见，方案 A_1优于方案 A_2，在决策点 *A* 应选择方案 A_1。即在 15 日以前加班突击完成任务。

此决策问题的决策全过程，也可以一次完成，如图 8-8 所示。

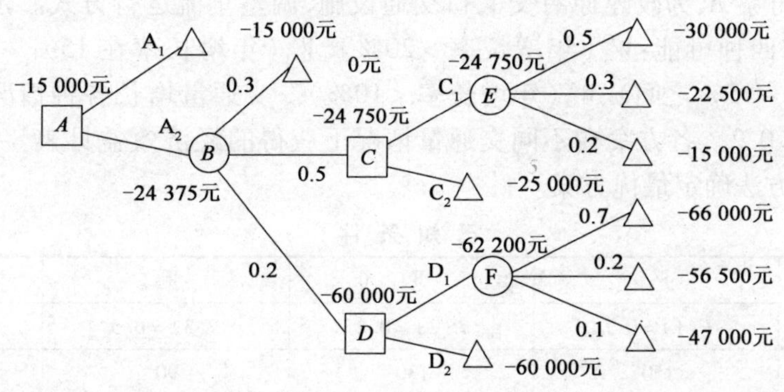

图 8-8 例 8-7 决策树

四、风险型决策问题的讨论

在不确定型决策中，决策者对未来的自然状态一无所知，决策结果受决策者的主观意识影响很大，带有一定的盲目性。而在风险型决策问题中，决策者虽然不确切知道未来的自然状态，但知道未来状态的规律，利用自然状态出现的概率分布，以期望收益值最大作为决策的目标，所得到的决策结果是比较符合客观情况的。

在风险型决策中，确定未来自然状态的概率分布十分重要。各种情况出现的概率，可以用统计资料、试验结果得出，但大多数情况下要凭经验、知识甚至是预感，对未来的情况进行估计，这样得到的概率值称为主观概率。对同一事件，不同人作出的主观概率的估计值是不同的，因此，所得到的决策结果也是不同的，但这也不完全是主观臆断，还是有一定的客观依据的。

对于不确定型决策，只要决策者对未来的可能性不是全然不知，总可以作出一些估计，因而可以把不确定型决策转化为风险型决策。

在风险型决策中，所有的决策结果都是建立在“概率”基础上的。概率只能说明未来出现某种自然状态的可能性的大小，而不能说明一定出现某状态或一定不出现某状态。如 A、B 两事件，出现事件 A 的概率为 70%，出现事件 B 的概率为 30%，实际情况中，要么出现事件 A，要么不出现事件 A，不存在折中的情况。因此，风险型决策方法带有一定的风险。

例如，采用期望值准则进行风险型决策时，期望值是多次重复事件收益的可能平均值，如果在一段时间内多次重复这种决策，那么相应决策的收益平均值是接近期望值的，决策结果是合理的。但在实际当中，常常是在只发生一次可能事件的情况下进行决策，这时决策后得到的收益不会刚好等于期望值。如在例 8-6 中，按照期望值准则得到的最优决策方案为 P_2，期望收益为 73.5 千元，而实际上的收益不会是 73.5 千元，在不同的天气条件下，收益值分别为 95 千元、75 千元、65 千元、40 千元。当出现的天气条件是 W_1、W_2时，P_2是最优方案，但当出现的天气条件是 W_3、W_4时，P_2不是最优方案。对于一次性的决策问题，以期望收益值最大作为最优决策是存在一定风险的。但是，由于实际发生什么状态是随机的，因此从统计的观点来看，以期望收益最大作为最优决策是合理的。

第五节　决策分析在道路交通工程中的应用

实例 8-1　交叉口改造设计决策分析

某道路交叉口需要改造，可以采用的方案有三个：方案 A_1为修建互通式立交桥、方案 A_2为修建普通立交桥、方案 A_3 为改建原有交叉口交通设施，调整车流运行方式。预测未来该交叉口交通量的增长有四种可能：W_1（年增长率 > 20%）、W_2（年增长率在 15% ~ 20% 之间）、W_3（年增长率在 10% ~ 15% 之间）、W_4（年增长率 < 10%）。交通量增长各种情况出现的概率分别为 0.1、0.2、0.5、0.2。各方案在不同交通量情况下获得的经济效益见表 8-9。根据上述条件，采用决策分析方法确定最优方案。

已 知 条 件　　表 8-9

方案＼状态	W_1	W_2	W_3	W_4
	$P(1)=0.1$	$P(2)=0.2$	$P(3)=0.5$	$P(4)=0.2$
A_1	150	130	90	60
A_2	130	110	100	80
A_3	70	75	80	90

解：本问题属于风险型决策问题。

（1）根据最大可能准则决策。第三种交通量增长情况 W_3 的出现概率最大，远大于其他情况的出现概率。因此，认为未来年份交通量的增长情况为 W_3。在 W_3 状态下，方案 A_2 的经济效益最大。选择方案 A_2 作为该交叉口的改造方案，即修建普通立交桥。

（2）根据期望值准则决策。本方案的经济效益期望值为：

$$E(A_1) = 150 \times 0.1 + 130 \times 0.2 + 90 \times 0.5 + 60 \times 0.2 = 98$$

$$E(A_2) = 130 \times 0.1 + 110 \times 0.2 + 100 \times 0.5 + 80 \times 0.2 = 101$$

$$E(A_3) = 70 \times 0.1 + 750 \times 0.2 + 80 \times 0.5 + 90 \times 0.2 = 80$$

由于方案 A_2 的经济效益期望值最大，故方案 A_2 为最优方案。

分别采用最大可能准则和期望值准则对本问题进行决策分析，所得到的结果都是方案 A_2 为最优方案，因此采用方案 A_2 作为交叉口改造方案是合适的。

实例 8-2　客运线路班次计划决策分析

某汽车客运公司经营一条旅游线路，每开行一班车平均运营成本为 80 元，平均可获利润 80 元，若安排班次后停开一班车则损失 30 元。现要求根据市场状况作出客运班车计划，使其获利润最多。

解：根据上一年度同期客运班车计划统计，确定不同日发车数量概率，如表 8-10 所示。

日发车数量概率　　表 8-10

日发车班次数	完成日发车班次数的天数(W_i)	概 率 值(P_i)
100	21	0.21
110	38	0.38
120	20	0.29
130	12	0.12
合计	100	1.00

采用期望值准则进行决策。

（1）通过计算收益期望值进行决策。根据每天的发车班次和每班次的平均利润，构造收益值表，如表 8-11 所示。

收 益 值(元) 表 8-11

发车班次方案	W_1	W_2	W_3	W_4
	$P_1=0.21$	$P_2=0.38$	$P_3=0.29$	$P_4=0.12$
100	8 000	8 000	8 000	8 000
110	7 700	8 800	8 800	8 800
120	7 400	8 500	9 600	9 600
130	7 100	8 200	9 300	10 400

其中,各发车班次方案所对应的收益值计算如下。

计划发车100班,按当日运输市场需求实开100班,则当日获利:

$$v_{11} = 100 \times 80 = 8\,000 \text{ 元}$$

计划发车110班,按当日运输市场需求实开100班,安排计划后停开10班,每班损失30元,则当日获利:

$$v_{21} = 100 \times 80 - 10 \times 30 = 7\,700 \text{ 元}$$

以此类推,计算出表8-10中各发车班次对应的收益值。

计算各发车班次所对应的期望收益值:

$$E(100) = 8\,000 \times 0.21 + 8\,000 \times 0.38 + 8\,000 \times 0.29 + 8\,000 \times 0.12 = 8\,000 \text{ 元}$$

$$E(110) = 7\,700 \times 0.21 + 8\,800 \times 0.38 + 8\,800 \times 0.29 + 8\,800 \times 0.12 = 8\,569 \text{ 元}$$

$$E(120) = 7\,400 \times 0.21 + 8\,500 \times 0.38 + 9\,600 \times 0.29 + 9\,600 \times 0.12 = 8\,720 \text{ 元}$$

$$E(130) = 7\,100 \times 0.21 + 8\,200 \times 0.38 + 9\,300 \times 0.29 + 10\,400 \times 0.12 = 8\,552 \text{ 元}$$

根据上述计算可得出结论,日发车120班时期望收益值最大,为最优方案。

(2)通过计算悔值期望值进行决策。除计算方案的收益期望值外,也可以根据各方案的悔值计算悔值期望值。从悔值期望值中选取最小值,相应的方案即为最优方案。

先计算每种状态下各方案的悔值,见表8-12。再计算各方案的悔值期望值。

悔 值(元) 表 8-12

发车班次方案	W_1	W_2	W_3	W_4
	$P_1=0.21$	$P_2=0.38$	$P_3=0.29$	$P_4=0.12$
100	0	800	1 600	2 400
110	300	0	800	1 600
120	600	300	0	800
130	900	600	300	0

其中,各发车班次方案所对应的悔值收益值计算如下。

计划发车100班,当日运输市场需求为100班时,当日的悔值为:

$$v_{11} = 8\,000 - 8\,000 = 0 \text{ 元}$$

计划发车110班,当日运输市场需求为100班时,当日的悔值为:

$$v_{21} = 8\,000 - 7\,700 = 300 \text{ 元}$$

计划发车120班,当日运输市场需求为100班时,当日的悔值为:

$$v_{31} = 8\,000 - 7\,400 = 600 \text{ 元}$$

计划发车130班,当日运输市场需求为100班时,当日的悔值为:

$$v_{41} = 8\,000 - 7\,100 = 900 \text{ 元}$$

以此类推，计算出表 8-11 中各发车班次对应的悔值。

计算各发车班次所对应的悔值期望值：

$R(100) = 0 \times 0.21 + 800 \times 0.38 + 1\,600 \times 0.29 + 2\,400 \times 0.12 = 1\,056$ 元

$R(110) = 300 \times 0.21 + 0 \times 0.38 + 800 \times 0.29 + 1\,600 \times 0.12 = 487$ 元

$R(120) = 600 \times 0.21 + 300 \times 0.38 + 0 \times 0.29 + 800 \times 0.12 = 336$ 元

$R(130) = 900 \times 0.21 + 600 \times 0.38 + 300 \times 0.29 + 0 \times 0.12 = 504$ 元

根据上述计算可得出结论，日发车 120 班时悔值期望值最小，为最优方案。

用收益期望值和悔值期望值进行决策所得到的结论是一致的，日发车 120 班为最优方案。

实例 8-3　洪水防护系统决策分析

某沿河地区，经常因洪水而造成财产损失，估计由于洪水造成的损失高达每年 26.2 万元。为了治理河水，拟在河边建一公路，一方面可作河堤，防止洪水侵袭，另一方面方便交通运输。对于修建公路，有两种方案：方案 A 投资 150 万元，能挡住水位高度达 1.5m 的洪水；方案 B 投资 200 万元，能挡住水位高度达 2m 的洪水。修建公路后，每年由于洪水引起的损失按照下式计算：

$$\text{方案 A}\begin{cases} C = 0 & (x \leqslant 1.5\text{m}) \\ C = 6(x - 1.5) & (x > 1.5\text{m}) \end{cases}$$

$$\text{方案 B}\begin{cases} C = 0 & (x \leqslant 2.0\text{m}) \\ C = 5(x - 2) & (x > 2.0\text{m}) \end{cases}$$

式中：C——每年损失费，万元；

x——洪水位高度，m。

A、B 两方案的设计年限都为 40 年，社会投资年利率为 10%，用决策分析方法确定最最优方案。

由统计资料得到的洪水高度分布概率如表 8-13 所示。

洪水高度分布概率　　表 8-13

序　号	洪水高度 x(m)	分 布 概 率	累 计 概 率
1	0 ~ 0.25	0.03	0.03
2	0.26 ~ 0.50	0.10	0.13
3	0.51 ~ 0.75	0.16	0.29
4	0.76 ~ 1.00	0.25	0.54
5	1.01 ~ 1.25	0.21	0.75
6	1.26 ~ 1.50	0.05	0.80
7	1.51 ~ 1.75	0.00	0.80
8	1.76 ~ 2.00	0.10	0.90
9	2.01 ~ 2.25	0.03	0.93
10	2.26 ~ 2.50	0.05	0.98
11	2.51 ~ 2.75	0.02	1.00
12	2.76 ~ 3.00	0.00	1.00

解:设 S_1 为洪水低于路堤的状态;S_j 为洪水高于路堤高度的各种状态($j=2,3,\cdots$)。

方案 A 可能出现的自然状态有 7 种:

$$S_1: x \leqslant 1.50$$
$$S_2: 1.51 < x \leqslant 1.75$$
$$S_3: 1.76 < x \leqslant 2.00$$
$$\vdots$$
$$S_7: 2.76 < x \leqslant 3.00$$

方案 B 可能出现的自然状态有 5 种:

$$S_1: x \leqslant 2.00$$
$$S_2: 2.01 < x \leqslant 2.25$$
$$\vdots$$
$$S_5: 2.76 < x \leqslant 3.00$$

两方案各状态出现的概率见表 8-14。

本问题为单阶段决策问题,取两方案在各状态下所减少的损失费用作为益损值。

两方案在在各状态下所减少的损失值净现值为:

NPW=[原每年损失值(26.2)-建公路后每年的损失费 $C(S_j)$]的现值-投资现值

在计算各状态下所减少的损失费时,用各状态水位区间的中值代入公式计算。各状态水位区间的中值和每年的损失值 $C(S_j)$ 列于表 8-14。以方案 A 的 S_3 状态为例,S_3 状态的水位区间为 1.76~2.00m,中值为 1.875m,则每年的损失费为:

$$C(S_3) = 6(x-1.5) = 6 \times (1.875 - 1.5) = 2.25 \text{ 万元}$$

未建公路时,每年的损失为 26.2 万元。修建公路后每年减少的损失费为:

$$D(S_j) = 26.2 - C(S_j) = 26.2 - 2.26 = 23.95 \text{ 万元}$$

两方案在各自状态下每年减少的损失费见表 8-14。其 40 年的总现值按下式计算:

$$NPW(D_j) = D(S_j) \times \frac{(1+i)^n - 1}{i \times (1+i)^n}$$
$$= D(S_j) \times \frac{(1+0.1)^{40} - 1}{0.1 \times (1+0.1)^{40}}$$
$$= 9.779 D(S_j)$$

两方案在各状态下 40 年所减少的损失值的总净值为:

$$NPW(S_j) = NPW(D_j) - C_0 = 9.779 D(S_j) - C_0$$

其中,C_0 为初始投资,对于方案 A 为 150 万元,对于方案 B 为 200 万元。

如方案 A 的 S_3 状态:

$$NPW(D_3) = 9.779 D(S_3) = 9.779 \times 23.95 = 234.21 \text{ 万元}$$
$$NPW(S_3) = 234.21 - 150 = 84.21 \text{ 万元}$$

两方案在不同状态下 40 年所减少的损失值总净现值(益损值)列于表 8-14。

计 算 表 表 8-14

方 案	状态 S_j	水位中值 x_j(m)	状态出现概率 $P(S)$	每年损失费 $C(S_j)$(万元)	每年减少损失费 $D(S_j)$(万元)	减少损失费总净现值(万元)
方案 A	S_1	—	0.80	0	26.20	106.21
	S_2	1.625	0.00	0.75	25.45	98.88
	S_3	1.875	0.10	2.25	23.95	84.21
	S_4	2.125	0.03	3.75	22.45	69.54
	S_5	2.375	0.05	5.25	20.95	54.87
	S_6	2.675	0.02	6.75	19.45	40.20
	S_7	2.875	0.00	8.25	17.95	25.53
方案 B	S_1	—	0.90	0	26.20	56.21
	S_2	2.125	0.03	0.63	25.57	50.05
	S_3	2.375	0.05	1.88	24.32	37.83
	S_4	2.625	0.02	3.13	23.07	25.60
	S_5	2.875	0.00	4.38	21.82	13.38

相应的决策树见图 8-9。

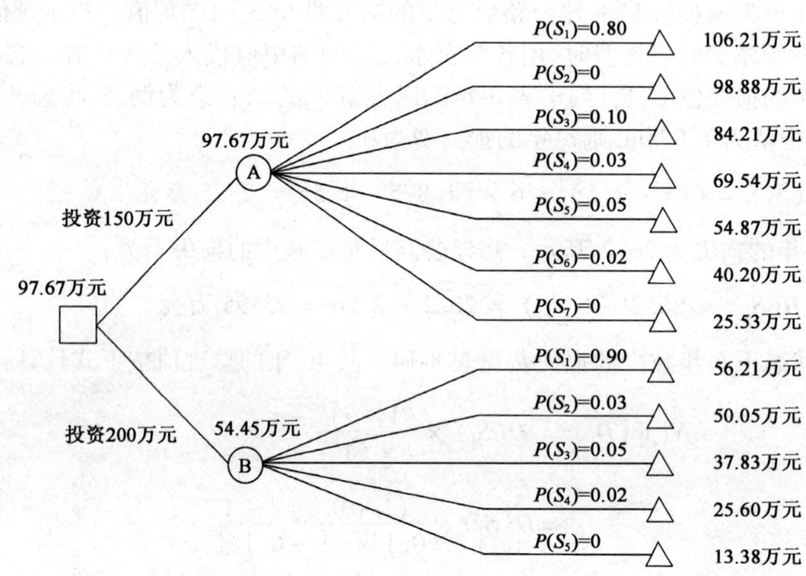

图 8-9 实例 8-4 决策树

方案 A 所减少的损失费净现值为：

$$EMV_A = 0.80 \times 106.21 + 0 \times 98.88 + 0.10 \times 84.21 + 0.03 \times 69.54 + 0.05 \times 54.67 + 0.02 \times 40.20 + 0 \times 25.53 = 97.67 \text{ 万元}$$

方案 B 所减少的损失费净现值为：

$$EMV_B = 0.90 \times 56.21 + 0.03 \times 50.05 + 0.05 \times 37.83 + 0.02 \times 25.60 + 0 \times 13.38 = 54.45 \text{ 万元}$$

由于方案 A 的净收益大于方案 B 的净收益，故采用方案 A 合适。

实例8-4 公路建设方案决策分析

现有两个公路建设方案需进行决策分析。

甲方案：建设高速公路，使用年限为30年，总投资为50 000万元。若交通量（在规定时间内，下同）达到设计标准，则平均年收益为8 000万元；若交通量达不到设计标准，则平均年收益为6 000万元。根据预测，交通量达到设计标准的概率为0.7，达不到设计标准的概率为0.3。

乙方案：先建设二级公路，总投资为30 000万元，如15年交通量达到设计标准，则15年平均年收益为5 000万元。15年后进行改建，改建方案有两个。一是改建成高速公路，改建投资为25 000万元。改建后，若交通量达到设计标准，平均年收益为9 000万元；若交通量达不到标准，则平均年收益7 000万元。二是改建成一级公路，改建投资为15 000万元。改建后，交通量达到设计标准，平均年收益为6 000万元；交通量达不到设计标准，则平均年收益为4 500万元。根据预测，建成二级公路后，交通量达到设计标准的概率为1.0；改建成高速公路后，交通量达到设计标准的概率为0.8，达不到设计标准的概率为0.2；改建成一级公路后，交通量达到设计标准的概率为0.9，达不到设计标准的概率为0.1。

社会折现率为12%，甲、乙两方案的分析期都定为30年。

解：本问题为两阶段风险型决策问题，采用决策树法进行分析。

（1）计算各方案在不同状态下的净现值。

$$NPV_1 = 8\,000 \times \frac{1-1.12^{-30}}{0.12} - 50\,000 = 8\,000 \times 8.055 - 50\,000 = 14\,440.00\text{万元}$$

$$NPV_2 = 6\,000 \times \frac{1-1.12^{-30}}{0.12} - 50\,000 = 6\,000 \times 8.055 - 50\,000 = -1\,670.00\text{万元}$$

$$\begin{aligned}NPV_3 &= 5\,000 \times \frac{1-1.12^{-15}}{0.12} + 9\,000 \times \frac{1-1.12^{-15}}{0.12} \times 1.12^{-15} - 25\,000 \times 1.12^{-15} - 30\,000 \\ &= 5\,000 \times 6.811 + 9\,000 \times 6.811 \times 0.183 - 25\,000 \times 0.183 - 30\,000 \\ &= 10\,697.72\text{万元}\end{aligned}$$

$$\begin{aligned}NPV_4 &= 5\,000 \times \frac{1-1.12^{-15}}{0.12} + 7\,000 \times \frac{1-1.12^{-15}}{0.12} \times 1.12^{-15} - 25\,000 \times 1.12^{-15} - 30\,000 \\ &= 5\,000 \times 6.811 + 7\,000 \times 6.811 \times 0.183 - 25\,000 \times 0.183 - 30\,000 \\ &= 8\,204.89\text{万元}\end{aligned}$$

$$\begin{aligned}NPV_5 &= 5\,000 \times \frac{1-1.12^{-15}}{0.12} + 6\,000 \times \frac{1-1.12^{-15}}{0.12} \times 1.12^{-15} - 15\,000 \times 1.12^{-15} - 30\,000 \\ &= 5\,000 \times 6.811 + 6\,000 \times 6.811 \times 0.183 - 15\,000 \times 0.183 - 30\,000 \\ &= 8\,788.48\text{万元}\end{aligned}$$

$$\begin{aligned}NPV_6 &= 5000 \times \frac{1-1.12^{-15}}{0.12} + 4\,500 \times \frac{1-1.12^{-15}}{0.12} \times 1.12^{-15} - 15\,000 \times 1.12^{-15} - 30\,000 \\ &= 5\,000 \times 6.811 + 4\,500 \times 6.811 \times 0.183 - 15\,000 \times 0.183 - 30\,000 \\ &= 6\,918.86\text{万元}\end{aligned}$$

（2）画决策树，见图8-10。

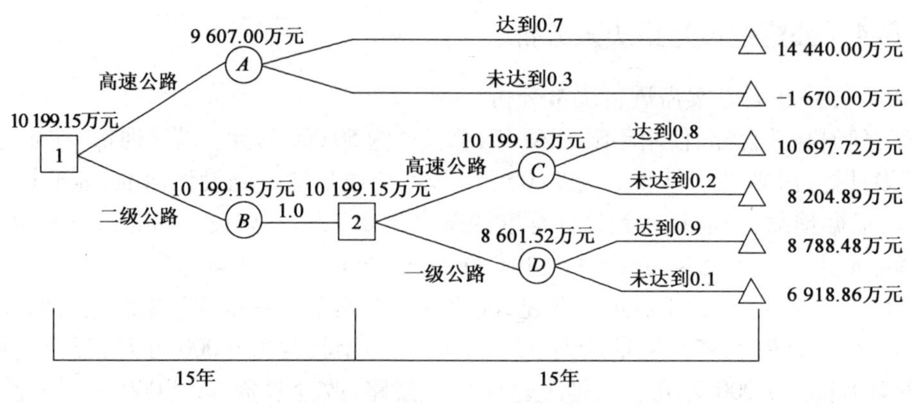

图 8-10　实例 8-4 决策树

由于 B 点的期望值大于 A 点期望值，故选择先修建二级公路，15 年后再改建成高速公路的方案。

实例 8-5　路面设计方案决策分析

某公路路面设计时有以下两个方案需进行决策。

方案 A_1 为铺设水泥混凝土路面，设计年限为 20 年，初始建设费用为 20 万元，每年的养护费为 5 000 元。如果在使用年限内交通量较大，则路面将在 20 年末发生破坏，残值为 0。若交通量较小，则 20 年末路面仍能使用，残值为 5 万元。路面在 20 年末破坏的可能性为 0.7，未破坏的可能性为 0.3。

方案 A_2 为铺设沥青混凝土路面，设计年限为 10 年，初始建设费为 15 万元。每年的养护费用为 1 万元，路面在 10 年末可能完全破坏，也可能部分破坏。完全破坏的概率为 0.6，部分破坏的概率为 0.4。若路面完全破坏则需重铺沥青混凝土路面，建设费用及养护费用仍为 15 万元与 1 万元，第二个 10 年末路面完全破坏与部分破坏的概率仍为 0.6 与 0.4，若完全破坏，残值为 0；若部分破坏，残值为 4 万元。若第一个 10 年末路面部分破坏，则可以考虑两种方案：一是重铺沥青混凝土路面；二是路面补强，建设费用 8 万元，每年养护费用为 1 万元，残值为 0。

解：本问题为两阶段决策问题，采用决策树法求解。决策树见图 8-11。

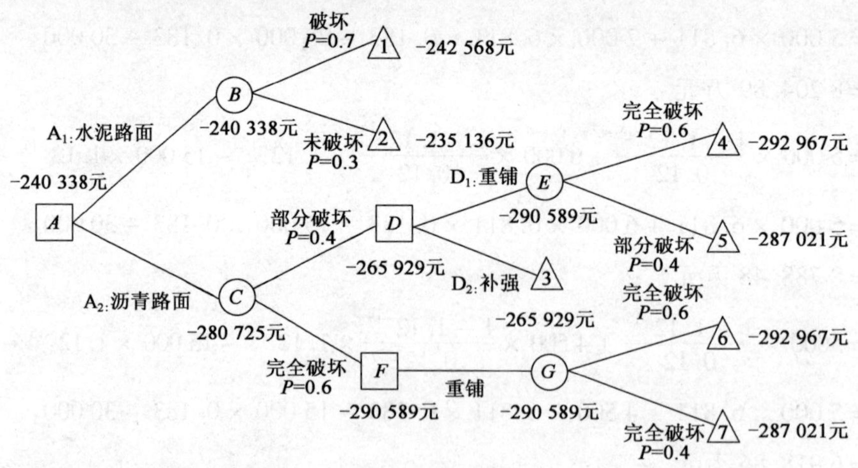

图 8-11　实例 8-5 决策树

各结果点的计算结果如下：

$$1\text{ 点的费用现值}=\text{投资现值}+\text{养护费现值}$$
$$=20\,000+5\,000\times\frac{(1+0.10)^{20}-1}{0.10\times(1+0.10)^{20}}$$
$$=242\,568\text{ 元}$$

$$2\text{ 点的费用现值}=\text{投资现值}+\text{养护费现值}-\text{残值现值}$$
$$=242\,568-50\,000\times(1+0.10)^{-20}$$
$$=235\,136\text{ 元}$$

$$3\text{ 点的费用现值}=\text{两次投资现值}+\text{养护费现值}$$
$$=150\,000+80\,000\times(1+0.10)^{-10}+10\,000\times\frac{(1+0.10)^{20}-1}{0.10\times(1+0.10)^{20}}$$
$$=265\,979\text{ 元}$$

$$4\text{ 点的费用现值}=\text{两次投资现值}+\text{养护费现值}$$
$$=150\,000+150\,000\times(1+0.10)^{-10}+10\,000\times\frac{(1+0.10)^{20}-1}{0.10\times(1+0.10)^{20}}$$
$$=292\,967\text{ 元}$$

$$5\text{ 点的费用现值}=\text{两次投资现值}+\text{养护费现值}-\text{残值现值}$$
$$=292\,967-40\,000\times(1+0.10)^{-20}$$
$$=287\,021\text{ 元}$$

$$6\text{ 点的费用现值}=\text{两次投资现值}+\text{养护费现值}$$
$$=3\text{ 点的费用现值}$$
$$=292\,967\text{ 元}$$

$$7\text{ 点的费用现值}=4\text{ 点的费用现值}$$
$$=287\,021\text{ 元}$$

各状态点费用期望值计算如下：

$$B\text{ 点的期望值}=0.7\times(-242\,568)+0.3\times(-235\,136)$$
$$=-240\,338\text{ 元}$$
$$E\text{ 点的期望值}=0.6\times(-292\,967)+0.4\times(-287\,021)$$
$$=-290\,589\text{ 元}$$
$$G\text{ 点的期望值}=0.6\times(-292\,967)+0.4\times(-287\,021)$$
$$=-290\,589\text{ 元}$$

决策过程中先对 D、F 两决策点决策。在 F 点，只有一个方案，无需决策。在 D 点，方案 D_2（路面补强）的费用（265 975 元）低于方案 D_1（重铺沥青混凝土路面）的费用（290 589 元），选择方案 D_2。然后将 D、F 作为结果点，计算 C 点的期望值，并对决策点 A 进行决策。A 点的两个方案中，方案 A_1（水泥路面）的费用（240 336 元）低于方案 A_2（沥青路面）的费用（280 725 元），所以方案 A_1 即铺设水泥混凝土路面为最优方案。

实例 8-6　桥梁桩基方案决策分析

某桥梁墩台支承在由 10 根桩组成的桩基上，如图 8-12 所示。

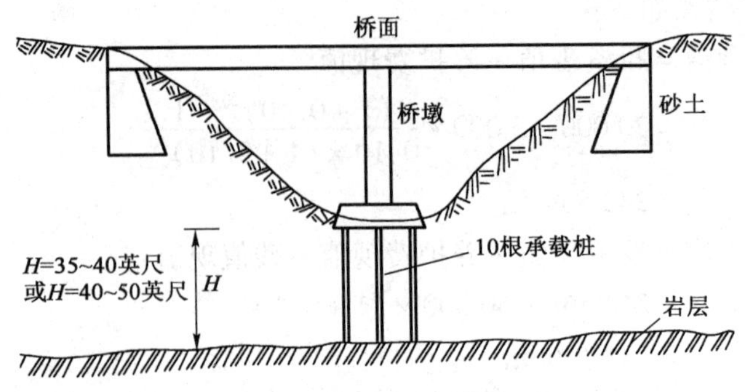

图 8-12

根据地质资料推断，可能在地层深度35～40英尺之间出现坚硬岩层，也可能在40～50英尺之间出现岩层，并且只有这两种可能，可能性各为50%。为弄清岩层深度，可考虑采用以下三种方案：方案 E_1 为不进行测试；方案 E_2 为用地震探测法探测深度，花费500元；方案 E_3 为用钻孔测试深度，花费4 000元。

若采用钻孔测试，能知道岩层的确切深度，而用地震探测法，得到的结果不是100%准确的，其准确度如表8-15所示。

地震探测法的准确度　　表8-15

确切深度 / 探测深度	S_1	S_2
Z_1	0.85	0.20
Z_2	0.15	0.80

表8-15中 S_1 表示岩层的确切深度为35～40英尺，S_2 表示岩层的确切深度为40～50英尺，Z_1 表示岩层的测试深度为35～40英尺，Z_2 表示岩层的探测深度为40～50英尺。例如：若岩层的确切深度为35～40英尺，而用地震探测法测出的深度值，有15%的可能为40～50英尺，有85%的可能为35～40英尺。

可考虑采用的桩型有如下三种：桩型A为40英尺长的钢筋混凝土桩（10根的结构费用为3 200元）；桩型B为50英尺长的钢筋混凝土桩（10根的结构费用为4 000元）；桩型C为50英尺长的钢桩（10根的结构费用为5 000元）。

若岩层深度为35～40英尺，则采用40英尺桩；若岩层深度为40～50英尺，则采用50英尺桩。

若采用的桩不够长，如岩层实际深度为40～50英尺时，采用了40英尺的桩，则需采用加长措施，附加损失为7 000元。若采用的桩太长，则需割掉，附加的损失为：钢桩1 000元，钢筋混凝土桩2 000元。

试用决策方法，选出费用最少的桩基方案。

解：本决策问题的决策树如图8-13所示。

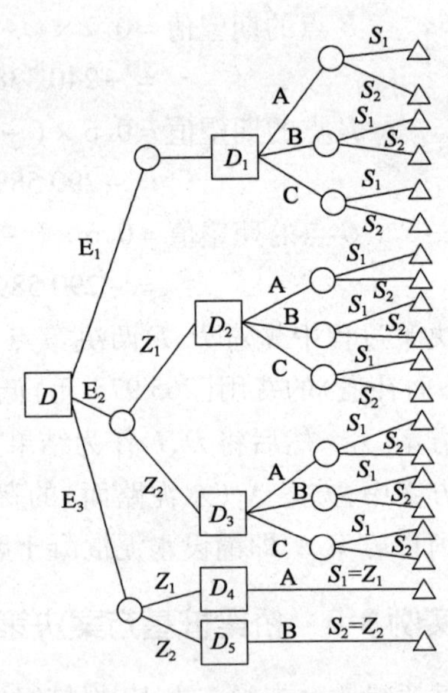

图8-13　实例8-6决策树

可见，本问题为两阶段决策问题。第一阶段是测试方案的决策。若采用测试方案 E_1，则需对三个桩型方案进行决策。若采用测试方案 E_2,则要进行两个决策:①当测试结果是 Z_1时,采用哪种桩型;②当测试结果是 Z_2时,采用哪种桩型。

因钻孔测试能知道确切的岩层深度,所以若采用的测试方案是 E_3,则进行两个确定型决策:①当测试结果是 Z_1时,采用 A 桩型;②当测试结果是 Z_2时,采用 B 桩型。

决策时,取各方案的总费用为益损值,总费用期望值最小的方案为最优方案。

表 8-16 所示为各结果点的益损值。

计 算 表 表 8-16

序 号	结 果 点	桩的长度	附加费用	结构费用	试验费用	总 费 用
1	$V(E_1,A,S_1)$	适中	—	3 200	—	3 200
2	$V(E_1,A,S_2)$	太短	7 000	3 200	—	10 200
3	$V(E_1,B,S_1)$	太长	2 000	4 000	—	6 000
4	$V(E_1,B,S_2)$	适中	—	4 000	—	4 000
5	$V(E_1,C,S_1)$	太长	1 000	5 000	—	6 000
6	$V(E_1,C,S_2)$	适中	—	5 000	—	5 000
7	$V(E_2,Z_1,A,S_1)$	适中	—	3 200	500	3 700
8	$V(E_2,Z_1,A,S_2)$	太短	7 000	3 200	500	10 700
9	$V(E_2,Z_1,B,S_1)$	太长	2 000	4 000	500	6 500
10	$V(E_2,Z_1,B,S_2)$	适中	—	4 000	500	4 500
11	$V(E_2,Z_1,C,S_1)$	太长	1 000	5 000	500	6 500
12	$V(E_2,Z_1,C,S_2)$	适中	—	5 000	500	5 500
13	$V(E_2,Z_2,A,S_1)$	适中	—	3 200	500	3 700
14	$V(E_2,Z_2,A,S_2)$	太短	7 000	3 200	500	10 700
15	$V(E_2,Z_2,B,S_1)$	太长	2 000	4 000	500	6 500
16	$V(E_2,Z_2,B,S_2)$	适中	—	4 000	500	4 500
17	$V(E_2,Z_2,C,S_1)$	太长	1 000	5 000	500	6 500
18	$V(E_2,Z_2,C,S_2)$	适中	—	5 000	500	5 500
19	$V(E_3,Z_1,A,S_1)$	适中	—	3 200	4 000	7 200
20	$V(E_3,Z_2,B,S_2)$	适中	—	4 000	4 000	8 000

下面从第二阶段开始,对每个决策点逐个进行决策。

(1)D_1点。由题意可知,岩层位于 35 ~ 40 英尺之间与岩层位于 40 ~ 50 英尺之间的可能性是一样的,即

$$P(S_1) = 0.5, P(S_2) = 0.5$$

由图 8-14 可知,桩型 B 的费用期望值为最小为 5 000 元,故应采用桩型 B。

(2)D_2点及 D_3点。用地震探测法测试时,由概率公式可得测试结果出现 Z_1及 Z_2的概率分别为:

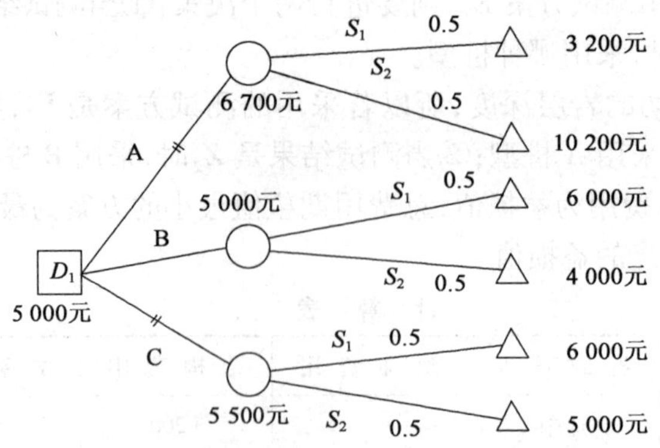

图 8-14　*D* 点决策树

$$P(Z_1) = P\left[\frac{Z_1}{S_1}\right] \cdot P(S_1) + P\left[\frac{Z_1}{S_2}\right] \cdot P(S_2)$$

$$= 0.85 \times 0.5 + 0.20 \times 0.5 = 0.525$$

$$P(Z_2) = P\left[\frac{Z_2}{S_1}\right] \cdot P(S_1) + P\left[\frac{Z_2}{S_2}\right] \cdot P(S_2)$$

$$= 0.85 \times 0.5 + 0.15 \times 0.5 = 0.475$$

根据贝叶斯定理,可得各条件概率为:

$$P\left[\frac{S_1}{Z_1}\right] = \frac{P\left[\frac{Z_1}{S_1}\right] \cdot P(S_1)}{P(Z_1)} = \frac{0.85 \times 0.5}{0.525} = 0.810$$

$$P\left[\frac{S_2}{Z_1}\right] = \frac{P\left[\frac{Z_1}{S_2}\right] \cdot P(S_2)}{P(Z_1)} = \frac{0.20 \times 0.5}{0.525} = 0.190$$

$$P\left[\frac{S_1}{Z_2}\right] = \frac{P\left[\frac{Z_2}{S_1}\right] \cdot P(S_1)}{P(Z_2)} = \frac{0.15 \times 0.5}{0.475} = 0.158$$

$$P\left[\frac{S_2}{Z_2}\right] = \frac{P\left[\frac{Z_2}{S_2}\right] \cdot P(S_2)}{P(Z_2)} = \frac{0.80 \times 0.5}{0.475} = 0.842$$

D_2、D_3两决策点的决策树如图 8-15 所示。从中可以看出,在 D_2点,桩型 A 的费用期望值最小,为 5 000 元,故应采用桩型 A;在 D_3点,桩型 B 的费用期望值最小,为 4 816 元,故应采用桩型 B。

(3)D_4点及 D_5点。D_4、D_5点为确定型决策,D_4点取桩型 A,费用为 7 200 元;D_5点取桩型 B,费用为 8 000 元。

(4)*D* 点。第二阶段决策结束后,回过来进行第一阶段的决策。*D* 点的决策树如图 8-16 所示。

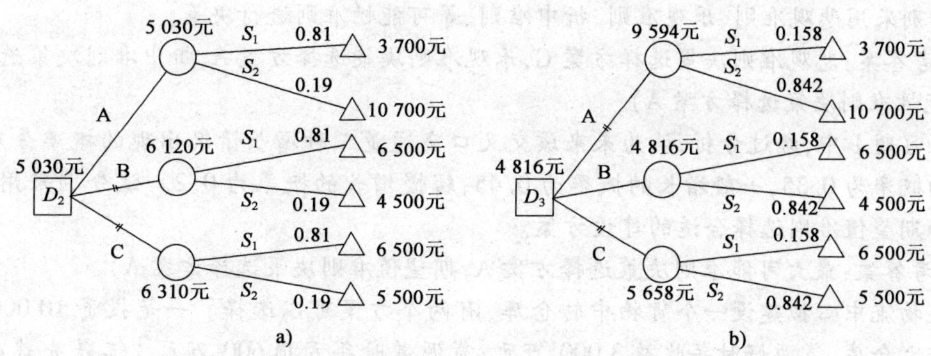

图 8-15 D_2、D_3 两点决策树

由图 8-16 可知，方案 E_2 的费用期望值最小，为 4 928 元，应取方案 E_2。

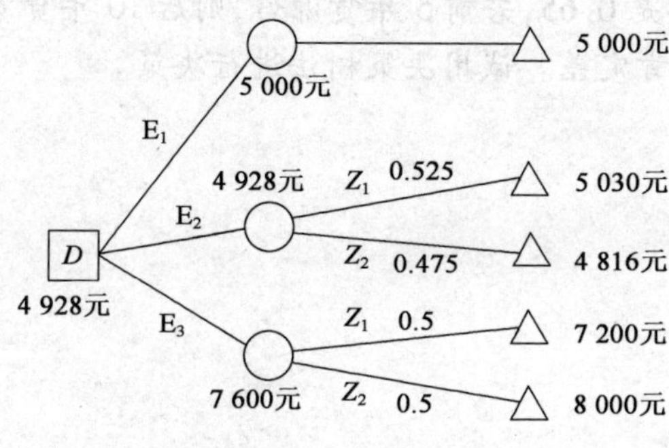

图 8-16 D 点决策树

从前面的决策分析可知，本问题的最优方案为：先采用地震探测法测试岩层的深度，若测试结果为岩层位于 35 ~ 40 英尺之间，则采用 40 英尺长的钢筋混凝土桩；若测试结果为岩层位于 40 ~ 50 英尺之间，则采用 50 英尺的钢筋混凝土桩。这样，期望的费用值最小，分别为 5 030 元及 4 816 元。

习 题

1. 为改善某交叉口的交通状况，提出了三个方案：方案 A 为建设高标准立交桥，投资最大，收益也最大；方案 B－建设简易立交桥，投资较少，收益也较少；方案 C 为改建原有设施，调整车流运行方式，加强交通管理，投资最少，收益也最少。预测未来该交叉口交通量有三种增长情况：迅速增长、一般增长和缓慢增长。各方案相对于不同交通量增长情况的效益净现值如表 1 所示。

表 1

状态 方案	迅速增长	一般增长	缓慢增长
A	150	80	−70
B	100	60	−30
C	−50	20	40

试分别采用悲观准则、乐观准则、折中准则、等可能性准则进行决策。

（参考答案：悲观准则决策选择方案 C，乐观准则决策选择方案 A，折中准则决策选择方案 A，等可能性准则决策选择方案 A）

2. 在习题 1 中，经过分析，认为未来该交叉口交通量三种增长情况出现的概率分别为：迅速增长的概率为 0.35，一般增长的概率为 0.45，缓慢增长的概率为 0.2。试分别采用最大可能准则和期望值准则选择合适的建设方案。

（参考答案：最大可能准则决策选择方案 A，期望值准则决策选择方案 A）

3. 某物流中心拟建设一个货物中转仓库，有两个方案可以选择。一是投资 10 000 万元，一次建成大仓库，货源好时年收益 3 000 万元；货源差时年亏损 600 万元。二是先建小仓库，投资 5 000 万元，货源好时年收益 1 200 万元，货源差时每年仍能收益 400 万元；5 年后若货源好则扩建成大型仓库，追加投资 5 000 万元，年收益 3 000 万元。两个方案的经营期均为 15 年。预测前 5 年货源好的概率是 0.65，若前 5 年货源好，则后 10 年货源好的概率是 0.8；若前 5 年货源差，则后 10 年的货源肯定差。试用决策树法进行决策。

第九章　工程经济分析

工程经济分析是一门以货币价值或经济效用为评价标准,用来评比、选择方案的技术。在系统工程中,工程经济分析有其重要的地位,它是决策分析的基础。一个建设项目的规划、设计、施工及经营管理,往往在技术上有多种方案,究竟采用哪种方案,需要通过经济分析来决策。采用的方案应该是经济效果最优的方案,即在相同的收益下资源消耗最少的方案,或在相同的资源消耗下收益最大的方案。随着科学技术的日益发展,工程项目日趋庞大与复杂,经济上的决策分析也变得比以往更为困难,这就需以更严谨的态度来处理。因此,工程经济分析越来越受到人们的重视。

本章主要介绍工程经济分析中的一些基本方法。

第一节　资金的时间价值

一、资金时间价值的概念

资金的时间价值是工程经济学中的一个重要概念。通常所说的“钱赚钱”并不是没有道理的。资金在不同的时期,它的价值是不一样的。例如,某人拥有 100 元资金,这笔资金现在的价值是 100 元,若将其存入银行,年利率为 8%,那么一年后这笔资金增值至 108 元,它在这一年中的时间价值为 8 元。

资金的时间价值,是指资金经历一定时间的投资和再投资所增加的价值。资金之所以会产生时间价值,是基于以下几个方面的原因。

一是货币增值因素。资金在“流通领域→生产领域→流通领域……”的反复运动中,每经历一个周期就实现一次增值,这也是生产的本质和投资的目的。资金增值的来源是劳动所创造的剩余价值。

二是通货膨胀因素。人们手持货币总是用于购买所需的商品或服务,而社会平均物价水平从总体上看是在不断上涨的。同样量的货币因通货膨胀引起货币贬值,意味着其价值随时间的增加而减少。因此,要通过资金的时间价值对其损失作补偿。

三是时间风险因素。一般来说,未来的预期收入具有不确定性,时间越长,不确定性也越大,意味着风险随时间的增加而增加。因此,对于不同量的货币,人们更愿意现在拥有而不是将来拥有,这就隐含着人们需要用一定量的货币对未来的不确定性进行补偿。

二、资金时间价值的衡量

在工程经济学中,由于工程项目的建设、方案的实施等都有一个时间上的持续过程,期间投入的成本资金或者获得的收益资金同样也具有时间价值。在对工程项目进行经济评价时,必须考虑资金的时间价值,这样才能真实、客观地评价工程项目的经济效果,这也是工程经济分析的方法基础。

利息是占用资金所付代价或重新使用资金所获得的报酬，它是资金时间价值的表现形式之一。通常用利息的多少作为衡量资金时间价值的绝对尺度，用利率作为衡量资金时间价值的相对尺度。利息，是指一个计息周期内利息同借贷资本额（本金）的比率，它体现了借贷资本增值的程度，是计算利息的依据。在工程经济分析中，利率主要指工程项目的收益率，而不是专指银行借贷款利率。利率通常用 i 来表示。

$$\text{利率} = \frac{\text{单位时间内的时间价值}}{\text{原资金总额（本金）}} \times 100\% \tag{9-1}$$

用以表示利率的时间单位（年、月等）称为计息周期，当包括一个以上的计息周期时，则要考虑“单利”与“复利”的问题。

1. 单利与复利

根据计算时是否考虑利息的时间价值，利息的计算方法可分为单利法和复利法两种。

（1）单利法

单利计算是指仅对本金计算利息，对所获利息不纳入本金计算下期利息的计算方法。资金的时间价值只与资金的本金有关，因而资金在各个时期产生的时间价值是相同的。

例如，某资金的本金为 P 元，年利率为 i，那么一年后的本利和为：

$$F_1 = P + Pi = P(1 + i)$$

F_1 包括两部分，一部分为本金 P，另一部分为第一年的时间价值 Pi。在单利法中，已产生的时间价值 Pi 不再产生新的时间价值。所以，在第二年中，仍只有本金产生时间价值，则第二年年末的本利和为：

$$\begin{aligned} F_2 &= \text{第一年年末的终值} + \text{第二年的时间价值} \\ &= P(1 + i) + Pi \\ &= P(1 + 2i) \end{aligned}$$

依次递推，可知单利计算的本利和公式为：

$$F = P(1 + n \cdot i) \tag{9-2}$$

式中：F——本利和；

P——本金；

n——计算利息的期数；

i——某一规定周期（年、月）的利率。

（2）复利法

在复利法计算中，资金在增值过程中已产生的时间价值仍继续增值，因而资金在各个计息周期产生的时间价值是不一样的。

复利计算的本利和公式为：

$$F_n = P(1 + i)^n \tag{9-3}$$

式中符号意义与式（9-2）相同。

式（9-3）的推导如下。

第 1 个计息周期末的本利和为：

$$F_1 = P + Pi = P(1 + i)$$

第 2 个计息周期末的本利和为：

$$F_2 = F_1 + F_1 \cdot i = P(1 + i) + P(1 + i) \cdot i = P(1 + i)^2$$

第 3 个计息周期末的本利和为：

$$F_3 = F_2 + F_2 \cdot i = P(1+i)^2 + P(1+i)^2 \cdot i = P(1+i)^3$$

……

故 n 个计息周期后的本利和为：

$$F_n = F_{n-1} + F_{n-1} \cdot i = P(1+i)^{n-1} + P(1+i)^{n-1} \cdot i = P(1+i)^n$$

[例 9-1] 某单位向银行借款 60 万元，年利率为 9%，借期 10 年，试问 10 年后该单位应向银行交还多少钱？分别用单利法和复利法计算。

解：(1)单利法：

$$F = 60 \times (1 + 10 \times 0.09) = 114\ 万元$$

(2)复利法：

$$F = 60 \times (1 + 0.09)^{10} = 142\ 万元$$

可见，用单利法计算与用复利法计算，其结果是相差很大的。期限越长，利率越高，则两者之差越大。用复利计算利息更能体现出全部资金（包括增值部分）的时间价值。在实际的工程项目中，资金总是在不断地周转、循环和增值，为更好地反映资金的时间价值，以确切地评价项目的经济效果，在项目投资或贷款计算中，一般都采用复利法。

2. 名义利率与实际利率

在工程经济分析中，复利计算通常以年为计息周期。但在实际生活中，也有按半年、季度、月为计息周期计算利息的，一年内的复利计息次数分别为 2、4、12。当利息的计算不是按名义上的计息周期计算时，就会产生名义利率和实际利率的问题。如名义上的年利率，在实际计算中按月计息，此时，年利率称为名义利率，而实际计算产生的利息占本金的比率称为实际利率。名义利率相同，而计息次数不同时，年末本利和是不同的。

实际利率与名义利率的关系为：

$$i = \left(1 + \frac{r}{m}\right)^m - 1 \tag{9-4}$$

式中：i——实际年利率；

r——名义年利率；

m——每年计息次数。

[例 9-2] 设有本金 10 000 元，年利率为 12%，若每年计息一次，一年后本利和是多少？若每月计息一次，则一年后本利和是多少？

解：若每年计息一次，则一年后本利和为：

$$F = 10\,000 \times (1 + 0.12) = 11\,200\ 元$$

若每月计息一次，则一年后本利和为：

$$F = 10\,000 \times \left(1 + \frac{0.12}{12}\right)^{12} = 11\,268.25\ 元$$

这表明每月计息一次的本利和大于一年计息一次的本利和，并且相当于按年利率12.68%计息一次。

综上所述，可知名义利率与实际利率存在着下述关系（以年利率为例）：

(1)当计息周期为一年时，名义利率与实际利率相等；计息周期短于一年时，实际利率大于名义利率；计息周期长于一年时，实际利率小于名义利率。

(2)名义利率越大，计息周期越短，实际利率与名义利率的差异就越大。

第二节　资金等值换算公式

一、基本概念

1. 资金等值

资金时间价值的客观存在表明不同时点上的绝对数值不等的若干资金可能具有相等的价值。特定利率下不同时点上绝对数额不等而经济价值相等的若干资金称为等值资金。利用资金等值概念,可以将项目计算期内任一时点发生的资金金额变换为另一时点上的等值金额,这一方法称为资金等值换算。

在对工程项目的经济评价中,往往需要利用资金等值换算,将发生在不同时点上的资金价值换算为相同时点上的价值,使之具有可比性。资金等值换算通常借助于现金流量图和若干换算公式来进行。

2. 现金流量

如把工程项目看成一个系统,则对于这个系统而言,投入的资金、花费的成本、获取的收益,都可以看成以货币形式体现的资金流入或流出。在一定时期内(项目寿命期内)各个时间点上实际发生的各种资金流入或流出称为现金流或现金流量(Cash Flow)。流入系统的资金称为现金流入量(为正,记为 *CI*),流出系统资金称为现金流出量(为负,记为 *CO*)。现金流入与现金流出之差为净现金流(记为 *NCF*)。

现金流量图能直观、方便地表示出项目现金流的三个要素,即现金流发生的时点、大小及方向,如图 9-1 所示。水平轴为时间轴,时间轴上每一个间隔代表一个时间单位,在工程项目中通常是年。时间轴上的刻度称为时点,同一时点代表本年的年末,同时也是下一年的年初。在工程经济分析中,通常将首次投资发生的时间作为时间零点(第 1 年年初的时点)。时间轴上的垂直线段代表现金流量,线段长度表示现金流量的大小,等比例示意。箭头表示现金流量的方向(流入或流出),同时,在图上注明每一笔现金流量的金额。

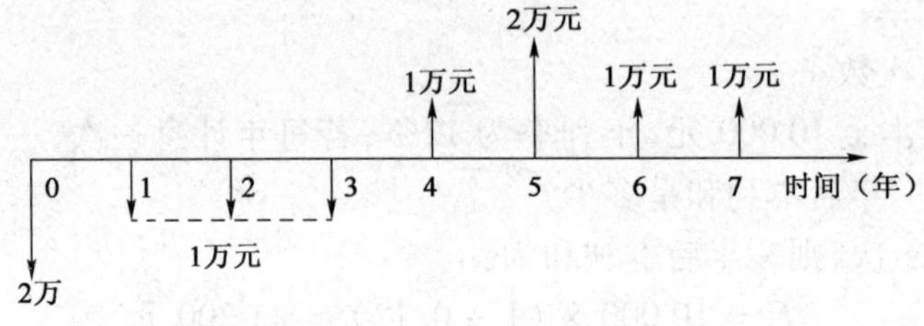

图 9-1　现金流量图

3. 时值

时值是指以某个时间为基准,运动着的资金所处的相对时间位置上的价值。常用的三个基本概念含义如下。

(1)现值(*P*,Present Value):指资金在某一基准起始点的金额,通常把将来某一时点的现金流量按照某一确定的利率(折现率)换算成某一基准起始点的现金流量的过程称为“折现”或“贴现”,折现后的资金金额便是现值。“现值”是一个相对概念,并非专指一笔资金“现在”的价值。如以第 t 个时点作为计算的基准起始点,则第 $t+k$ 个时点上发生的资金折现到第 t 个时点,所得的等值金额就是第 $t+k$ 个时点上资金金额的现值。在工程经济分析中,通常以投资首次发生的时间作为基准起始点。

(2)终值(F,Future Value):是相对于现值而言的。它发生在现值之后,即将来某一时点的金额。

(3)年值(A,Annual Value):又称年金,指等额、定期的系列收支款项。如分期偿还贷款、等额分期支付工程款等,都属于年金收付形式。在工程经济分析中,A 通常表现为从第 1 年年末至第 n 年年末连续发生的等额现金流序列。

二、常用资金等值换算公式

1. 一次支付类型

一次支付(或整付)是指项目的现金流入和现金流出仅发生一次的情况,如图 9-2 所示。一次支付的现值和终值也称为复利现值和复利终值。

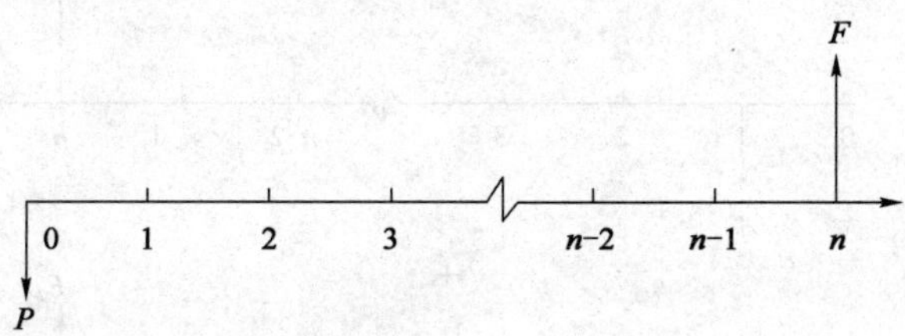

图 9-2 一次支付现金流量图

(1)一次支付终值

现有一项资金现值 P,年利率为 i,按复利计算,n 年以后的本利和 F 为多少?根据复利的定义即可求得第 n 年年末终值 F 的计算公式为:

$$F = P(1 + i)^{n} \tag{9-5}$$

其中,$(1 + i)^{n}$ 称为现值 P 与终值 F 的一次支付终值系数(Single-Payment Compound Amount Factor),又称为一次支付本利和系数。该系数通常记为$(F/P,i,n)$,斜线右下方表示已知因素,左上方表示未知待求因素。例如,$(F/P,6\%,8)$表示利率为 6% 时 8 期的复利终值系数。

(2)一次支付现值

一次支付现值是一次支付终值的对称概念,指未来一定时间的特定资金按复利计算的现在价值。从式(9-5)可以很容易求得一次支付现值公式为:

$$P = F(1 + i)^{-n} \tag{9-6}$$

其中,$(1 + i)^{-n}$ 称为一次支付现值系数(Single-Payment Present Worth Factor),通常记为$(P/F,i,n)$。

2. 等额支付类型

当项目的现金流入和流出在多个时点上发生时,称为多次支付。等额支付是多次支付形式中的一种,即现金流是连续发生的,且数额相等。

(1)等额支付终值

在工程经济分析中,经常遇到已知等额支付的年金,求与之等价的终值的情况。这种情况相当于银行开展的零存整取的储蓄业务。等额支付的现金流量图如图 9-3 所示,其中 A 为每次支付的资金。现在需要求连续等值支付 n 期后，在第 n 期末的终值 F。

图9-3所示的流量图可分解成如图9-4所示的现金流量图的叠加，图9-4中的每一部分即为一次性支付终值。

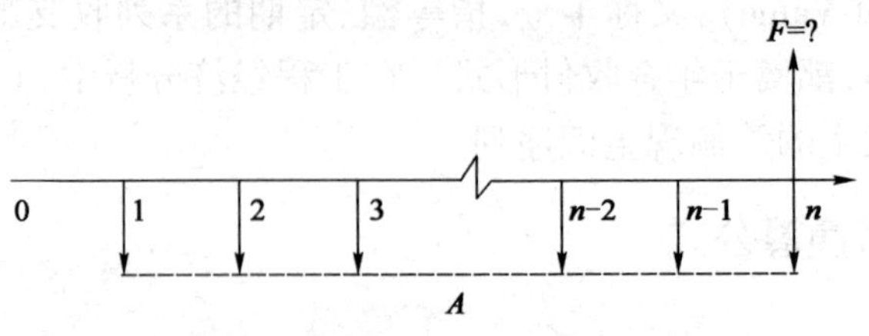

图9-3　等额支付终值现金流量图

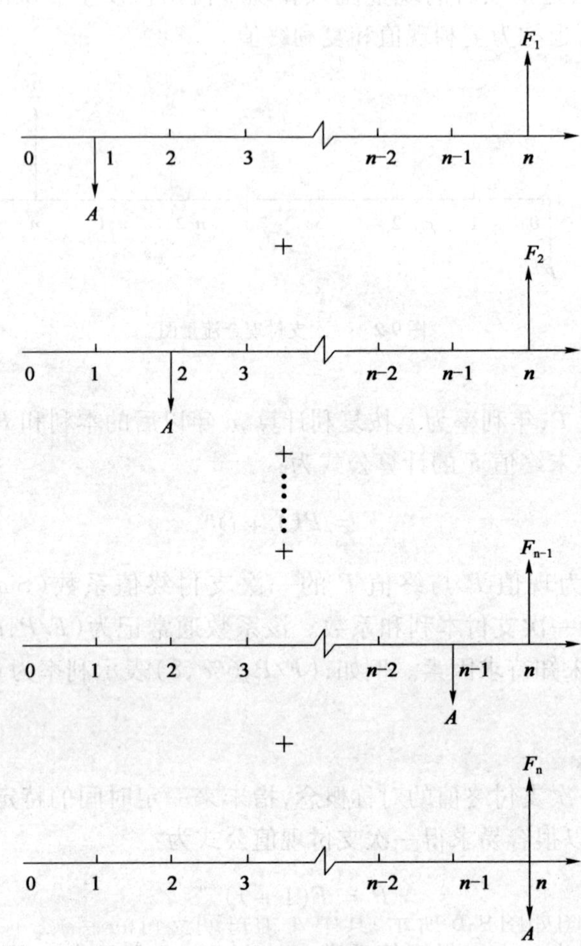

图9-4　流量分解图

从图9-4中可知：

$$F_1 = A(1+i)^{n-1}$$

$$F_2 = A(1+i)^{n-2}$$

……

$$F_{n-1} = A(1+i)$$

$$F_n = A$$

所以,叠加后的终值为:

$$
\begin{aligned}
F &= F_1 + F_2 + \cdots + F_{n-1} + F_n \\
&= A(1+i)^{n-1} + A(1+i)^{n-2} + \cdots + A(1+i) + A \\
&= A[1 + (1+i) + (1+i)^2 + \cdots + (1+i)^{n-1}]
\end{aligned} \tag{9-7}
$$

两边乘以$(1+i)$得:

$$F(1+i) = A[(1+i) + (1+i)^2 + \cdots + (1+i)^n] \tag{9-8}$$

式(9-8)减去式(9-7),得:

$$F(1+i) - F = A[(1+i)^n - 1]$$

即

$$F = A\frac{(1+i)^n - 1}{i} \tag{9-9}$$

其中,$\frac{(1+i)^n - 1}{i}$称为等额支付终值系数(Uniform Series Compound Amount Factor),可记为$(F/A,i,n)$。

[例 9-3] 某人每年在银行存入 1 万元,银行年利率为 5%,连续存 10 年,问第 10 年年末他能从银行提取多少钱?

解:

$$
\begin{aligned}
F &= A\frac{(1+i)^n - 1}{i} \\
&= 1 \times \frac{(1+0.05)^{10} - 1}{0.05} \\
&= 12.58\text{ 万元}
\end{aligned}
$$

(2)等额支付偿债基金

偿债基金是指为使年值终值达到既定金额每年年末应支付的年金金额。现金流量图如图 9-5 所示。其中 F 是已知的,A 是需要求解的未知值。例如,某人想在 n 年之后从银行得到 F 元资金,那么他每年应在银行存入多少元钱?

等额支付偿债基金问题是等额支付终值问题的逆运算。从式(9-9)可求得:

$$A = F\frac{i}{(1+i)^n - 1} \tag{9-10}$$

其中,$\frac{i}{(1+i)^n - 1}$称为等额支付偿债基金系数(Sinking Fund Factor),可记为$(A/F,i,n)$。

(3)等额支付现值

等额支付现金流量图如图 9-6 所示,其中 A 为每期支付的金额。问连续每年期末支付 n 期年金后,其支付总金额相当于多少现值?

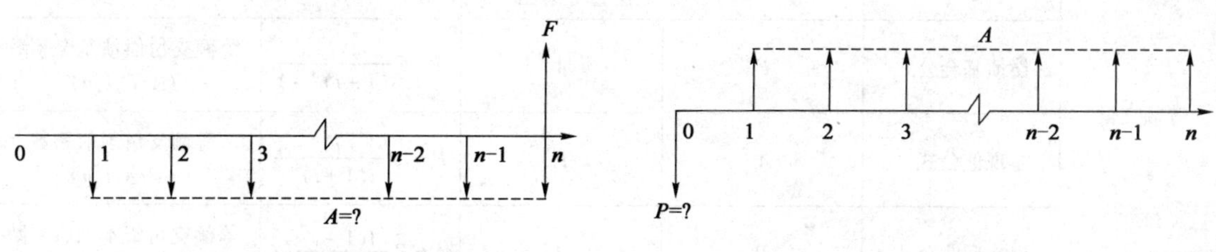

图 9-5 等额支付偿债基金现金流量图

图 9-6 等额支付现值现金流量图

与等额支付终值的分析方法一样，将图 9-6 分解后再叠加，可得等额支付现值的计算公式为：

$$P = A\frac{(1+i)^n - 1}{i(1+i)^n} \tag{9-11}$$

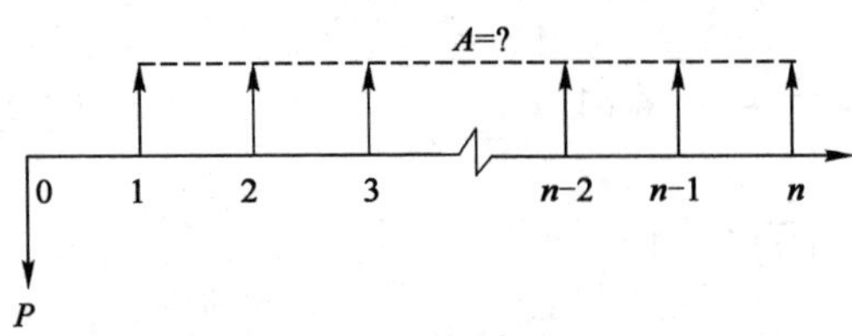

图 9-7　等额支付资本回收现金流量图

其中，$\frac{(1+i)^n - 1}{i(1+i)^n}$ 称为等额支付现值系数（Uniform-series Present-worth Factor），可记为（$P/A,i,n$）。

（4）等额支付资本回收

等额支付资本回收现金流量图如图 9-7 所示。其中 P 为已知，需要求解 A，则从式（9-11）可得：

$$A = P\frac{i(1+i)^n}{(1+i)^n - 1} \tag{9-12}$$

其中，$\frac{i(1+i)^n}{(1+i)^n - 1}$ 称为资本回收系数（Capital-recovery Factor），可记为（$A/P,i,n$）。

［例 9-4］　某工程项目投资金额为 1 500 万元，预期在 6 年内等额收回全部资金，若折现率为 10%，试问：每年至少应该回收多少资金？

解：这是一个等额支付资本回收问题，已知 $P = 1\ 500$ 万元，$n = 6$，$i = 10\%$，求 A。

将已知条件带入式（9-12），可得到：

$$A = P\frac{i(1+i)^n}{(1+i)^n - 1} = 1\ 500(A/P, 10\%, 6)$$

$$= 1\ 500 \times 0.229\ 6 = 344.4 \text{ 万元}$$

为便于理解前面诸公式的意义及相互间的联系与区别，将其汇总于表 9-1 中。此外，在工程经济分析中还会遇到等差和等比序列现金流的等值换算问题，本章不予详述，感兴趣的读者可查阅工程经济学方面的资料。

常用资金等值换算公式汇总表　　表 9-1

项目		已知	求解	公式	系数名称及符号
一次支付	终值公式	P	F	$F = P(1+i)^n$	一次支付终值系数 ($F/P,i,n$)
	现值公式	F	P	$P = F(1+i)^{-n}$	一次支付现值系数 ($P/F,i,n$)
等额支付	终值公式	A	F	$F = A\frac{(1+i)^n - 1}{i}$	等额支付终值系数 ($F/A,i,n$)
	偿债基金公式	F	A	$A = F\frac{i}{(1+i)^n - 1}$	等额支付偿债基金系数 ($A/F,i,n$)
	现值公式	A	P	$P = A\frac{(1+i)^n - 1}{i(1+i)^n}$	等额支付现值系数 ($P/A,i,n$)
	资本回收公式	P	A	$A = P\frac{i(1+i)^n}{(1+i)^n - 1}$	等额支付资本回收系数 ($A/P,i,n$)

第三节　工程项目经济评价指标

项目经济评价指标可以从投资回收时间、投资盈利能力、投资使用效率三个方面进行分类:①以时间为计量单位的时间型指标,用于评价项目的投资回收能力,如静态投资回收期、动态投资回收期等;②以货币为单位计量的价值型指标,用于评价项目的盈利能力,如净现值、净年值、费用现值、费用年值等;③反映资源利用效率的比率型指标,用于评价项目的投资回报率,如投资收益率、内部收益率、净现值率等。

基于是否考虑资金的时间价值,也可将上述指标分为静态评价指标和动态评价指标两类。静态评价指标主要包括:总投资收益率、资本金净利润率、静态投资回收期。动态评价指标包括:净现值、净现值率、净年值、内部收益率、动态回收期等。静态评价指标使用简便,但不够精确,一般作为辅助性指标,用于项目可行性研究阶段的粗略分析及方案的初步比选。

就项目经济评价指标的应用而言,一是用于项目单一方案经济效益的大小与好坏的衡量,以决定方案的取舍;二是用于多个项目的经济性优劣的比较,以决定项目的取舍。项目经济评价指标的选择,应根据项目具体情况、评价主要目标、指标的用途等问题来进行。本节对主要的动态经济评价指标进行简要介绍。

1. 净现值

净现值是将项目寿命期内各年的净现金流量,按某个给定的折现率,折算到计算期期初(即零点)的现值和,净现值的计算公式为:

$$NPV = \sum_{t=0}^{n}(CI - CO)_t(1 + i_c)^{-t} = \sum_{t=0}^{n}(CI - CO)_t(P/F, i_c, t) \quad (9\text{-}13)$$

式中:CI——现金流入量;

CO——现金流出量;

n——计算期期数;

i_c——基准收益率(基准折现率)。

用净现值指标评价单一方案的判别准则是:如果 $NPV \geqslant 0$,则该方案可行;反之,若 $NPV < 0$,则该方案不可行。用净现值指标评价多个方案时,比较各方案的净现值,以净现值最大且非负的为最优方案。

对于用净现值指标评价方案的准则,需要注意:$NPV = 0$ 表示投资在 n 年内按照基准收益率 i_c“连本带利”回收,也就是说,方案正好达到基准收益率水平;$NPV > 0$ 表示方案的实际收益率大于设定的基准收益率;$NPV < 0$ 表示方案达不到设定的基准收益率,但不一定表示方案亏损。

净现值是反映项目投资盈利能力的一个重要的动态评价指标,它广泛应用于项目经济评价中。其优点在于它不仅考虑了资金的时间价值,对项目进行动态分析,而且考查了项目在整个寿命期内的经济状况,并且直接以货币额表示项目投资的收益性大小,经济意义明确直观。计算净现值时,以下两点十分重要。

(1)净现金流量,即$(CI - CO)_t$的预计:净现金流量预测的准确性至关重要,直接影响项目净现值的大小与正负。

(2)折现率的选取:由净现值的计算公式[式(9-13)]可以看出,对于某一特定项目而言,净现金流量与期数是确定的,此时净现值仅与折现率有关。一般来说,折现率多选用行业(或部门)的基准收益率。

[例 9-5] 某路桥公司采用 BOT 模式投资一桥梁工程,工期两年,每年年初投入 5 000 万元。桥梁第 3 年年初投入运营,在 15 年收费期限内,每年的运营维护费用为 200 万元,每年征收车辆过桥费 2 000 万元,约定年末结账。收费期满时桥梁无偿移交。在行业基准收益率为 10% 的情况下,试用净现值法评价该项目的可行性。

解:根据题意,画出该项目的现金流量图,如图 9-8 所示。其中,以第 1 年年初即投资首次发生时点作为基准起始点;第 3 ~ 17 年每年 1 800 万元为项目收费期内每年的净现金流量。

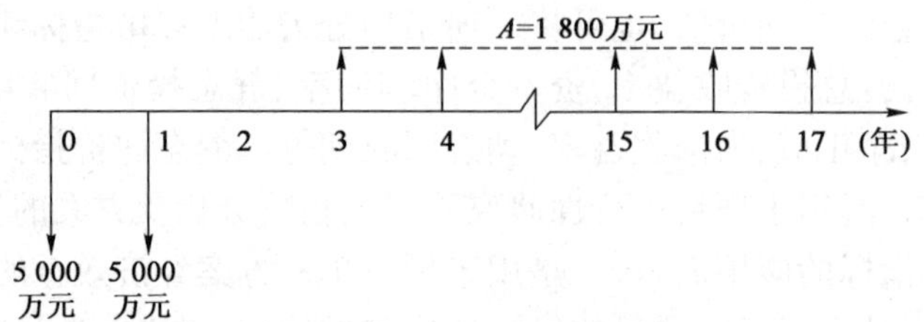

图 9-8　项目的净现金流量图

根据图 9-8 得到的项目净现值为:

$$NPV = -5\,000 - 5\,000(P/F,10\%,1) + 1\,800(P/A,10\%,15)(P/F,10\%,2)$$
$$= -5\,000 - 5\,000 \times 0.909\,1 + 1\,800 \times 7.606\,1 \times 0.826\,4$$
$$= 1\,769.7 \text{ 万元}$$

由于 $NPV \geqslant 0$,表明该项目在收费期内能得到超额收益,因此项目可以考虑接受。

2. 净年值

净年值也称净年金,它是把项目寿命期内的净现金流量按设定的折现率折算成与其等值的各年年末的等额净现金流量值。求一个项目的净年值,可以先求该项目的净现值,然后乘以资本回收系数进行等值变换求解,即

$$NAV = NPV(A/P,i_c,n)$$
$$= \sum_{t=0}^{n}(CI - CO)_t(P/F,i_c,t)(A/P,i_c,n) \tag{9-14}$$

用净现值 NPV 和净年值 NAV 对单个项目进行评价,结论是一致的,因为:当 $NPV \geqslant 0$ 时,$NAV \geqslant 0$;当 $NPV < 0$ 时,$NAV < 0$。

[例 9-6] 以例 9-5 的投资项目为例,用净年值法判定项目的可行性。

解:

$$NAV = NPV(A/P,10\%,17)$$
$$= 1\,769 \times 0.124\,7$$
$$= 220.59 \text{ 万元}$$

由于 $NAV \geqslant 0$,说明项目在寿命期内年均现金流入大于流出,因此项目可以考虑接受。

就一般项目的评价而言,要计算 NAV,一般先要计算 NPV。因此,在项目经济评价中,很少采用净年值指标。然而,对寿命期不相同的多个互斥方案进行选优时,净年值比净现值有独到的简便之处,可以直接据此进行比较,详见本章第四节。

3. 费用现值、费用年值

当对多个方案进行比选时,如果各方案的产出价值相同,或各方案能满足同样的需要但产

出效益难以用价值形态计量时,可以通过计算各方案的费用现值或费用年值来优选方案。其判别准则是:费用现值或费用年值最少的方案为最优方案。计算公式为:

$$PC = \sum_{t=0}^{n} CO_t(P/F,i_c,t) \tag{9-15}$$

$$AC = PC(A/P,i_c,n) = \sum_{t=0}^{n} CO_t(P/F,i_c,t)(A/P,i_c,n) \tag{9-16}$$

式中:PC——费用现值;

AC——费用年值。

费用现值和费用年值指标都适用于产出效益相同或能满足同样需要的多个互斥方案的比选,以费用最少者为优,但不能用于单一方案的可行性评价。费用现值是净现值的特例,费用年值是净年值的特例,从方案评价的结论来看,费用现值和费用年值是一对等效的评价指标。同样,因为不需要进行寿命期等同化,费用年值法比费用现值法更为方便。

[**例 9-7**] 某设计院在设计某一道路时,对路面设计提出了三个方案,路面的使用年限为 20 年。方案 A 铺筑刚性水泥路面,初始建筑费用为 2 000 万元,每年的养护费用为 50 万元。方案 B 铺筑沥青高级路面,初始建筑投资为 1 500 万元,每年的养护费用为 100 万元。方案 C 铺筑沥青次高级路面,初始建筑费用为 1 000 万元,第 10 年年末重铺路面,建筑费用为 1 000 万元,20 年中每年的养护费用为 100 万元。假设三个方案对于道路交通流量的大小无影响,不考虑方案 C 中第 10 年年末重铺路面时对交通流量的影响,则在收费标准相同的前提下,三个方案收益相同。三个方案的现金流量图如图 9-9 所示。资金年利率为 10%,试确定最经济的路面设计方案。

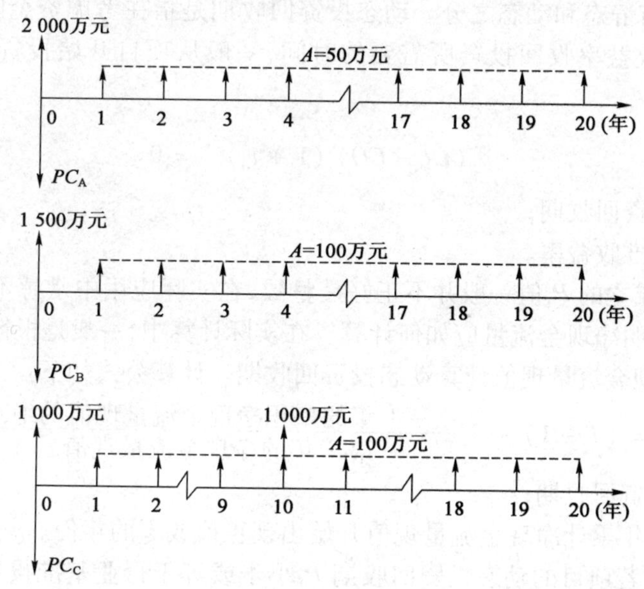

图 9-9 三方案现金流量图

解:三个方案费用均由建筑费用 P_1、养护费用 P_2 构成,分别计算各方案的费用年值。

(1)方案 A:

$$\begin{aligned} PC_A &= P_1 + P_2 \\ &= 2\,000 + 50(P/A,10\%,20) \\ &= 2\,000 + 50 \times \frac{(1+0.10)^{20}-1}{0.10(1+0.10)^{20}} \end{aligned}$$

$$=2\,000+50\times 8.513\,6$$
$$=2\,425.68\text{ 万元}$$

（2）方案 B：

$$PC_B=P_1+P_2$$
$$=1\,500+100(P/A,10\%,20)$$
$$=1\,500+100\times\frac{(1+0.10)^{20}-1}{0.10(1+0.10)^{20}}$$
$$=1\,500+1\,000\times 8.513\,6$$
$$=2\,351.36\text{ 万元}$$

（3）方案 C：

$$PC_C=P_1+P_2$$
$$=1\,000+1\,000(P/F,10\%,10)+100(P/A,10\%,20)$$
$$=1\,000+1\,000(1+0.1)^{-10}+100\times\frac{(1+0.10)^{20}-1}{0.10(1+0.10)^{20}}$$
$$=1\,000+385.54+851.36$$
$$=2\,236.90\text{ 万元}$$

由于 $PC_C<PC_B<PC_A$，故方案 C 为最优方案。

4. 动态投资回收期

投资回收期是指以项目的净收益抵偿全部投资所需要的时间，一般从项目开始投资之年算起。投资回收期有静态和动态之分。动态投资回收期是指在考虑资金时间价值的条件下，按设定的行业基准收益率收回投资所需要的时间，一般从项目开始投资之年算起。计算公式为：

$$\sum_{t=0}^{P_t}(CI-CO)_t(1+i_c)^{-t}=0 \tag{9-17}$$

式中：P_t——动态投资回收期；

i_c——行业基准收益率。

由于式(9-17)成立的 P_t 值一般并不正好是整数，在实际应用中常感不便。对于非整数的 P_t 值，式(9-17)未指明净现金流量应如何计算。在实际计算中，一般是根据投资项目财务现金流量表中的累积净现金流量现值计算动态投资回收期。计算公式如下：

$$P_t=(T-1)+\frac{\text{第 }T-1\text{ 年的累积净现金流量现值的绝对值}}{\text{第 }T\text{ 年的净现金流量现值}} \tag{9-18}$$

式中：P_t——动态投资回收期；

T——项目各年累计净现金流量现值开始出现正值或零的年份。

在项目评价中，若项目的动态投资回收期 P_t 小于或等于行业基准投资回收期 P_c，则项目可以考虑接受，否则应予以拒绝。

[例 9-8] 以例 9-5 的投资项目为例，设预期收益率为 10%，行业基本投资回收期为 15 年，试用动态投资回收期指标分析该项目的可行性。

解：计算各年净现金流量现值和隔年累积净现金流量现值。以 $n=3$ 年为例：

$$NPV_3=(CI-CO)_{t=3}(P/F,i,n)$$
$$=1\,800\times 0.751\,3$$
$$=1\,352.4\text{ 万元}$$

$$
\begin{aligned}
NPV_{0\sim4} &= \sum_{t=0}^{4}(CI-CO)_{t=3}(P/F,i,n)\\
&= -5\,000+(-5\,000)(P/F,10\%,1)+1\,800(P/F,10\%,3)\\
&= -5\,000-4\,545.5+1\,352.4\\
&= -8\,193.1 \text{ 万元}
\end{aligned}
$$

同理可得各年净现金流量现值和隔年累积净现金流量现值，见表9-2。

累积净现金流量的现值表（万元）　　表9-2

年份	0	1	2	3	4	5	6	7	8
净现金流量	-5 000	-5 000	—	1 800	1 800	1 800	1 800	1 800	1 800
折现率 $i=10\%$	1	0.909 1	—	0.751 3	0.683 0	0.620 9	0.564 5	0.513 2	0.466 5
NPV_n	-5 000	-4 545.5	—	1 352.4	1 229.4	1 117.7	1 016.1	923.7	839.7
$NPV_{0\sim n}$	-5 000	-9 545.5	—	-8 193.1	-6 963.7	-5846.1	-4 830.0	-3 906.3	-3 066.6
年份	9	10	11	12	13	14	15	16	17
净现金流量	-5 000	-5 000	1 800	1 800	1 800	1 800	1 800	1 800	1 800
折现率 $i=10\%$	0.424 1	0.385 5	0.350 5	0.318 6	0.289 7	0.263 3	0.239 4	0.217 6	0.197 8
NPV_n	763.4	694.0	630.9	573.5	521.4	474.0	430.9	391.7	356.1
$NPV_{0\sim n}$	-2 303.2	-1 609.2	-978.4	-404.8	116.6	590.6	1 021.5	1 413.2	1 769.3

各年累积净现金流量现值首次出现正值的年份为 $T=13$ 年，该年对应的净现金流量现值为521.4万元，$T-1=12$ 年对应的累积净现金流量现值绝对值为404.8万元。代入式(9-18)得动态投资回收期：

$$
\begin{aligned}
P_t &= (13-1)+\frac{404.8}{521.4}\\
&= 12.78 \text{ 年}
\end{aligned}
$$

5. *净现值率*

由于净现值指标在进行多方案比较时，未考虑各方案投资额的大小，不能反映资金的利用效率，因此通常用净现值率 *NPVR* 指标作为净现值的辅助性指标。净现值率是按基准收益率求得方案计算期内的净现值与其全部投资现值的比率。计算公式为：

$$
NPVR=\frac{NPV}{K_P}=\frac{\sum_{t=0}^{n}(CI-CO)_t(P/F,i_c,t)}{\sum_{t=0}^{n}K_t(P/F,i_c,t)} \tag{9-19}
$$

式中：*NPVR*——净现值率；

K_P——项目总投资现值。

净现值率的经济含义是单位投资现值所能产生的净现值。用净现值率进行项目评价时，$NPVR \geq 0$ 则方案可行；$NPVR<0$ 则方案不可行。进行多方案比较时，以净现值率较大的方案为优，该指标主要适用于多方案的优劣排序。

用净现值指标和净现值率指标评价单方案时所得出的结论是一致的；在多个方案比较和项目排队时，这两个指标的评价结果有时会出现相互矛盾的情况。此外，*NPVR* 指标对投资额不等的备选方案进行优选时，有时会导致片面性的结论；一般只有对投资额相近的方案进行优选时，才使用 *NPVR* 作为辅助性指标。

6. 内部收益率

内部收益率,又称内含报酬率,是指项目寿命期内净现值(或净年值)为零时的收益率,它所反映的是项目实际的投资报酬率。内部收益率是由项目的现金流量特征所决定的,它综合反映了项目寿命期内的全部情况。我国进行项目经济评价时往往把内部收益率作为最主要的指标之一。

内部收益率所满足的方程为:

$$\sum_{t=0}^{n}(CI-CO)_t(1+IRR)^{-t}=0 \tag{9-20}$$

式中: IRR——内部收益率;

$(CI-CO)_t$——第 t 年的净现金流量。

应用 IRR 对单独一个项目进行经济评价时,判别准则为(设行业基准收益率为 i_c):若 $IRR\geqslant i_c$,则认为项目在经济上可以接受;若 $IRR<i_c$,则项目在经济上应予以拒绝。

在求解 IRR 时,通常采用试算并结合线性插值法求其近似解。计算步骤如下:

(1)画出方案的现金流量图(或现金流量表),列出净现值的计算公式。

(2)选择一个适当的收益率代入净现值的计算公式,试算出净现值。如果 $NPV>0$,说明试算出的收益率偏低,应提高;如果 $NPV<0$,说明试算出的收益率偏高,应降低。

(3)在多个 i 值中,找到两个折现率 i_1、i_2,它们对应的净现值符号相异,即 $NPV_1>0$,$NPV_2<0$,并且 (i_2-i_1) 不超过0.05时,将计算出的 i_1、NPV_1、i_2、NPV_2 代入式(9-21),即可求出内部收益率。

$$IRR=i_1+\frac{NPV_1}{NPV_1+|NPV_2|}(i_2-i_1) \tag{9-21}$$

[例 9-9] 某道路公司准备投资新建一条公路,工期8年,建设费分三次投资,初始投资10 000万元,第2年年末(即第3年年初)投资8 000万元,第4年年末投资5 000万元。高速公路建成后,该公司出卖路权,可获得收益50 000万元。若行业基准收益率为10%,试用投资内部收益率分析该项目的可行性。

解:根据题目给出的信息,该项目的现金流量如图9-10所示。

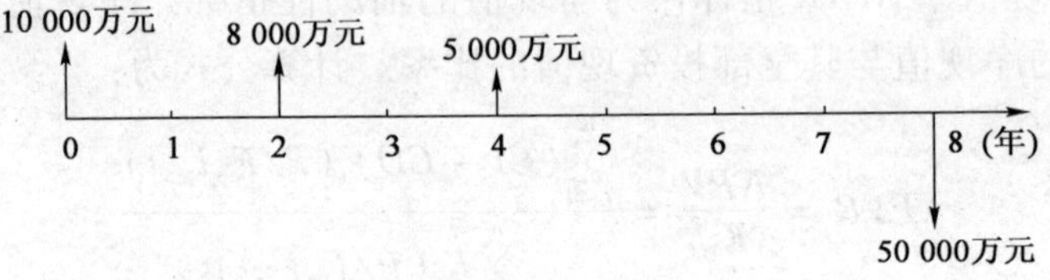

图 9-10 项目现金流量图

该项目的净现值是 i 的函数,即

$$\begin{aligned}NPV&=-10\,000-8\,000(P/F,i,2)-5\,000\,(P/F,i,4)+50\,000(P/F,i,8)\\&=50\,000\times(1+i)^{-8}-10\,000-8\,000\times(1+i)^{-2}-5\,000\times(1+i)^{-4}\end{aligned}$$

取不同的 i 代入试算,使 NPV 趋向于0。若 $NPV<0$,说明收入现值小于支出现值,i 取值偏大。若 $NPV>0$,说明收入现值大于支出现值,i 取值偏小。

(1)初步试算。

令 $i=10\%$,得 $NPV=3\,299$。NPV 为正值,说明 i 取值应大于10%。

令 $i=20\%$,得 $NPV=-6\,338$。NPV 为负值,说明 i 取值应小于 20%。

由此可知,$10\%<i<20\%$。

(2)进一步试算。因 i 取值不满足精度要求,为加快收敛速度,采用中分插值法进一步试算。

令 $i=\frac{1}{2}(10\%+20\%)=15\%$,得 $NPV=-2\,563$。NPV 为负值,表明 i 应小于 20%。

令 $i=\frac{1}{2}(10\%+15\%)=12.5\%$,得 $NPV=45$。NPV 为正值,表明 i 应大于 12.5%。

由此可知,$12.5\%<i<15\%$。

(3)计算 IRR。上述两个试算 i 值,对应的 NPV 值互为异号,且两个试算 i 值之差为 0.025,符合要求。故取 $i_1=12.5\%$,$NPV_1=45$,$i_2=15\%$,$NPV_2=-2\,563$,将其代入式(9-21),计算得到内部收益率:

$$
\begin{aligned}
IRR &= i_1+\frac{NPV_1}{NPV_1+|NPV_2|}(i_2-i_1)\\
&=12.5\%+\frac{45}{45+|-2\,563|}(15\%-12.5\%)\\
&=12.54\%
\end{aligned}
$$

因 $IRR=12.54\%>i_c=10\%$,该项目可以考虑接受。用线性插值法求 IRR 只能得到近似解,其近似程度依赖于 i_2-i_1。为控制误差,当 $i_2-i_1<5\%$ 时,试算可结束,否则继续迭代,直到满足要求。

就内部收益率的应用而言,它适用于独立方案的经济评价和可行性判断,考虑到投资额及项目周期可能不等,不能直接用于互斥方案之间的比选。此外,内部收益率不适用于只有现金流入或现金流出的项目。

第四节　项目经济比选方法

由于不同方案的投资、收益、费用及方案的寿命期不尽相同,在单方案分析中所适用的结论不能照搬于多方案的优选过程中。多方案的优选不仅要考虑某一方案的经济可行性,还要考虑如何从可行的方案群中选出最优方案。因此,需要有适用的多方案评价方法。本节对项目备选方案之间的关系进行分类,在此基础上对不同类型方案所采用的典型的评价和优选方法进行介绍。

一、项目方案分类

多方案的动态评价方法与参加比较的项目方案类型(方案之间的关系)有关。考虑方案之间的相互关系,可将它们分为三种类型。

(1)独立型:各方案的现金流是独立的,且任一方案的采用与否都不影响其他方案的决策。项目方案可以共存,而且投资、经营成本与收益具有可加性。单一方案的决策可认为是独立方案的特例。

(2)互斥型:互斥型方案的特点是项目之间具有互不相容性(相互排斥性)。在互不相容的项目中,能够任选一个并且只能选择一个项目;一旦选中任意一个项目,其他项目必须放弃。

(3)混合型:指在方案群中的各个方案之间既有独立关系,又有互斥关系。

不同类型方案的评价指标和方法虽然不同,但项目经济评价的宗旨只有一个:最有效地分配有限的资金,以获得最好的经济效益。独立型和互斥型方案是项目经济分析中最普遍、最基础的类型,本节予以针对性地介绍。

二、独立项目的比选

根据方案选择时是否存在资金预算总额的限制,独立方案的选择可分为无资金约束和有资金约束两种情况。在对独立方案进行评价时,首先进行绝对经济效果的检验,然后对于满足绝对经济效果的方案结合资金约束情况进行优选。

1. 无资金约束的独立方案的选择

在无资金约束的情况下,多个独立方案的评价方法与单一方案的相同,即只需检验方案本身的经济性,看它能否通过净现值、净年值或内部收益率等指标的评价标准即可。

用经济效果评价标准(如 $NPV \geqslant 0$, $NAV \geqslant 0$, $IRR \geqslant i$)检验方案自身的经济性,称为"绝对经济效果检验"。凡是方案通过了自身的"绝对经济效果检验",即认为它们在经济效果上是可以接受的,否则应予以拒绝。

2. 有资金约束的独立方案的选择

对于有资金约束的独立方案选择,如果资金预算总额受到限制,即使有些方案通过了绝对经济效果检验,也必须放弃。有资金约束条件独立方案的评价和选择标准是:在保证不超过预算总额的前提下,取得最好的经济效果。对于这类问题,有两种常用解法,即净现值率排序法和互斥方案组合法。

(1)独立方案互斥法

尽管独立方案本身互不相关,但在有资金约束的条件下,它们会成为相关方案,某一方案的选取与否,可能影响其他方案的取舍。独立方案互斥法的基本思想,就是把各独立方案进行组合,其中每一个组合方案代表一个互相排斥的方案,这样就可以利用互斥方案的优选方法,选择最佳的方案组合。此方法可保证得到已知条件下的相对最优组合方案。

采用独立方案互斥法选择最优组合方案的基本步骤如下:

①列出全部互斥的组合方案。如果有 m 个独立方案,对于每个方案而言,均有两种可能:被选择或被拒绝,则 m 个独立方案可构成 2^m 个互斥方案。去除各方案全部被拒绝的组合,则有效组合方案数为 $n = 2^m - 1$。

②计算各组合方案的投资及净现值。

③舍去不满足资金约束的方案组合。在保留下来的方案组合中,采用净现值或差额内部收益率等方法选择最佳方案组合。

独立方案互斥法比较适用于方案数目较少的情况。若方案数目较多,其方案组合数目将大大增加,该方法显得过于烦琐,但借助计算机可以解决大量的计算工作。

[例 9-10] 某公司现有三个独立投资方案 A、B、C,期初投资及年收益见表 9-3,其基准收益率为 12%,各方案的净现值也列于该表中。现企业可用于投资的金额为 300 万元,应怎样选取方案?

方案的投资、年净收益和净现值　　表 9-3

方　案	投资(万元)	年净收益(万元)	寿命(年)	净现值(万元)
A	100	25	8	24.19
B	200	46	8	28.51
C	150	38	8	38.77

解:共有三个独立方案,则互斥组合方案为 7 个。各组合的投资、年净收益及净现值见表 9-4。

组合方案投资、年收益及净现值　　表 9-4

组合号	方案组合状态			投资总额(万元)	年净收益(万元)	净现值(万元)
	A	B	C			
1	1	0	0	100	25	24.19
2	0	1	0	200	46	28.51
3	0	0	1	150	38	38.77
4	1	1	0	300	71	52.70
5	1	0	1	250	63	62.96(最优方案)
6	0	1	1	350	84	67.28(舍去)
7	1	1	1	450	109	91.47(舍去)

方案组合 6、7 的投资总额超出限额,所以不予考虑。由于第 5 个方案组合的净现值最大,故最优方案组合为 A 与 C。

(2)净现值率排序法

净现值率排序法是将净现值率大于或等于零的方案按净现值率由大到小排序,然后按排序优选方案,直至所选取方案的投资总额最大限度地接近或等于投资限额位置。这一方法的目标是在一定的投资限额的约束下,使所选项目方案的投资效率最高。

[**例 9-11**]　资金预算限额是 60 万元,现有 8 个产品投资方案,各方案的净现值和投资额如表 9-5 所示。按净现值率排序法作出方案选择。

用净现值率排序法选择最优组合方案　　表 9-5

方　案	投资额(万元)	净现值(万元)	净现值率	按 *NPVR* 排序
A	20	12	0.6	①
B	12	5.4	0.45	②
C	4	0.5	0.13	⑧
D	9	2.25	0.25	④
E	13	2.86	0.22	⑤
F	36	6.48	0.18	⑥
G	3	0.42	0.14	⑦
H	15	5.7	0.38	③

解:计算各方案的净现值率。根据各方案的净现值率由大到小进行排序,结果见表 9-5 最后一列。

按照净现值率由大到小的顺序优选方案。满足资金限额的方案组合有 A、B、H、D、C,所用资金总额为 60 万元,净现值总额为 25.85 万元。另外,如果用方案 E 代替组合方案中的方案 D 和方案 C，所用资金总额仍为 60 万元，但净现值总额则增加为 25.96 万元。因此，方案组合 A、B、H、E 优于方案组合 A、B、H、D、C，最终选取的最优方案组合为 A、B、H、E。

三、互斥型方案的比选

对独立方案进行评价时，只需对每个方案考查其是否通过绝对经济效果检验，而对互斥方案进行经济效果评价却要经过两个步骤：一是考查各个方案自身的绝对经济效果，即进行绝对经济效果评价；二是考查互斥方案中，哪个方案相对较优，称为相对经济效果检验。一般先以绝对经济效果方法筛选方案，然后以相对经济效果方法优选方案。

相对经济效果检验方法的步骤如下：

(1)按项目方案投资额由小到大的顺序排序。

(2)以投资额最低的方案为临时最低方案，计算此方案的绝对经济效果指标，并与判别标准比较，直至成立。

(3)依次计算各方案的相对经济效益，并与判别标准比较，优胜劣汰，最终取胜者为最优方案。

进行多个互斥方案的比较和优选时，参加比较的方案之间首先必须满足可比性，如计算期的可比性、收益与费用的计算范围的可比性、方案风险水平的可比性等。在多个互斥方案的比较中，一般情况下可以利用投资回收期、投资收益率、净现值、内部收益率等方法作出正确的决策。然而当投资项目之间的投资总额或寿命期不相等时，直接利用上述指标就可能导致错误的决策，本节另行介绍几种常用方法。

1. 不同寿命期互斥方案的优选

对寿命期不同的互斥方案进行评价优选时，首先必须将各互斥方案的分析期(或计算期)进行转化，使之满足时间上的可比性，然后利用年值法或现值法进行比较，最后选出最优方案。

(1)寿命期最小公倍数法

当项目经济评价指标采用净现值时，各方案的比较必须在相同的使用期内进行；若各方案的使用期不同，则求出各方案使用期的最小公倍数，把各方案的使用期延长几倍，使各方案的使用期相等，并假设在延长的使用期中，各方案按原来的使用期重复投资，然后按使用期相同的方案比较法，计算现值并进行比较。

[例 9-12] 某设计院设计一公路桥梁，现有两种方案。方案 A 为建一钢桁架桥，投资 800 万元，设计年限(使用年限)为 40 年，40 年后的残余价值为 200 万元。方案 B 为建一石拱桥，投资 600 万元，设计年限为 20 年，残余价值不计。设年利为 10%，试比较两方案。

解：两个方案的使用期限不同，为了使两者相同，假设方案 B 在第 20 年重建一石拱桥，投资仍然是 600 万元。两方案的现金流程图如图 9-11 所示。

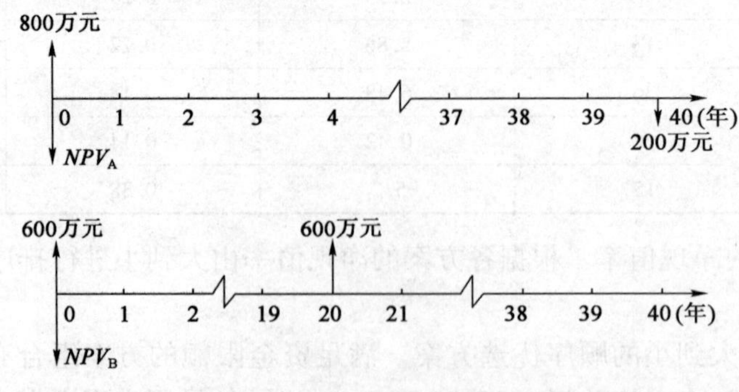

图 9-11 方案 A、方案 B 现金流量图

方案 A 的现值为:

$$NPV_A = 800 - 200(P/F,10\%,40)$$
$$= 800 - 200 \times (1 + 0.10)^{-40}$$
$$= 795.58 \text{ 万元}$$

方案 B 的现值为:

$$NPV_B = 600 + 600(P/F,10\%,20)$$
$$= 600 + 600 \times (1 + 0.10)^{-20}$$
$$= 689.19 \text{ 万元}$$

方案 B 的现值小于方案 A 的现值,故方案 B 较合理。

对于寿命期比较接近,但最小公倍数比较大的互斥方案,一般选取最短的方案的寿命期作为共同分析期。例如有三个方案,方案 A 的寿命期为 7 年,方案 B 的寿命期为 8 年,方案 C 的寿命期为 9 年,如果用最小公倍数,应选择 504 年作为公共分析期。显然,这样处理使得计算变得相当复杂。因此,可选择寿命期最短的 7 年作为共同分析期,对于其他两个方案,应在分析期结束时对资产余值进行评估,并在分析期结束时回收资产余值。

(2)净年值法

净年值法是指根据所有投资方案的年均净现值大小来选择最优方案的决策方法,尤其适用于项目寿命期不同的多方案比较决策。

净年值法的判别准则为:净年值大于或等于零且净年值最大的方案为相对最优方案。用净年值法进行计算期不等的互斥方案比选,实际上隐含着这样一种假定:各备选方案在其寿命结束后均可按原方案重复实施或以与原方案经济效益水平相同的方案持续。因为一个方案无论重复实施多少次,其净年值是不变的,所以净年值法实际上假定了各方案可以无限多次重复实施。在这一假定前提下,净年值法以"年"为时间单位比较各方案的经济效果,从而使计算期不等的互斥方案具有可比性。

[**例 9-13**]用年值法比较例 9-12 中的两方案。

解:需要注意的是,本题中的 NPV_A、NPV_B 为单周期的净现值。

$$NAV_A = NPV_A(A/P,10\%,40)$$
$$= NPV_A \frac{i(1+i)^n}{(1+i)^n - 1}$$
$$= 795.58 \times \frac{0.10 \times (1+0.10)^{40}}{(1+0.10)^{40} - 1}$$
$$= 81.4 \text{ 万元}$$

$$NAV_B = NPV_B(A/P,10\%,20)$$
$$= NPV_B \frac{i(1+i)^n}{(1+i)^n - 1}$$
$$= 600 \times \frac{0.10 \times (1+0.10)^{20}}{(1+0.10)^{20} - 1}$$
$$= 70.5 \text{ 万元}$$

比较可得,由于 $NAV_A > NAV_B > 0$,故方案 B 较合理,这个结论与现值比较法是一致的。

2. 差额内部收益率

先看一个互斥方案的例子。

［例 9-14］ 某公司现在有两个互斥投资项目：方案 A 和方案 B。各年净现金流量如表 9-6所示。若项目基准收益率 $i_c = 10\%$，试对方案进行优选分析。

方案 A 和方案 B 现金净流量 表 9-6

年 份	0(万元)	1～10(万元)	*NPV*(万元)	*IRR*
方案 A	−2 300	650	1 693.6	25.34%
方案 B	−1 500	500	1 572.5	31.22%

解：求出两方案的净现值 *NPV* 和内部收益率 *IRR* 指标，分别列于表 9-6 的第 4 列和第 5 列。

两方案的净现值为：

$$NPV_A = -2\,300 + 650(P/A,\ 10\%,\ 10) = 1\,693.6\ \text{万元}$$
$$NPV_B = -1\,500 + 500(P/A,\ 10\%,\ 10) = 1\,572.5\ \text{万元}$$

两方案的内部收益率可由下式求出：

$$-2\,300 + 650(P/A, IRR_A, 10) = 0$$
$$-1\,500 + 500(P/A, IRR_B, 10) = 0$$

用线性插值法求得方案 A、B 的内部收益率分别为：

$$IRR_A = 25.34\%, IRR_B = 31.22\%$$

由于 NPV_A、NPV_B均大于 0，IRR_A、IRR_B均大于 i_c，因此，两方案均可通过绝对经济效果检验。就两方案的优选而言，从总体盈利水平(*NPV*)来看，方案 A 优于方案 B；从资金利用效率(内部收益率)来看，方案 B 优于方案 A。在这种情况下，如何决策？从投资者角度可这样考虑：假定他从方案 B 转而采用方案 A，他将需要增加的 800 万元投资与所增加的收益 150 万元比较，如果能达到或高于基准收益率，就说明增加的投资是合算的，应采用方案 A；反之，若达不到基准收益率，说明增加的这部分投资是不合算的，不如把这笔资金用于其他投资项目。

上述分析思路称为增量分析法，是指在多个互斥方案中，通过比较一个方案相对于另一个方案的差额成本与获得的差额收益，进行投资决策。净现值、净年值、投资回收期、内部收益率等评价指标都可用于增量分析。本节以差额内部收益率为例介绍其应用。

差额内部收益率，是使相互比较的两方案的净现值相等时的折现率。它是在比较计算出不同方案的差量现金流量的基础上，再计算出差额内部收益率，并据以判断方案优劣的方法。差额内部收益率计算公式为：

$$NPV_A - NPV_B = 0 \tag{9-22}$$

即

$$\sum_{t=0}^{n}(\Delta CI - \Delta CO)_t(1 + \Delta IRR)^{-t} = 0 \tag{9-23}$$

式中：ΔCI——互斥方案 A、B 的差额现金流入，$\Delta CI = CI_A - CI_B$；

ΔCO——互斥方案 A、B 的差额现金流出，$\Delta CO = CO_A - CO_B$；

ΔIRR——差额内部收益率。

判别准则：如果 $\Delta IRR > i_c$（基准收益率），则投资(现值)大的方案为优；如果 $\Delta IRR < i_c$，则投资(现值)小的方案为优。

［例 9-15］ 以例 9-14 为例，用差额内部收益率法进行方案优选。

解：根据 $NPV_{A-B} = NPV_A - NPV_B = 0$，得：

$$NPV_{A-B} = -800 + 150(P/A, i, 10) = 0$$

取 $i_1=10\%$，

$$NPV_{A-B}(i_1)=121.685$$

取 $i_2=15\%$，

$$NPV_{A-B}(i_2)=-47.185$$

根据线性插值公式得：

$$\Delta IRR=i_1+\frac{NPV_{A-B}(i_1)}{NPV_{A-B}(i_1)+|NPV_{A-B}(i_2)|}(i_2-i_1)$$

$$=10\%+\frac{121.685}{121.685+47.185}(15\%-10\%)$$

$$=13.6\%$$

因此，投资额多的方案 A 为较优的方案。

ΔIRR 指标只能反映增量现金流的经济性（相对经济效果），不能反映各方案自身的经济效果（即绝对经济效果），故只能用于方案间的比较。

用差额内部收益率评价两个以上互斥方案的步骤如下：

(1)计算每个方案的内部收益率（或 NPV、NAV），淘汰不能通过绝对经济效果检验的方案。

(2)按投资额由小到大顺序排列所有通过绝对经济效果检验的方案。计算最前面两个方案的 ΔIRR，若 $\Delta IRR>i_c$，保留投资大的方案；若 $\Delta IRR<i_c$，保留投资小的方案。

(3)将步骤(2)保留的方案与下一个方案进行比较，计算两方案的差额内部收益率，根据以上判据进行方案取舍。以此类推，检验所有可行方案，找出最优方案。

总体而言，在对互斥方案进行优选时，净现值最大准则（净年值最大准则、费用现值和费用年值最小准则）始终是正确的判别准则。差额内部收益率与净现值的优选结果是一致的，但直接用内部收益率指标进行比较则不能保证优选结果的正确性。

习　题

1. 思考下列问题。

(1)什么是资金的时间价值？为什么说资金具有时间价值？

(2)资金等值的含义是什么？在工程经济分析中，为何要进行资金等值换算？

(3)什么是现金流量？现金流量的三要素是什么？

(4)净现值、净年值、内部收益率的经济含义是什么？其判别标准是什么？

(5)工程项目经济评价指标分成几类？各有什么特点？

2. 试用复利公式计算下列问题。

(1)某单位现有资金 10 万元，拟用于工程投资，10 年后收回本利。投资回收率（年利率）为 10%，求第 10 年年末的终值。（参考答案：25.94 万元）

(2)某人计划在 5 年后买车，预算 20 万元，假如年利率为 3%，按年计息，那么他现在应该在银行存入多少钱？（参考答案：17.25 万元）

(3)李先生从税后的薪金收入中每年拿出 5 万元存入银行，假如银行存款的年利率为 4%，按年计息，那么在第 5 年年末李先生共有多少资金可供使用？（参考答案：30.53 万元）

(4)某公司设立一投资基金,连续在每年年末投入一笔等额资金,若希望5年后可积累基金总额10万元,加上投资收益率为6%,则每年至少需要投入多少资金?(参考答案:1.744万元)

(5)某人拟从今后4年内每年年末从银行提取现金5 000元,银行利率为3%,那么他现在必须存入银行多少钱?(参考答案:18 585元)

(6)某工程项目投资金额为1 500万元,投资方希望在6年内等额收回全部资金,若折现率为10%,试问每年应该至少回收多少?(参考答案:344.4万元)

3. 某道路交叉口改建有三个方案:方案A修建环交、方案B修建立交、方案C安装信号灯。各方案的指标如表1所示,使用期为20年。年利率为10%,试用现值法及年值法确定最合理的方案。

表1

方　案	建筑费用（万元）	养护费用（万元/年）	交通延误损失费（万元/年）	残值（万元）
方案A修建环交	100	1	10	3
方案B修建立交	800	1	5	10
方案C安装信号灯	20	2	15	0.5

(参考答案:

①费用现值:$PC_A = 193.20$万元、$PC_B = 849.57$万元、$PC_C = 164.60$万元

②费用年值:$AC_A = 22.69$万元、$AC_B = 99.79$万元、$AC_C = 19.33$万元

方案C的现值、年值均最小,故方案C较合理)

4. 某市区横穿街道的行人交通设施拟采用两个方案:方案A修建人行天桥,建筑费用50万元,设计年限10年;方案B修建人行地道,建筑费用80万元,设计年限为15年。年利率为10%,不计残值及养护费,试用现值法及年值法比较两方案。

(参考答案:

①现值法:两方案寿命期最小公倍数为30年,$PC_A = 76.7$万元、$PC_B = 99.2$万元

②年值法:$AC_A = 8.1$万元、$AC_B = 10.5$万元

方案A费用现值、费用年值均小于方案B,故方案A优于方案B)

5. 有一个工程项目,初始投资为100万元,年经营费用为15万元,每年可以获得约30万元的收益,寿命期为15年,残值为0。在期望收益率为12%的条件下,采用内部收益率法分析该项投资的可行性。(参考答案:$IRR = 15.02\% > 12\%$,可以投资)

6. 现有两种型号的设备,均可满足企业的生产需要,设备价格及使用期末的数据如表2所示。假定基准收益率为8%,试用差额内部收益率来比较方案的优劣。

表2

方　案	价格（元）	残值（元）	使用期（年）
设备A	7 000	1 500	12
设备B	5 000	1 000	6

(参考答案:$\Delta IRR = 13.51\% > 8\%$,设备A为较好的方案)

参考文献

[1]《运筹学》教材编写组. 运筹学[M]. 3 版. 北京:清华大学出版社,2005.

[2] 冯树民. 交通系统工程[M]. 北京:知识产权出版社,2009.

[3] 王炜. 道路交通工程系统分析方法[M]. 北京:人民交通出版社,2004.

[4] 周雪梅,杨晓光. 基于 ITS 的公共交通换乘等待时间最短调度问题研究[J]. 中国公路学报,2004,17(2):82-84.

[5] 王炜. 道路交通工程系统分析方法[M]. 南京:东南大学出版社,1990.

[6] 刘舒燕. 交通运输系统工程[M]. 北京:人民交通出版社,1998.

[7] 李学伟,关忠良,陈景艳. 经济数据分析预测学[M]. 北京:中国铁道出版社,1998.

[8] 马鹤龄. 道路交通系统工程基础[M]. 北京:人民交通出版社,1995.

[9] 易德生,郭萍. 灰色理论与方法[M]. 北京:石油工业出版社,1992.

[10] 胡运权. 运筹学教程[M]. 3 版. 北京:清华大学出版社,2005.

[11] 胡运权. 运筹学习题集[M]. 4 版. 北京:清华大学出版社,2010.

[12] 洪军. 工程经济学[M]. 北京:高等教育出版社,2004.

[13] 刘新梅. 工程经济学[M]. 北京:北京大学出版社,2009.

[14] 何亚伯,张海涛,杨海红. 工程经济学[M]. 北京:机械工业出版社,2008.

人民交通出版社股份有限公司　公路教育出版中心
交通工程/交通运输类教材

一、专业核心课

1. ◆▲交通规划(第二版)(王　炜) …………… 40元
2. ◆▲交通设计(杨晓光) ………………… 35元
3. ◆▲道路交通安全(裴玉龙) ……………… 36元
4. ▲交通系统分析(王殿海) ………………… 31元
5. ▲交通管理与控制(徐建闽) ……………… 26元
6. ▲交通经济学(邵春福) ………………… 25元
7. ◆交通工程总论(第四版)(徐吉谦) ………… 42元
8. ◆▲交通工程学(第三版)(任福田) ………… 40元
9. 交通工程学(第三版)(李作敏) ……………… 48元
10. ◆交通运输工程导论(第三版)(顾保南) …… 25元
11. 交通运输导论(黄晓明) ………………… 43元
12. 交通运输工程学(过秀成) ……………… 35元
13. Traffic Enginering 交通工程学(王武宏) ……… 38元
14. Introduction to Traffic Engineering 交通工程总论(杨孝宽) …………………………………… 59元
15. ◆交通管理与控制(第五版)(吴　兵) ……… 40元
16. 交通管理与控制(第二版)(罗　霞) ……… 38元
17. Traffic Management and Control(罗　霞) …… 24元
18. 交通管理与控制案例集(罗　霞) ………… 25元
19. ◆道路交通管理与控制(袁振洲) ………… 40元
20. ▲道路交通设计(项乔君) ……………… 38元
21. 交通调查与分析(第二版)(王建军) ………… 38元
22. ◆交通工程设计理论与方法(第二版)(梁国华) …………………………………… 36元
23. 交通工程设施设计(李峻利) ……………… 35元
24. ◆道路交通工程系统分析方法(第二版)(王　炜) …………………………………… 33元
25. 交通工程专业英语(裴玉龙) ……………… 29元
26. ◆智能运输系统概论(第三版)(杨兆升) …… 49元
27. 智能运输系统(ITS)概论(第二版)(黄　卫) …………………………………… 24元
28. 运输工程(第二版)(陈大伟) ……………… 39元
29. ◆运输经济学(第二版)(严作人) …………… 44元
30. 运输组织(彭　勇) ……………………… 40元

二、专业选修课

31. 微观交通仿真基础(张国强) ……………… 35元
32. ◆道路通行能力分析(第二版)(陈宽民) …… 28元
33. 道路运输统计(张志俊) ………………… 28元
34. ◆公路网规划(第二版)(裴玉龙) ………… 30元
35. ◆城市客运交通系统(李旭宏) …………… 32元
36. 综合交通枢纽规划理论与方法(何世伟) …… 46元
37. 交通项目评估与管理(第二版)(谢海红) …… 45元
38. 公路建设项目可行性研究(过秀成) ………… 27元
39. 交通组织设计(张水潮) ………………… 30元
40. ◆交通运输设施与管理(第二版)(郭忠印) …………………………………… 38元
41. 交通预测与评估(王花兰) ……………… 45元
42. 道路交通安全管理法规概论及案例分析(裴玉龙) …………………………………… 29元
43. 交通工程基础方法论(臧晓冬) …………… 38元
44. ◆交通与环境(陈　红) ………………… 30元
45. 道路交通环境影响评价(王晓宁) ………… 25元
46. 交通地理信息系统(符锌砂) ……………… 31元
47. 高速公路通信技术(关　可) ……………… 36元
48. 交通供配电与照明技术(第二版)(杨　林) …………………………………… 36元
49. 信息技术在道路运输中的应用(王　炼) …… 42元
50. 运输市场管理(郭洪太) ………………… 38元
51. 交通类专业大学生职业发展与就业指导(白　华) …………………………………… 30元

了解教材信息及订购教材,可查询:"中国交通书城"(www.jtbook.com.cn)
天猫"人民交通出版社旗舰店"

注:◆教育部普通高等教育"十一五""十二五"国家级规划教材
▲交通工程教学指导分委员会推荐教材、"十三五"规划教材